MINERVA
西洋史ライブラリー
⑪

# 〈帝国〉で読み解く中世ヨーロッパ

―英独仏関係史から考える―

朝治啓三/渡辺節夫/加藤玄 編著

ミネルヴァ書房

# はじめに

編者らが先に『中世英仏関係史』（二〇一二年）を上梓した時気付いたことは、関係史というテーマで書かれた類書が我が国では少ないということであった。その後二〇一四年秋に東北大学西洋史研究会で中世西欧の権力構造というテーマに基づくシンポジウムを開催した際、参加者から、帝国的権力構造とは何かについてより具体像を示してもらいたいとの反応があったことを受けて、イングランド、フランスだけでなくドイツ、フランドル、アイルランドなども含めて西欧全体の権力構造を、より具体的に解明する必要を編者は感じた。その後、科学研究費を得て研究活動を開始し、論議を重ねて、欧米の最新の動向を踏まえて研究成果を公表することになった。

本書は三部に分かれ、一五の章から構成される。第Ⅰ部では現地領主権力と王公伯レヴェルの地域支配権力との関係を扱い、英独仏それぞれの地域の権力構造を解明する。第1章はアイルランド住民が、共同体の代表者としての性格を残す小王たちの抗争の中から、より広い地域を覆う権力構造を成立させる過程を概括的に辿る。その際、アイルランド住民が調達し得た軍事力は、初期にはヴァイキングの武力には及ばず、その支配下に入り、後にはイングランド経由のノルマン人の支配に依拠して自らを守り、利益を確保したことが強調される。第2章では一〇六六年のノルマン征服後に、ノルマン家がバス・ノルマンディの現地領主との間に封建関係を形成していく過程が、イングランドへのノルマン諸侯の定着と並行して生じている事例を紹介する。アングロ・ノルマン王国が帝国的権力構造へと向かう過程を実証している。第3章ではプランタジネット家支配下のガスコーニュにおける現地領主たちが、内的講和を達成し得ず、上級領主としてカペー家あるいはプランタジネット家、あるいはそれ以外の外的権力に臣従する道を志向したことを解明している。第4章はスコットランドの現地領主たちが国王との交渉のために想定した「王国共同体」の用語が現れる諸文書を時系列的に分析して、相対的には武力において劣るスコットランドの諸侯が、団体を組んで、イングランド王家あるいはフランス王家に帰属することによって、現地支配構造を維持しようとした過程を解明する。第5章は英独仏の狭間に位置するフランドルのリエージュ司教領の諸都市と、その地の領有権を主張するブルゴーニュ公の一五世紀における権力関係を解明する。帝国の境界における地域の都市共同体が自己保存のために、広域的権力構造に組み込まれる実情が解明される。第Ⅰ部の諸章における考究を通じて、王、公、伯、司教という権力者側からの働き掛けだけではなく、現地を支配する領主や都市民共同体の自己保存の意向が、王国、公伯領、司教領などの地域権力体を形成する要素であったことが明らかにされる。

第Ⅱ部では王国、公国、伯国など地域権力体と、普遍的権力との権力関係を研究する。第6章では、「フランス王国」と「アンジュー帝国」というふたつの帝国間の海上をめぐる支配権を解明する。一二〇四年のフィリップ二世によるノルマンディ制圧以後、一三世紀末のガスコーニュ戦争期まで、英仏間の海上紛争を王家側の視点からではなく、ノルマンディの都市とバヨンヌが、プランタジネット家やカペー家と如何に付かず離れずの交渉をしていたのかという視点から捉える。第7章は独仏の境界に位置するサヴォワの中小貴族が、カペー、プランタジネット、シュタウフェン家と交渉しつつ自らの利益を確保する事例を通して、地域権力の存立が帝国的権力構造の中に位置付けられていた現実を示す。第8章はふたつの帝国的権力構造の境界に位置したポワトゥーの都市が、百年戦争中には自己保存のために英仏王家といかなる関係を選択したのかを探る。第9章も境界領域であるサヴォワの諸君主が、一四、一五世紀に独仏の帝国といかなる交渉をし、域内の平和を維持し得たのかを分析する。第Ⅱ部の諸章における考察を通して、現地領主や都市共同体の結集役となっていた王や公伯や司教といった地域権力が、相互の交渉を通じて支配領域の平和を維持し、対外防衛の任務を果たす仕組みとしての帝国的権力構造への帰属の意欲を形成したことが解明される。

第Ⅲ部では英独仏三種の帝国的権力構造の中核となる家系の権力や権威の相互交渉、またカトリック世界の普遍的権威である教皇が帝国的権力構造において果たした役割を扱う。第10章は一二世紀の独仏境界地域、後に「ブルゴーニュ王国」が形成されようとしていた地域の支配権をめぐる英独仏王権の駆け引きを、帝国的権力構造を解明する視角から取り上げる。第11章は東南仏に生じた異端に対する政策をめぐって、カペー王権と教皇とが抗争した過程を扱う。第12章は一二、一三世紀の南フランスの修道会領に対するプランタジネット家、カペー家、教皇の政策の抗争を解明する。第13章は一二五七年にドイツ王に選出されたコーンウォール伯リチャードが、アンジュー帝国の領有家当主の弟で、別の帝国の核権力として、西欧世界の帝国的権力構造の中で果たした役割を解明する。第14章は独仏境界にあるシャンパーニュ伯領の支配が、ドイツ王権とフランス王権の狭間で揺れ動いた様子を一二、一三世紀の例を通じて示す。第15章は一五世紀後半ブルゴーニュ公国が独立した王国になる構想が実現しかけた時代に、英独仏の三種の帝国的権力構造が争った権力抗争を、研究史を回顧しつつ論じる。第Ⅲ部の諸章における分析を通して、一一世紀から一五世紀の西欧には三種の帝国的権力構造が並立し、それらの住民の共通項としてのカトリック信仰を統括する教皇の普遍的権威と共存して、西欧世界の秩序を維持したことが解明される。

いくつかの章は同じテーマについて時代を変えて論じている。すなわちサヴォワの一二、一三世紀を第7章が、一四、一五世紀を第9章が論じている。またブルゴーニュ問題の一二世紀を第10章が、一三世紀を第14章が、一四、一五世紀を第5章と第15章が論じている。いずれも、異なる帝国の境界地帯の権力構造を解明しようとしている。この種のテーマは、例えばフランス王国のフランドルやサヴォワへの拡大過程として扱われ、ドイツの帝国や、プランタジネット家からの働きかけは付帯的現象とみなされるだけであった。これらの事例を、ある王国の外交史として描く手法では、その王国がすでに確立し、境界の画定した「国家」として措定することになり、実際には境界が確定していなかったという現実とそぐわない。取り込まれる側の地域が相対的にせよ自立し得ていた状況を説明できない。帝国的権力構造が並立する状況を想定することで、境界地域の「小権力」が、帰属先を選択し得る手段を利用して、相対的に自立し得た状況を、それぞれの章で明らかにしている。王国内にあると思われていた諸侯や都市や修道院が、状況に応じて帰属先を変更する場合があったことも、帝国的権力構造を想定することで説明できると思われる。
なお、本書は平成二三―二六年度科学研究費補助金基盤研究Ｂ「中世英独仏関係の国制史的研究」課題番号２３３２０１６５による研究成果である。これまで述べてきたことによって、また本書の各章の記述によって、西欧カトリック世界の権力構造を、帝国的権力構造として分析することのメリットが理解されれば、われわれ執筆者の目的は達成される。本書の出版にあたってはミネルヴァ書房編集部大木雄太さんのお世話になった。記して謝意を表したい。

二〇一七年二月

編者
朝治啓三
渡辺節夫
加藤　玄

〈帝国〉で読み解く中世ヨーロッパ――英独仏関係史から考える　**【目次】**

# 序　章　西欧中世カトリック世界の帝国的権力構造

朝治啓三

およそ一一～一五世紀、西欧には神聖ローマ皇帝、諸国王、聖俗諸侯、帝国都市などの権力保持者が抗争しながら併存していた。この状況を権力構造論の視角で把握する際に、伝統的な解釈では、単一で普遍的な帝国の中に諸王国が下位の構成単位として含まれ、ほぼ自律的な権力体である王国の中に、諸侯領や都市が含まれるとみなされてきた。しかしドイツの皇帝が例えばプランタジネット家のイングランド国王の権威に、正統性を付与した事例を示すことは困難である。また公や伯が王国の境界を越えて異なる主君から封を保有することは日常的であり、戦時にどちらの主君に軍事奉仕すべきかは、封臣のその時々の利害関心によって決まった。ドイツの皇帝の普遍的権力には限界があった。これに対して本書では、今日の独英仏を中心とする地域それぞれに、神聖ローマ帝国、いわゆるアンジュー帝国、そして「帝国」としてのフランス王国という三種の自立的な権力構造を持つ「帝国」が存在し、相互に軍事的にも領土的にも競合しつつ併存していたという捉え方を提唱する。各「帝国」内ではそれぞれの公、伯や司教など地域的権力が、さらには彼らが構想した王権が競合しながらも、共同して広域的な普遍的権威として皇帝権を措定して、「帝国」内の平和維持機能を果たさせ、同時に他の「帝国」や外部勢力に対する防衛の主導権を取らせていたという理解の仕方を提唱する。帝国として実在した神聖ローマ帝国を指すのではなく、異なる権力体の共通する権力構造を説明する概念として、それぞれを帝国的権力構造と呼ぶことにする。

一九世紀前半に国民国家が登場するまでは、限定された地域の住民が広く「国政」に参与する国家は存在しなかった。一六世紀以後、王家が権力の中核となるいわゆる主権国家においては、参政権者は土地所有者か、身分保持者に限られていた。一一世紀から一五世紀末まで地域住民の平和を維持し得ていたのは、個人の武力を根拠に形成された領主支配権である。非武装者は領主の軍事力に依存することにより、自己と財産を保存しなければならなかった。領主が維持し得る支配圏は狭く、多くの領主支配圏が併存した。その結果、これら現地の権力体が帝国的権力構造の基礎単位となる。

自力救済権を持つ領主は相互に権力関係上のライバルであり、強い者が弱い者を武力で圧倒して生命、財産を奪った。この競争関係を平和的に安定させる方法として、武力者間の上下契約関係と同等者間の横断的契約関係が考えられた。領主個人が支配する狭い勢力圏は封建契約を通じて、一定地域内にピラミッド状の権力者の体系が支配する領域に含まれることになり、その権力体系の頂点に相互に選出した家系を公、伯として措定した。彼らは血統やカリスマ性、そして武力や財力で他を圧倒していた。古代の伝統や異教時代の儀式も利用された。武力を持たない聖職者は武力者の権力体系に組み込まれることで自己と領域支配権を保存した。他方、市民が共同して設立した都市共同体は、公や伯に直接臣従し金銭を提供する見返りに、彼らの武力による保護を確保し、自治権を得た。都市だけで横に連帯して武力者に敵対する可能性もあったが、実際にはほとんど失敗した。これら公、伯、司教、都市などの地域権力が、より広域的な平和領域を構築するために王権と王国を設定した。その結果、王国は王権、地域権力、現地権力という三重の権力構造を持つ。

地域権力体の内部では構成者である現地権力体相互の権力闘争があり、王や公や伯はその調停や平和維持のために自らの圧倒的武力と、域内諸権力者を動員する技量を示さねばならなかった。武力による解決の前に司法手続きによる紛争解決や、会合や儀式を通じての平和団体としての示威行為も必要であった。問題が深刻になるのは、ある王国と、その王国には含まれていない公国、伯国、司教領、都市との間に紛争が生じる場合である。フランドル、ノルマンディ、アルザス、ロレーヌ、サヴォワ、プロヴァンスなどでは頻繁にその例が見られる。封建契約は個人間の契約であるので、封主と封臣が同一の王国内の住人である必要はない。一人の領主が複数の封主の封臣であり得る。ひとつの紛争に複数の現地領主と複数の地域権力者がかかわる事例は、実際には頻繁に生じた。個々の領主間の紛争の契機となったのは土地支配権や収入権、司法権であるが、彼らの上級権力者から見れば、それらの紛争は地域の平和を維持する資格と能力を示威する契機となった。これらの紛争を解決し、継続的平和を維持するには、個々の王、公、伯、司教、さらには都市の武力では不十分であることは明らかであり、彼らの権力より上級の権力を想定して、それによる武力行使や話し合いによる紛争解決をめざす仕組みが不可欠である。さらに王、公、伯たちの「国」が外からの軍事攻撃に備えるには、王、公、伯たちの軍事力を結集し得る上級権力が必要である。上記の必要から王、公、伯たちが構想した権力体が、普遍的権力の支配する「帝国」である。

### ドイツの帝国的権力構造

ドイツの場合には諸侯間の紛争を解決するためにというよりは、ドイツと呼ばれていた地域以外からの軍事的脅威に有効に対処し得たことを契機にして、ザクセン家のオットーが九三六年にドイツ王に選出された。その後オットーはドイツ内の反乱を武力で鎮圧し、九五五年レヒフェルトでハンガリー人に勝利した結果、九六二年ローマでローマ皇帝として戴冠した。この時ドイツの各地域権力者のより上級の権力として、皇帝という普遍的権力が構想された。九五一年以来イタリア王を名乗っていたオットーは九六一年にローマに赴き、救援を求めていた教皇ヨハネス一二世と連携し、カトリック圏としての帝国の帝権は諸侯の同等者ではなく、神に由来する普遍的権力であることを、戴冠儀式を通して主張した。ドイツ王国は新しく構想された帝国の一部であるとともに、そのうちに大公領、伯領、司教領、都市を含み、それだけで帝国としての性格も備えていた。この帝国では直轄地ザクセンにおいては、王家は在地有力家門に自らの代理としての総督procuratorの称号を与えて統治させた。一方いわゆる「遠隔地帯」と言われる地域、山田欣吾説では「超地域的政治関係の骨組みを通じて君主的頂点に結び付けられているバイエルン、シュワーベン、オーバーロートリンゲンなどの部分」では、大公たちは「広範な王権の行使」を認められ、三家の血統を引く者たちの中から慎重に選ばれたが、彼らには「王の権力手段に参与する」ことは「容認されなかった」(1)。いわゆる帝国教会制によって帝国的権力構造の維持を図ったことは言うまでもない。オットーに対する諸侯の反乱も相次いだが、九七三年彼の死後、息子オットー二世への帝位継承は円滑で、諸侯は一致して臣従した。九八三年ヴェローナでの帝国会議には独伊の諸侯が列席し、皇帝の権威を示した(2)。後継したオットー三世も帝国会議において諸侯から臣従を受け、ローマで帝冠を受けた。帝権の必要性は諸侯によっても認識されていた。

新しく構想された帝国には、ドイツ王国のほかイタリア王国、ブルグント王国も含まれると認識され、普遍的権力を担う皇帝の役割は上記のように、帝国内のそれらの地域諸権力間の紛争を解決し、帝国外からの脅威に対処することである。普遍的権力は地域諸権力がその支配下に置く現地領主に対して行使する統治行為には立ち入らない。皇帝の統治権は、自領を除けば限定的であり、介入や代行を必要とされる場合のほかは例外的である。王公伯のフェーデ権は承認されている。皇帝は宮廷集会・帝国会議を開いて王公伯の意見を調整し、他の帝国支配者や教皇との会談を通じて帝国の平和維持に努めた。皇帝の権威は諸侯の権力より上位に位置付けられているが、諸侯の既得権を確保するための必要物として想定されていた。帝国的権力構造が持つメリットは、都市共同体や聖職者団体など、武力保持者以外にも及ぶ。

**フランス王国から「フランス帝国」へ**

同様の現象はフランスについても生じたといえる。カロリング家の血統が一〇世紀後半に断絶した時、北フランスの諸侯（公や伯）は、域内の紛争解決とノルマン人（ヴァイキング）の攻撃に対処する課題に直面していた。九一一年ノルマン人のロロはシャルル三世から、ノルマンディと呼ばれる地域を領土として認められたことになっている（サン・クレール・シュル・エプト条約）。しかしこれがノルマンディ公国の創設であるとか、フランス王国の一部として王が公を任命したという説は、現在の学界では支持されていない。それは、ノルマン人の略奪を阻止し得ない西フランク王が、侵入者に与えた一時的和約に過ぎない。ノルマンディの支配者となったロロの家系はギヨーム長剣の時代に、ドイツ王のオットーに味方してカロリング家のルイと対抗した。ルイは彼に対して、アミアンでの会談の後、再度ノルマンディを安堵した。リシャール無畏の時代にカロリング家は断絶し、九八七年サンリスでの北フランス諸侯の会議において、ランス大司教の推挙によって、カペー家のユーグが、新たにフランス王として同意された。カトリックの神の権威がカペー家を聖別し、諸侯とは異なる権威を授け、諸侯はその権威に服すことによってフランス王国の平和を維持することに同意した。地域権力者が封建契約などを通じて、王国の中核となる権力に服するという帰属心が、初期フランス王国の権力構造を支えていた。

一二世紀半ば、国王の中央統治組織が形成され、制度を整え、権力体系が強化されていくという現象を根拠に、王国の権力構造が変化する過程が始まったとみなし得る。(3) 渡辺節夫が画期とするのはフィリップ二世期である。王家の家中役人が国家役人機能を果たす、王の顧問が王国の政策決定機能を果たす、王の私的領地役人プレヴォが、王国の地方統治機能を果たすようになるなどの変化が生じた。この現象を、王権の覚醒とか、王権強化とみなすのが従来の見解であるが、それによれば王家が離反的な貴族を統治の巧みさで圧倒して王国に帰属させる、反抗するものは裁判手続きや戦闘によって、強制するという説明がとられる。しかし、同じ現象を諸侯の側から見ると異なった説明が可能である。一一世紀までは、王国内外の状況に対処するため結束する必要があった諸侯たちにとっては、一二世紀にはその必要度が下がった。内的対立の緩和役としての国王は裁判の主宰者として意義があるが、その司法の主導権は同輩裁判により諸侯側にあった。対外防衛の機能は、ヴァイキングの侵入が一段落した一二世紀には消え、国王のもとに結束して王国を防衛する必要は、諸侯にとっては薄れた。

これに対して一二世紀半ば以降、諸侯と王家に別の必要が生まれた。アンジュー帝国の形成と神聖ローマ帝国のフリードリヒ一世による帝国拡大の活動である。諸侯の分権的な傾向は、対内的には王国の秩序維持役としての王権の役割強化を求めるが、対外的には外部勢力が自分に帰属する諸侯を獲得するために、フランスを草刈り場とみなす原因どなり得る。諸侯は帰属先を選び得た。これを食い止めるために、王家が主導権を取って旧フランス王国の結束を引き締めるだけでなく、そこに含まれなかったノルマンディ、ブルターニュ、ポワトゥ、トゥールーズなどへ王権の及ぶ範囲を拡大して、新しいフランス王国を形成する必要が生まれた。カペー家の諸王はノルマンディをノルマン家、次いでプランタジネット家と争った末、一二〇四年までに軍事力で制圧した。その後もフィリップ二世自身はノルマンディ公を名乗らず、ノルマンディを王家の直轄領として直接統治するのではなく、フランス王家の領有地の一部として、現地の既存の支配体制へ中央から役人を派遣し、裁判官を派遣して、現地人からなる役人と併存させ統治権力を行使させた。言い換えればカペー家がノルマンディ領有を事実として主張するが、そして一二五九年パリ条約以後はプランタジネット家の了解のもとに領有するが、ノルマンディの統治を王家が直接担うわけではない。ノルマンディ現地領主の中には、プランタジネット家への帰属心を維持する者がその後も存在し、彼らはカペー家による直接統治には同意しなかった。ノルマンディの統治は現地人とカペー家から派遣された役人との合議で行われたという意味で、統治権は分有された。この状態では、領有という概念と、統治という日常的行為とは別概念であるといえる。

ノルマンディに対するカペー家の支配は、王家に帰属する地域の支配者（伯・公）だけが王国形成を宣誓してフランス王国を構想するという従来の方法ではなく、王国の核となる権力が既存の王国外の地域を領有し、現地権力者の一部を、その自立性を維持したまま支配下に置くという方法で成立した。領有と統治が分離しているという意味で、王国あるいは公国とは呼べず、帝国のような権力構造と呼ぶことができる。その後、フィリップ二世はアルビジョワ十字軍を利用して東南仏からトゥールーズ伯領を攻め、息子のルイ八世は王子時代一二一六年にイングランドに上陸してその王を名乗り、さらにその後アンジュー、ポワトゥを攻めて、現地領主の多くからカペー家への帰属誓約を勝ち取った。彼の息子ルイ九世時代、王弟シャルルはシチリア王になった。フィリップ二世期にフランス王国は、旧王国と、王家が事実上の支配を主張する土地とから構成される、いわば「フランス帝国」に変化したといえる。

## 「アンジュー帝国」

旧フランス王国には北フランスの公領や伯領、司教領が含まれ、公や伯、司教の権力の上に立ち、彼らの権力とは次元の異なる権利と義務を持つ権力としてフランス王権という理念が想定された。ユーグ・カペーの支配地は狭く、軍事力において諸侯を圧倒し得ていたわけではないので、彼の権力は武力制圧者としての国王権ではない。紛争を解決し、外敵防御の主導権者としてのそれである。ノルマンディ公ロベール一世壮麗は一〇三一年に、フランス国王から「国境」の地ヴェクサンを割譲された。ノルマンディがフランス王国の封土では無いかの如き印象を与える。この時点では地域権力者としてのノルマンディ公は、フランス王の封臣ではなく、またフランス王国への帰属心も持っていなかったといえる。

フランス王国の伯の一人であったアンジュー伯家は、フルク五世以前にはノルマン家と対立しカペー家と提携していたが、一一一三年ノルマン家ヘンリ一世の息子ウィリアムとフルクの娘との婚約を機にノルマン家と提携し、ウィリアムの事故死の後は、息子ジョフロワをヘンリの娘で神聖ローマ皇帝ハインリヒ五世の未亡人となっていたマティルダと結婚させて提携を深め、カペー家とは対立した。メーヌ伯娘エランビュルジュとの間に生まれた娘マティルダは、アングロ・サクソン王家の血をひくウィリアム・イーサリングと結婚し、もう一人の娘シビーユはフランドル伯と結婚した。父フルクが十字軍へ出征した後、息子ジョフロワはノルマンディを妻を通して取得する資格を持ち、武力で現地諸侯を攻め、事実上ノルマンディ公を称した。こうして、フランス王国の伯の一人が、王権と対立するだけでなく、フランス王国への帰属の曖昧なノルマンディ公国を領有することになり、カペー家のフランス王権に帰属しない別の権力体を形成し始めた。一一五二年カペー家の国王ルイ七世がアリエノール・ダキテーヌを離縁すると、ジヨフロワは二ヶ月後に息子アンリと結婚させた。その結果、ルイ七世が領有権を失った南仏アキテーヌ公領がアンジュー家の領有権下に入り、カペー家フランス王国領を凌ぐ広さのアンジュー家領が一気に出現した。その二年後アンリは母を通しての相続権によりイングランド王ヘンリ二世となった。こうして「アンジュー帝国」には王国、公領、伯領が含まれることになった。

ドイツやフランスと異なり、「アンジュー帝国」では王国、公領や伯領、司教領の支配者や都市がアンリに封建誓約を通じて臣従するという形式ではなく、アンジュー家の当主アンリが、アキテーヌを息子リチャードに、結婚を通して領有権を主張し得ることになったブルターニュを息子ジョフロワに、アイルランドを息子ジョンに、イングランドを息子若ヘンリに領有させて、血縁のつながりによる帰属心を期待して帝国的権力構造を維持する方策をとった。父との間には封建誓約による帰属の義務はなかったので、息子たちはカペー家ルイ七世やフィリップ二世との間に封建的臣従誓約を行い、またアンリの妻アリエノールの反王行為により、それぞれの領地がフランス王国に帰属する可能性が生じ、「アンジュー帝国」は二度解体の危機に瀕した。いずれもアンリの武力で鎮圧されたが、三度目にはアンリはリチャードに敗れ、当主の地位を失った。しかし後継したリチャード一世も、その後を継いだジョンも、父と同じく家産として「アンジュー帝国」を領有した。

こうして一一世紀初めから約二〇〇年の間に、西欧には三種の異なる帝国的権力構造が並立することになった。次に、これら三種の「帝国」の間の権力関係についても、さらには西欧カトリック世界の普遍的権威である教皇権との関係についても、述べておかねばならない。三種の帝国が併存すると、それぞれの中核となる権力主体の権力が及ぶ範囲が、「帝国」の境界となるが、「帝国」を構成する地域権力の主体（王、公、伯、司教、都市）が、どの中核権力にどの程度の強さの帰属心を抱くかによって、「帝国」の範囲は流動的になる。地域名としてのイングランド、フランス、ドイツはこの時代には曖昧な概念であるが、それらの境界線にあたる地域がどちらに帰属心を抱くかは曖昧で流動的である。例えば、ノルマンディはフランス一国完結史観では、もともとフランス王国の一部であり、その歴史は紆余曲折の後、王国に取り込まれ一体化する過程として説明される。しかし一二〇四年までにフィリップ二世がノルマンディを武力制圧した後も、一二一四年ブーヴィーヌで勝利した後も、彼がノルマンディ公を称することはなく、フランス王家の一員がノルマンディ公を称するのは一世紀のち、ジャン二世が王子のときである。その後も百年戦争中にイングランド勢が武力攻撃すると、現地の親プランタジネット家派がそれに同調して、フランス王家の勢力は後退した。イングランドからの植民者も現れた。この状況は一五世紀まで続いた。帝国と別の帝国との関係は最初は武力で決着がつけられ、のちには話し合いでの解決が望まれ、条約によって決着した。場所によって状況は異なるが、「境界」にあたるフランドル、アルザス、ロレーヌ、サヴォワ、ノルマンディ、ガスコーニュ、プロヴァンス、そしてスコットランドでは似た状況が見られる。

異なる帝国の間の仲介役となり得たのは、そのいずれからも独立した権威である教皇である。教皇庁自体の支配領域は狭く、軍事力も微弱であったから自立し得ない。しかし世俗権力間の軋轢が解決を求める至高の権威として、カトリックという共通項を利用し得る宗教的調停者が必要であった。教皇権自体もシスマが生じると世俗権力の力を借りて解決しなければならず、宗教界と世俗権力界とは相互依存的であった。

注

(1)　山田欣吾『教会から国家へ——古層のヨーロッパ』創文社、一九九二年、二三三～二四一頁。

(2)　山田欣吾「ザクセン朝下の『王国』と『帝国』」『大系ドイツ史1』山川出版社、一九九七年、一二七～一三四頁。

(3)　渡辺節夫『フランスの中世社会』吉川弘文館、二〇〇六年、八七～八九頁。

# 第Ⅰ部　地域の権力構造

## ——現地権力と王公伯の関係

# 第1章　アイリッシュ海における「ヴァイキングの王国」と現地勢力
## ——一一世紀前半のダブリン王を中心に——

大谷祥一

現在のアイルランド共和国の首都であるダブリンは、ヴァイキングによって建設された都市である。ブリテン諸島近海では、八世紀末頃からヴァイキングが侵入してくるようになり、アイルランドにおいては『アルスター年代記』での七九五年の記録がヴァイキングの来襲を示す最初のものとなる。(1) それ以降、ヴァイキング侵入の記録が頻繁に見られるようになっていく。当初は冬になるとスカンディナビアへと戻っていたヴァイキングたちは、次第にブリテン諸島の各地に定住地を築いて越冬するようになる。彼らにとって重要な拠点となったのが、スコットランド西北部のヘブリディーズ諸島と、ブリテン島とアイルランド島の間、アイリッシュ海の中央に位置するマン島、そしてダブリンをはじめとするアイルランド各地の入植地であった。本章では、ダブリンに定住したヴァイキングが、アイルランドの勢力とどのような関係を築いていたのかを検討し、それを失った後に新たにどの勢力と結んだのかを考察することによって、周辺の権力と結びつかなければ彼らがその勢力を維持できなかったことを明らかにしたい。

## 1　ダブリンの建設

ダブリンが建設されたのは、発掘調査の結果から九世紀半ば頃と推定されている。当時はデンマーク領だったスカンディナビア半島のヴェストフォル（現在はスウェーデン領）からやってきたヴァイキングが築いていた宿営地を発端として、ブリテン諸島で略奪や交易を行うヴァイキングの増加とともに都市として発展したものである。[2]年代記では九四〇年にダブリン司教の名が見えるので、ダブリンに定住したヴァイキングたちのキリスト教への改宗が一〇世紀前半にはかなり進んでいたことがわかる。ダブリンにやってきたのはデーン系のヴァイキングだったとはいえ、彼らの故地であったヴェストフォルはスカンディナビア半島にあり、ブリテン諸島で略奪を行っていたヴァイキングには当初からスウェーデンやノルウェーから来た者も多くいたと考えられている。そして、ダブリンにおいてはノルウェー系のヴァイキングの活動が活発になっていき、年代記において九二〇年代に名前が現れるダブリン王に、ノルウェー系のヴァイキングであった。

この、ダブリン王の家系は、アイルランド側の記録の中ではゲール語で「孫」を指す ua に由来し、転じて「～の子孫」という意味を持つ ui を付けてイー・イーヴァル Ui Imair と呼ばれている。この家系の祖とされるイーヴァルは北欧の名前であるイングヴァルをゲール語で表したものである。このダブリン王家の祖とされるイングヴァルにかんしては、北欧に多い名でもあり、九世紀後半にブリテン諸島で活動していた同名の者が複数いたことが確認できるため、その同定には今後の検討が必要である。同様に、この家系がどのようにしてダブリン王となったのかについても詳細は不明であるが、一〇世紀初めにはイングヴァルの子孫を名乗るこの家系がダブリン王を継承するようになっていた。さらにこの家系は九一四年にマン島を征服して、[3]マン島およびヘブリディーズ諸島を支配することになる。その一方で一〇世紀前半には、イー・イーヴァルの家系から分かれた、いわば分家とでもいうべき家系が、アイルランド南部のウォーターフォードやリムリック、コークといった港湾部に定住地を築いていた[4]。このようにしてイー・イーヴァルの家系はブリテン諸島とアイルランドに王国を形成していくのだが（図1-1）、その中心となるのはダブリンおよびマン島であり、ダブリン王がマン王を兼ねていた。それに対してウォーターフォードやリムリックは分家の家系によって継承されており、時にはダブリンと争うこともしばしばであった[5]。このことから、同じイー・イーヴァルの家系とはいえその結びつきは必ずしも一枚岩ではなかったことがわかる。イー・イーヴァルの王国の構造を概観すると、ダブリンとマン島を中心として、アイルランド南部に定住した傍流の家系が緩やかに結びついたものであ

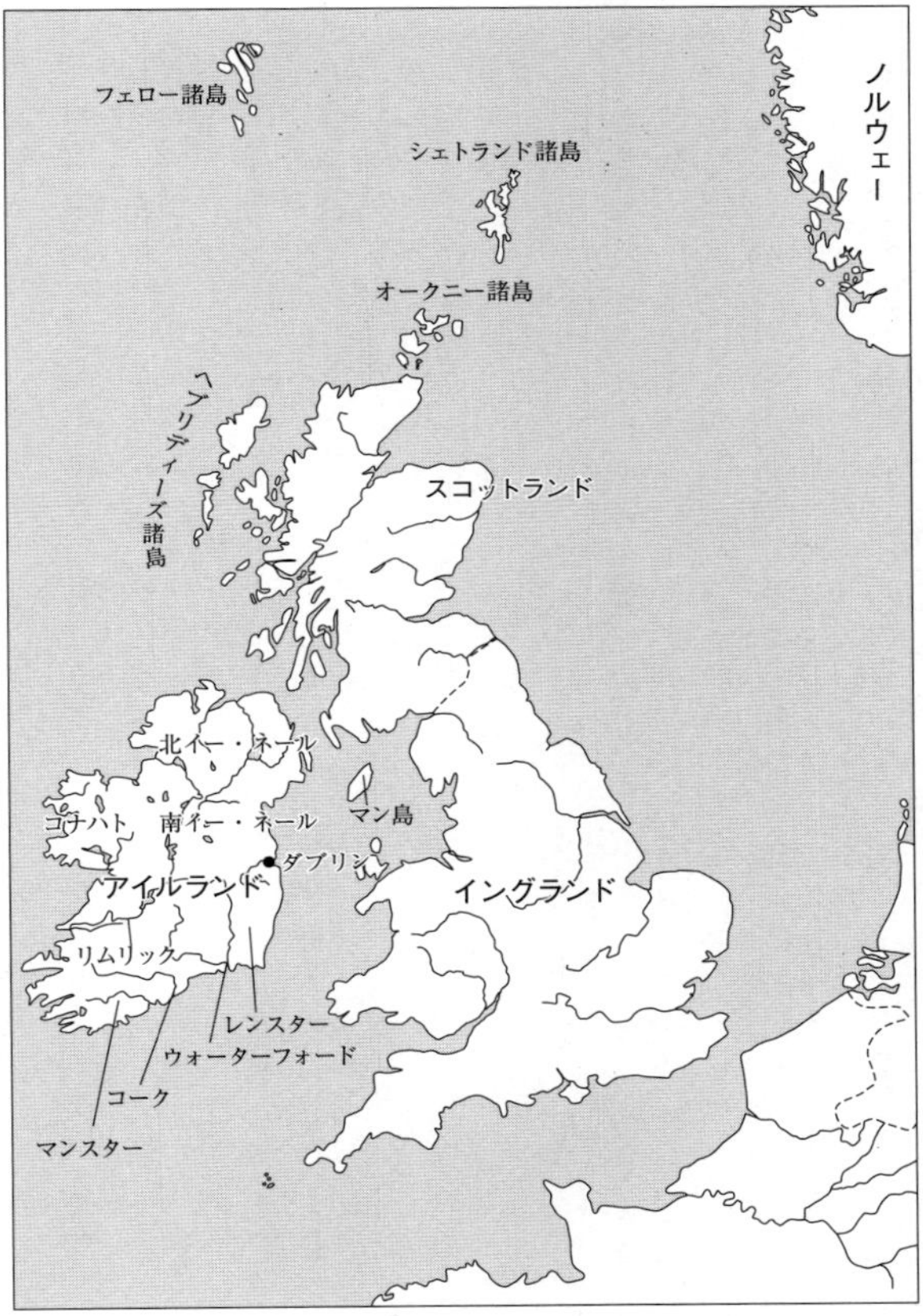


**図1-1**　ブリテン諸島におけるヴァイキング関係地図

出所：Rosemary Power, “Meeting in Norway: Norse-Gaelic Relations in The Kingdom of Man and The Isles, 1099-1270”, *Saga-book: Viking Society for Northern Research*, vol. 29, 2005, p. 19 より筆者作成。

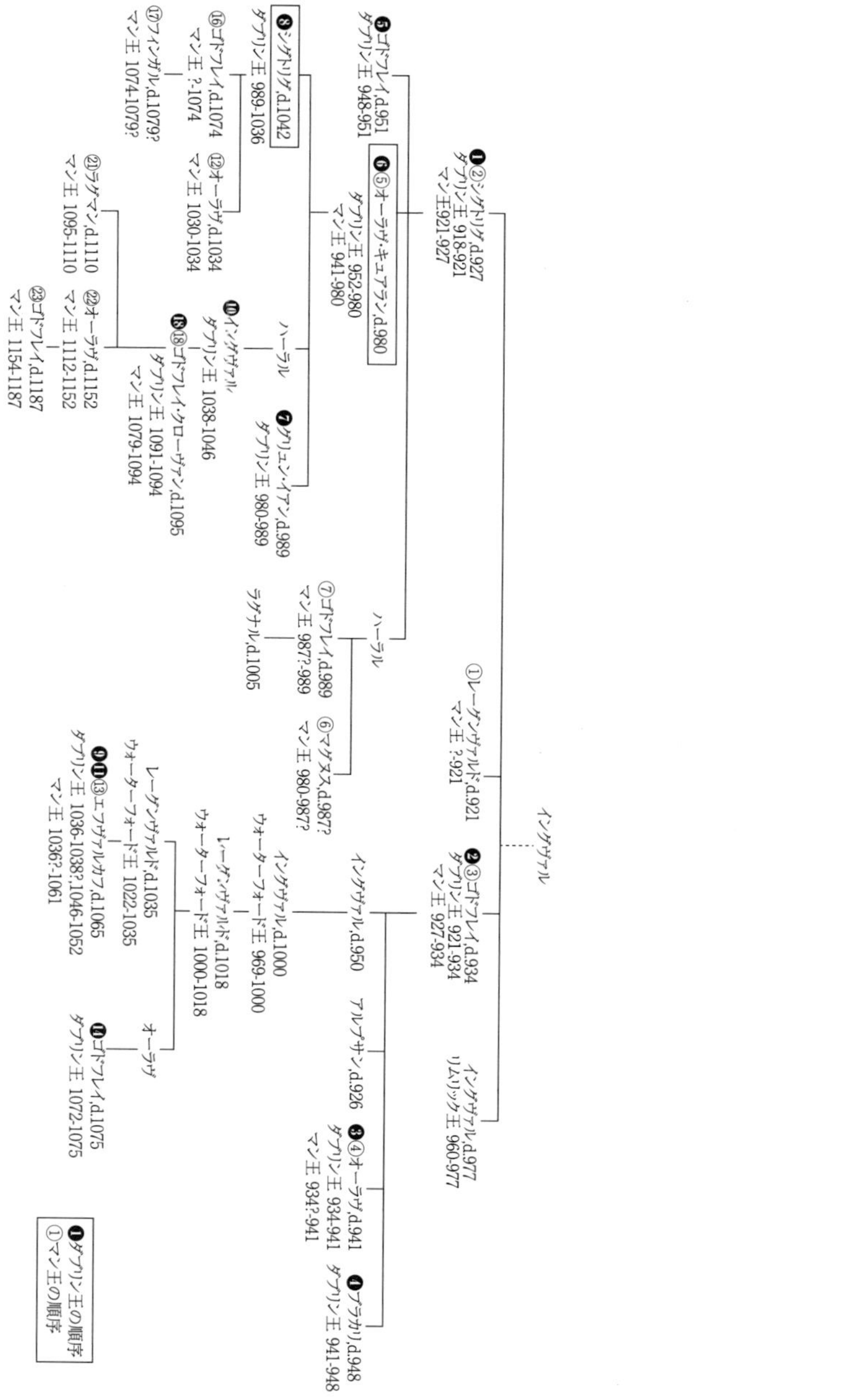


図 1-2　イー・イーヴァル系図

出所：筆者作成。

ったことがわかる[6]（図1-2）。また、イー・イーヴァルの王国が形成されていた時期は、彼らの故地であるノルウェー本国では統一へと向かって争っていた時期と重なっており、イー・イーヴァルに代表されるノルウェー系のヴァイキングの活動へのノルウェー王の直接の関与は確認できない。また、ダブリン王とノルウェー王の主従関係も確認できず、イー・イーヴァルの家系はダブリン周辺で活動していたヴァイキングの指導者として台頭してきたものであると考えられる。

彼らヴァイキングがダブリンおよびマン島に王国を築いた理由としては、それらの地がアイリッシュ海に開けた港を有しており、アイルランドやブリテン島を襲撃する際の拠点として適していたという事情がまず挙げられる。だが、それだけではなくてダブリンとマン島は彼らヴァイキングの交易活動においても重要な意味を持つものであった。一〇世紀から一一世紀にかけて、スカンディナビア半島は同じヴァイキングの占領地であるノルマンディと盛んに交易をしており、とくにノルマンディで作られる塩は、岩塩も採れず、製塩にも向かない北欧には必需品であった。この、スカンディナビア半島とノルマンディ間の交易において、ダブリンやマン島は中継基地として機能しており、ノルマンディのルーアンにやってくるノルウェーの船の多くがダブリンを経由していたことを、チャイルドとオニールが指摘している[7]。このように、ダブリンとマン島および、アイリッシュ海の入り口にあるヘブリディーズ諸島は、ヴァイキングの交易活動の拠点としても重要であった。

## 2　現地勢力とのかかわり

ここで、アイルランドで活動していたヴァイキングと、現地のアイルランド側の勢力との関係に触れておく必要があるだろう。アイルランドの社会は本来、血縁に基づく氏族共同体から成り立っており、人口二〇〇〇から四〇〇〇ほどの小王国が、総数一五〇から二〇〇ほど存在していた。それらの小王国は必ずしもバラバラだったわけではなく、いくつかの小王国を束ねる上位の王のもとに小王国の連合体を形成していた。それらの王国の連合体は、アルスター、レンスター、マンスター、コナハト、ミーズという、ゲール語でコーゲトと呼ばれる五つの地方ごとに割拠していたが、そのなかでもとくに強力な勢力を誇っていたのが、アイルランド中央部のミーズと、北東部のアルスターを勢力範囲としていたイー・ネール家の王国である。

イー・ネールはゲール語で「ニーアルの子孫」を意味し、半ば伝説上の王であるニーアル・ノイギアラハを先祖とするいくつかの家系が緩やかに連合して七世紀にはすでにイー・ネールの王国というべきものを形作っていた(8)。さらに、このイー・ネールの王国は、中央部のミーズに拠っていた南イー・ネールと北部のアルスターを根拠地とする北イー・ネールに大きく分かれていた。イー・ネールの王国は先祖を同じくするいくつかの家系の王国の連合体とはいえ、それらの諸王国をまとめるイー・ネール王の称号が用いられている。年代記では、このイー・ネール王が、アイルランド王を意味するリー・エーレンという称号で書かれる場合が多いことから、イー・ネールの王が中世初期のアイルランドでもっとも有力であったことがわかる。そして、アイルランドに侵入したヴァイキングにとって、このイー・ネールの王国が最大の敵対者であった。年代記には、南イー・ネールを中心としたイー・ネールの王たちが、ヴァイキングと戦争を繰り返している記述が頻繁に見られ、彼らがヴァイキングとの対決姿勢を崩さなかったことが見て取れる。そのことは、アイルランド南部のマンスターやレンスターにはヴァイキングの定住地が築かれたのに対して、イー・ネールの勢力圏内であったアルスターの沿岸部にヴァイキングの定住地が存在していないことからもうかがえる。

では、ヴァイキングが常にアイルランドの勢力と敵対していたのかというとそうではない。たしかにアイルランドでももっとも有力な勢力であったイー・ネールとは常に争っていたものの、ヴァイキングがアイルランドの勢力と同盟を結ぶこともあった。その例として、ヴァイキングの王国であるダブリンと、アイルランドの勢力であるレンスターとの関係を中心に考察することにする。

## 3　ダブリンとレンスターの同盟

レンスター地方はアイルランドの南東部に位置し、北はイー・ネールおよびダブリンと、西はマンスターと接している。レンスターにおいても、先述したようにいくつかの王国が時に争い、時に同盟を結んで緩やかな連合体を形成していたが、イー・ネールのような突出した王家は存在していなかった。この地方では、レンスター王位をめぐって、イー・ドゥンブラインゲとイー・ケンセライグというふたつの家系が互いに争う状況にあった。それに加えて、一〇世紀以降にはイー・ドゥンブラインゲの家系のなかのイー・ファイラーンとイー・ドゥンハタというふたつの家系が、レンスター王位をめぐって争っていた。ただ、一〇世紀までのレンスターは北のイー・ネールの勢力と西のマンスターという大勢力に挟まれた弱小勢力であり、二大勢力のいずれかとの戦いで敗北して服従を余儀なくされることもしばしばであった。その、レンスター王位を争っていた勢力のなかで、ダブリンのヴァイキングと結んで勢力を伸ばしたのが、イー・ドゥンブラインゲの一家系だったイー・ファイラーンである。

イー・ファイラーンとダブリンのヴァイキングとの関係は、九六〇年代の終わりから九七〇年代初めにはすでに密接なものになっていたと推測できる。イー・ファイラーンのレンスター王ムルハタ・マク・フィンの娘ゴルヴレイスが、ダブリン王オーラヴ・キュアランと結婚するのだが、その正確な年はわかっていない[9]。ただし、ゴルヴレイスの父であるムルハタ・マク・フィンが九七二年に[10]、結婚相手のオーラヴ・キュアランが九八〇年に[11]それぞれ死亡していること、オーラヴ・キュアランとゴルヴレイスの息子であるシグトリグ・オーラヴソンがダブリン王になったのが九八九年で、その時にはおそらく一〇代半ばから成人に達する年齢であったと考えられることから、おそらくシグトリグが生まれたのは九七〇年代の初めから半ば頃であると推測でき、それまでにゴルヴレイスとオーラヴ・キュアランの結婚は成立していたと考えられる（図1-3）。

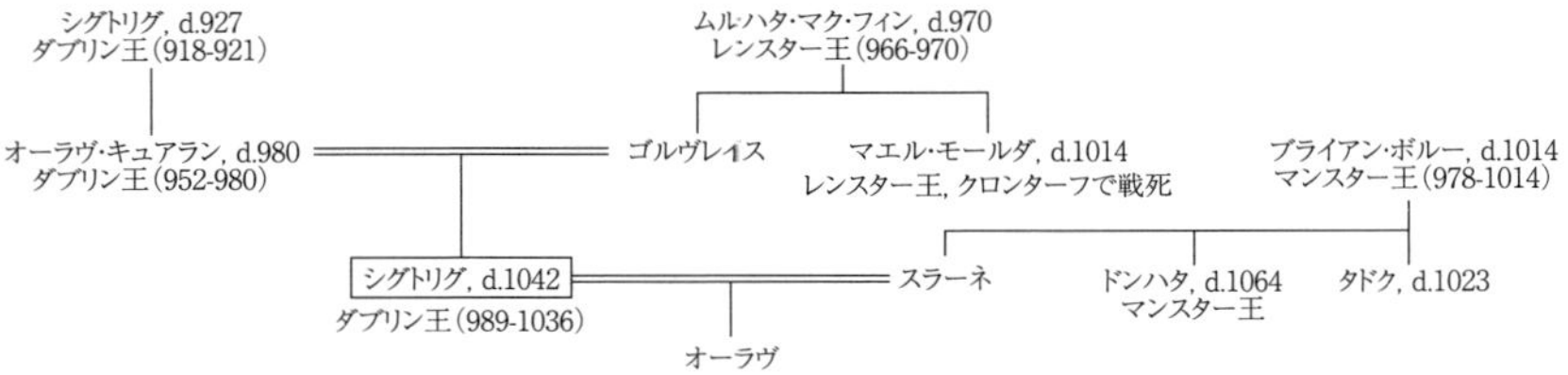


**図1-3**　ダブリン王と南部アイルランド王家の婚姻関係

出所：筆者作成。

この結婚以降、イー・ファイラーンと、ダブリン王家のイー・イーヴァルとの結びつきの強さを示す記録がいくつも見られるようになる。それは、イー・ファイラーンと祖を同じくする家系の同じイー・ドゥンブラインゲに属するイー・ドゥンハタに対する復讐においてとくに顕著である。事の発端は、九七二年にゴルヴレイスの父であるレンスター王ムルハタ・マク・フィンがイー・ドゥンハタのドヴナル・クラエンに殺害されたことにある。ドヴナル・クラエンはその後、九七八年にレンスター王となるが、その直後の九七九年にダブリン王オーラヴ・キュアランに捕らわれるという事件が起きる[12]。これはおそらく、ムルハタ・マク・フィン殺害に対する報復であると考え得るが、この時は、ドヴナル・クラエンは解放されることになる。だがその後、九八四年にドヴナル・クラエンがイー・ケンセライグとの戦いで殺害された[13]後、九九〇年代になってダブリン王シグトリグと、ムルハタ・マク・フィンの息子で、シグトリグにとっては伯父に当たるマエル・モールダによってドヴナル・クラエンの親族に対する報復が続くこととなる。

まず、九九三年にドヴナル・クラエンの甥のギラ・ケーレがシグトリグによって殺害されると[14]、続く九九五年には、先のギラ・ケーレの兄弟のマスガメインが、ダブリンにおいてマエル・モールダによって殺害されることとなる[15]。さらに九九九年にはドヴナル・クラエンの息子で、当時レンスター王だったドンハタ・マク・ドヴナルがシグトリグによって捕らわれている[16]。この時は、その直後にシグトリグが、マンスター王ブライアン・ボルーと南イー・ネール王マエル・セフネールとの連合軍と戦って捕らわれたため、ドンハタ・マク・ドヴナルは事なきを得るのだが、このように、九八九年にダブリン王となった後のシグトリグは、レンスター王の家系であるイー・ファイラーンのために積極的に動いている。それが、イー・ファイラーンと共同の行動であることは、九九五年にマスガメインを殺害した際に、イー・ファイラーンのマエル・モールダがダブリンにいたことに象徴されている。

では、なぜダブリン王シグトリグはレンスターの一王家であるイー・ファイラーンのために、そこまで積極的に動いたのであろうか。もちろん、彼にとってイー・ファイラーンが母親の家系であることも理由のひとつに挙げられるであろう。だが、ダブリンにとってはレンスターの王家との同盟が必要であったと考えられる理由が、もうひとつあった。それは、イー・ネールへ対抗するためである。先に述べたように、イー・ネールの勢力は侵入してくるヴァイキングに対しては徹底して対決姿勢をとっており、ヴァイキングの王国であるダブリンを攻めることもしばしばであった。とくに、アイルランド中央部を押さえてダブリンと接する南イー・ネールはダブリンにとって最大の脅威であり、実際にダブリン王オーラヴ・キュアランは、九八〇年に南イー・ネール王のマエル・セフネールとの戦闘で戦死している(17)。マエル・セフネールは、早くは王位に就く前の九七五年にダブリンを攻めており(18)、九七八年に王位に就いてからも最低でも五回はダブリンを攻めるなど、ダブリンに対しては極めて敵対的な姿勢を貫いた王であった(19)。そのような状況の中でダブリンが同盟を結んだのが、レンスターの有力家系であったイー・ファイラーンである。おそらく、オーラヴ・キュアランがゴルヴレイスと結婚したとき、ゴルヴレイスの父のムルハタ・マク・フィンはまだ存命中で、その時のレンスター王であった。しかし、ムルハタ・マク・フィンは間もなくライバルのイー・ドゥンハタとの戦闘によって殺害されてしまう。とはいえ、ダブリンにはイー・ファイラーンとの同盟を維持する必要があった。南イー・ネールと共存の可能性がない以上、ダブリンとしてはその脅威に対抗するためにも他の勢力と結んでおく必要があったためである。そのことは、一〇世紀後半の段階において、ダブリンがアイルランドの現地勢力に単独では対抗し得なかったことをうかがわせる。そして、ムルハタ・マク・フィンにとっても、レンスター内におけるライバルとの争いのためにダブリンとの同盟を必要としていた。そのことは、レンスター王であったムルハタ・マク・フィンの方が自分の娘をダブリン王に嫁がせていることからもわかる。また、彼の死後は、父親を殺されたマエル・モールダにとって、ライバルであるイー・ドゥンハタに対抗し、レンスター内で優位に立つにはダブリンとの同盟の維持が必要となった。こうして、ダブリン王家のイー・イーヴァルとレンスターの一王家であるイー・ファイラーンとの同盟関係は、互いの力を必要としてさらに強固なものとなっていく。この、当時のアイルランドでは稀有なほどの強力な同盟関係は、一〇一四年のクロンターフの戦いまで続くことになる。

だが、クロンターフの戦いに至るまでの情勢には、もう少し考察が必要である。この、ダブリンとレンスターが同盟関係を築いていた時期に、アイルランド側の勢力関係に大きな変化が起きていた。ブライアン・ボルーの名で知られる、マンスター王ブライアン・マク・ケネティグの台頭である。

## 4　ブライアン・ボルーの台頭とクロンターフへの経緯

### (1)　ブライアン・ボルーの服従

ブライアン・ボルーの家系は本来、ダール・カイスという王国の王家であった。ダール・カイスはアイルランド南西部のマンスターと、北西部のコナハトの国境付近にあった王国で、年代記にもその名前が出てくるのは一〇世紀になってからという小王国だった[20]。それが勢力を伸ばしはじめるのは一〇世紀半ば以降になってからである。本来、マンスターの王位はエオガナフタという王家が就いており、アイルランド中部から北部のイー・ネール同様にこのエオガナフタの家系がいくつもの家系に分かれて王家の連合体を形成し、マンスターはエオガナフタの王家と言っていい状況にあった[21]。この王家が弱体化した後にそれに取って代わるのが、ダール・カイス王ケネティグ・マク・ローカンのふたりの息子、マスガメインとブライアンの兄弟なのだが、マスガメインがいつマンスター王になったのか、はっきりした年はわかっていない。ただ、マンスターの年代記である『イニシファーレン年代記』では、九六三年に当時のマンスター王が死亡した後に後継の王の記述がなく[22]、九七六年にマスガメインが殺害された際にその称号がマンスター王となっているため[23]、この一三年の間に彼がマンスター王位に就いていたと推測される。そして、九七六年のマスガメインの殺害後、その復讐を果たした兄弟のブライアンがマンスター王位に就くことになる[24]。その過程においてブライアンは、旧来のマンスター王家であるエオガナフタや、それと近親の小王国を攻めて屈服させており、マスガメインとブライアンの兄弟が、周囲の王国を征服しながら実力行使でマンスター王位を奪ったことをうかがわせる。

その後、ブライアン・ボルーはマンスターの外へと勢力を拡大していき、九八二年から南イー・ネール王マエル・セフネールと争うようになる。この両者の対立は十数年続くが、九九九年にブライアン・ボルーとマエル・セフネールが共同でダブリン王シグトリグと戦っているため、それまでには対立関係は終わっていたことがわかる[25]。さらに、『イニシファーレン年代記』には、一〇〇二年にマエル・セフネールがブライアン・ボルーに従属したことが書かれており、それ以後は、両者が共同で軍事行動をとることが多くなる。一〇一四年のクロンターフの戦いにおいても、この両者がダブリン王シグトリグとレンスター王マエル・モールダとの連合軍と対決することになる。その戦闘で自身が戦死しながらもブライアン・ボルーの連合軍が勝利を収めたことで、彼はヴァイキングに対する勝利者として人口に膾炙している。しかし、彼が本当にヴァイキングに対する勝利者であったのか、それ以前に彼がヴァイキングと対決していたのかについては、さらなる検討が必要である。

ブライアン・ボルーがダブリンのヴァイキングに対して何度か勝利したことは確かである。九九九年には南イー・ネール王マエル・セフネールと共にグレン・マーマの戦いでダブリンのヴァイキングに勝利し、ダブリン王シグトリグを捕らえている[26]。おそらく、その際に、シグトリグとレンスター王マエル・モールダはブライアン・ボルーに服従したと考えられる。そして翌年にシグトリグは解放され[27]、それ以降シグトリグとマエル・モールダはブライアン・ボルーに従って行動することになる。

ブライアン・ボルーにとって、この九九九年のグレン・マーマの戦いが初めてのダブリンとの戦闘であった。しかし、それ以降のブライアン・ボルーとダブリン王シグトリグは、ブライアン・ボルーが自分の娘のスラーネをシグトリグと結婚させるなど、むしろ良好ともいえる関係を築いてさえいる。勝者であるブライアン・ボルーの側から自分の娘を相手と結婚させるということは、かつてレンスター王ムルハタ・マク・フィンが自分の娘をダブリン王オーラヴ・キュアランと結婚させたのと同様、ブライアン・ボルーの方がダブリンのヴァイキングと結ぶことを望んでいたことを示している。さらには、勝者であるブライアン・ボルーの方からダブリンに対して歩み寄っている様子は、一〇〇三年にブライアン・ボルーがレンスター王を追放したことにもうかがえる(28)。この時に追放されたのは、かつて、九九九年にシグトリグが捕らえたイー・ドゥンハタのドンハタ・マク・ドヴナルである。そしてブライアン・ボルーは、シグトリグの伯父にあたるマエル・モールダをレンスター王位に就かせた。これは、単にレンスターとマンスターとの関係であるだけでなく、ダブリンとの関係も見据えたものであったと考えられる。すでにその時にはマエル・モールダはブライアン・ボルーに服従していたと思われるが、シグトリグの伯父であり、有力な同盟者であるマエル・モールダを引き立てることはシグトリグにとってもメリットがあることだったはずである。

このように、この時点ではブライアン・ボルーはダブリンのヴァイキングと対決するどころか、自分の娘を相手と結婚させてでもダブリンを自分の陣営に取り込もうとしていたのである。それは、彼の家系の出自をみてもわかることだが、ブライアン・ボルーは必ずしもヴァイキングと対決する立場にあったわけではないのである。彼の一族の本来の根拠地だったダール・カイスは、ヴァイキングの定住地であるリムリックと近接した場所にあり、ダール・カイスは勢力を拡大していく過程でリムリックやコークといったマンスター内のヴァイキングと良好な関係を築いていたと考えられる。そのような、ブライアン・ボルーのとった処遇に対して、ダブリン王シグトリグとレンスター王となったマエル・モールダの方でも、彼に従うことで応えている。例を挙げると、一〇〇六年にブライアン・ボルーがいまだ自分に従わない北イー・ネールに対するために、自分に従うアイルランド内の諸王を招集した際に、シグトリグもマエル・モールダも共にブライアン・ボルーのもとに馳せ参じている(29)。

## (2) 対立の背景

このように、アイルランド北西部のコナハトと北東部のアルスターに拠る北イー・ネールを除いたアイルランドの各王国と、ヴァイキングの王国であるダブリンを従えたブライアン・ボルーは、ダブリン王シグトリグおよびレンスターのマエル・モールダとは良好な関係を築いていった。それが一転して一〇一四年のクロンターフの戦いによる対決という結果になってしまう。そのきっかけとなったのは南イー・ネール王のマエル・セフネールである。クロンターフの戦いの二年前に、南イー・ネール王マエル・セフネールがダブリンを攻撃したのである。そして、同年にはブライアン・ボルーがレンスターを攻めている(30)。それに対して、今度はシグトリグとマエル・モールダが共同でマンスターを攻め(31)、翌年には南イー・ネールに攻め込んでいる(32)。はたして、いったん友好的な関係になったブライアン・ボルーと、ダブリン王シグトリグおよびマエル・モールダとの間になにがあったのか。両陣営の関係の悪化の原因にかんしては、フランシス・バーンはシグトリグとマエル・モールダがブライアン・ボルーの信用を失ったために反旗を翻したものと考えている(33)。それに対してマリー・ヴァレンテは、ダブリンの背後に、スカンディナビアから新たにやってきたヴァイキングの利害があるものと考え、それに突き動かされたダブリンの側から行動を起こしたとしている。つまり、アイルランドに定住したダブリンのヴァイキングと違って、新たにやってきたヴァイキングがアイルランドを略奪の対象としてしか捉えておらず、その意向を無視することができなかったことが原因のひとつであると述べている(34)。

実際に、一〇一四年のクロンターフの戦いにはオークニーの領主をはじめとする多くのヴァイキングが集結しているし、交易の中継拠点でもあったダブリンの興亡には、ヴァレンテの考えているようなヴァイキングの利害がかかわっていた可能性も否定できない。しかし、先行研究においてはダブリン王シグトリグとレンスター王マエル・モールダの方がブライアン・ボルーに反したと考えられているが、実際には前述したとおり、一〇一二年に先にダブリンを攻撃したのは南イー・ネール王のマエル・セフネールなのである。たしかに、イー・ネールの王たちは、ヴァイキングに対しては終始一貫して強硬な対決姿勢をとってきたし、マエル・セフネール自身にとっても、これが五度目のダブリン攻撃であった。しかし、その時点では、マエル・セフネールもシグトリグも、ブライアン・ボルーに従っている状況下であった。それまで敵対関係にあったマエル・セフネールとシグトリグが共にブライアン・ボルーに従うことは、両者の敵対関係を緩和させたであろう。実際、九九九年以降、一〇一二年までマエル・セフネールはダブリンを攻めていないし、一〇〇六年にブライアン・ボルーが自分に従う諸王を招集したときには、マエル・セフネールとシグトリグは共にブライアン・ボルーの元に集まっている。しかし、その平和をマエル・セフネールの側から破ったのである。しかも、両者を従えたはずのブライアン・ボルーはマエル・セフネールを止めることができなかった。ここに、当時のブライアン・ボルーの立場の限界がうかがえる。

先にも述べたが、中世のアイルランドにはいくつもの小王国が存在していて、それらの小王国をまとめる上位の王がいるという小王国の連合体を形成していた。しかし、上位の王とそれに従う小王国の王たちとの関係は封建的な主従関係のようなものではなく、それら小王国の集団を実力でまとめ上げる盟主とでもいうべきものであって、上位の王にできることは、自分に従う王たちを招集して集会を開くことや、敵対する勢力と戦う際に自分に従う王たちを招集するくらいだった。年代記にはアイルランド王を意味するリー・エーレンという称号があり、一〇世紀末まではイー・ネールの王がその称号を用いられることが多かったが、その実態はアイルランド王というにはほど遠いものであった。ブライアン・ボルーとて例外ではなく、自分に従っているとはいえ、勢力の差がそれほど大きくないマエル・セフネールの行動を掣肘することはできなかったというのが実情であろう。いずれにしても、マエル・セフネールがダブリンを攻撃した時点でブライアン・ボルーがマエル・セフネールに対する歯止めとはならないことは明白であり、それどころかブライアン・ボルーがレンスターを攻撃したことで両陣営の決裂は決定的となった。これらに対してダブリンは自衛の手段をとらざるを得なくなり、その際にダブリン王シグトリグが頼りとするのは、血縁関係もあり古くからの同盟相手でもあるレンスター王マエル・モールダであった。このようにして、先行研究でバーンやヴァレンテが述べているようにダブリン側からブライアン・ボルーに反したのではなく、南イー・ネール王マエル・セフネールとマンスター王ブライアン・ボルー側からの攻撃によって生じた対立からクロンターフの戦いにいたったのである。

## 5　クロンターフ敗戦後のダブリン王シグトリグ

クロンターフの戦いでは、ブライアン・ボルー自身は戦死することになったものの、全体としてはブライアン・ボルーとマエル・セフネールの連合軍が勝利することになり、ダブリンの陣営はシグトリグの息子のひとりであるギア・キアランやオークニーの領主など、多くの戦死者を出すこととなった。なによりシグトリグにとって痛手だったのは、長年の同盟相手であるレンスター王マエル・モールダが戦死したことであった[35]。これによってダブリン王シグトリグは、アイルランドにおける最大の味方を失ったことになる。こうしてアイルランドのレンスター王との同盟が消滅して以降、シグトリグが結んだ相手を見ることによって、これまで検討してきた、ダブリンとマン島を軸とするヴァイキングの王国の歴史的特徴が明らかになる。

クロンターフの戦いから二年後の一〇一六年に、デンマーク王スヴェン一世の息子のクヌートがイングランドを征服してイングランド王となった。そして、その二年後には兄の死によってデンマーク王位も継ぐこととなった。いわゆる、クヌートの北海帝国である。この、クヌートの帝国にダブリン王シグトリグが臣従したことを、ベンジャミン・ハドソンが示唆している。ハドソンによると、一〇一七年から一〇二三年の間にシグトリグが鋳造した貨幣を分析した結果、その材質と意匠がクヌートの貨幣とよく似ているという結果が得られた。そのことからハドソンは、クヌートに臣従することでシグトリグが貨幣鋳造権を与えられたと推定している[36]。たしかに、当時は貨幣を鋳造できる場所は限られており、貨幣鋳造権を与えられたからといえども、誰もが自分の領内で貨幣を鋳造できたわけではなかった。意匠はともかく材質まで似ているということは、クヌートの貨幣とシグトリグの貨幣が同じ鋳造所で造られた

表1-1　1094年までの歴代マン王とその出身家系

| | 名 | 在位 | 出自 |
|---|---|---|---|
| 1 | レーグンヴァルド | ？-921 | イー・イーヴァル |
| 2 | シグトリグ | 921-927 | イー・イーヴァル |
| 3 | ゴドフレイ | 927-934 | イー・イーヴァル |
| 4 | オーラヴ・ゴドフレイソン | 934？-941 | イー・イーヴァル |
| 5 | オーラヴ・キュアラン | 941-980 | イー・イーヴァル |
| 6 | マグヌス・ハーラルソン | 980-987？ | イー・イーヴァル |
| 7 | ゴドフレイ・ハーラルソン | 987？-989 | イー・イーヴァル |
| 8 | ギッリ | 990-？ | オークニー領主の親族 |
| 9 | レーグンヴァルドソン | ？-1005 | 詳細不明 |
| 10 | シグルド・フロドヴィルソン | 1005-1014 | オークニー領主，クロンターフで戦死 |
| 11 | ホーコン・エーリクソン | 1016-1030 | クヌートの家臣 |
| 12 | オーラヴ・シグトリグソン | 1030-1034 | イー・イーヴァル |
| 13 | エフヴァルカフ | 1036？-1061 | イー・イーヴァル |
| 14 | ムルハタ・マク・ディアルヴァート | 1061-1070 | レンスター王の子 |
| 15 | ディアルヴァート・マク・マエル・ナーンボー | 1070-1072 | レンスター王 |
| 16 | ゴドフレイ・シグトリクソン | ？-1074 | イー・イーヴァル |
| 17 | フィンガル・ゴドフレイソン | 1074-1079？ | イー・イーヴァル |
| 18 | ゴドフレイ・クローヴァン | 1079？-1094 | イー・イーヴァル |

出所：筆者作成。

ことを示しており、ハドソンの意見は、シグトリグがクヌートに臣従したことを明示する文書がないことと、鋳造所が特定できていないことは指摘されつつも、アレックス・ウルフやティモシー・ボルトンといった研究者によって概ね支持されている。[37]一〇一七年から一〇二三年という貨幣の鋳造年代からも、シグトリグがクヌートの即位後すぐに臣従したことを示している。

また、もうひとつシグトリグがクヌートに従っていたことを示す根拠となるのが、マン島およびヘブリディーズ諸島の領主の問題である。実は、シグトリグがダブリン王であった時期の大半は、マン島およびヘブリディーズ諸島は彼の領地ではなかった（表1-1）。ここの領主は、九九〇年からイー・イーヴァルの手を離れ、オークニーの領主の一族と推定される人物が領主となっていた。さらに、一〇〇五年からはオークニー領主のシグルド・フロドヴィルソンがマン王となっている。ただ、このイー・イーヴァルからオークニー領主へのマン王位の移行が敵対的なものではなかったことは、シグルド・フロドヴィルソンがクロンターフの戦いにおいてシグトリグ陣営に加わっていることからもわかる。そして、このシグルド・フロドヴィルソンがクロンターフで戦死した後、空白地帯となったマン島とヘブリディーズ諸島を押さえたのはクヌートであり、彼がイングランド王となった一〇一六年に、マン島とヘブリディーズ諸島の領主となったのがホーコン・エーリクソンである。ホーコンの父エーリク・ホーコンソンはノルウェー出身であるがスヴェン一世とクヌート親子のイングランド征服に加わり、クヌートがイングランド王に即位するとその家臣としてノーサンブリアの伯となった人物である。クヌートにとってマン島と、とくにヘブリディーズ諸島を押さえさせることは、来たるべきノルウェー征服のための拠点とするという意味があった[38]。だが、そのホーコン・エーリクソンもクヌートによるノルウェー征服後の一〇三〇年に亡くなることになる。

そして、その後をうけてこの地の領主となったのは、ダブリン王シグトリグの息子のオーラヴであった。オーラヴもしくはシグトリグが実力でこれを奪取したという記録はないので、彼がマン島およびヘブリディーズ諸島の領主となったのはクヌートの意向によるものであると考えられる。この時点ではクヌートが一〇二六年にノルウェー王オーラヴ二世を打ち破ったことでノルウェー征服は果たされており、ヘブリディーズ諸島にノルウェー征服の拠点としての役割はなくなっていた。重要なのは、この時まだクヌートは健在であり、オーラヴがマン島およびヘブリディーズの領主となったことは、少なくともクヌートの許しを得たものであると考えられることである。それは、オーラヴと、その父のダブリン王シグトリグがクヌートに臣従していたことを示唆するものであろう。

＊

以上のようにダブリン王シグトリグの行動をみてみると、彼がはじめはレンスターのマエル・モールダと結び、そ

**表 1-2**　クロンターフ前後におけるダブリン王シグトリグの争い

| | マンスター | イー・ネール | マンスター＋イー・ネール | レンスター | アルスター |
|---|---|---|---|---|---|
| クロンターフまで (989-1014) | 4 | 4 | 2 | 1 | 1 |
| クロンターフ後 (1015-1036) | 0 | 9 | 0 | 2 | 2 |

出所：筆者作成。

の後マンスター王のブライアン・ボルーに敗れるとそれに従い、さらに南イー・ネール王マエル・セフネールに攻められるとマエル・モールダと共にこれに抗していたが、クロンターフの戦いに敗れて同盟相手のマエル・モールダを失うと、今度はブリテン島の支配者となったクヌートに従ったということになる。彼ら、ブリテン諸島に定住したヴァイキングはダブリンをはじめ、ブリテン諸島内に拠点を築いたとはいえ、それを独力で維持するのが次第に困難になっていたものと考えられる。その原因として考えられるのは、アイルランドも含む、ブリテン諸島における現地人諸王国の発展である。ヴァイキングがブリテン諸島で活発に略奪を行っていた九世紀までは、アイルランドはもちろん北欧やブリテン島においても強力な現地人王国はいまだ存在していなかった。それが一一世紀になると、クヌートの北海帝国やノルマン征服以後のアングロ・ノルマン王国といった強大な王国が出現するようになる。この、王国形成の動きはアイルランドにおいても例外ではなく、一〇世紀以降、それまでは小王国の連合体であった中から、イー・ネールが勢力を伸ばしていき、一〇世紀末にはマンスター王となったブライアン・ボルーがマンスター地方とレンスター地方の小王国に加えて、アイルランド中央部に拠る南イー・ネールと、アイルランドの勢力の過半を従える強大な王国が一時的に出現することとなった。

この間にダブリン王シグトリグの外交行動は、クロンターフまでとそれ以後のシグトリグの戦争を見ることで把握できる（表1-2）。クロンターフの戦いも含めて、それまでシグトリグは、マンスターやイー・ネールともっとも多く戦っており、このふたつが連合した軍と戦ったものを合わせるとそれぞれ六回ずつになる。また、レンスターの軍勢とも戦っているが、これはクロンターフの戦いの前後ともに、同盟相手であったマエル・モールダのライバルとなる勢力を相手とするものばかりである。そして、クロンターフ後のシグトリグの戦争をみてはっきりと違っているのはマンスターに対する態度である。ダブリンに対して敵対的な姿勢を崩さず、宿敵ともいえるイー・ネールとは九回戦闘を行っているのに対して、マンスターとはまったく戦っていない。これは、マンスター側がクロンターフの戦いでブライアン・ボルーを失った影響もあるだろうが、おそらくダブリン王シグトリグにはマンスターと戦える力は残っておらず、マンスターに対して完全に従属することを余儀なくされたことを示しているのではないだろうか。勝利した側のマンスターは依然としてアイルランドにおける現地人大勢力であったし、ダブリンがアイルランド内に位置している以上、自らの王国を守るためにはほかに選択の余地はなかったであろう。

そして、クロンターフの戦いで敗れた後、イングランド王に就いたクヌートにダブリン王シグトリグが臣従したことは、その時点で彼がダブリンの王国を維持するためには、ブリテン島であれアイルランドであれ、いずれかの強力な勢力と結ぶことが必要であったことを示している。たしかにアイルランドの年代記では、彼らヴァイキングは一貫してアイルランドを荒らし回る略奪者として描かれている。しかし、ダブリン王シグトリグの行動には、そのような略奪者の面影は見られない。彼ははじめレンスター王と結び、ブライアン・ボルーに敗れるとそれに従い、イングランドでクヌートが台頭するとそれに臣従することでダブリンを維持している。以上の検討から判明するのは、ブリテン諸島に定住したヴァイキングは、一〇世紀後半にはすでに一方的な侵入者や略奪者とはいえず、アイルランドやイングランドの強力な勢力と結ばなければ、自らの王国を維持できなくなっていたということである。

**注**

（1）William M. Hennessy (ed. & tr.), *Annals of Ulster — Annals of Senat: A Chronicle of Irish Affairs from A.D. 431, to A.D. 1540*, Dublin, 1887（以後 *AU*), 795.

（2）Mary A. Valente, *The Viking in Ireland: Settlement, Trade and Urbanization*, Dublin, 2008, pp. 81-83.

（3）*AU* 914.

（4）ウォーターフォードへの定住は九一四年、リムリックへの定住は九二〇年頃。Seán Mac Airt (ed. & tr.), *The Annals of Inisfallen*,

Dublin, 1951（以後 *AI*）914.

（5）リムリックとダブリンとの争いは *AU* 924, *AI* 927, 953、ウォーターフォードとダブリンの争いは *AU* 982。

（6）イー・イーヴァルの王国にかんしては、Clare Downham, “England and the Irish-Sea Zone in the Eleventh Century”, in John B. Gillingham (ed.), *Anglo-Norman Studies* XXVI, Woodbridge, 2004, pp. 55–74, Benjamin Hudson, “The Viking and the Irishman”, *Medium Ævum* 60-2, 1991, pp. 257–267 を参照。

（7）Wendy Childs and Timothy O'Neill, “Overseas Trade”, in Art Cosgrove (ed.), *A New History of Ireland, ii Medieval Ireland 1169–1534*, Oxford, 1987, pp. 492–524.

（8）イー・ネールおよびアイルランドの王国の構造にかんしては、拙稿「中世初期アイルランドにおける王位継承と「王家」共同体——イー・ネール王家の例から」『歴史家協会年報』創刊号、二〇〇五年、二～一七頁、拙稿「中世初期アイルランドにおける王国の諸相——『アダムナーン法』の王のリストから」『史泉』第一一一号、二〇一〇年、一七～二九頁を参照。

（9）このふたりの結婚に関しては、ゴルヴレイスが死亡した時の記述に書かれている。*AU* 1030.

（10）William M. Hennessy (ed. & trs.), *Chronicum Scotorum*, London, 1866; repr. Wiesbaden, 1964（以後 *CS*）972.

（11）*AU; AI; CS*, *Annals of the Four Masters*, Corpus of Electronic Texts; Text ID Number: T100005A, CELT Project, University College Cork, http://www.ucc.ie/celt, 2002.（2015/9/30 アクセス）（以後 *AFM*）. *The Annals of Tigernach*, Corpus of Electronic Texts; Text ID Number: T100002A, CELT Project, University College Cork, http://www.ucc.ie/celt, 2010.（2015/9/30 アクセス）（以後 *AT*）980.

（12）*CS; AT* 979.

（13）*CS* 984.

（14）*AFM* 993.

（15）*AFM* 995.

（16）*CS* 999.

（17）*AU; AI; CS; AFM; AT* 980.

（18）*AU* 975.

（19）*AU* 980, 989, 999, 1012, 1014.

（20）Donnchadh Ó Corráin, “Dál Cais, Church and Dynasty”, *Ériu* 24, 1973, pp. 52–63, Bart Jaski, *Early Irish Kingship and Succession*, Dublin, 2000, p. 233.

（21）拙稿「中世初期アイルランドにおける王国の諸相——『アダムナーン法』の王のリストから」。

（22）*AI* 963.

（23）*AI* 976.

（24）*AI* 978.

（25）*AU; AI; CS; AFM; AT* 999.

（26）*AU; AI; CS; AFM; AT* 999.

（27）*CS, AFM* 1000.

（28）*AI* 1003.

（29）*AI* 1006.

（30）*AFM* 1012.

（31）*AFM* 1012.

（32）*AFM* 1013.

(33) Francis J. Byrne, "Ireland before the Battle of Clontarf", Dáibhí Ó Cróinín (ed.), *A new History of Ireland, i Prehistoric and early Ireland*, Oxford, 2005, pp. 852–861.

(34) Valente, *op. cit.*, pp. 112–117.

(35) *AU; AI; CS; AFM; AT* 1014.

(36) Benjamin Hudson, "Knútr and Viking Dublin", *Scandinavian Studies* 66, 1994, pp. 319–335.

(37) Alex Woolf, *From Pictland to Alba, 789–1070*, Edinburgh, 2007, pp. 218–219, Timothy Bolton, *The Empire of Cnut the Great: Conquest and the Consolidation of Power in Northern Europe in the Early Eleventh Century*, Leiden, 2009, pp. 129–132.

(38) Woolf, *op. cit.*, pp. 245–246.

# 第2章　一一世紀前半のノルマンディ公と地方貴族

——西部を中心に——

中村敦子

八世紀末頃から始まった北欧出身のヴァイキングたちの遠征活動は、ヨーロッパ各地域を震えあがらせながら展開し、九世紀以降、フランス北西部への定着という重要な段階を迎える。九一一年には、ヴァイキングの首長ロロがサン・クレール・シュル・エプト条約を西フランクのシャルル単純王と結ぶことにより、領邦ノルマンディが成立し、そこを拠点とする人々はノルマン人と呼ばれた。ノルマン人は地中海地方へ進出し、またノルマン征服を成し遂げるなど、中世ヨーロッパ社会のなかで大きな役割を果たしたのである。

ノルマンディ公領は、その成立の過程から特殊な領邦として意識され、これまで、フランク王国時代の国制の連続かあるいは断絶かという問題を中心に政治構造の解明が試みられてきた。また、イングランド王国の征服、すなわち一〇六六年のノルマン征服がなぜ可能だったのか、そしてノルマンディの支配構造は征服後のイングランドにどのように影響したのかという観点からも、ノルマンディ公領は注目を浴びてきた。筆者はかつて、一一世紀前半、ノルマンディ公ギヨーム二世（ノルマン征服後は、イングランド王としてはウィリアム一世征服王）が、幼くしてノルマンディ公領を継承し、公領内の混乱を制圧しつつ、支配を安定させていく過程において、ギヨームとノルマンディの地方貴族は、相互に良好な関係を保とうとしたと指摘した(1)。これは、ノルマン征服を成功させる前段階としてのノルマンディ公領の支配の仕組みを考察するという視点に立っており、また、ノルマンディ公と地方貴族たちの「良好な関係」の示す具体的な内容はあいまいなままだった。

本章の目的は、近年盛んに進められているノルマンディ公領の政治構造の読み直しを踏まえ、ノルマンディにおける公と貴族たちとの関係を、その周辺の勢力を視野に入れつつとらえなおすことである。その際、「ノルマンディ公による地域支配」という観点のみならず、境界地域の有力貴族たちの立場に視座を置くことにしたい。対象としては、ノルマンディ公の地方支配を担った副伯の家系として知られ、以前にもとりあげたゴツ家、とくにトゥルスタン・ゴツを中心にする。[2]

ゴツ家はノルマンディ中部から西部にかけて所領を持つ有力貴族である。[3] 一〇世紀頃から史料上に現れ、イエモワ、そしてアヴランサンの副伯となっている。その間、一一世紀前半には、トゥルスタン・ゴツがノルマンディ公ギヨーム二世に対し反乱を起こしたが、後に許されたとされる。その息子リシャールは公の宮廷で重要な地位にあり、ノルマン征服後は、リシャールの息子ユーグ（ヒュー）がウェールズ辺境を拠点とするチェスター伯となり、その後もチェスター伯家はアングロ・ノルマン社会の有力貴族であり続けた。

ゴツ家は、一一世紀ノルマンディで自身の所領と権力を維持するために、ノルマンディ公との関係を意識しなければならなかったはずである。また、その際、領域を接するほかの貴族たち、そしてフランス王、アンジュー伯など、公領周辺のさまざまな勢力にも目を配る必要があった。なかでもフランス王の存在は大きい。ノルマンディ公に対し、形の上では主君でありながら、主君としての立場は絶対的なものではなく、ノルマンディ公との関係は状況に応じて変化する。[4] フランス王とノルマンディ公をはじめとする複雑な権力関係のなかで、ゴツ家はどのように行動したのだろうか。また、ゴツ家はノルマンディ公の「副伯」という役割にあった。これまでの研究では、ノルマンディ公は確固たる権力を持っていたと考えられ、その地方支配を担ったのは、伯や副伯という、公から与えられた役職を持つ貴族たちであったとされてきた。しかし、副伯の性質についても近年再検討が進んでいるのである。

本章では、以上を背景に、まず、ノルマンディ公領の歴史的背景・統治構造とその研究史を概観する。次に、ノルマンディ公領内部の地域による相違を意識しつつ、副伯の役割を確認する。そして、副伯の役職を担った一一世紀のゴツ家の人々、とくにトゥルスタン・ゴツの経歴をたどり、その地域の政治状況を、ノルマンディ公、フランス王権を中心に考察する。

## 1　ノルマンディの成立とノルマンディ公たち

北欧出身のヴァイキングたちの襲撃は、沿岸地域を襲うことから始まり、将来のノルマンディとなるセーヌ川河口にも九世紀に入るとヴァイキングたちが侵入する。フランク王家の弱体化により、フランク側の防衛が手薄になった機会をとらえ、ヴァイキングたちはセーヌ川を利用し、上流まで侵入を繰り返す。(5)九世紀末には、セーヌ川河口にヴァイキングたちが定住しはじめている。(6)

ヴァイキングたちのこの地域への定着と領邦の成立を進めたサン・クレール・シュル・エプト条約の直接のきっかけとなったのは、九一一年のシャルトルでの戦いでロロ側が敗北したことだった。ロロ側とシャルル単純王は、相互に利益のある取決めを行うことにより、状況の改善を図ったのである。結果、ロロは、シャルル単純王に宣誓を行い、セーヌ川河口域を得る一方、キリスト教を受け入れた。こうしてノルマンディは、政治的にも文化的にも、当時のフランク社会の一員へと成長することになる。(7)

このような、北欧人ヴァイキングの襲撃、定住、条約による成立、という経過は、ノルマンディ公領は独得であるという理解を生み、フランス王権に対し、ノルマンディ公が独立的であった根拠とされてきた。(8)だが近年、ノルマンディ公と公領支配の再検討が進められ、ノルマンディ公領の独自性やフランス王権との関係についても新たな理解が示されるようになってきている。(9)ここでは、最近の研究動向の特徴を三点にまとめておきたい。一点目としてあげられるのは、ノルマン人、ノルマンディの相対化である。すなわち、ノルマン人は特別な人々であり、ノルマンディ公領は特別な領邦であるという先入観にたつことなく、当時のフランスの諸領邦のひとつとして、北仏社会全体のなかで検討する方向性である[10]。

二点目は、ノルマンディ公の支配のあり方についてである。J・イヴェル、L・ミュセ、D・C・ダグラスらが、公領支配を相対的に強固で一円的なものと理解するのに対し、現在の研究は、公領内の差異をより重視するようになっている[11]。とくにノルマンディ公が当初得たセーヌ川河口流域から、その後拡大していった西部ノルマンディを対象に、詳細な研究が行われるようになり、当初から支配の拠点であったとされる東部と西部との相違が意識され、そしてその西部への拡大の様相も具体的に検討されるようになってきた[12]。

三点目は、二点目と関連する。前述のように、ノルマンディ公の権力が一元的で強固に公領内を支配したという見方を修正する観点は、同時にノルマンディ公領の境界領域における権力のあいまいさを浮かび上がらせる。歴史研究全体におけるフロンティアへの注目を背景に、ノルマンディ公の支配の境界領域のあり方も再検討されるようになった[13]。

ノルマンディ公領として確立する地域は、九一一年にロロに与えられた領土からさらに拡大したものである。当初、ルーアンを中心としたセーヌ川河口域のみだったが、九二四年、ベサンとイエモワが加わり、九三三年にコタンタン、アヴランサンが加わった。近年の研究は、条約で得られた所領は、ロロたちを中心とするヴァイキング勢力がすでに定住していた地域であり、それが改めてシャルル単純王により認められたものと考える。そして、順次加わった所領は、サン・クレール・シュル・エプト条約の際と同様、王がすでに支配できなくなっていた領域を含むものと考えられている[14]。また、ベサンとコタンタンは、もともとブリトン勢力が進出しており、ヴァイキング集団もすでに定着していた[15]。したがって、ロロの後継者たちは、仲間たちだけでなく、すでに定住を始めていたほかのヴァイキング集団、さらに新たにやってくるヴァイキング集団、そして、現地のフランク人たちに対応しなければならなかった。ノルマンディ公の支配の確立と、現地の人々との混合は一朝一夕になされるものではないだろう。近年の研究は、政治的分裂状態は、これまで考えられてきた以上に長期にわたっていたのではないかと考えるようになっている[16]。このようにノルマンディ史においても、定着と拡大をめざす権力のせめぎあう境界領域におけるダイナミズムに注目し、その個別状況を検討する研究が現れている[17]。

こうして、ノルマンディ公領内部の地域的差異を意識しつつ、また境界領域を対象に、より詳細な研究がなされるようになってきた。この傾向はさらに、ノルマンディ公領の周辺地域の勢力、すなわちフランス王、アンジュー、ブルターニュ、フランドルといった大諸侯たちとの関係を、単にノルマンディ公とフランス王の関係のように大諸侯同士の関係からみるのでなく、境界領域を幅広くとらえ、その地域に基盤を持つ貴族たちの動向を含め、重層的に研究する動向を促しているのである[18]。

## 2　ノルマンディ公の地方支配

本章の対象とするゴツ家は、ノルマンディ公のもとで副伯という立場にあった。副伯は、伯とともに、ノルマンディ公の地方統治を担うとされている。だが、ノルマンディ公領内に政治的分裂をみるならば、公のもとで地方支配を担った伯や副伯の役割も再検討する必要があろう。一般的には、伯は公の近親に与えられた地位であり、ノルマンディ公領の辺境領域に置かれ、城を拠点に、その地の防衛が任されていたとされる[19]。一方、副伯の役割は、公の代理として地方行政を担うものであった[20]。ここでは、ゴツ家が担った副伯の役割に注目する。

ノルマンディの副伯については、C・H・ハスキンズの古典的研究が起点となる。ハスキンズは、副伯は、カロリング期の伝統を継承し、ノルマンディの伯、すなわちルーアン伯、後のノルマンディ公の代理として、軍事的役割、そして、公的秩序の維持、財政、支配する地域での公の裁判を統轄するなど、幅広い役割を担っていたと考えた[21]。ハスキンズ後の研究者も、基本的にはハスキンズを継承し、副伯を、担当する地方におけるノルマンディ公の全面的な代理として理解してきたといえる[22]。

その中で、D・ベイツは副伯の起源を、最初に証書に副伯のタイトルを持つ人物が登場するリシャール二世期以前にさかのぼると考える[23]。また、副伯は、カロリング期の地域区分であった個々のパグスに所属しているとされてきたが、ベイツは、一〇六六年より前は、副伯の役職が完全に確立する前の段階であり、公の出先機関としての性格が強く、公のハウスホールドとの関係も継続していたと指摘している[24]。

一方、M・ハガーは、ノルマンディ公（そもそもはルーアン伯）支配下の副伯と、伯の支配下の副伯の双方が存在したことに注意を促し、公の支配下の副伯について再検討を行った。ハガーも、副伯はリシャール一世期から存在していたと考え[25]、ある地域を対象に、公の代理としての役割を担ったとする。ノルマンディ公証書に現れる副伯に地名がつかない場合が多いことに触れつつも、その理由は文書形式的なものであって、特定の地域に所属しない副伯が存在したのではないとし[26]、副伯とその担当する地域とのつながりを重視しながら、以下のように指摘した。すなわち、ノルマンディ公の副伯は、副伯として公の軍を率いたり、公の城の守備を行うものではなかった。彼らは公の直営地を監督しつつ、公の収入を管理し、公の命令が実行されているかどうか、公の裁判の結果が周知されたかに気を配り、公の支配が貫徹し平和が維持されているかを監督するのがその役割だったのである[27]。

ハガーが、副伯の役割を整理し、ハスキンズに依拠する研究がカロリング期からの副伯の役職内容の継続を重視し、その公的な役職としての側面を拡大して理解し過ぎているのではないか、と指摘した点は重要だろう。だが、注意したいのは、副伯が公のもとで軍を率いたり、公の城を管理したりする場合が存在する、とハガーが述べていることである[28]。実際、ハガーはその例として、トゥルスタン・ゴツが、イエモワの副伯だった一〇四〇年代にファレーズの城を支配していること[29]、また、その息子であるリシャール・ゴツはアヴランサン副伯であり、一〇六四年にギヨーム二世からサン・ジャム・ド・ブヴロンの城を与えられていることをあげ、その理由は彼らが副伯だからではなく、公の信頼を得た公の気に入りだったからではないかとした[30]。この点と、ベイツが指摘した、ノルマン征服以前の副伯が、公のハウスホールドと近い関係を維持していた点とあわせると、トゥルスタン・ゴツが副伯だった時代、すなわち一一世紀前半は、副伯たちと公との個人的関係が大きな意味を持っていたと考えられよう。

また、副伯のタイトルを持つ個人名がノルマンディ公証書に登場するようになった以後も[31]、副伯の職名に地域名がつけられていない場合が多いことは注目に値する。トゥルスタンと同時代に、ノルマンディ西部のコタンタンの副伯であったニール（一世）が、現存するノルマンディ公証書においてコタンタン副伯として登場することはなく、トゥルスタンの場合も、ノルマンディ公証書では副伯の地名をともなっては登場していない。この点については、ハガーは文書形式に由来するとしているのだが、副伯の役職と個別のパグスとの関連があいまいであることをも示しているともいえるのではないか。実際、ベイツが指摘するように、パグスと副伯の数は一致しない場合もあるのである[32]。

したがって、ノルマンディ公により任ぜられ、ある定まった地域を支配し、また罷免されたり入れ替えられることが可能な副伯という、公の代理としての地方役人という側面と、地方の有力貴族として、その地域に拠点を持ち、所領基盤を築くという側面は、明確に区別することはできないのではないだろうか。現実の場面における副伯たちの行動は、副伯としての公的な役割と必ずしも重ならない部分もあろう。さらに、副伯と公との関係が個人的なものであれば、その関係は常に変化する可能性がある。コタンタン副伯ニールの家系は、副伯の役職を継承する副伯家系となり、本章でとりあげるゴツ家もまたそうだった。だが、公の役人の副伯でありながら彼らはどちらも公に対して反乱を起こした。一一世紀前半のノルマンディでは、副伯と地域のつながり、役人としての側面は確定していなかったと考えられるのではないだろうか。

## 3　ゴツ家の反乱をめぐって

### (1)　証書への登場

トゥルスタン・ゴツが史料に登場するのは、ノルマンディ公リシャール二世の時代（九九六～一〇二六）からである。トゥルスタンの父は「デーン人アンスフリッド」だが、[33]当該アンスフリッドをノルマンディ公の証書からは確認することはできない。一方、トゥルスタンはリシャール二世期からギヨーム二世期までのノルマンディ公の証書に登場する。[34]一〇四八年のギヨーム二世の証書に証人として登場するのが、ノルマンディ公の宮廷でトゥルスタンの存在を確認できる最後の例である。[35]したがって、約二五年から三〇年ほどの長きにわたってノルマンディ公の宮廷で活躍したことがわかる。

リシャール二世の証書は五一通[36]残っているが、そのなかでトゥルスタンが登場するのは五通である。[37]これらの証書の発給年代の範囲は一〇一七年から二六年であり、三〇年に及ぶリシャールの治世のうち、最後の九年である。次のリシャール三世の短い治世で残された二通の証書には現れず、[38]次のロベール一世証書の三二通においては二通、[39]その後のギヨーム二世公証書の一四三通については、その初期の段階において五通確認できる。[40]また、次の世代に目を移せば、トゥルスタンの息子リシャールは、ギヨーム二世治世初期の証書に、父と兄弟ロベールとともに登場する。[41]リシャール・ゴツは、後にアヴランサンの副伯となっており、[42]ギヨーム二世の宮廷で重要な位置を占めた。[43]前述のように、ノルマン征服後はリシャールの息子ユーグ（ヒュー）がチェスター伯となるなど、有力貴族家系としての地位を保ち続ける。

さて、ノルマンディ公証書を編集したM・ファルーによれば、副伯トゥルスタン・ゴツは、リシャール二世の証書のなかで、コタンタン副伯ニール一世とともに中心的存在であった。[44]ノルマンディ公証書に登場する回数だけで考えると、トゥルスタンは前述のように一二回を数え、一方ニール一世は一七回を数える[45]。そして、人物確定の困難さはあるにせよ、アルク副伯ゴスランらと同様、ノルマンディ公の副伯たちのなかで、トゥルスタン、ニールはノルマンディ公証書への登場は最多のグループに属するといえるだろう[46]。

例えば、ノルマンディ公と彼らの近さを示す例として、ノルマンディ公と関係の深いフェカン修道院に寄進したリシャール二世の証書がある。そこには公の家族、大司教、司教の次に、俗人の証人二名のみ登場しており、その二名とは、副伯ニール一世と副伯トゥルスタンである[47]。また、一〇二五年のベルネイ修道院に宛てたリシャール二世の証書には副伯一二名もの名があがり、ここからリシャール二世期後期の副伯たちの名を知ることができる。この証書のなかで、副伯たちの名は高位聖職者たちの後に続き、彼らの後さらに俗人たちの名が多数連なっており、この証書が承認された集会の大規模さとともに、公の集会における副伯たちの存在感を示している。副伯たちの名のなかで、副伯トゥルスタンの名は四番目にあがり、副伯ニールの名は二番目にあがっている[48]。さらに、一〇二二年から二六年の間とされるリシャール二世のモン・サン・ミシェル修道院宛て証書では六人の副伯の名があがるが、司教たちの名の次に、副伯ニール、そして副伯トゥルスタンの名が連なるのである[49]。また、ギヨーム二世公のトリニテ・デュ・モン修道院への寄進を認める証書では、文中にその寄進を認めた有力者として、副伯ニールとトゥルスタンの名のみとくにあげられている[50]。

ファルーの指摘するように、副伯ニールとトゥルスタンはノルマンディ公の宮廷で重要な立場にあっただけではない。興味深い点は、トゥルスタン・ゴツは、証書に登場する際、ほぼ毎回副伯ニールとともに現れることである。彼が名前をみせる一二通のうち、一〇通はニール一世も証人となっている[51]。さらに注目すべきは、トゥルスタンと同様に公の宮廷に頻繁に、しかもほぼ同じ機会に出入りしていた副伯ニールと副伯トゥルスタンもともに、ノルマンディの中部から西部の領域を支配する副伯だったのである。すなわち、ノルマンディ公が当初は支配を及ぼしてはいなかったとされている地域である。

先述のように、リシャール一世期にもおそらく副伯が存在していたことから考えると、トゥルスタンの世代は、副伯という名称を持つ人物が置かれるという意味では、副伯の立場が確立しつつあった時代だろう。そして、息子リシャールも副伯という地位を得ていることからすると、ゴツ家は長期にわたり、公の宮廷における重要な立場を維持していたといえよう。また、この点は副伯ニールの家系にもあてはまるのではないか(52)。

ベイツによれば、リシャール二世期の宮廷は基本的にはノルマンディ公の家族やごく近い者たちから成り立っていたのであり、ロベール一世治世に入り、モンゴメリ家やモンフォール家といった、その後のノルマンディ公領における有力家系で、ノルマン征服を支えた家系が一挙に登場する。ベイツが強調するのは、リシャール二世の次の時代になってようやく有力貴族家系が公の支配に直接参加するようになってきている点だが、同時にトゥルスタン、ベサン副伯アンシェティル、コタンタン副伯ニールといった、西部ノルマンディの有力副伯家系が、すでにリシャール二世の宮廷に参加していることに触れている(53)。

ここでは、西部ノルマンディに拠点を置く副伯トゥルスタンが、同じく西部ノルマンディの副伯ニール一世とともに、リシャール二世の治世からノルマンディ公の宮廷に頻繁に現れ、重要な立場にあったという点に注目したい。だが、トゥルスタンはギヨーム二世治世に入り、公に対して反乱を起こす。その反乱はトゥルスタンにとってどのような意味を持っていたのだろうか。

## (2)　トゥルスタンの反乱

ギヨーム二世の父ロベール一世がイェルサレム巡礼に出かける際、ロベールは、庶子であり、まだ幼い息子ギヨームを自分の後継者として指名し、貴族たちに忠誠を誓わせた(54)。しかし、一〇三五年、ロベールは巡礼に行ったまま客死した。叙述史料は、ギヨームがノルマンディ公領を継承した後の公領内の混乱を描写している。トゥルスタンの反乱はこの時代のことであり、一〇四三年頃と考えられている(55)。ほぼ同時代のギヨーム・ド・ジュミエージュの著作は、この反乱について以下のように述べる。

デーン人アンスフリッドの息子トゥルスタンは、その頃イエモワ副伯だったが、若い公（ギヨーム二世）が王（フランス王アンリ一世）に譲歩し、その圧力に屈しているのを見て、反乱の熱にかられ、ファレーズの要塞の防衛のために集めていた王の兵を傭兵として雇った。彼は公に仕えたくなかったからだ。公はそれを聞くと、公領全体からノルマン人たちを集め、彼を包囲した。……トゥルスタンは持ちこたえられないのを知ると、公にその地を引き渡すようにした。そしてその地を逃れた。

オルデリク・ヴィタリスは、これに続いて「のち、トゥルスタンの息子リシャールが公に忠実に仕え、公と父を和解させ、彼自身は父が失ったより多くの土地を得た」と書き加えている。[56]

また、一二世紀後半のワースもトゥルスタンの反乱について同様に述べる。

イエモワ副伯だったトゥルスタンは、フランス王が土地を奪い、町を焼く一方、ノルマンディ公の勢力が衰えて誰も公の保護を受けられないでいるのを見て、自分の支配下にあったファレーズの城の防衛を固め、フランスから傭兵を集め、城を自分のものにしようと試みた。公はすぐにオージュとサングレから兵を集め、ファレーズを攻撃し、壁をやぶった。トゥルスタンは驚き、和解して城を出て逃げる許しをとりつけた。[57]

双方の史料からわかるのは、トゥルスタンはフランス王とそれに屈するギヨーム二世公の関係を見て、ファレーズの城を拠点に、アンリ一世と直接の交渉の有無は不明ながら、フランス側と組み、公に反旗を翻したとしている点である。ギヨーム・ド・ジュミエージュとワースがトゥルスタンの反乱について述べているのはこの部分のみだが、その前後の描写は反乱の背景とかかわるように思われる。

まず、トゥルスタンの反乱の前に、フランス王アンリ一世がノルマンディ辺境のティリエールの城に圧力をかけている。このアンリ一世の一〇四〇年代初期の攻撃は、ギヨーム・ド・ジュミエージュによれば、以下のような状況だった。

フランス王アンリ一世は、ギヨームに対しアヴル川に沿うティリエールの城を破壊するように命じた。この城は、一〇〇〇年頃、リシャール二世が公領南部の境界に建造したものであった。ギヨーム側は応じることにするが、ギヨームの父ロベール公に任ぜられて城を守っていたジルベール・クリスパンが城を明け渡すことに対して抵抗、フランス側に対抗する。ギヨームがティリエールに乗り込み、ようやくジルベールは屈服した。アンリ一世は城を破壊して去った。だが、それほどたたないうちに、再度イエモワに侵入し、アルジョントンの町を攻撃する。さらに、同じ道を通ってティリエールに戻り、四年は築城しないという公への誓いを破り、自身が城を再建し、軍を置くのであった[58]。これについて、ワースも同様の話を述べる。つまり、アンリ一世はドルーにきて、エヴルー地域を荒らす。そして、ティリエールの城の譲渡か破壊を要求するのである。

ギヨーム・ド・ジュミエージュも、ワースも、トゥルスタンの反乱をこの出来事に続けて描いている。おそらく、一〇四三年頃のトゥルスタンの反乱は、フランス王アンリの侵入からほぼ連続して起こったといえよう。

さらにその数年後、一〇四七年には、ギヨーム公と有力貴族たちの戦いであるヴァレデュヌの戦いが起こる。リシャール二世の息子でギヨーム二世のおじにあたるギ・ド・ブリオンヌ、コタンタン副伯ニール二世、ベサン副伯レナルフ、アモ・オ・ダンらが反乱し、ギヨームは窮地に陥った。ギヨームはフランス王アンリ一世の支援を求め、アンリは応じてイエモワからヴァレデュヌに軍を率い、ギヨームの勝利に貢献した[59]。この戦いについては、ノルマンディ西部の有力貴族たちの連合に対し、まだ若いギヨームが勝利することにより、政局安定までさらなる道のりは続くものの、ノルマンディ公領支配の安定への重要な一歩を踏み出すことができた、と理解されてきた[60]。

ギヨーム二世の治世前半をノルマンディ公領の混乱状態とみなすこれまでの見解においては、トゥルスタンの反乱は、その混乱の一事例とされるのみだった。しかし、ギヨーム二世公治世初期のノルマンディの状況の理解が進むにつれ、トゥルスタン・ゴツの動きも新たな理解を可能にするように思われる。これは、ノルマンディ公領内における権力のあり方と、周辺権力との関係の読み直しという現在の動向のなかで、ひとつの可能性を示すものだからである。

### (3) 反乱の研究史

まず、これまでトゥルスタンの反乱がどのように解釈されてきたかを確認しておきたい。ギヨーム二世公即位後の混乱状況について一般的には、ギヨームが公となって二年後、父ロベール一世の世代から続いて大きな力を持っていたルーアン大司教ロベールが没して本格的な混乱期に入り、一〇四七年のヴァレデュヌの戦いでギヨームが反乱側に勝利し、この頃成人したギヨームが自ら主導権を握って本格的に混乱収束と公領支配の確立へと進みはじめたとされる(61)。したがって、一〇三〇年代から四〇年代初期は、ギヨームの支配がもっとも不安定だった時期と考えられるのである。

D・C・ダグラスは、トゥルスタンの反乱を、フランス王とギヨーム二世との関係から考える。ダグラスは、一一世紀前半のノルマンディ公とフランス王の関係を、主君と家臣の関係と考えた。彼は、幼いギヨームをノルマンディ公としてフランス王アンリ一世が認めていたことを重視し、アンリのノルマンディ公領への介入は、外部勢力がノルマンディ公領内の混乱に乗じて利益を求めて侵入するのではなく、ノルマンディ公の主君としての立場から介入したとみる(62)。アンリが譲渡か破壊かを迫ったティリエールの城は、かつてリシャール二世がブロワ＝シャルトル伯に対して建設したものであり、ブロワ＝シャルトル伯オドがドルーをロベール王に与えた後は、フランス王の領域と接していた(63)。アンリは、自分の立場を強固にすることによる北フランス政治の安定のために介入したのであり、常にノルマンディ内部に彼の支持者がいた。彼らは、アンリが最終的に公領内の混乱を収拾すると考えたのである。一〇四七年のヴァレデュヌの戦いにおいても、アンリは主君としてギヨームを守るために支援したのである[64]。

一方、F・ヌヴはギヨーム二世公治世の初期、公の権力は非常に不安定で、公領は紛争状態だったとした。フランス王アンリ一世による侵入も、ダグラスとは異なり、公領内の混乱状態を利用してフランス側ヴェクサンをとりもどそうという功利的な戦略とみる[65]。ティリエールへの侵攻も、アンリはこれを自分に対抗するための拠点として敵視したためだった。結局、フランス王の介入は、ブルターニュ伯アランなど他の諸侯の介入を導き、このような外部の介入は、ノルマンディ公のもとにあった有力貴族たちの反乱を促した。その一例がトゥルスタン・ゴッとするのである。トゥルスタンの反乱は、公の権威が確立していない西部における個別的な反乱だったが、一〇四七年のヴァレデュヌの戦いの前触れとなった。ギヨーム排除をめざしたヴァレデュヌの反乱に対し、ギヨームは主君としてのアンリ王を頼らざるを得なかった。また、ギヨームは、東部からギヨームを支持する人々を集めて対抗しており[66]、公の権威の浸透していない西ノルマンディのみが反抗したことがわかる。ギヨームはこれに勝利し、公の権力の安定化を進めるのである。

また、ハガーは、フランス王のティリエールの攻撃は、やはり公の弱さに付け込んだ行為とするが、トゥルスタン・ゴッのファレーズにおける反乱については、フランス王との関係で分析するのではなく、ギヨームが、トゥルスタンのような、公の本拠地ルーアンから離れた土地の貴族に対しても敗北させ追放した点を重視し、公の権力の弱体化というより、その拡大を示すものと考えることができる点を指摘している[67]。

一方、フランス王の対応にさらに詳細な背景を読む見解がある。ベイツは、アンリ一世のティリエール攻撃を、アンリ一世による懲罰としての遠征とみる。すなわち、アンリに反抗した勢力がノルマンディ公領内に逃げ込んでいた。その一人、ムラン伯ガレロンがノルマンディに逃げ、ボーモン家の支援を受けていた。彼は、ティリエールの城を守ったジルベールとともに、ギヨームの証書に証人として登場しているのである[68]。ベイツはまた、トゥルスタンの反乱は、地域的な勢力争いが関連していたと考える。トゥルスタンは、アランソンやベレーム近郊の混乱状況を見て、ま係にあったことをうかがわせる。

以上から、トゥルスタン・ゴツの反乱とフランス王アンリ一世の行動の理解について、異なった見解があることがわかる。まず、トゥルスタン・ゴツの反乱は、ギヨーム公の幼少期、すなわちノルマンディ公の権力が弱体化していた時期における、ノルマン貴族たちの好戦的で激しい紛争の一例として考えるか、あるいはギヨームとフランス王アンリとの関係において理解するかという視角がある。そして、トゥルスタンの反乱を、ギヨームの権力の拡大に対する対抗がきっかけとなったものとみるか、あるいはギヨームの権威が確立する前段階、すなわち混乱期を利用した勢力拡大の試みのひとつとみるか、という前提も論者により異なっている。

### (4)　西部ノルマンディ

前述のように、ノルマンディ公の支配のあり方については近年研究が進み、当初から公の一円的支配が公領全体に広がっていたというかつての理解から、公領内の差異、とくに、西部ノルマンディへの拡大の過程をより詳細に明らかにするようになっている。(71) 西部ノルマンディにおけるノルマンディ公の支配を考察するなかで、この地域における地方貴族との関係も、より詳細にとらえる必要があるだろう。

西部ノルマンディ、とくにコタンタン地方への公の勢力拡大の過程を分析したハガーは、証書史料に現れる公の領地の検討から、一〇二〇年代までに、コタンタン地方まで含めてノルマンディ公領として公の権威のもとに入っていたと考えた。(72) コタンタン地方でリシャール二世を支持する勢力の中心は、この地域の有力貴族だったニール一世だった。(73) リシャール二世はニールの忠誠を維持確保するために、ニール、ルドルフ・トスニとその息子ロジェに、ティリエールの城の支配権を与える。そして、ニールが公の証書に頻繁に登場している点は、公とニールの強いつながりを感じさせる。だが、ティリエールの城の支配や公の集会への出席は、逆にコタンタンからしばしばニールが離れていたことをも意味する。[74] 一〇四〇年頃、ニール一世が死去した。また一〇四二年頃ギヨームは成人する。ギヨームはこれを機に、西部に彼の支配を貫徹しようとするのである。[75] ニール一世の息子ニール二世は、父と異なりノルマンディ公の宮廷への参加も少なく、コタンタン地方における公の協力者としての立場を維持することはできなかった。彼はヴァレデュヌの反乱に参加し、敗北、しばらく公の宮廷から遠ざかることになった。[76]

E・ファン・トローは、副伯ニールの家系をとりあげた研究で、当時の副伯ニール一世が、副伯としてノルマンディ公リシャール二世の代理としての役割を果たしたというより、地方における軍事力の保持者であり、ノルマンディ公の友人のような立場だったととらえた。[77] だが、息子の代になってその関係は変化する。一〇四〇～四二年頃のニール一世の死の後、ニール一世の後を継いだニール二世が公の証書に登場している例は、一〇五〇年代半ば以降にようやくみられる。[78] これは、ハガーの指摘するように、一〇四七年のヴァレデュヌの戦いへの参加とその敗北の結果、しばらく公との関係が絶たれていたことを意味するだろう。この副伯ニール親子とギヨーム二世との関係は、トゥルスタン・ゴッツと公との関係を示唆してくれるように思われる。

ここまでの動きを確認しよう。ギヨームが成長し、公の権力の拡大が予想されるなか、西部の有力貴族であり、ノルマンディ公の協力者として勢力を持っていたニール一世が死去する。ニール二世と公の宮廷とは疎遠となり、またトゥルスタンの公との関係も変化していった可能性がある。この頃のフランス王アンリの侵入は、トゥルスタンに、アンリの側につくことで、ギヨームに対抗できるかもしれないという可能性を示した。トゥルスタンは実際に反乱を起こすが、失敗し逃げなければならなかった。また、父ニール一世のようにギヨーム二世とのつながりをつくることのできなかったニール二世は、一〇四七年のヴァレデュヌの戦いでギヨームに対抗し、やはり失敗したのである。

ここで、トゥルスタンやニールが担った副伯の役割を振り返ってみよう。コタンタンの有力貴族だったニール一世は、リシャール二世のもと、副伯という地位にあり、公との関係を強化しつつ、自らの権力の拡大に成功した。地方の有力者でありつつ、副伯として公の宮廷へ参加する、という点は、その後、副伯が公の役人としての立場を確立していく過程ととらえることができよう。また、トゥルスタンが、すでに中央ノルマンディの有力貴族であったモンゴメリ家のロジェからイエモワ副伯の地位を得た点も、その過程の一段階と理解できるのではないか。

こうして、ノルマンディ公の役人というより、リシャール二世期からロベール一世期にかけて、地方における、軍事力を持つ公の協力者であった副伯ニールやトゥルスタンは、世代交代と反乱を経て、公との関係を変化させていく。とくに、ギヨーム二世公がヴァレデュヌの戦いで勝利した後は、ギヨームは西部ノルマンディの副伯たちをより直接的に支配するようになったと考えられる。ヴァレデュヌの戦いでニールやベサン副伯レナルフが没落し、西部ノルマンディでは、ギヨームの父の世代以前の有力貴族たちは姿を消していった。

近年の研究は、ギヨーム二世公の治世初期について、公の権力が求心力を失って弱体化し、それにともなって公領内が混乱した、というこれまでの見方ではなく、父ロベール一世時代の構図の継続からギヨームの成長にともなう公の権力の安定化と拡大であるととらえている。西部ノルマンディへの進出と、リシャール二世期からギヨーム二世期の副伯たちの立場は、地方の有力貴族から、公の役人としての性格を強めていく方向に変化していったのではないだろうか。ハガーによる、副伯の役割の定義については、副伯の役割のあいまいな時代から、公の代理としての地位、という時代の変化を加える必要があるだろう。

また、フランス王アンリ一世は、一〇四〇年代初期にはノルマンディ公領内に侵入し荒らしたが、一〇四七年の反乱の際はギヨーム二世側を支援した。アンリはところがその後、ノルマンディ公に対する反乱側を支援し、またアンジュー伯ジョフロワと協力してギヨームに対抗している[79]。この動きは首尾一貫していないとも受け止められるが、アンリがノルマンディ公との関係だけでなく、アンジュー伯ジョフロワ、そしてノルマンディ公の勢力の変化と有力貴族との関係の変化、とくに境界領域の勢力全体の力関係のなかでその行動を決めていたとすれば理解できるだろう。

また、フランス王との関係が、例えばダグラスが考えるように、主君と家臣という関係だったかどうかはさらなる分析が必要だが(80)、ギヨームがアンリに騎士叙任されたことは、アンリもギヨームも互いにその存在を認めていたことを意味する。アンリは、ノルマンディ公の存在を認めた上で、影響力を維持行使するという現実的な判断をせざるを得なかったのではないか。すなわち、ギヨームの勢力の拡大には、ギヨームの勢力の拡大傾向に対しては、自ら侵入し、また不満を持つ貴族たちと協力した。その一方、アンジュー伯の勢力拡大には、ギヨームを支援し、その協力をとりつける。だが、ギヨームがさらに勢力拡大を進めると、ギヨームに対抗する有力貴族を支援し、そしてアンジュー伯とともに抑制にかかるのである。

＊

最後に本章の内容をまとめておこう。外部からの侵入・定着という特殊な事情は、ノルマンディ公の強力な権力、北欧の伝統、そして、フランク時代の国制の残存という点につながるとされ、その視点が研究史を方向付けてきた。副伯という役職も、フランク国制の残存の一例としてとらえられてきた。それに対し、近年ハガーは副伯の役割を再検討し、ノルマンディ公のもとで、副伯は、城を支配し公の軍を率いるという軍事的役割を必ずしも担わなかったとした。だが、副伯ニールやトゥルスタンの動きからは、当時は副伯に期待されている役割が確定していなかった、ととらえることができるだろう。すなわち、その地域で力を持ち、城を拠点とし、軍事力を持つ有力貴族が、副伯という立場でもあったのではないか。

リシャール二世以後のノルマンディ公が西部へと支配を拡大していく際、地方の有力家系と協力関係を構築する。彼らは副伯という役割を担いつつ、公の宮廷に頻繁に出入りするようになっていく。副伯ニール、そしてトゥルスタンは、どちらもコタンタンやイエモワといった西部ノルマンディを支配し、かつ、公の宮廷にしばしば現れた。トゥルスタンが支配した西部の城ファレーズは、ノルマンディ公ロベール一世がかつて伯として支配した場所であり、公の重要な拠点だった。そして、トゥルスタンの息子リシャール・ゴツは、父の反乱を経てギヨーム二世公と和解し、さらに西部のサン・ジャム・ド・ブヴロンの城を任されているのである(81)。城の管理はハガーが指摘した副伯としての役職とは外れているが、それ以上にその地の有力貴族であるという立場を重視した政策だったのではないか。そして、ファン・トローがコタンタン副伯ニール一世と二世の例で、一一世紀前半の公の友人としての副伯から、役人としての副伯への変化を指摘したように、副伯というタイトルを持つ人々と公との関係は、時代とともに変化したと考えられよう。

また、地方の有力貴族たちは、ノルマンディ公との関係のみならず、自分の領地をとりまくさまざまな権力のなかで自らの支配の維持拡大を考える。トゥルスタン・ゴツの反乱は、紛争の頻発していた状況からギヨーム二世が成長するなかで公の宮廷における力関係が変化し、また西部の有力者副伯ニール一世が没し、西部における力関係も変化する状況を見て、フランス王の支援に頼ろうとする試みだったといえるだろう。これはフランス王側にとっても、ノルマンディ公領に介入して影響力を行使する機会という意味で重要だったのである。

**注**

（1）拙稿「一一世紀前半のノルマンディー公と副伯ゴツ家」『西洋史学』一九〇号、一九九八年、二一（一〇七）~三九（一二五）頁。

（2）なお、前稿では、英語読みに依拠しサースタンとしていたが、ノルマンディのみとりあげる本章ではトゥルスタンとしておく。本来の発音をカタカナで再現することは困難であり、便宜的に過ぎない。

（3）ノルマンディにおけるゴツ家の経歴について基本の研究は、L. Musset, "Actes inédits du XIe siècle. I. Les plus anciennes chartes du prieuré de Saint-Gabriel（Calvados）", *Bulletin de la société des antiquaires de Normandie*, Vol. 52, 1952-54, pp. 117-141; L. Musset, "Les origines et le patrimoine de l'abbaye de Saint -Sever", in J. Daoust and Dom L. Gaillard (eds.), *La Normandie Bénédictine, au temps de Guillaume le Conquerant*（*XIe Siècle*）, Lille, 1967, pp. 357-367; 前掲拙稿。

（4）ノルマンディ公とフランス王権との関係の概略については、F. Neveux, *La Normandie des ducs au rois Xe-XIIe siècle*, Rennes, 1998.

（5）F. Neveux, *A Brief History of the Normans*, H. Curtis（tr.）, London, 2008, org. *L'aventure des Normands*（*VIIIe-XIIIe siècle*）, pp. 47-48.

(6) Neveux, *The Normans*, p. 60.

(7) *Ibid.*, pp. 63-68. ノルマンディの誕生をめぐる近年の議論については、M. Pierr (ed.), *Naissance de la Normandie*, Paris, 2013; M. Hagger, "Confrontation and Unification: Approaches to the Political History of Normandy, 911-1035", *History Compass*, Vol. 11, 2013, pp. 429-442, pp. 431-432; P. Bauduin (ed.), *Les fondations scandinaves en Occident et les débuts du duché de Normandie*, Caen, 2005.

(8) C・H・ハスキンズ、M・ドブアル、J・イヴェル、L・ミュセらの先駆的研究をまとめている塙浩「ノルマンディ公領の統治構造史（一〇三五年まで）」『法制史研究』第二九巻、一九七九年、一～六八頁、六七頁。近年では例えば、Neveux, *La Normandie des ducs au rois*, pp. 13-15.

(9) Hagger, "Confrontation" がノルマンディ研究の近年の動向を概観している。また、ノルマン史研究の活性化の背景には、現在ますます盛んになっている英仏間の研究交流があろう。すなわち、ノルマン征服をめぐるイングランド史の潮流が、ノルマンディ、そして北欧を含めたヨーロッパ大陸を視野に入れた研究へと拡大深化していくのと並行し、ノルマンディ史もブリテン島とのつながりを含めた全ヨーロッパ的視座のなかで研究する方向へとすすんでいるように思われる。アングロ・ノルマン史における近年の研究状況については、拙稿「『ノルマン帝国』後の四〇年―貴族層を中心としたアングロ・ノルマン史研究の現在の動向」『愛知学院大学人間文化研究所紀要　人間文化』第三〇号、二〇一五年、一（二九四）～一七（二七八）頁。

(10) D. Bates, *Normandy before 1066*, London, 1982, p. xi; D. Bates, "West Francia: The Northern Prinicipalities", in T. Reuter (ed.), *The New Cambridge Medieval History*, Vol III c. 900-c. 1024, Cambridge, 1999, pp. 398-419.

(11) Hagger, "Confrontation", p. 434.

(12) D. Bates, "The Conqueror's Adolescence", *Anglo-Norman Studies*, Vol. 25, 2003, pp. 1-18; É. Van Torhoudt, "Les sièges du pouvoir des Néel, vicomtes dans le Cotentin", in A.-M. Flambard Héricher (ed.), *Les lieux de pouvoir au Moyen Âge en Normandie et sur ses marges*, Caen, 2006, pp. 7-35; M. Hagger, "How the west was won: the Norman dukes and the Cotentin, c. 987-1087", *Journal of Medieval History*, Vol. 38, 2012, pp. 20-55, DOI: 10.1080/1304184. 2011.643594; M. Hagger, *William King and Conqueror*, London, 2012, chap. 1 など。

(13) 例えば、J-F・ルマリニエは、ノルマンディ公領がはっきりした境界を持つ公領を全体的に支配したと考えた。J.-F. Lemarignier, *Recherches sur l'hommage en marche et les frontières féodales*, Lille, 1945, pp. 11, 22-33.

(14) C. Potts, "Normandy 911-1144", in C. Harper-Bill and E. van Houts (eds.), *A Companion to the Anglo-Norman World*, Woodbridge, 2003, pp. 19-42, pp. 21-22.

(15) Neveux, *The Normans*, p. 71.

(16) Potts, *op. cit.*, p. 28; Hagger, "Confrontation", pp. 433-434.

(17) 中心的なものとして、J. A. Green, "Lords of the Norman Vexin", in J. Gillingham and J. C. Holt (eds.), *War and Government in the Middle Ages*, Woodbridge, 1984, pp. 47-61; G. Louise, *La seigneurie de Bellême Xe-XIIe siècles*, 2 Vols, 1990-91; D. Power, *The Norman*

*Frontier in the Twelfth and Early Thirteenth Centuries*, Cambridge, 2004; P. Bauduin, *La première Normandie*（*Xe–XIe siècles*）, 2e éd., Caen, 2006; A.-M. Flambard Héricher（ed.）, *Les lieux de pouvoir au Moyen Âge en Normandie et sur ses marges*, Caen, 2006; A. Lemoine-Descourtieux, *La frontière Normande de l'Avre*, Mont-Saint-Aignan, 2011 など。

(18)　当時の北フランスの状況について，Bates, "West Francia".

(19)　伯について，D. C. Douglas, "The Earliest Norman Counts", *English Historical Review*, Vol. 61, 1946, pp. 129–156; Bates, *Normandy before 1066*, p. 156; Bauduin, *La première Normandie*, pp. 192–194.

(20)　Bates, *Normandy before 1066*, pp. 156–158; M. Hagger, "The Norman vicomte, c. 1035–1135: what did he do?", *Anglo-Norman Studies*, Vol. 29, 2007, pp. 65–83, p. 82.

(21)　C. H. Haskins, *Norman Institutions*, London, 1918, pp. 45–47; Hagger, "The Norman vicomte", p. 68.

(22)　塙，前掲，二三一～二八頁がミュセ，イヴェルの主要研究文献をもとにまとめている。

(23)　Bates, *Normandy before 1066*, p. 156; M. Fauroux（ed.）, *Recueil des actes des ducs de Normandie de 911 à 1066*, Caen, 1961（*RADN*）, no. 15（1014）. このリシャール二世の証書に，証人として *S. Tedfridi vice comitis.* の語がみえる。ただし，どこの副伯かは不明であり，また，この人物については，これ以外の副署は確認できない。

(24)　Bates, *Normandy before 1066*, p. 157. リシャール・ド・リルボンヌが副伯であり，一〇三〇年代にはノルマンディ公の武具担当係だった例を挙げている。*RADN*, no. 89.

(25)　Hagger, "The Norman vicomte", p. 65; *RADN*, no. 3（968）: *comes aut vicecomes*; no. 5（962–991）: *vicecomitatus*.

(26)　Hagger, "The Norman vicomte", pp. 65–67.

(27)　*Ibid.*, p. 82.

(28)　*Ibid.*, p. 72.

(29)　Elisabeth M. C. van Houts,（ed. & tr.）, *Gesta Normannorum Ducum of William of Jumièges, Orderic Vitalis, and Robert of Torigni*, 2 Vols, Oxford, 1995（*GND*）, II, pp. 100–103.

(30)　*GND*, II, pp. 208–209; Hagger, "The Norman vicomte", p. 72.

(31)　最初に副伯の地域名をともなって登場するのは，*RADN*, no. 54（1025–26）: *Ego Rainaldus, Arcensis vicecomes.*

(32)　Bates, *Normandy before 1066*, p. 157.

(33)　*GND*, II, pp. 100 101.

(34)　*RADN*, nos. 31（1017–25），34（1025），35（1025），49（1022–26），55（1025–26），73（1027–35），85（1031，32–35），100（1035–43），104（1035–47），105（1035–47, 48），110（1037–46），115（1048）。副伯タイトルのつかないものも含む。また，人物の確定はファルーに依拠している。; Louise, *op. cit.*, I, p. 147.

(35)　*RADN*, no. 115: *Storinstingus.*

(36)　*RADN*, nos. 7–57. 異本を含む。以降も同様。

(37)　*RADN*, nos. 31, 34, 35, 49, 55.

(38)　*RADN*, nos. 58, 59.

(39)　*RADN*, nos. 60–91 のうち，nos. 73, 85. no. 73 はファルーの索引ではとりあげられていないが，G・ルイーズはトゥルスタンとしてとりあげており，ここではそれに従う。Louise, *op. cit.*, p. 147.

(40) *RADN*, nos. 92-234 のうち、nos. 100, 104, 105, 110, 115.

(41) 最初に現れるのは、*RADN*, no. 110 (1037-46): *Signum Turtini vicecomitis...Signum Richardi filii Turstinci, Signum Roberti fratris ejus....*

(42) リシャールがアヴランサンの副伯のタイトルをともなって登場するのは、*RADN*, no. 159 (1063-66): *Richardus vicecomes Abrincatinus*, no. 199 (1051-66): *Signum Richardi vicecomitis Abrinchensis.*

(43) リシャールはギヨーム二世の治世後半まで長期にわたりその証書に登場している。D. Bates (ed.), *Regesta Regum Anglo-Normannorum The Acta of William I (1066-1087)*, Oxford, 1998, nos. 26, 27, 48, 49, 54, 149, 199, 200, 212, 214, 232, 257, 280, 281 (III).

(44) *RADN*, pp. 60-61. コタンタン伯ニールの家系については、Van Torhoudt, *op. cit.*; Hagger, "How the west was won", pp. 32-48.

(45) 副伯のタイトルのないもの、*Nigellus vetulus* として登場するものを含む。*RADN*, nos. 16, 17, 23, 31, 33, 34, 35, 43, 49, 55, 72, 73, 76, 80, 85, 89, 90. 同名の息子ニール二世と区別がつかないものを含めると、二三回となる; *RADN*, nos. 93, 98, 100, 103, 104, 110.

(46) ゴスランとして *RADN*, nos. 43, 54, 60, 61, 62 (証人ではなく本文中), 69, 73, 81, 84, 85, 104, 108 (?), *Hecdo* の息子として nos. 10, 72. ルーアン副伯として no. 83. おそらく同一人物と考えられる no. 93 がある。

(47) *RADN*, no. 31 (1017-25): *Signum Nigelli vicecomitis. Signum Torstingi vi (cecomi) tis.*

(48) *RADN*, no. 35; Bates, *Normandy before 1066*, p. 117.

(49) *RADN*, no. 49 (1022-26).

(50) *RADN*, no. 104 (1035-47): *ceterique principes, Niellus scilicet et Turstinus vicecomites....*

(51) *RADN*, nos. 31, 34, 35, 49, 55, 73, 85, 100, 104, 110. ニールが登場しないのは、ギヨーム二世公の治世の nos. 105, 115 のみ。フェカン修道院にあてた no. 105 (1035-47) では、トゥルスタンには副伯タイトルはなく、サンリキエ修道院にあてた no. 115 (1048) は、*Storinstingus* として、また副伯のタイトルはない。この証書には、息子リシャールも登場する。また、ニールはすでに息子の世代と思われる。

(52) ただし、副伯ニール二世はギヨームへの反乱に加わり、一時宮廷から遠ざかっている。これについては後述する。

(53) Bates, *Normandy before 1066*, pp. 116-117.

(54) *GND*, II, pp. 80-81.

(55) *GND*, II, p. 101, fn. 6.

(56) *GND*, II, pp. 100-103.

(57) Glyn S. Burgess and E. van Houts (tr. with notes), *The History of the Norman People Wace's Roman de Rou*, Woodbridge, 2004, (Wace) pp. 128-129.

(58) *GND*, II, pp. 100-101.

(59) *GND*, II, pp. 120-123; Wace, pp. 131-137; R. A. B. Mynors, R. M. Thomson and M. Winterbottom (eds. & trs.), *William of Malmesbury, Gesta Regum Anglorum The History of The English Kings*, 2 Vols, Oxford, 1999, (WM, *GR*) I, pp. 426-429; R. H. C. Davis and M. Chibnall (eds. & trs.), *The Gesta Guillelmi of William of Poitiers*, Oxford, 1998, pp. 8-13.

(60) 例えば、D. C. Douglas, *William the Conqueror*, Berkeley, 1964,

pp. 47-56; Neveux, *The Normans*, p. 118.

(61) Douglas, *William the Conqueror*, Chapter 2 Accession and Minority, 1035-1047 は、ヴァレデュヌの戦いで幼少期の混乱を乗り越え、成人してから本格的に支配体制を整える段階へ進むと考えている。また、Bates, *Normandy before 1066*, p. 73; D. Bates, *William the Conqueror*, 1989, Stroud, 2004, pp. 78-81; Hagger, *William King and the Conqueror*, pp. 10-13.

(62) Douglas, *William the Conqueror*, pp. 44-47; WM, *GR*, II, pp. 426-429.

(63) Douglas, *William the Conqueror*, p. 46.

(64) *Ibid*., pp. 47-52.

(65) Neveux, *The Normans*, p. 114.

(66) *Ibid*., pp. 116-118.

(67) Hagger, *William King and Conqueror*, p. 6.

(68) ボーモン家とムラン伯家は姻戚である。*GND*, II, pp, 96-97; Bates, *Normandy before 1066*, pp. 71-74; Bauduin, *La première Normandie*, pp. 185-191; *RADN*, no. 105. ここには、ジルベール・クリスパン、ムラン伯ガレロンとともに、トゥルスタン・ゴツが証人として登場している。ただし、彼らの間に直接の関係があったかはわからない。

(69) Bates, "The Conqueror's Adolescence", p. 9.

(70) K. Thompson, "The Norman Aristocracy before 1066: the example of the Montgomerys", *Historical Research*, Vol. 60, 1987, pp. 251-263, p. 257.

(71) Hagger, "Confrontation", pp. 432-434.

(72) Hagger, "How the west was won", p. 26.

(73) *Ibid*., pp. 33, 47.

(74) *Ibid*., p. 33; *GND*, II, pp. 22-23; Bauduin, *La première Normandie*, p. 182.

(75) Hagger, "How the west was won", p. 36.

(76) *Ibid*., pp. 36-38.

(77) Van Torhoudt, "Les sièges du pouvoir des Néel, vicomtes dans le Cotentin", pp. 12-15.

(78) *Ibid*., pp. 14-15 で、ファン・トローは副伯ニール二世の登場する公の証書について（*RADN*, nos. 132(1054 おそらく 1055), 141(1052頃-1058), 160-162(1050 頃-1064))、年代確定の困難さと、後の副伯ニールと公との間の和解の可能性を指摘している。

(79) Hagger, *William King and Conqueror*, pp. 22-26. アンリは一〇五二年頃のアルク伯ギヨームの公への反乱の際、伯を支持し、また一〇五四年のモートマの戦い、一〇五七年のヴァラヴィルの戦いでは、アンジュー伯ジョフロワと協力してノルマンディ公ギヨームと対抗した。

(80) Hagger, "Confrontation", pp. 435-436.

(81) *GND*, II, pp. 208-209; J. Yver, "Les châteaux forts en Normandie jusqu'au milieu du XIIe siècle", *Bulletins de la Société des Antuquaires de Normandie*, Vol. 53, 1957, pp. 58-59.

# 第3章　プランタジネット家領ガスコーニュ現地領主の上訴実態

――一二五九～一三三七年――

横井川雄介

一二五九年パリ条約の規定により、プランタジネット家のイングランド国王ヘンリ三世は、カペー家のフランス国王ルイ九世に臣従し、その結果、カペー家は封主として、プランタジネット家が領有する南仏ガスコーニュの現地領主たちからの上訴を審理する権限を得た(1)。かつて筆者は、一二五九年以後ガスコーニュ現地領主からパリ高等法院への上訴の実例をエドワード一世時代までについて検討し、上訴によって現地領主の目的が達成された例が、通説が想定するほどではなく、ガスコーニュ・セネシャル法廷への差し戻しの判決が下される例もあることを確認した(2)。

先行研究ではガヴリロヴィッチが一三世紀後半の七例を分析したり(3)、シャプレが一二七二～一三〇七年の例を検討した(4)。トラビュ＝キュサックは上訴以外に現地領主が救済を得る法的手段としての請願や直訴に言及し(5)、ヴェイルは上訴がカペー家とプランタジネット家の政治的対立の主たる要因であることを否定した(6)。これに対してキックライターは、上訴を包括的に検討し、カペー家によるプランタジネット家ガスコーニュ支配への介入の決定的な証拠とみなした(7)。本章ではキックライター説を再検討するべく、時代の範囲をヘンリ三世時代からエドワード二世時代にまで広げて、上訴や請願の実例を検討する。

## 1　ヘンリ三世治世末期の上訴問題

一二五九年パリ条約以後のヘンリ三世治世において、処理された案件は表3-1に示した通りである。これらの案件のなかで先行研究がもっとも関心を寄せてきたのが、1と2のルノー・ド・ポンスの事例と10のフロンサック副伯レモンの事例である。

ルノー・ド・ポンスは、マルグリット・ド・チュレンヌとの婚姻を通じて、義父エリ・リュデル三世からベルジュラックとジャンサックの城館と領地を継承していた。(8) ガヴリロヴィチによると、ジャンサックについてマルグリットはロンドンで臣従礼を行ったが、ルノーはロンドン行きも臣従礼も拒否していた。(9) 上訴の要因はジャンサックではなく、ベルジュラックにおけるルノーによる臣従礼の是非であったが、両城館の領有権の問題については、ジャンサックについてはフランス王廷、ベルジュラックについてはパリ高等法院で、それぞれ扱われることになった。(10)

ルノーは、「ガスコーニュにある封土はフランス王国内にあるから、イングランドに行かなかった」と証言していた。(11) 判決では、ルノーはプランタジネット家に臣従礼を行うべきではないとなっていたが、一二六二年にヘンリ三世がルノー夫妻からの臣従礼を受けていたのである。(12) 証言内容と判決の意図と違う言動を、ルノーが見せていたことになる。

フロンサック副伯レモンの事例も、城館の領有権をめぐる臣従礼の是非が焦点となっていた。副伯は「自らはペリゴール伯の臣下であり、同伯はフランス王の臣下である」との証言を残していた。(13) しかしながら、副伯の証言が意図したと考えられる、カペー家に臣従するべしという文言は記録されなかった。表に示した通り、シモン・ド・モンフォールのガスコーニュ・セネシャル着任時からの被害をプランタジネット家が回復させるべし、との判決が下された。判決の意図は、プランタジネット家とフロンサック副伯家との間で和解を促すものだったと考えられよう。(14)

**表 3-1　ヘンリ3世治世の上訴案件**

| 番号 | 上訴人・勢力 | 被上訴人・勢力 | 上訴の理由・経緯 | 上訴先 | 記録日時 | 上訴法廷での判決もしくは回答 | 記録された主要史料 |
|---|---|---|---|---|---|---|---|
| 1 | ルノー・ド・ポンス | ガスコーニュ・セネシャル | ベルジュラック城館の領有権 | フランス王廷 | 1261年・62年 | 61年。懈怠のため領有権を喪失。62年。城館に関するヘンリ3世への臣従礼はガスコーニュで。 | *Olim*, t. 1, pp. 525-526, XVIII |
| 2 | ルノー・ド・ポンス | ヘンリ3世 | ジャンサック城館の領有権 | パリ高等法院 | 1262年 | ジャンサック城館領有に関する臣従礼は無効。 | *Olim*, t. 1, p. 535, XVII |
| 3 | チュル大修道院長 | ガスコーニュ・セネシャル | チュル大修道院領領有権 | パリ高等法院 | 1269年 | イングランド王側に譲渡していない領地について，その所有権は大修道院長にある。 | *Actes du parlement*, n. 1398 |
| 4 | ラウール・ド・ボーフォール | ガスコーニュ・セネシャル | ジメール城館の領有権 | パリ高等法院 | 1269年 | 被上訴人による返還命令拒絶のため，フランス王への臣従礼による領有に切り替える。 | *Olim*, t. 1, n. 765, XXI |
| 5 | ボルドーのサン・タンドレ聖堂参事会 | ガスコーニュ・セネシャル | ボルドー大司教の遺産相続権 | パリ高等法院 | 1269年 | ボルドー大司教の遺産は，次期大司教と聖堂参事会側で分割すること。 | *Olim*, t. 1, n. 795, XIII |
| 6 | エルマン・ド・モンペザ | ガスコーニュ・セネシャル | ボルドレの資産領有権 | パリ高等法院 | 1269年 | 次の開廷日に判決を持ち越し。 | *Olim*, t. 1, p. 765, XXXII |
| 7 | リモージュ女副伯マルグリット | ヘンリ3世 | ブリュザック城館の臣従礼の是非 | パリ高等法院 | 1269年 | オマージュはカペー家に対してなされるべし。 | *Actes du parlement*, n. 1704 |
| 8 | リモージュ女副伯マルグリット | ヘンリ3世 | リモージュ城館を巡るヘンリ3世へのオマージュの是非と都市コミューヌとの対立 | パリ高等法院 | 1269年，1272年1月28日 | ヘンリ3世へのオマージュは無効である。 | *Olim*, t. 1, p. 759, XVII, t. 2, p. 85, XXXIII |
| 9 | ブリュザック領主 | ガスコーニュ・セネシャル | 城館の領有権 | パリ高等法院 | 1270年 | 判決を聖マルタンの祝日の開廷日に持ち越し。 | *Olim*, t. 1, p. 799, III |
| 10 | フロンサック副伯レモン3世 | ガスコーニュ・セネシャル | 城館の領有権 | パリ高等法院 | 1271年 | イングランド王はシモン・ド・モンフォールがガスコーニュ・セネシャルだった頃からの損害を賠償するべし。 | *Olim*, t. 2, p. 107, XXX |
| 11 | ル・ピュイ司教 | ヘンリ3世 | 経緯不明 | パリ高等法院 | 1272年 | アジャン司教の面前で，カペー家の審理を行う。 | *Actes du parlement*, n. 1712 |
| 12 | グラシャック領主 | ヘンリ3世 | フランス王からの封土の相続権 | パリ高等法院 | 1272年 | 上訴人のバイイ役人の言い分を正当と認める。 | *Olim*, t. 1, p. 891, XXXIII |
| 13 | アルマニャック伯 | ガスコーニュ・セネシャル？ | カゾーボン城館を巡る現地抗争 | パリ高等法院 | 1272年 | 上訴人に1万5000リーヴルの支払いを命ずる。 | *Actes du parlement*, n. 1892 |

出所：拙稿「13世紀後半のガスコーニュにおける上訴問題と現地領主の上級領主観――パリ高等法院への上訴の考察を中心に」『史泉』第107号，関西大学史学・地理学会，2008年，57-58頁より一部改変・加筆・修正。

ふたつの事例では、上訴人の証言が残されている。しかもその内容が、「フランス王の封臣である」ということを示唆することから、現地上訴人がカペー家フランス王の庇護のもとで、問題収拾を期待した事例として注目されてきたと、従来は考えられてきた。しかし、他の上訴案件には、カペー家が積極的に介入した形跡は記録されておらず、上訴法廷は現地法廷やプランタジネット家のガスコーニュの法廷での回答にも配慮していた。その上で、何らかの形で回答を出したが、最終的な問題解決に至ったかについての判断は慎重を期す必要がある。この時期のガスコーニュにおける問題が上訴法廷に案件として持ち込まれた際に、カペー家が現地レベルでの解決を促すために、判決を下し、和解を勧めていたことを、表3-1から読み取ることができよう。

加えて、表3-1で分析した案件において、一二五九年パリ条約以前から原因となる火種を抱えていたケースも存在したことがわかる。ルノーの案件では、トラビュ・キュサックが示唆するところでは、一二五五年の義父エリ・リュデル三世のカステルモロン城館の譲渡問題から、プランタジネット家との利害対立が存在していた[15]。ルノー夫妻は、一二五九年パリ条約に至るまでの数年間に、カペー家の法廷へと両城館にかんする案件をすでに持ち込んでいたのである[16]。両城館は、一二五九年パリ条約の規定によってプランタジネット家に割譲されたペリゴール司教区との境界線に位置していたが、ジャンサック城館の方はカペー家からの封土として授受していたために[17]、カペー家の法廷に上訴し得る根拠が生じたのである。それと同じく、表3-1の7と8のリモージュ女副伯マルグリットの案件でも、父のギィ六世がリモージュ城館をカペー家の封土として授受していたことが、上訴の根拠となった[18]。

その一方で、ルノー夫妻とエリ・リュデル三世には、プランタジネット家からの書簡の発給が記録されるなど、プランタジネット家には一二四二年頃から彼らをとり込む意図が読みとれることも確かである[19]。また、フロンサック副伯家にも、プランタジネット家からの書簡が度々発給されていた[20]。カペー家が一二五九年パリ条約以前における、プランタジネット家と現地領主との関係に配慮し、積極的な介入を控えた可能性もある。

## 2　ガスコーニュ戦争以前のエドワード一世治世の上訴問題

ガスコーニュ戦争以前のエドワード一世治世では、一二七三～七五年と一二八六～八七年の二度にわたりガスコーニュ現地勢力側の自己申告に基づく封建所領認証調査が実施されたことが重要である。エドワード一世は十字軍からイングランドに帰還する前に、ガスコーニュに立ち寄って、現地領主とプランタジネット家との封建関係を中心に、現地の土地保有関係を一斉に調査した[21]。その結果、プランタジネット家からの土地の保有であると申告した記録が、調査全体の内で過半数を占めていた点を筆者が明らかにした[22]。

この背景を踏まえた上で、ガスコーニュ戦争以前のエドワード一世治世に記録された上訴案件について考察する。表3-2は筆者が確認した上訴案件の一覧である。ヘンリ三世治世と比較してみると、カペー家の介入の有無を問わず、上訴人が上訴を撤回する傾向が新たに記録されたことがわかる。ヘンリ三世治世の上訴案件（表3-1の6）で判決を次の開廷日に持ち越すとの回答が示されてから、その後の記録が無い事例はあったが、判決の公表を行わずに上訴を撤回させるという、カペー家の回答はいかなる背景によるものかを考察する。トラビュ・キュサックやヴェイルが言及しているように、現地法廷ならびにプランタジネット家のガスコーニュ法廷で訴訟が始められた点を考慮に入れる必要がある[23]。新たな形での問題収拾を期待する現地勢力の動向は、トラビュ・キュサックが定義するイングランド王＝アキテーヌ公への直訴 l'appel au roi-duc にもつながっていく[24]。筆者は、この動向が封建法の訴訟手続きを必ずしも踏まえないこと、プランタジネット家の慈悲を乞う側面から、一四世紀に入って記録される請願につながりうるものとして、見過ごせない動向だと考えている。すなわち、ガスコーニュ現地勢力が問題解決を、自発的であれ強制的であれ、カペー家法廷への上訴以外にも求めたと考え得るであろう。ヘンリ三世治世の上訴案件の処理期間が、ルノーやラウール・ド・ボーフォール、フロンサック副伯の事例で、五～一〇年程度かかっており、迅速な問題解決

**表 3-2　エドワード1世治世の上訴案件**

| 番号 | 上訴人・勢力 | 被上訴人・勢力 | 上訴の理由・経緯 | 上訴先 | 記録日時 | 上訴法廷での判決もしくは回答 | 参照史料もしくは資料 |
|---|---|---|---|---|---|---|---|
| 1 | ベルナール・ド・ブルデイユ | ガスコーニュ・セネシャル | 城館の領有権 | パリ高等法院 | 1274, 81年 | 城館は上訴人の主張通り，ブラントム修道会からの保有で，プランタジネット家にその権利はない。 | *Actes du Parlement*, ns. 1943, 2343, 2369 |
| 2 | ガストン・ド・ベアルン | エドワード1世 | 現地抗争を巡る被上訴人の処遇 | パリ高等法院 | 1274年 | 上訴は英仏両王家の裁判権において棄却される。 | *Rôles Gascons*, t. 2, 161, 220 |
| 3 | ソルザック小修道院長 | ガスコーニュ・セネシャル | 資産の相続権争い | フランス王廷 | 1276年 | 被上訴人が上訴人に資産を返還するならば，その罪は問わない。返還は上訴人が望むように計らうこと。 | *Olim*, t. 2, p. 84, XXIX, *Rôles Gascons*, t. 2, n. 118 |
| 4 | カオールの大学組織 | カオール統領 | 市内の抗争とペリゴール・セネシャルへの不服 | パリ高等法院 | 1277年 | 上訴人と被上訴人ともに，ペリゴール・セネシャルへの罰金に処す。 | *Olim*, t. 2, p. 93, XXI |
| 5 | ピエール・ド・トルネール・ド・カバナック，ベルナール・デュ・ガイヤック | ガスコーニュ・セネシャル | 不明 | パリ高等法院 | 1277年 | フランス王の仲裁により，上訴人は上訴を撤回する。 | *Olim*, t. 2, p. 97, XXXII |
| 6 | ボルドー大司教・サン・スーラン大助祭・参事会教会 | ガスコーニュ・セネシャルとボルドー市コミューヌ | 市内の抗争 | フランス王廷 | 1277年 | 両陣営は和解するべきこと。 | *Olim*, t. 2, p. 97, XXXIII |
| 7 | アレクサンドル・ド・ラ・ペプレ | ガスコーニュ・セネシャル | 城館の領有権 | パリ高等法院 | 1277年 | 1277年6月に上訴を撤回する。 | *Rôles Gascons*, t. 2, n. 127 |
| 8 | ボルドーのサン・タンドレ聖堂参事会 | ガスコーニュ・セネシャル | 被上訴人との対立 | フランス王廷 | 1277年 | 被上訴人は上訴当事者に財産の一部を返還するべし。 | *Rôles Gascons*, t. 2, n. 113 |
| 9 | ポリニャック小修道院長 | イングランド王の臣下 | 被上訴人との対立 | パリ高等法院 | 1277年 | ペリゴール・セネシャルに，この案件はプランタジネット家に委託するように命ずる。 | *Actes du Parlement*, n. 2164 |
| 10 | ルノー・ド・ポンス，マルグリット・ド・チュレンヌ | ガスコーニュ・セネシャル | 現地抗争 | パリ高等法院 | 1278年 | ガスコーニュ・セネシャル法廷に差し戻す。上訴当事者に懈怠が認められた場合，ペリゴール・セネシャル法廷で審理する。 | *Olim*, t. 2, p. 124, LXV |
| 11 | ダックス市民 | ガスコーニュ・セネシャル | ダックス司教との現地抗争 | パリ高等法院 | 1278年1月12日 | フランス王の仲裁により，上訴人は自発的に上訴を撤回する。 | *Rôles Gascons*, t. 2, ns. 159-160 |
| 12 | ポダニャック小修道院長 | イングランド王の臣下団 | 裁判権を巡る抗争 | パリ高等法院？ | 1278年 | イングランド王廷への差し戻し。 | *Olim*, t. 2, p. 121, XLIII |
| 13 | レイモン・アルノー・ド・ドムヌーヴ | ガスコーニュ・セネシャル | ダックス司教との現地抗争 | パリ高等法院 | 1279年4月 | 裁判が始まる前に上訴人が上訴撤回。 | *Rôles Gascons*, t. 2, n. 264 |

| | | | | | | | |
|---|---|---|---|---|---|---|---|
| 14 | アニェス・ド・ジロンド | ガスコーニュ・セネシャル | 資産の相続権 | パリ高等法院 | 1279年4月 | 上訴人の代訴人が，上訴の撤回を申し出た。 | *Rôles Gascons*, t. 2, n. 267 |
| 15 | マルグリット・ド・チュレンヌ，ギヨーム・ペリス | イングランド王ならびにその代官 | 不明 | パリ高等法院 | 1279年 | 上訴当事者のギヨーム・ペリスが仲裁を申し出て，ガスコーニュ・セネシャルと和解して，上訴を撤回。 | *Olim*, t. 2, p. 148, XXIX |
| 16 | ベルナール・ド・ラヴィニャン | アジュネ・セネシャル | アンブリュス教区司祭との現地抗争 | パリ高等法院 | 1279-81年 | 1000トゥール貨リーヴルの罰金を，エドワード1世を通じて支払うべし。 | *Rôles Gascons*, t. 2, n. 979 |
| 17 | マルグリット・ド・チュレンヌ | ガスコーニュ・セネシャルとその代官 | 所領の相続権 | フランス王廷 | 1280年 | 記録なし。 | Trabut-Cussac, *L'Administration anglaise*, pp. 269-271 |
| 18 | レイモン・アルノー・ド・ドムヌーヴ | ガスコーニュ・セネシャル | 現地抗争 | フランス王廷 | 1280年 | 上訴人がガスコーニュ・セネシャルに上訴の撤回を申し出た。 | *Rôles Gascons*, t. 2, n. 366 |
| 19 | ロスタン・デソラー | アマニュー・ド・ラモット | 現地抗争 | フランス王廷 | 1280年 | 記録なし。 | *Rôles Gascons*, t. 2, n. 366 |
| 20 | サン・スヴェールのコミューヌ | イングランド王の臣下 | 現地の既得権を巡る対立 | フランス王廷 | 1281年 | 記録なし。 | *Actes du Parlement*, n. 2316 |
| 21 | サルラ大修道院長 | イングランド王エドワード1世 | ペリゴールの城館の領有権 | パリ高等法院 | 1281年 | エドワード1世の代訴人の申し立てを却下する。 | *Actes du Parlement*, n. 2341 |
| 22 | ゴンボー・ド・ティラン | ガスコーニュ・セネシャル | 城館の領有権 | フランス王廷 | 1282年 | ペリゴール・セネシャルが審理。 | *Olim*, t. 2, p. 202, XIX |
| 23 | ボルドーの教会大助祭 | ロスタン・デソラー | 現地抗争 | パリ高等法院 | 1283年聖マルタンの祝日 | 上訴人に対して，ガスコーニュ・セネシャルが2700リーヴルを，被上訴人が300リーヴルを支払うべし | *Olim*, t. 2, p. 230, IX |
| 24 | ペリゴール司教法廷からの上訴人 | イングランド王エドワード1世 | 裁判権を巡る王家間の抗争 | パリ高等法院 | 1283年聖マルタンの祝日 | ペリゴール司教法廷での被上訴人の裁判権は認められない。 | *Olim*, t. 2, p. 232, XVI |
| 25 | ゴンボー・ド・ティラン | イングランド王の封臣 | 裁判権を巡る現地抗争 | フランス王廷 | 1284年 | 記録なし。 | *Olim*, t. 2, p. 236, X |
| 26 | ポンス領主エリ・リュデル | イングランド王エドワード1世 | 大修道院に関する権利 | パリ高等法院 | 1287年 | 被上訴人の判決は却下される。 | *Actes du Parlement*, n. 2633 |
| 27 | ボルドー市コミューヌ | ガスコーニュ・セネシャル | 職務遂行時の慣習違反 | パリ高等法院 | 1289年，90-91年 | 上訴人は1291年に上訴を撤回。 | *Rôles Gascons*, t. 3, ns. 1992, 2007 |
| 28 | カオール司教 | イングランド王エドワード1世 | コミューヌへの裁判権を巡る対立 | パリ高等法院 | 1290年 | この件について，被上訴人の裁判権はない。 | *Olim*, t. 2, p. 306, XVII |
| 29 | ギヨーム・エスクラマル | アジュネ・セネシャル | 不明 | フランス王廷 | 1291年 | 上訴人は上訴を断念。 | *Rôles Gascons*, t. 3, n. 1959 |
| 30 | ゴンボー・ド・ティラン | ピエール・ド・ロクタイヤード，エリ・ド・コーペヌ | 自領地を巡る現地抗争 | フランス王廷 | 1291-92年 | プランタジネット家によって，上訴人の領地を収奪した被上訴人に対し，返還させるように命ずる。 | *Rôles Gascons*, t. 3, n. 2028 |

出所：拙稿「13世紀後半のガスコーニュにおける上訴問題と現地領主の上級領主観」58-60頁より一部改変・加筆・修正。

を望む上訴人にとっては、パリへの出廷も含めて、領地や権利の保全の観点から、障害になったであろうと想像できる。

一二五九年パリ条約により、ガスコーニュから上訴法廷に案件を持ち込むことは、カペー家とプランタジネット家との封主・封臣関係と、プランタジネット家と現地勢力の封主・封臣関係を通じて可能になった。とはいえ、カペー家はもちろん、プランタジネット家にもガスコーニュの問題はガスコーニュ内で処理する方針があった。(25) トラビュ＝キュサックによると、一二八九年五月のコンドム勅令によって、ボルドー、バザス、ダックス、サン・スヴェールの四ヶ所の地域法廷に対するガスコーニュ・セネシャル法廷の優位性が図られたという。(26)

さて、トラビュ＝キュサックが言及しているプランタジネット家の法廷での案件処理はいかなるものであったのか。上訴人がパリ高等法院への上訴を断念する動向との関連は存在し得たのか。この二点を踏まえて、表3-2の上訴案件リストを検討する。

現地法廷が関

連するのに、表3-2の17で示している一二八〇年に生じたマルグリットとギヨーム・レモン・ド・ヴァレとの間に生じた、ベルジュラックおよびジャンサック領の相続権にかんする上訴である。この問題はルノー夫妻による上訴案件として一度は処理されたが、ギヨームがマルグリットの甥であることを口実に領地の分割を要求したことで、結果的に上訴法廷に案件が持ち込まれることになった。(27) パリ高等法院の回答は両者の和解を促すものであったが、両者は和解を果たせず、現地法廷での裁判からやり直されることになった。(28) トラビュ＝キュサックは、案件がパリ高等法院に再度持ち込まれたと述べているが、両者の和解事項である領地の分割相続にかんしての回答は不明であるとしている。(29) 回答が不明とされているので、これ以上の言及は推測の域を出ない。考慮されるべきはプランタジネット家が一二七三～七五年と一二八六～八七年の土地所領認証調査によって、同家との封建関係の有無を問わず、ガスコーニュにおける土地の利用や権利関係を把握できていたのに対して、カペー家がそのような調査を行った事実が示されていないことから、カペー家が、個々のガスコーニュの現地勢力と封建関係を持つことはできていなかったことである。

上訴の撤回をカペー家が促す事例は、表3-2では二例（5、11）あって、上訴人が自発的に上訴を撤回すると記録されているのは七例（7、13、14、15、18、26、29）存在した。ヘンリ三世治世に比べて、カペー家がガスコーニュからの案件に判決を出すことなく、上訴を撤回させることによって、和解を促しているケースが増大している。この傾向は、表3-2の17に挙げているマルグリットとギヨームとの所領分割問題に対して、どちらか一方に有利な判決を出さなかったことからもうかがえる。

カペー家の法廷が上訴を差し戻した例とも関連して、ガスコーニュの個々の現地勢力が、むしろプランタジネット家の法廷での案件処理を期待したことが想像できよう。一二七〇年から一二八〇年代に記録された事例のなかには、上訴法廷に持ち込まれなかったケースも、確かに存在し得た。

例えば、一二七七年にバザス教区の司祭が、ボルドーのセネシャル法廷に持ち込んだ案件については、司祭の土地領有権についての回答をガスコーニュ・セネシャルが不服としているので、司祭がカペー家の上訴法廷に案件を持ち込むことは可能であった。しかし、実際にはイングランド王廷における処理が模索され、ボルドー・コネタープルの仲立ちによって、両者は和解したと結論づけられている。(30) ほかにセネシャル法廷で処理された案件は、ガスコーニュ戦争が始まる一二九四年までに、このほかに四件確認できる。(31)

さらに、カペー家が和解を促したけれども、和解の立会人として名を残すことを拒否した事例は、(32) 表3-2の6に挙げたボルドー大司教の案件である。ボルドー大司教は、サン・タンドレ聖堂参事会、サン・スーラン参事会教会との問題やボルドー市との問題は、表3-2の6に示した案件以前には、上訴法廷に持ち込んでいなかった。(33) しかし、ジェロー・ド・マルモールの死去からシモン・ド・ロシュシュアールの即位までに大司教の空位時期が生じたこと、ロシュシュアールの母方がリモージュ副伯家だったこともあり、カペー家が介入し得る余地が生じた。(34) しかしパリの王廷は、ロシュシュアールに対しては、ボルドー市ならびにプランタジネット家と和解するべきであるとの回答を送っている。その回答後、ロシュシュアールが、エドワード一世妃のイリナー・オブ・カスティーユのボルドー訪問に協力したことを考慮すると[35]、プランタジネット家やボルドー市との対立関係の解消を望んでいたとみられる。カペー家もボルドー大司教の問題にかんしては、深入りしていないことがうかがえる。

一二八三年七月一六日のエドワード一世とバザス司教・聖堂参事会とのパレアージュ契約に至る上訴案件と、一二八九年五月に生じたボルドー市コミューヌによる、ガスコーニュ・セネシャルを相手取った上訴案件についても、カペー家はプランタジネット家と現地勢力との関係に配慮し、持ち込まれた案件を上訴法廷で処理しない傾向を、見せていたことがわかる。

プランタジネット家が、一二七三〜七五年と一二八六〜八七年に、土地所領認証調査を行っていて、プランタジネット家との封建関係の有無を問わず、現地の土地権利の状況を把握できていたのに対して、カペー家とガスコーニュ現地勢力との封建関係は、ペリゴール・リムーザン・ケルシィ下部セネシャル管区の一部に留まっていた[36]。そのために、上訴案件として持ち込まれた現地抗争に深入りすることは不可能であり、介入を避ける傾向があった。しかし、一二九三年五月一五日に生じたバイヨンヌ艦隊とノルマンディ艦隊の衝突事件では、一二九〇年代の上訴案件とは違い、エドワード一世の責任を追及したため、現地抗争への介入が王権間の争いに昇華する契機となった。それ以外は、カペー家は原則として、ガスコーニュからの上訴案件については、プランタジネット家や現地からの上訴当事者の意向を尊重した。案件の当事者に対して和解を促す傾向が、ヘンリ三世治世よりも色濃く反映されていたのである。

## 3　ガスコーニュ戦争期とエドワード一世治世末期の上訴と請願

ガスコーニュ戦争期（一二九四〜一三〇三年）は、カペー家がガスコーニュの領有権者と定められたため、現地セネシャル法廷で出された判決に不服な場合は、案件をパリの法廷に持ち込むことが可能になった。

とはいえ、一二九九年九月のモントルイユ和約までは、プランタジネット家とカペー家との間でのいわゆるガスコーニュ戦争において、現地領主を二分する武力衝突が生じた。ヴェイルの分析から考察すると、ガスコーニュ戦争への参加が確認できる現地領主のうちの、八〇%がプランタジネット家を支持していた(37)。カペー家を支持した現地領主のなかでは、戦争の最中でプランタジネット家への支持に切り替えた勢力、ガスコーニュ戦争終結後にカペー家への臣従からプランタジネット家への臣従に切り替えた勢力も確認できる(38)。

ガスコーニュ戦争期からエドワード一世が死去する一三〇七年七月七日にかけては、記録されている上訴の案件はそれほど確認できない。けれども、訴訟手続きを踏まえなければならない上訴ではなく、王権の慈悲を乞い、王権から直接、現地の当事者が持ち込んだ案件について、回答を求める請願がこの時期に記録されたことは重要である。そこで、上訴法廷の本題からは多少外れるが、請願が記録され始めた背景を、上訴法廷での案件処理の実態から考察したい。

ガスコーニュ戦争の最中に、プランタジネット家への臣従を疑われ、城館を没収されたレスパール領主エイケルム・ギエム五世が、ガスコーニュ・セネシャルの法廷にて下された城館の返還をめぐる裁定を不服として、一三〇一あるいは一三〇二年の三月三〇日にパリ高等法院へと上訴した(39)。パリ高等法院は城館の返還を見込んでいたが、エイケルム・ギエムは、パリ高等法院に出廷しなかった。そこで、カペー家が派遣したガスコーニュ・セネシャルとジェロー・ド・バレイヌの法廷に差し戻す決定を下した(40)。ところが、エイケルム・ギエム五世はそれにも不服だったのか、一三〇五年にプランタジネット家のガスコーニュ・セネシャルへ、城館の返還についての請願を行い、その請願を認める回答を得ていた(41)。

一三〇三年パリ条約で、一二五九年パリ条約体制への原状回帰に戻されてからも、一三〇七年までに、上訴三件に対して、エドワード一世への訴訟提起が四件、請願が一四件記録されていることから、現地の問題を解決しようとする当事者が、カペー家の上訴法廷よりもプランタジネット家の宮廷を頼ったことがうかがえる(42)。それはガスコーニュ戦争以前のエドワード一世治世を通じて、現地領主による上訴取り下げや撤回事例が記録されたことや、プランタジネット家の裁判権の中で解決が図られる機会が増大した流れに引き続く状況であろう。

カペー家のガスコーニュ占領期には、エイケルム・ギエム五世の案件を含め、上訴は三件が記録されたが、いずれも回答が出されている(43)。ところが、ガスコーニュがプランタジネット家に返還されると、カペー家の仲介を含めて、上訴の撤回、棄却が記録される(44)。公判日の持ち越しの裁定が下されたマギストル・ベルナールとピエール・コステルとの対立では、カペー家の上訴法廷に案件が持ち込まれなかった。エドワード一世の代理人の前で、両者の申し開きを行うとしたが、その後の記録を確認することができないため、再度カペー家の上訴法廷へ持ち込まれたのか、示談によって和解したのかの判断は難しい(45)。

一三〇〇年から七年という短い期間ではあるが、一一件の上訴について、ガスコーニュ・セネシャルが被上訴人として罰せられたのは一件のみであった(46)。カペー家の上訴法廷は現地からの案件を受理して審理するものの、むしろプランタジネット家の裁判権について配慮する動向や現地で処理する傾向が、ガスコーニュ戦争以前よりも顕著に見られた。そのため、カペー家の上訴法廷は時代を経る毎に、現地での問題はプランタジネット家を含めて、現地で解決するように模索し始めたといえる。しかしながらこのことは、ガスコーニュからの上訴当事者が、カペー家の上訴法廷での案件処理を疑問視する傾向を生じさせた。一方、エドワード一世治世末期から生じ始めたプランタジネット家への請願が増えた。その傾向はエドワード二世治世には、顕著になっていく。

## 4　エドワード二世治世の上訴と請願

エドワード二世治世に、上訴法廷に持ち込まれた案件は表3-3に示した通り、ヘンリ三世治世やエドワード一世治世よりも多く記録されていた。これについてキックライターは、フランス王の役人が、ガスコーニュとフランス王国の境界領域で、プランタジネット家への不服申し立てを上訴法廷に持ち込ませていたと述べている。[47] 表3-3の通り、エドワード二世治世の上訴は増大していることは確かであるが、ガスコーニュ戦争の戦後処理をめぐる両王家の対応の違いと関連づけて考察するべきであろう。[48]

表3-3を見ると、上訴理由が土地や城館の領有権ではなく、現地抗争の処理となっている案件が多く見られる。しかし、現地抗争の是非をカペー家が判断することは難しく、バイヨンヌ艦隊とノルマンディ艦隊の衝突事件への介入は、ガスコーニュ戦争の遠因ともなった。このこともあって、カペー家が現地抗争への介入を忌避している傾向が、公判の持ち越しなどで回答を先延ばしにしているケースや、回答が記録されていないケースからも見受けられるのである。

この時期、現地からの上訴の頻度はこれまでよりも増大していたが、プランタジネット家の権威や名を借りた上訴への妨害に及ぶ現地勢力も存在した。[49] また上訴人は一時的にはあるが、プランタジネット家の裁判管轄から外れるために、ジュルダン・ド・リルのように処罰を逃れる領主も現れた。[50] しかしながら、カペー家はこのような理由での上訴には厳しい態度で臨んでおり、それらは表3-3で示した事例のいくらかの回答からも読みとれる。

さらに、特定人物による複数回の上訴が記録されているのも特徴である。ベルナール・ド・ブランクフォールとオード・ド・ティランの抗争における後者の連続上訴は、その典型である。両家は過去にプランタジネット家と深い関係を有していた。[51] それゆえ、ブランクフォール家との対立の観点から、オードの上訴が繰り返し記録されたと見られる。オードの父親ゴンボーが行った表3-2で挙げた上訴のように、プランタジネット家による問題の解決を望みながら思い通りとならず、カペー家に問題の解決を求める傾向を見せていた。[52] しかしながら、オードの上訴のすべてが好ましいものとして処理された訳ではなかった。表3-3の4、27、32、33、34、36で示したように、上訴法廷の回答からは、オードの言い分を認めるケースだけでなく、その前に案件を処理したプランタジネット家や、ブランクフォール家を

**表 3-3　エドワード２世治世の上訴案件**

| 番号 | 上訴人・勢力 | 被上訴人・勢力 | 上訴の理由・経緯 | 上訴先 | 記録日時 | 上訴法廷での判決もしくは回答 | 参照史料もしくは資料 |
|---|---|---|---|---|---|---|---|
| 1 | アルマニャック伯 | フォワ伯ガストン１世 | 現地抗争 | パリ高等法院 | 1308年５月20日 | アルマニャック伯の一派，チュレンヌ，フェザンサック副伯に賠償するべし。 | *Actes du Parlement*, t. 2, n. 3621 |
| 2 | アルマニャック伯 | Raymond de Cordona | 現地抗争 | フランス王廷 | 1309年 | 被上訴人の血族であるフォワ伯ガストンに3000トゥール貨リーヴルの罰金を課す。 | *Olim*, t. 3, pte. 1, pp. 382-387, XIII |
| 3 | ペリゴール伯 | アジュネ・セネシャルのオジェ・ド・ラモット | 裁判権の帰属 | フランス王廷 | 1309年聖燭節 | *Anhaco* の教区を除いて上訴人を通じて，余が掌握している地域の裁判権はしっかりと確証されている。*Busset* の教区の裁判権について主張した被上訴人に5000トゥール貨リーヴルの罰金を課す。 | *Olim*, t. 3, pte. 1, pp. 406-407, VIII |
| 4 | オード・ド・ティラン | アルノー・ド・ベガラン | 領地の領有権 | フランス王廷 | 1310年か11年７月13日 | *Bertarand Calculi* の判決は無効とされる。被上訴人は，上訴人に対してボスクの所領を返還するべき。被上訴人は余に1000トゥール貨リーヴルを支払うこと。 | *Actes du Parlement*, n. 3892, *Olim*, t. 3, pte. 1, pp. 624-626, I |
| 5 | サン・トゥロープ小修道院長 | ジャン・ド・カストル | 現地抗争 | パリ高等法院 | 1312年４月４日 | イングランド王＝アキテーヌ公とフランス王のサントンジュ担当の代訴人の間で，この問題について次の高等法院開廷時に持ち越す。 | *Actes du Parlement*, n. 4108 |
| 6 | ヴィタル・ド・グラス | *Guillaume Arnaud de Cathelina* | 嫁資の帰属権 | フランス王廷 | 1312年４月10日 | マルサン法廷とガスコーニュ・セネシャル法廷の裁定を尊重し，上訴人は被上訴人が求める金額を支払うことを命じる。 | *Actes du Parlement*, n. 4118, *Olim*, t. 3, pte. 2, pp. 780-781, LXVI |
| 7 | レスパール領主エイケルム・ギエム５世 | ガスコーニュ・セネシャル | 領地の領有権 | フランス王廷 | 1312年４月23日 | ガスコーニュ・セネシャルに代わって，プランタジネット家に10000トゥール貨リーヴルの罰金の支払いを命じる。 | *Actes du Parlement*, n. 4130, *Olim*, t. 3, pte. 2, pp. 814-815, C |
| 8 | アマニュー・ダルブレ | ガスコーニュ・セネシャル | 現地抗争 | パリ高等法院 | 1312年４月25日 | 被上訴人の一派が上訴人の領地で犯した越権行為について新たな調査を命じる。 | *Actes du Parlement*, ns. 4133, 4135 |
| 9 | ピエール・メザン | ピエール・オベール | 現地抗争を巡る裁判事案 | パリ高等法院 | 1312年５月６日 | 被上訴人の下した判決は無効である。 | *Actes du Parlement*, n. 4157 |
| 10 | アマニュー・ダルブレ | バイヨンヌのコミューヌ | 現地抗争 | パリ高等法院 | 1312年５月６日 | 上訴人に対するイヴ・ド・ロヴィニの判決については，一部分のみ容認する。 | *Actes du Parlement*, n. 4160 |
| 11 | ピエール・ヴィタル・ドリーヴ | ギヨーム・コロン | 領地の相続権 | パリ高等法院 | 1313年４月-５月 | レクトゥールの常任判事の判決を尊重。ガスコーニュ・セネシャルの判決は無効。 | *Actes du Parlement*, n. 4302 |
| 12 | ベルナール・ド・カンジュ | アルノー・ド・コディク | 現地抗争 | フランス王廷 | 1315年３月14日 | 上訴人には80トゥール貨リーヴルを，ベルトラン・ジュネスには40トゥール貨リーヴルを割り当て，被上訴人の裁定は悪しきものとみなし，罰せられる。 | *Actes du Parlement*, n. 4400, *Olim*, t. 3, pte. 2, pp. 978-980, XLVI |

| | | | | | | | |
|---|---|---|---|---|---|---|---|
| 13 | ピエール・ド・ラヴァルダック | ガスコーニュ・セネシャル及びサン・スヴェールのバイイとプレヴォ | 現地特権の帰属権 | フランス王廷 | 1315年4月5日 | カンパーニュとデュジーヌの城館は上訴人に返還されるべし。被上訴人側のサン・スヴェールのプレヴォとレダのバイイは上訴人に3000トゥール貨リーヴルの罰金を支払うべし。 | *Actes du Parlement*, t. 2, n. 4433, *Olim*, t. 3, pte. 2, pp. 1029-1034, CXXX |
| 14 | ベルナール・ド・ブランクフォール | アマニュー・デュ・フォサ | 封建関係 | フランス王廷 | 1315年3月15日 | 上訴人は良き上訴を行った。被上訴人には現地での裁判を行うように命じ，それが不服であるならば余の法廷に再度上訴すること。 | *Actes du Parlement*, n. 4460, *Olim*, t. 3, pte. 2, pp. 1023-1026, LXXV |
| 15 | ラ・ソーヴ・マジュール大修道院長 | アモリ・ド・クラオン | 現地抗争 | パリ高等法院 | 1316年12月5日 | 被上訴人とその一派は，上訴人から掠奪した動産・不動産を元通りに返還すること。 | *Actes du Parlement*, n. 4492 |
| 16 | ベルトラン・ド・フュメル | イングランド王＝アキテーヌ公 | 現地抗争 | パリ高等法院 | 1317年1月3日と1月11日 | 上訴について，回答を要するためイングランド王とその臣下たちをパリ高等法院に出廷させること。 | *Actes du Parlement*, ns. 4541, 4548 |
| 17 | エリ・ド・スジプレードの寡婦 | ボルドー市長アルノー・カイヨー | 現地抗争 | パリ高等法院 | 1317年1月13日と1月30日 | 上訴人の夫を殺害した疑いのある被上訴人への処罰を延期する。 | *Actes du Parlement*, ns. 4553, 4558, 4590, 5132, 5138, 5155 |
| 18 | ピエール・ド・ソー | ガスコーニュ・セネシャル | 現地抗争 | パリ高等法院 | 1317年2月3日 | 記録なし。 | *Actes du Parlement*, n. 4598 |
| 19 | ゴスルム・デ・モン | ガスコーニュ・セネシャル | 不明 | パリ高等法院 | 1317年2月4日 | プランタジネット家代訴人の出廷は延期させる。 | *Actes du Parlement*, n. 4599 |
| 20 | ブライユ領主ジョフロワ・リュデル | ガスコーニュ・セネシャル | 領地の領有権 | パリ高等法院 | 1317年3月26日 | プランタジネット家代訴人の出廷は延期させる。 | *Actes du Parlement*, n. 4749 |
| 21 | ジャン・ド・ドゥベス | アジュネ・セネシャル | 現地抗争 | パリ高等法院 | 1317年4月20日と8月23日 | プランタジネット家代訴人の出廷は延期させる。その最中に上訴人が投獄されたので，その釈放をペリゴール・セネシャルへと命じる。 | *Actes du Parlement*, ns. 4785-4786, 4989 |
| 22 | フロリアック現地勢力 | ガスコーニュ・セネシャル | 現地抗争 | パリ高等法院 | 1317年5月16日 | 上訴人は，フロリアック主任司祭の屋敷内に侵入し，その動産200トゥール貨リーヴル相当を焼き討ちにしたので，罰せられるべきである。 | *Actes du Parlement*, n. 4842 |
| 23 | アジャン司教 | アジュネ・セネシャル | 不明 | パリ高等法院 | 1317年7月3日 | 上訴人へ裁判を行うこと。 | *Actes du Parlement*, n. 4919 |
| 24 | レモン／ギヨーム・ド・カルベ | ガスコーニュ・セネシャル | 現地抗争 | パリ高等法院 | | 余に奉仕する騎士ユーグ・ジェローに上訴を裁くように命じる。 | *Actes du Parlement*, n. 4931 |
| 25 | ピエール・アムー | ガスコーニュ・セネシャル | 不明 | パリ高等法院 | 1317年7月15日 | プランタジネット家代訴人の出廷は延期させる。 | *Actes du Parlement*, n. 4952 |
| 26 | ベルナール・ド・ブランクフォール | ギヨーム・ド・ペルデラン | 封主・封主同士の抗争 | フランス王廷 | 1317年10月18日 | 被上訴人は，封主であるにもかかわらず，上訴人の領地のカナンとオーダンジュに暴力的なやり方で侵入していた。上訴を受理。被上訴人に500トゥール貨リーヴルの支払を命じる。 | *Actes du Parlement*, n. 5031, *Olim*, t. 3, pte. 2, pp. 1172-1176, LXXVII |

| | | | | | | | |
|---|---|---|---|---|---|---|---|
| 27 | オード・ド・ティラン | カスティヨン領主のバイイのピエール・ドカイヨン | 領地の領有権 | フランス王廷 | 1317年 | 被上訴人によって，上訴人から奪われた財産のうち，500トゥール貨リーヴル分に限って返還が認められる。被上訴人の封主ポンス・ド・カスティヨンには，責任として3000トゥール貨リーヴルの支払を命じる。 | *Olim*, t. 3, pte. 2, pp. 1204-1207, IX |
| 28 | ジャック・ド・メザン, *Gandolfo Cupalato de Plaisance* | ガスコーニュ・セネシャル | 上訴手続き時の越権行為 | パリ高等法院 | 1318年 4月 | 上訴を受理する。 | *Actes du Parlement*, n. 5332 |
| 29 | 不明 | ドミニク・ド・レンヌ | 上訴手続き時の越権行為 | パリ高等法院 | 1318年 5月22日 | 被上訴人の一派を罰するようにペリゴール・セネシャルに命じる。 | *Actes du Parlement*, n. 5391 |
| 30 | アジュネの教区住民 | ベルナール・ダンディラン | 上訴手続き時の越権行為 | パリ高等法院 | 1318年 5月23日 | アジュネのイングランド王＝アキテーヌ公のセネシャルに，教区住民をパリ高等法院へと上訴させないように命じる。 | *Actes du Parlement*, n. 5417 |
| 31 | ポール-サント-マリの統領とバイイ | エティエンヌ・ラシューズ | 不明 | フランス王廷 | 1318年 7月8日 | 被上訴人は良き裁定を下した。よって，上訴人の上訴は悪しきもので，却下される。 | *Olim*, t. 3, pte. 2, pp. 1300-1302, LXXVI |
| 32 | オード・ド・ティラン | ギヨーム・ジャン・アルノー・ド・ラヴーヌ | 領地の領有権 | フランス王廷 | 1318年 7月10日 | 上訴人の上訴は良きものであるが，被上訴人への罰則については後日，定める。 | *Olim*, t. 3, pte. 2, pp. 1428-1431, LXV |
| 33 | オード・ド・ティラン | アレジー・デュルノヌ | 領地の相続権 | フランス王廷 | 1318年 | この件については，この後の記録なし。 | *Olim*, t. 3, pte. 2, pp. 1297-1299, LXIII |
| 34 | オード・ド・ティラン | ブランクフォール領主 | 領地の領有権 | パリ高等法院 | 1318年 | 被上訴人の法廷ならびに，ガスコーニュ・セネシャル法廷での判決を不服とした，上訴人の上訴は極めて悪質で却下されるべきである。 | *Olim*, t. 3, pte. 2, pp. 1326-1329, VI |
| 35 | *Restaud de Rama* | ラ・モット領主家の騎士 | 現地抗争 | パリ高等法院 | 1318年 8月18日 | 被上訴人の越権行為を重く受け止め，罰則を適用する。 | *Actes du Parlement*, n. 5526 |
| 36 | オード・ド・ティラン | ガスコーニュ・セネシャル | 領地の領有権 | パリ高等法院 | 1318年 | 上訴人が置かれていた状況について，次回の開廷日までに調査して報告すること。 | *Actes du Parlement*, n. 5800 |
| 37 | ベルナール・ド・ピイイス | アジュネ・セネシャルのロベール・ローズ | 現地抗争 | パリ高等法院 | 1319年 5月21日 | 開廷日を延期すること。 | *Actes du Parlement*, n. 5806 |
| 38 | イングランド王＝アキテーヌ公 | ナヴァイユの領主一団 | 現地抗争 | パリ高等法院 | 1319年 7月14日 | 被上訴人は一連の越権行為を，上訴人陣営に裁かれるのを避けるために，上訴していた。越権行為は罰せられる。 | *Actes du Parlement*, n. 5823 |
| 39 | アマニュー・ダルブレ | プランタジネット家に奉仕する役人 | 現地抗争 | パリ高等法院 | 1319年 7月15日 | 上訴人側を罰するよう，トゥールーズ，ペリゴール，サントンジュ・セネシャルに命じる。上訴人は，プランタジネット家からの裁判権から逃れようとしていた。 | *Actes du Parlement*, n. 5824 |

| | | | | | | | |
|---|---|---|---|---|---|---|---|
| 40 | アヌサン・ド・コーモン | ジュルダン・ド・リル | 現地抗争 | パリ高等法院 | 1319年7月18日 | プランタジネット家の代訴人の主張を擁護するために，アキテーヌにて開廷と判決のための日時を与える。 | *Actes du Parlement*, n. 5827 |
| 41 | イングランド王＝アキテーヌ公 | ノワイヤック領主家 | 現地抗争 | パリ高等法院 | 1319年7月18日 | 記録なし。 | *Actes du Parlement*, n. 5828 |
| 42 | リュドンの統領 | ガスコーニュ・セネシャル | 不明 | パリ高等法院 | 1319年9月26日 | この案件については，プランタジネット家の役人を関与させないようにペリゴール・セネシャルに命ずる。 | *Actes du Parlement*, n. 5862 |
| 43 | アマニュー・ド・ノワイヤン | イングランド王＝アキテーヌ公 | 上訴手続き時の越権行為 | フランス王廷 | 1320年1月30日 | 被上訴人は上訴人に対して，合計5000トゥール貨リーヴルを支払うこと。 | *Actes du Parlement*, n. 5953 |
| 44 | ラウール・ド・カステルノー | ペリゴール・セネシャル | 特権の帰属権 | パリ高等法院 | 1321年 | 被上訴人の判決を認める。上訴人が主張している税金は，イングランド王＝アキテーヌ公に返還されるべきである。 | *Actes du Parlement*, n. 6466 |
| 45 | トヌワの領主団 | エティエンヌ・フェレオル | 上訴手続き時の越権行為 | パリ高等法院 | 1321年 | 記録なし。 | *Actes du Parlement*, n. 6574 |
| 46 | モンタイヤック市長 | サント・フォワの統領 | 裁判権の帰属 | パリ高等法院 | 1321年3月18日 | 両者の訴訟手続きは無効。 | *Actes du Parlement*, n. 6723 |
| 47 | アジャン司教区の統領と領主 | フォサ領主家 | 現地抗争 | パリ高等法院？ | 1321年 | 上訴人の上訴を却下するように，ペリゴール・セネシャルに命じる。 | *Actes du Parlement*, n. 6801 |
| 48 | *Bernard de Brigeto* | イングランド王＝アキテーヌ公 | 現地抗争？ | パリ高等法院 | 1321年5月8日 | ガイヤール・ド・カーズ，ボルドーのサン-スーラン参事会員のレイモン・デュランとユーグ・ル・フォールにアキテーヌでの開廷法廷への出廷を命じる。 | *Actes du Parlement*, n. 6803 |
| 49 | ギヨーム・カレル | パガン女伯 | 上訴手続き時の越権行為 | パリ高等法院 | 1324年3月3日 | 被上訴人の主張を認め，上訴人に有利な判決を取り消すように命じる。 | *Actes du Parlement*, n. 7474 |
| 50 | アルノー・ギヨーム・ド・ベルグワニョン | ガスコーニュ・セネシャル | 現地抗争 | パリ高等法院 | 1324年3月20日 | 被上訴人が下した判決を，余のペリゴール・セネシャルに実行するように命じる。上訴人が高等法院の開廷後，10週間経ったにもかかわらず，出廷しなかったことによる。 | *Actes du Parlement*, n. 7506 |
| 51 | ボルドー市コミューヌ？ | ベルトラン・カイヨー | 現地抗争？ | パリ高等法院 | 1324年 | 被上訴人は出廷しなかった。その理由を問うために，開廷日を延期すること。 | *Actes du Parlement*, n. 7599 |
| 52 | *Bernard de Tivosa* | ドゥルス・ド・モントリュー | 現地抗争？ | パリ高等法院 | 1325年4月17日 | パリ高等法院の裁判をアキテーヌで行うことになっていたが，被上訴人が不出廷なので，開廷日を持ち越す。 | *Actes du Parlement*, n. 7692 |
| 53 | ピエール・ド・ボーモン | コンドン司教 | 現地の封建関係の問題 | パリ高等法院 | 1326年6月13日 | 記録なし。 | *Actes du Parlement*, n. 7880 |

出所：拙稿「14世紀初頭のガスコーニュにおける上訴と請願——上訴人となりうる現地勢力の動向からの考察」『歴史家協会年報』第4号，2008年，19-22頁より加筆・修正。

含む現地勢力への配慮、さらには訴訟相手のティラン家にも、現地レベルでの和解を促そうとしている傾向を読みとり得る。

ボルドー市内の抗争については、キックライターが取り上げているように、カペー家が現地抗争に介入した事例（表3-2の27、表3-3の17、51）であるが、プランタジネット家（イングランド王＝アキテーヌ公）が上訴人として案件の処理を依頼している事例（表3-3の38、41）もあった。アマニュー・ダルブレの上訴（表3-3の8、10、39）では、ガスコーニュ・セネシャルの一派が越権行為に及んだ背景の調査が命じられている（表3-3の8）ことから、プランタジネット家だけでなくカペー家も、現地の土地領有状況を踏まえて判決しようとしていた。[53]またアマニュー・ダルブレは、表3-3の39では、パリ高等法院によって罰せられるべきだと判決を下されており、ジュルダン・ド・リルと同様に、プランタジネット家の処罰を逃れようとしていた動向が見受けられた。

さらに、プランタジネット家の代訴人出廷の延期（表3-3の19、20、21、25、40）や、プランタジネット家の法廷で下された判決をカペー家のペリゴール・セネシャルが執行する（表3-3の50）という回答もあることから、エドワード二世治世になってもカペー家は、プランタジネット家の裁判権に配慮する傾向を残していた。一三一八年五月二三日のアジュネ教区住民の上訴案件（表3-3の30）では、パリ高等法院がアジュネからの上訴を受理しないようにとの回答を出していることも、カペー家が現地の問題を、プランタジネット家の法廷における判決で終結させる、という意向を表していたと見ることもできよう。

エドワード二世治世の上訴の増大と併行して、一三〇八～一七年の間のエドワード二世への請願も、筆者が確認できただけでも二〇件記録されている。[54]一三一八年以降、サン・サルドス戦争直前においても、アジャン市がサン・サルドスのバスティド創設について、新たな市場の予定地との重複を見越し、エドワード二世への対処を求め、請願していた。[55]またサン・サルドス戦争以後の一三三〇年代に、エドワード三世に対する請願が記録されていた。[56]請願は問題解決において有効な手段となり得たが、[57]現地における利害関係の観点から上訴の撤回とも併せて非常にリスクをともなうものであり[58]、安易にその手段に訴えることは控えられたと推測される。

エドワード二世治世は、ヘンリ三世、エドワード一世治世と比べて、カペー家の上訴法廷での判決による罰則という回答に至らない事例も多く見受けられた。それはカペー家が、プランタジネット家の法廷を含めて現地による和解を期待して、現地抗争には極力介入しない方針を示したからであろう。しかしながら、現地勢力からしてみれば、カペー家の上訴法廷での調停は不十分かつ、案件によっては恣意的と映った可能性は否定できない。

*

一二五九年パリ条約を境に、カペー家フランス王によるプランタジネット家のガスコーニュでの裁判権に対する「侵略」が強まり、その動きに抵抗して、プランタジネット家が現地領主によるパリ高等法院への上訴を妨害した、というキックライターたちの見解は果たして事実に合致するといえるのか。これまでに調査した結果に基づいて結論を述べよう。ヘンリ三世時代には、カペー家が積極的に介入し上訴させた事例は見いだせなかった。カペー家はむしろ現地裁判所での和解を促す配慮をした。エドワード一世時代のガスコーニュ戦争以前には、カペー家がガスコーニュからの上訴に対して判決を下さず、和解を促す例がヘンリ三世時代よりも増えた。ガスコーニュ戦争によってカペー家がガスコーニュを直接領有する時代には、上訴件数はむしろ少なくなり、現地領主がプランタジネット家に救済を求めて請願する事例が増えた。現地領主から上訴されたガスコーニュ・セネシャルがカペー家によって処罰された事例は一件のみであった。エドワード二世時代になると上訴案件数は増えるが、カペー家法廷での救済を意図した上訴人の思惑が実現したとはいえず、むしろカペー家はガスコーニュ内での決着を勧めた。

現地領主や都市民のカペー家支配への期待は見られたが、カペー家が期待に応え得たとはいえないことを判例が示している。ガスコーニュ戦争以後、プランタジネット家への請願という手続きが台頭してくることから見て、現地人のプランタジネット家への期待が根強かったといえる。両王家とも裁判権管轄において相手方を決定的に排除し得ず、現地領主はどちらに帰属すべきかを決めかねていた、といえるであろう。

**注**

（1）M. Gavrilovitch, *Étude sur le Traité de Paris de 1259*, *Bibliothèque de l'école des Hautes Etudes*, vol. 125, Paris, 1899, pp. 30-33; P. Chaplais, Le duché de Guyenne: *L'hommage et les services féodaux de 1259 à 1303*》in Chaplais, *Essay in Medieval diplomacy and administration*, London, 1981, pp. 15-16.

（2）拙稿「一三世紀後半のガスコーニュにおける上訴問題と現地領主の上級領主観——パリ高等法院への上訴の考察を中心に」『史泉』第一〇七号、関西大学史学・地理学会、二〇〇八年、三九～六〇頁。拙稿「一四世紀初頭のガスコーニュにおける上訴と請願——上訴人となりうる現地勢力の動向からの考察」『歴史家協会年報』第四号、二〇〇八年、一～二四頁。

（3）Gavrilovitch, *op. cit.*, p. 94.

（4）Chaplais, VI Les appels gascons au roi d'Angleterre sous le règne d'Édouard Ier in *Essay in Medieval diplomacy and administration*, pp. 382-99.

（5）E. Perroy, "In Memoriam," dans J. P. Trabut-Cussac, *L'Administration anglaise en Gascogne sous Henri III et Édouard Ier*（*1254-1307*）, Genève, 1972, pp. vii-ix（以下 L'Administration anglaise en Gascogne）; A. R. Lewis, "XIII Pattern of economic development in Southern France, 1050-1271," in Lewis, *Medieval Society in southern France and Catalonia*, London, 1984, pp. 57-83（p. 73）.

（6）M. Vale, *The origins of the Hundred Years War*: the Angevin legacy, Oxford, 1996, p. 183.

（7）J. A. Kicklighter, "Les monastères de Gascogne et le conflit franco-anglais（1270-1327）", *Annales du Midi*, t. 91, Toulouse, 1979, pp. 121-133; J. A. Kicklighter, "English Bordeaux in conflict execution of Pierre Vigier de la Rousselle and its after math, 1312-24", *Journal of Medieval History*, vol. 9, 1983, pp. 1-14; J. A. Kicklighter, "Arnaud Caillau Maire de Bordeaux, agent d'Édouard II en Gascogne," *Annales du Midi*, t. 99, Toulouse, 1987, pp. 7-9; J. A. Kicklighter, "English Bordeaux in conflict: The execution of Pierre Vigier de la Rousselle", *Journal of medieval history*, vol. 9, 1983, pp. 1-14.

（8）Trabut-Cussac, *L'Administration anglaise en Gacogne*, pp. 30-31.

（9）Gavrilovitch, *op. cit.*, p. 88.

（10）*Ibid*.

（11）*Ibid*., pp. 88-89.

（12）Trabut-Cussac, *L'Administration anglaise en Gascogne*, p. 31.

（13）Gavrilovitch, *op. cit.*, pp. 90-91.

（14）レモンの息子ギヨーム・アマニューが一二八五年に損害賠償の支払いを要求したが、その支払いについてはカペー家の上訴法廷ではなく、エドワード一世がガスコーニュ・セネシャルとボルドー・コネターブルに命じている。*Ibid*., p. 91.

(15) Trabut-Cussac, *L'Administration anglaise en Gascogne*, pp. 30, 348; F. Michel (ed.), *Rôles Gascons*, t. 1 (1242-1254),（以下 *R. G.*）*Collection de document inédit sur l'histoire de France*, Paris, 1885, n. 2552.

(16) *R. G.*, t. 1, ns. 3528, 3685では、ルノー・ド・ポンスとのベルジュラック問題について、ヘンリ三世が当時のエドワード王太子に、カペー家の面前で、ルノーの利害について保証を行うように命じている。n. 3675では、マルグリットに対してイングランド王のもとに出廷し、ベルジュラックとジャンサックの問題について証言するように、n. 3685ではベルジュラックとそれに関連する問題について、懈怠した場合に新たな出廷日を設けることが命じられている。その翌年の一二五五年一月三一日には、ルノー夫妻は、ベルジュラック城館にかんする裁判を、プランタジネット家のもとで行って欲しいと証言していた。Ch. Bémont (ed.), *R. G.*, t. 1 supplémental (1254-1255), Paris, 1896, ns. 4362, 4363.

(17) Gavrilovitch, *op. cit.*, pp. 88-89.

(18) Trabut-Cussac, *L'Administration anglaise en Gascogne*, pp. 32-35. 一二五九年パリ条約の規定の中にリモージュ・カオール・ペリグーにおけるカペー家の王の名で保有されている土地や権利をプランタジネット家に譲渡するという内容が盛り込まれており、リモージュ城館はギィー六世のルイ九世への臣従礼によって、カペー家の封土となっていた。そのため、同条約の規定ではプランタジネット家の領域となるはずであったが、リモージュ副伯家はプランタジネット家への臣従に反対した。

(19) *R. G.*, t. 1, n. 410（一二四三年五月）。国王は、エリ・（リュデル・）ド・ベルジュラックに四〇〇マークを与え、そのうち三〇〇マークをベルジュラック市に固定する。ns. 159, 594において一二四二、四三年の軍役奉仕要請が見られ、n. 2507では一二五四年四月一一日付で安堵状が発給されている。

(20) *Ibid.*, n. 644（一二四二年九月一日）八〇ボルドー貨リーヴルと二〇スターリング貨マークを支払う。n. 962（一二四二年五月二三日）五〇スターリング貨を支払う。ns. 159, 594では一二四二、四三年にそれぞれ副伯へのプランタジネット家への軍役奉仕要請が出されている。n. 3692では、一二五四年一〇月二七日付でカスティーリャ王の面前にて、「プランタジネット家は副伯に平和を与える。われわれは土地を没収せず、武力でもって侵入することもないと約束する」と書かれている。

(21) Ch. Bémont (ed.), *Recueil d'actes relatifs à l'administration des rois d'Angleterre, en Guienne au XIII$^{e}$ siècle*（*Recogniciones feodorum in Aquitania*）, 1910.

(22) 拙稿「ガスコーニュ現地有力者とプランタジネット家との契約と関連性——一二四二～四三、一二五三～五五、一二七三～七五の記録分析を中心に」『一三世紀から一四世紀前半のガスコーニュにおける現地領主の権力抗争と宗主権——上訴法廷・軍役奉仕・封建契約・官職就任の実例分析』関西大学大学院　文博第二二二号、二〇一四年三月、一六～一七頁。

(23) Trabut-Cussac, *L'Administration anglaise en Gascogne*, pp. 253-286; Vale, *The Angevin legacy*, pp. 175-265.

(24) Trabut-Cussac, *L'Administration anglaise en Gascogne*, p. 273.

(25) 富沢霊岸『イギリス中世史——大陸国家から島国国家へ』ミネルヴァ書房、一九八八年、一五〇～一五一頁。

(26) Trabut-Cussac, *L'Administration anglaise en Gascogne*, pp. 275-

285.

（27）*Ibid.*, pp. 269-270.

（28）*Ibid.*, p. 270.

（29）*Ibid.*, p. 271.

（30）Bémont (ed.), *R. G.*, t. 2 (1273-1290), Paris, n. 140. なお、ガヴリロヴィチは、イングランド王廷がボルドーで開廷されていたことを、ルノー・ド・ポンスの上訴案件の中で述べている。Gavrilovitch, *op. cit.*, p. 88.

（31）ボルドー市民のギヨーム・レモン・コロン（一二八三年一月一〇日 Bémont (ed.), *R. G.*, t. 2, (1273-1289), Paris, 1900, n. 631）、アマニュー・デゼール（一二八三年五月二〇日 *R. G.*, t. 2, n. 677）、アジャン大助祭のベルトラン（一二八九年五月二三日 *R. G.*, t. 2, n. 1500）、モンテナック領主（一二八九年五月二三日 *R. G.*, t. 2, n. 1501）が挙げられる。また、一二八六年にはボゾス・コアによるガスコーニュ・セネシャル法廷への申し立ても記録されている。Y. Renouard (ed.), *R. G.*, t. 4 (1307-1317), Paris, 1962, n. 5120.

（32）Y. Renouard, *Bordeaux sous les rois d'Angleterre*, Histoire de Bordeaux, t. 3, Bordeaux 1965, p. 120. または、拙稿「一三世紀～一四世紀初頭におけるボルドー大司教とボルドー市――世俗権力と上級領主に対する動向からの考察」『千里山文学論集』第八九号、二〇一三年、二一～五八頁。

（33）一二六九年に生じたボルドーのサン・タンドレ聖堂参事会による上訴は、ボルドー大司教のジェロー・ド・マルモルの土地・権利の継承を求めてガスコーニュ・セネシャル法廷に持ち込んだところ、同セネシャルは大司教に与えた特権のため、聖堂参事会の要求を拒否したことから始まった。Ch. Beugnot (ed.), *Les Oilm ou registres des arrêts rendus par la cour du roi sous les règnes de Saint-Louis, de Philippe le Bel, de Louis le Hutin et Philippe le Long*, t. 1 (1254-1273), Paris, 1839, p. 795, XIII. 筆者のサン・スーラン年代記の分析によると、それ以前には大司教や参事会が問題をプランタジネット家やカペー家に持ち込んだ記録は見受けられなかった。拙稿「一三世紀～一四世紀初頭におけるボルドー大司教とボルドー市」三五頁。サン・スーラン年代記は以下を参照。J. A. Brutail, *Cartulaire de l'église collégiale Saint-Seurinde Bordeaux*, Imprimerie G. Gounouilhou, 1897.

（34）M. H. Fisquet, *La France pontificale* (*Gallia Christiana*), *histoire chronologique et biographique des archevêques et evêques de tous les dioceses de France depuis l'établissement du christianisme jusqu'à nos jours, divisée en 17 provinces ecclésiastiques*, Bordeaux, Paris, 1864-73, p. 162.

（35）*Ibid.*, p. 163.

（36）マルグリット・ド・リモージュの父ギィ六世がリモージュ城館を、ルノー・ド・ポンス、マルグリット・ド・チュレンヌがジャンサック城館を、それぞれカペー家からの封土として受領していた例が挙げられる。Trabut-Cussac, *L'Administration anglaise en Gacogne*, pp. 32-35. Gavrilovitch, *op. cit.*, p. 88.

（37）M. Vale, "The gascon nobility and the anglo-french war, 1294-98" in J. Gillingham and J. C. Holt (eds.), *War and Gouvernment in the Middle Ages*, Woodbridge and Totowa, 1984, p. 135a-b（付録資料・地図）より、論者が集計した。

（38）ヴェイルによると、ガスコーニュ戦争に参加した領主のすべての言動が一貫していた訳ではなく、フォサ家やモンペザ家のように、臣従先をプランタジネット家とカペー家とで分けている領主も存在した。Vale, "The gascon nobility", p. 135a-b（付録資料・地図）。またジュルダン・ド・リル五世のように、戦争中はカペー家を支持しながら、ガスコーニュ戦争終結後に、プランタジネット家への臣従に戻る者も存在した。J. A. Kicklighter, "The nobility of English Gascony: The case of Jourdain de l'Isle", *Journal of Medieval history*, t. 13, 1987, pp. 327-342.

(39)　Ch. Beugnot (ed.), *Les Oim ou registres des arrêts rendus par la cour du roi sous les règnes de Saint-Louis, de Philippe le Bel, de Louis le Hutin et Philippe le Long*, t. 3, pte. 1 (1299-1311), Paris, 1842, p. 101, L, *Actes du Parlement*, t. 2, 3184.

(40)　*Olim*, t. 3, pte. 1, 1844, L, pp. 46-47. 原文は以下の通り。Inqueata facta ad instanciam Ayquelini Guillelmi de Sparra, super recuperacione castri et terre de Sparra, visa et diligentter examinata, propter ejus defactus, per curie nostre judicium, fuit anulata, et iterato facienda est, vocatis procuratore nostro et aliis vocandis kune post mediam Quadragensimam. Facta est commisio super hoc ad senescallum Vasconie et Giraudum Balayne.

(41)　*R. G.* t. 3. n. 4783. 注42で挙げる請願一四件のうちの一件に含まれる。J.P. Trabut-Cussac, "Notes sur le Médoc au XIII$^{e}$ siècle: la seigneurie et les seigneurs de Lesparre", *Annales du Midi*, t. 78, 1966, p. 312.

(42)　この傾向は、拙稿「一四世紀初頭のガスコーニュにおける上訴と請願」一七～一八頁を参照。

(43)　イシジャック大助祭と都市コミューヌとベルジュラック領主ルノー・ド・ポンス四世との訴訟が、一三〇〇年一月に記録された。大助祭と領主とは世俗・教会両裁判権の適用範囲を巡って対立し、領主側が大助祭側に危険行為を行ったことが上訴の発端となった。判決では、領主側の危険行為を止めるようにと取り決められた。都市コミューヌを略奪した領主側に対して、五〇〇〇リーヴルをフランス王に一〇〇〇リーヴルをイシジャック大助祭に支払うべしとの判決が下された。（*Olim*, t. 3, pte. 1, pp. 45-46, IX, pp. 46-47, X）。なお、一三〇一年二月二七日のバロー・ド・セスカスの案件は、エドワード一世の総代行官のピエール・アルノー・ド・ヴィクのところに持ち込まれている（*R. G.*, t. 3, n. 4556）。カペー家のガスコーニュ占領期においても、問題解決をプランタジネット家に委ねようとする勢力が存在したのである。

(44)　一三〇三年五月パリ条約から一三〇七年の上訴四件のうち、上訴の撤回と棄却事例は以下の通り。撤回（*R. G.*, t. 3, ns. 4705-4706, 4710. 一三〇五年四月二一日　上訴人ベルジュラック領主ルノー・ド・ポンス四世の二件）、棄却（*R. G.*, t. 4, n. 84. 一三〇七年　上訴人ギヨーム・ド・コーモン）。もう一件のカスティヨンのコンシュルがペリゴール・セネシャルによる被上訴人への裁判免除を不服としての上訴が挙げられる（*Olim*, t. 3, pte. 1, pp. 270-271, LIX）。

(45)　*R. G.*, t. 3, n. 4812.

(46)　一三〇〇年一月に記録されたイシジャック大助祭がベルジュラック領主ルノー・ド・ポンス四世を相手取った上訴にて、五〇〇〇リーヴルをフランス王に、一〇〇〇リーヴルを上訴人に支払うように命じられた。上訴法廷で一応の解決が図られた事例はこれだけである。*Olim*, t. 3, pte. 1, pp. 45-46, IX, *Actes du Parlement de Paris*, t. 2, n. 3084.

(47)　Kicklighter, "Arnaud Caillau Maire de Bordeaux", p. 291.

(48) カティノウは、一三〇六年から一三〇九年にかけて行われたモントルイユ交渉にて、プランタジネット家とカペー家とも、王家間の損害について議論したのみだったと述べている。G. P. Cuttino, *Engkish diplomatic Administration 1259-1339*, Oxford, 1940, pp. 49-72. プランタジネット家は九〇万ポンド（p. 54）、カペー家は一万九五三七ポンド六シリング一〇ペンス（p. 58）の損害と主張していた。また加藤玄氏は、モントルイユ交渉に引き続く一三一一年のペリグー交渉でも、ガスコーニュ現地勢力への補償についての議論は進展せず、暴力と自力救済の傾向が強まっていたと述べている。朝治啓三・渡辺節夫・加藤玄編著『中世英仏関係史　一〇六六～一五〇〇――ノルマン征服から百年戦争終結まで』創元社、二〇一二年、八三、八七頁。

(49) J. A. Kicklighter, "French jurisdictional supremacy in Gascony: One aspect of the ducal gouvernment's response", *Journal of Medieval history*, t. 5, 1979, pp. 127-134. キックライターはアキテーヌ公の役人という語を随所に記述しているが、現地人なのかイングランド本国から派遣されて来た人物なのかは特定していない。上訴を理由に投獄された人物としては、レスパール領主のエイケルム・ギエム五世が挙げられる。Vale, *the Angevin legacy*, pp. 168-169.

(50) 朝治ほか編、前掲書、九〇頁。

(51) 拙稿「一三世紀中葉～一四世紀初頭のガスコーニュにおける俗界領主――訴訟動向と上級領主との関係の個別分析」『関西大学西洋史論叢』第一三号、二〇一〇年、一三～一七頁。

(52) 同前、二五～二七頁。

(53) エドワード二世は一三一〇～一一年にガスコーニュ戦争における被害と賠償の状況について調査を行っていたが、同戦争での現地勢力への補償については未解決なまま残されることになった。朝治ほか編、前掲書、八三、八八頁、Kicklighter, "Arnaud Caillau Maire de Bordeaux", p. 283. その結果、カペー家がイニシアティヴを発揮して介入する余裕はなかったと考えられる。

(54) 拙稿「一四世紀初頭のガスコーニュにおける上訴と請願」一二三～一二四頁。

(55) 朝治ほか編、前掲書、九一頁。

(56) Vale, *the Angevin legacy*, pp. 242-243. レモン・ベルナール・ド・マルマンドが、サン・サルドス戦争でプランタジネット家に、一〇人の従者と三三人の歩兵を引き連れて軍役奉仕を行ったが、その際、費用が一年ベースで一〇〇〇トゥール貨リーヴルかかったと申し立てている。

(57) 一三一二～一三年にかけて、ギヨーム・レモン・ド・フロンサックが、ガスコーニュ・セネシャルの法廷での判決を不服として上訴していたが、上訴を撤回するので、ガスコーニュ・セネシャル法廷で裁判をやり直して欲しいと請願していた。少なくとも、カペー家の上訴法廷よりはガスコーニュ・セネシャル法廷の方が問題解決において有利であると見た可能性が考えられる。*R. G.*, t. 4, n. 1055.

(58) Kicklighter, "English Bordeaux in conflict", p. 3.

# 第4章　「古き同盟」とスコットランド王国共同体

## ――一三～一四世紀フランスとの同盟関連文書の分析から――

西岡健司

一三二〇年四月六日、スコットランド中東部のアーブロース修道院において、ローマ教皇ヨハネス二二世に宛てた一通の書簡が作成された。「アーブロース宣言」として知られるこの文書は、ファイフ伯ダンカン以下三九名の諸侯たちに加えて、「他のバロンたち、自由土地保有者、ならびにスコットランド王国の全共同体」の名のもとに、イングランド王による不当な支配に対するスコットランド人の王国の自由を高らかに謳い上げたものであり、(1) 中世における「王国の団結のもっとも雄弁な表明」とも評される。(2)

「アーブロース宣言」に象徴されるスコットランドの王国共同体意識は、一三世紀末のカンモア朝断絶後に生じた集団統治体制の中で明確に表明されるようになった。(3) その後、王位を継承したベイリオル家やブルース家の統治下においても、国王の廃位や亡命あるいは捕囚によって国王不在期は間歇的に継起し、王国の人々の間で合議制の経験が積み重ねられていく。そうした中で、イングランド王による支配への対抗と王位継承をめぐる争いが、王国の存在を左右する不断の重要案件として、王国共同体の合意を求める機会を生み出しつづけることになる。(4)

ところで、イングランド王家との長期にわたる「独立戦争」の過程で、スコットランド王国の存続を可能にした要因のひとつに、フランスとの軍事同盟がある。一二九五年の同盟締結に始まり、中断を挟みながらも一五六〇年まで更新されつづけた「古き同盟 Auld Alliance」は、王国共同体の運命を左右する重大事案であり、同盟の交渉過程においては、王国共同体の存在が重要な役割を演じた(5)。これまでの研究でも、歴代の同盟締結に至る交渉の経緯や条約の内容等にかんする要点は知られているものの、史料がまとまった形で出版されていないこともあって、同盟関係の一連の文書が王国共同体の動態的な分析に活用されていない。そこで本章では、一三～一四世紀の「古き同盟」にかんする主要な文書を精査し、とくに「王国共同体」という用語がどのように使われているのかに注目しながら、同時期の王と王国共同体との関係について考察する。

## 1　ジョン王と「古き同盟」のはじまり――パリ条約（一二九五年）

一二九六年四月五日、スコットランド王ジョン・ベイリオルは、イングランド王エドワード一世に対して忠誠と臣従の放棄を告げる文書を送付した(6)。その書面によれば、エドワード一世がジョン王とスコットランド王国の人々に対して重ねてきた不当な行為が理由とされるが、一方で、ジョン王がエドワード一世との正面対決を決意した背景には、フランス王フィリップ四世との間で締結された、イングランド王を共通の敵とする軍事同盟の存在があった。

去る一二九五年七月五日、エドワード一世の過度の要求に苦しんでいたジョン王は、フランス王との協力関係の構築を模索すべく、セント・アンドリューズ司教ウィリアム以下四名の使節をフランスに派遣する決断を下した(7)。一方のフランス王フィリップ四世も、当時ガスコーニュ統治をめぐってエドワード一世と戦争状態にあったため、イングランドの背後を襲えるスコットランド王との同盟は、むしろ望むところであった。パリでの同盟交渉は、さらにノルウェー王エリク二世の使節を交えて行われたため、交渉妥結にはやや時間を要した(8)。結局、一二九五年一〇月二二日にまずフランスとノルウェーの間で条約が交わされ、それとは別に、翌二三日にフランスとスコットランドとの間で条約が締結されることとなった。スコットランドの四名の使節は条約批准を記したフィリップ四世の文書を手に帰国し、一二九六年二月二三日にダンファームリンで開催された宮廷集会において、ジョン王は正式に条約を批准した。

パリ条約は、ジョン王の王太子エドワードとフィリップ四世の姪ジャンヌとの婚約、および対イングランド戦争における軍事協力を旨とするもので、一六世紀まで続く「古き同盟」の嚆矢となった。王家間の婚姻は文字通り王家と王家をつなぐものであったが、しかし、同盟の締結は決して王家だけの問題として協議されたのではない。

ジョン王は一二九五年七月五日付で、四名の使節に交渉の全権を委ねる文書と彼らに誓約を行う権限を付与する文書を作成したが、これら二通には、同盟が単に王同士の問題のみならず、「王国の人々 incole regni」にとっての問題であることが明記されている。[9] すなわち、使節たちは、「余〔ジョン王〕、余の長子にして後継者のエドワード、および余の王国の人々にかかわるあらゆること〔傍点筆者、以下同様〕」について協議し決定するために派遣されるのであり、「余、余の息子、および余の王国の人々が、その場に居合わせたなら行うであろうこと」を代行し、「余、余の息子、余の王国、およびその人々を義務づける」取り決めをなし、「余、余の息子、および余の王国の人々の魂にかけて」誓約を行う権限が与えられたのである。

「王国の人々」への言及は、条約締結の文書にも現れる。パリでの交渉が成立すると、ジョン王の四名の使節とフィリップ四世は、それぞれ条約内容を記した印章付の文書を一二九五年一〇月二三日付で作成した。[10] その中では、「フランス王、王家、王座、および王国の人々」に対するジョン王の「内なる親愛の情」への言及がなされた上で、スコットランドが「王自身が持てるものすべてと王国の人々」を動員してフランスを支援すること、すなわち、「王自身のみならず王国の人々の力すべて」をイングランド王との戦いに投じることが約束されている。

では、ここでの「王国の人々」とは、具体的にどういった範囲が想定されているのであろうか。文書の終盤には、「スコットランド王国の高位聖職者、伯、バロン、および他の貴族たち、ならびに諸都市の諸共同体 universitates ac communitates villarum」が、王と同様の方法で（ただし、聖職者は可能な範囲で）イングランド王との戦争に参加すべきこと、さらに、その保証のために、「スコットランド王国の高位聖職者、伯、バロン、および他の貴族たち、ならびに重要な〔諸都市の〕諸共同体」が、印章を付した証書を作成してフランスに送るように定められている。つまり、ここで具体的に対象として言及されているのは、聖俗貴族と都市共同体ということになる。ただし、条約の文書はフランス側との協議の上で作成されたものであり、文言の選択についてはスコットランド側の意図のみを読み取るには慎重さが必要である。とくに指摘した箇所は、フランス側の要求を記した部分であることを考慮しておく必要があろう。また、前日に締結されたフランスとノルウェーの間の条約締結文書を参照すると、個別的な条件を記した部分を除けば、明らかに同一の文言が使用されている。このことは、パリ条約の文書がフランス側主導で作成された可能性を示唆している。(11)

では、条約締結を受けて、ジョン王の宮廷集会で作成された条約批准の文書はどうであろうか。同文書の構成としては、条約内容を記したフィリップ四世の文書をそのまま複写した部分を中心として、その前後に条約締結の経緯と批准の文言が記される形となっている。(12)文書の冒頭では、ジョン王が四名の使節に、「余、余の長子エドワード、余の王国、および王国の人々にかかわるあらゆること」を協議し取り決める権限を与えたことが説明された上で、「フランス王と余、および両王国の人々の間で」相互の友好の絆が協議され結ばれたと述べられる。また、文書末尾には、批准の証として、王の印章とともに四名の司教、五名の修道院長、四名の伯、一一名のバロン、および六つの都市共同体の印章が付されたことが記されている。これらの内容および文言は、条約締結文書に従ったものといえる。

一方で注目すべきは、文書はじめの挨拶文に続く部分で、同盟締結の動機として、「余の祖先たちと余の王国共同体が、フランスの王たちや王国に対してこれまで特別に抱いてきた内なる親愛の情を、未来にも継続し強くすることを心より望んで」いたと語られていることである。「余の祖先たちと余の王国共同体」という文言は、ジョン王以前のスコットランドにおいて、カンモア朝断絶前から王と王国共同体が存在してきたという認識を示す表現として読むのが自然であろう。あるいは、カンモア朝断絶後の国王不在期を意識して王国共同体を併記していると読むことも可能であるが、その場合にも、「余の王国共同体」と述べていることから、少なくともジョン王治世における王国共同体の存続の認識を示している。ジョン王の治世は、パーラメントが定期的に開催され始めたことで知られ、国王不在期に形成された諸侯による合議の体制が、ある程度継承されていたと考えられている。[13]パリ条約の批准文書からは、聖俗諸侯と都市共同体の代表が参集したダンファームリンの宮廷集会の場で、ジョン王がカンモア朝を継承する存在であることを示すと同時に、王が王国共同体とともにあることを表明する姿を確認することができる。王と王国共同体との関係を考える上で、ジョン王の文書からもう一点指摘しておこう。スコットランド側による条約の批准は、フランス側が当初要求したように、聖俗諸侯と都市共同体が独自の証書を作成する形では行われなかった。現存する文書（一四世紀頃の複写）が伝えるのは、ジョン王と聖俗諸侯および都市共同体が共同で印章を付したとされる「ひとつの」文書だけである。

## 2　ロバート一世と「王国共同体」——コルベイユ条約（一三二六年）

パリ条約締結後、先述のように、ジョン王はエドワード一世への忠誠と臣従を放棄して対英開戦に踏み切った。しかし、結局はイングランド側の圧倒的な軍事力の前に惨敗に終わり、一二九六年七月二日、「誤った悪しき助言」にそそのかされたとして、パリ条約の破棄を余儀なくされた。[14]その直後の七月一〇日、さらにジョン王は強制的に退位へと追い込まれ、スコットランドはイングランド王による直接支配からの自由をかけた「独立戦争」の時代に突入する。一三〇六年三月二五日に一部の諸侯の支持のもとで王位に就いたロバート一世は、反対派の諸侯を打倒しながら「独立戦争」を主導し、長い時をかけてブルース王家によるスコットランド統治を実現していく。イングランド王との関係では、ようやく一三二三年五月三〇日にエドワード二世との間で一三年間の和平協定を締結するに至るが、[15]ロバートが正式にスコットランド王として認められるのは、一三二八年三月のエディンバラ条約締結を待たねばならない。[16]こうした状況下で、フランス王との同盟再開の気運は一三〇八〜九年頃から生じつつあったようであるが、[17]ついに一三二五年四月二〇日、トマス・ランドルフ以下五名の使節をフランスに派遣する決定が下された。今回も条約締結までには一年近くを要したが、一三二六年四月、パリ南方のコルベイユにて対英軍事同盟が成立し、スコットランドの使節およびフランス王シャルル四世による条約締結の文書がそれぞれ作成された。ロバート一世による条約の批准は、一三二六年七月一二日にスターリングの宮廷集会で行われた。

　コルベイユ条約の内容自体は、先のパリ条約と同様、対イングランド戦争における相互協力を旨とするもので、細目についてはここでは立ち入らない。しかし、文書で用いられている文言には興味深い変化を指摘できる。

　まず、ロバート一世の使節派遣にかんする文書については、先と同様、交渉の全権を委ねる文書と誓約の権限を与える文書の二通が同じ日付（一三二五年四月二〇日付）で作成された。これらの中では、同盟が「彼〔シャルル四世〕と彼の後継者、諸侯、および王国の人々を一方に、余〔ロバート一世〕、余の後継者、諸侯、および王国の人々をもう一方に」したものであり、「余、余の後継者、諸侯、および余の王国の人々」のために締結されると述べられている。[18]今回は「諸侯 proceres」への言及が加わっているほか、「王国の人々 regnicole regni」にあたる語の選択に微妙な変化（パリ条約では "incole regni"）が見られるが、基本的には先の条約の文言を継承した形となっており、文書を受け取ったフランス側にもさほど違和感のない内容であったであろう。

　これに対し、条約締結の文書では、「王国の人々」ではなく、「王国共同体 communaute de nostre roialme」が前面に現れる。[19]条約締結時（一三二六年四月、日付なし）には、スコットランド側の四名の使節とフランス王シャルル四世がそれぞれ文書を作成したが、どちらの文書でも同様に「王国共同体」の語が用いられている。[20]フランス側のシャルル四世の文書では、同盟の具体的な内容に先立って、「余、余の相続人で後継者のフランス王たち、余の王国、および余の全共同体 toute nostre communaute が、既述のスコットランド王〔ロバート一世〕、彼の相続人で後継者たるスコットランド王たち、彼の王国、および彼の全共同体 toute sa communaute に、誠実なる同盟者として」結びつけられると記されている。また、フランス側とスコットランド側の双方の文書において、定められた条項の責を負うのは、

「フランス王、その相続人で後継者たるフランス王たち、彼の王国、および彼の全共同体」であり、また、「スコットランド王、彼の相続人で後継者たるスコットランド王たち、彼の王国、および彼の全共同体」とされる。戦争協力の具体的な条項においても、王国共同体への言及は繰り返される。例えば、「スコットランド王、彼の相続人で後継者たるスコットランド王たち、彼の王国、および彼の共同体が、もしイングランド王、彼の相続人たるイングランド王たち、あるいは彼の家臣たちと和平を結ぶか休戦に至ったとしても、フランス王、彼の相続人で後継者たるフランス王たち、彼の王国、および彼の共同体が除外されている場合には、もし既述のフランス王とイングランド王の間で戦争があれば、その和平ないし休戦は無効となる」と述べられている。

王国共同体を明確に意識した用語法は、ロバート一世の批准文書でも一貫している。[21] 同文書は、条約内容の記述として四名の使節たちによる条約締結文書をそのまま複写しているが、その前には、「フランス王、彼の相続人で後継者たるフランス王たち、および彼の王国の全共同体を一方に、余、余の相続人で後継者たるスコットランド王たち、および余の王国の全共同体をもう一方として」条約が締結されたと説明され、文書の末尾には、ロバート一世が、「余、余の相続人で後継者たるスコットランド王たち、および余の王国の全共同体のために」条約を批准したと記されている。

コルベイユ条約締結の舞台は、前回と同様にフランスであった。しかし、今回の条約の文書においては、王国共同体の存在を明記する方針がフランス側の意向から生じたとは考えがたい。次節で述べるように、次の条約締結時にはフランス側は「王国共同体」という表現を避けているほか、管見のかぎり、コルベイユ条約締結前後のフランス王の外交文書において、フランスの王国共同体について明言した文書は見あたらない。例えば、翌年の一三二七年三月三一日にパリで締結された英仏間の和平条約の文書では、「両王、両王国とギュイエンヌ公領、および彼らの家臣たち sujets の間で」という表現が用いられている。[22]

一方で、当時のロバート一世は、王国共同体の合意を持ち出すことで、王としての統治の正当性を担保しようとしていた。反ブルース派の勢力を抑え、ブルース王家による支配の浸透を進めていく過程において、実際はどうであれ、王国共同体の合意に基づくというレトリックが重要な機能を果たした。本章の冒頭に挙げた「アーブロース宣言」も含めて、必ずしも諸侯の全体の合意を得ていない場合でも、盛んに王国共同体の合意が主張され、時には反対派であるはずの人物の名前が無断で利用されていたことも知られている。(23)

治世終盤になっても王権の支持基盤が必ずしも盤石とはいえない状態の中で、ロバート一世は、フランスとの同盟更新を批准する宮廷集会の場が政治的に重要な舞台となることを十分に承知していたはずである。実のところ、条約批准の三日後（七月一五日）には、同じくスターリングのカンバスケネス修道院で開かれたパーラメントにおいて、重大な課税の承認と王位継承法の確認という重要案件が議題として提出され、王国共同体の合意のもとに承認されている。(24) つまり、七月中旬の宮廷集会は、ひとえに外交使節が持ち帰った条約の批准を決議するためだけに設定された場ではなかったのである。

宮廷集会におけるコルベイユ条約批准のプロセスを考えた場合に、ロバート一世にとって第一に重要な意味を持ったと思われるのは、シャルル四世の文書に記されたロバートの称号であろう。フランス王がロバートに対して、「神の恩寵によってスコットランド人たちの王であり、余の特別なる友である高貴なる君主」と呼びかけているのである。一三〇六年にブルース家の支持者のみを集めた戴冠式を経て王位を称したロバート一世にとって、イングランド王の支援を受けた反対派の勢力を排除しながら正統な王としての立場を確立していく過程において、スコットランド王として正式にフランス王から同盟相手に認められたということは決定的な瞬間であり、宮廷に参集した人々にも強力な印象を与えたに違いない。

さらに、実際の同盟関係においてスコットランド王とともに責任を負うのは、個別に表現された「高位聖職者、諸侯、諸都市の諸共同体」ではなく、単一の「王国共同体」とされる。先のパリ条約では、条約履行を保証する存在として聖俗貴族二四名と六つの都市共同体の名が具体的に列挙されていたが、今回の条約では「王国共同体」のみである。

条約締結の保証としての印章添付の行為についても、先のパリ条約批准文書では、フランス側からの要求に基づいて二四名の聖俗諸侯と六都市共同体の印章が王の印章とともに付されたが、今回は王国共同体をも同盟主体とする条約文書において、王ひとりの印章で十分とされている。ロバート一世の治世においては、共同体の合意を明示する方法として、多くの諸侯の印章を付した「ラグマン証書」と呼ばれる文書が多数作成されており、一三二六年までに「アーブロース宣言」を含めて一二が知られている。[25] 国王宮廷の集会の場において、王国共同体の合意を示す方法として共同での印章添付に慣れていた人々にとって、王国共同体としての対外的な約束であるコルベイユ条約の批准文書が、王のみの印章によって完成される場を目撃することは、ロバートの築き上げた王権の存在を象徴的に認識することにつながったであろう。

コルベイユ条約における「王国共同体」という用語の選択は、ロバート一世側からの働きかけによって実現したのであろう。もっとも、フランスにおいても王国共同体の認識は、たとえイングランドやスコットランドのように明確に表明されることがなくとも、一三世紀中から存在していたと見なされている。[26] したがって、フランスの側にも「王国共同体」の表現を受け入れる素地は備わっていたと思われるが、スコットランド側の提案が実現したとするならば、そのこと自体も王としてのロバート一世の立場を評価するひとつの指標となるかもしれない。

## 3 デイヴィッド二世とステュワート家の思惑——幻のパリ条約(一三五九年)

ロバート一世はコルベイユ条約締結後、一三二八年三月一七日にイングランド王とエディンバラ条約を締結し、スコットランド王としての公式の承認をとりつけることに成功した。しかし、ロバート一世はブルース王家による統治体制を一代で盤石なものとすることはできなかった。一三二九年七月七日にロバート一世が亡くなると、わずか五歳で跡を継いだデイヴィッド二世は、王位を主張するエドワード・ベイリオルと、その背後で支援するイングランド王との苛烈な争いに巻き込まれていく。デイヴィッドはエディンバラ条約に基づいてイングランド王女ジョーンと結婚していたが、ベイリオル派との抗争の過程で、コルベイユ条約に基づくフランス王からの支援に頼る道を選択することになる。

デイヴィッド二世は、戦局の厳しくなった一三三四年五月にはフランスへと亡命し、フィリップ六世から手厚い保護を受けた。また、デイヴィッド亡命中のスコットランド本国でも、戦いを継続するブルース派の陣営に対して、フランス王から軍事的な支援が提供された[27]。そのため、戦局が好転して一三四一年六月二日に帰国を果たしたデイヴィッド二世は、百年戦争を戦うフランス王の支援を兼ねて、スコットランド南部に勢力を伸ばしていたイングランド王と対決した。しかし、一三四六年一〇月一七日のネヴィルズ・クロスの戦いでイングランド軍の捕虜となった結果、約一一年という長期にわたる自身の解放交渉の過程で、デイヴィッド二世は対英戦争を想定したフランスとの同盟堅持の姿勢を後退させていった。

デイヴィッド二世の身柄解放交渉は、フランスとの同盟関係に影響を与える一方で、解放の条件に王位継承問題が組み込まれたことから、王と王国共同体との間にも重大な亀裂を生じさせた。デイヴィッド二世は、自身が継嗣なく死去した場合に、イングランド王やその子息がスコットランド王位を継承することを解放条件として受諾しようとしたが、留守中の政府の中心人物で王位継承候補のロバート・ステュワート（デイヴィッド二世の甥）はもとより、スコットランド王国の自由を危険にさらす可能性のある条件に対して、王国共同体の人々は同意を与えなかった。結局、一三五七年一〇月三日に締結されたベリック条約において妥結した身柄解放の条件は、一〇年分割払いによる一〇万マルクの身代金であり、身代金支払い期間中の対英和平も約束された[28]。

デイヴィッド二世は、帰国後も巨額の身代金をともなう解放条件の改定を求めてイングランド王と交渉を試みたが、結局ロバート・ステュワートを中心とする王国共同体の理解を得ることはできなかった。結果として、身代金支払いの援助をフランスに求めて、新たな条約締結の交渉が開始されることとなる。フランス王家との交渉の経緯を詳細に分析したM・ペンマンとR・タナーによれば、この交渉は、デイヴィッドの意向に反してロバート・ステュワート主導のもとで進められた。ここでとくに留意すべきは、スコットランド側が作成した文書について、その文面の特徴などから、ステュワート家の書記が書いたか、その強い影響力のもとで作成されたと指摘されていることである。(29)

さて、当時のフランスは、ジャン二世が一三五六年九月一九日のポワティエの戦いで捕虜となっていたため、協議の相手は王太子シャルルであった。一三五九年五月一〇日、デイヴィッド二世の名で全権使節の任命文書が作成され、ロバート・ドゥ・アースキン以下三名の使節が同文書を手にフランスへと渡った。

デイヴィッド二世の文書では、まず、友愛の同盟が、「高名なるフランスの王たちと余の始祖〔ロバート一世〕および余、ならびに彼らと我らの人々 populum の間で」結ばれてきたと述べられた上で、三名の使節が、「余、既述の余のスコットランド王国の高位聖職者、諸侯、および共同体」のために同盟を更新し、さらに「余の手、および彼らの手にかけて誓う」ことで、新たに締結された条約の内容に、「余、余の王国の既述の高位聖職者、諸侯、および共同体」を義務づける権限を与えられたと説明される。(30) ここでは、「人々」という表現も用いられているが、先のコルベイユ条約と同様、同盟が王と「王国共同体」のものでもあることが明示されている。王と王国共同体との対立が先鋭化する中で、共同体の中心的存在であるロバート・ステュワートが文書作成の主導権を握っていたとするならば、同盟の主体として王国共同体を強調することは当然であろう。

この文書でさらに注目すべきは、条約締結時の保証としての誓約において、「王の手」のみならず、「彼らの手」にも言及されていることである。「彼ら」の指示対象は、「使節たち」とも「王国共同体を構成する人々」とも取れるが、おそらく後者であろう。ここで保証のあり方について、条約批准文書への印章添付も合わせて先例を振り返ってみよう。ジョン・ベイリオルのパリ条約の場合には、使節たちは王のみならず「王国の人々」の魂にかけて誓う権限を与えられており、ジョン王の条約批准文書にも、王に加えて二四名の聖俗諸侯と六都市の共同体の印章が付された。これに対し、コルベイユ条約の際には、使節たちは王の魂にかけて誓うことを許されただけであり、ロバート一世の条約批准文書に印章を付したのも王だけであった。今回のケースでは、後述のようにデイヴィッド二世による条約批准文書は作成されなかったため、印章についての比較はできないが、誓約における「彼らの手」への言及は、王と王国共同体のバランスの変化を示唆しているといえよう。ところで、今回の文書は、これまでのフランスとの同盟関係についてジョン王のパリ条約を先例に含めず、ブルース王家の同盟関係の継承のみを意図している点も注目される。「王国共同体」への明確な言及も、背後の意図はともかく、形式的にはロバート一世が設定した方法を継承しているといえる。しかし、王に対する王国共同体の立ち位置にかんしては、逆にジョン王治世の経験の反映ともいえるかもしれない。

さて、スコットランドの使節到来を受けて、今回はフランス側からも交渉使節が任命されることとなり、王太子シャルルは一三五九年六月一二日、シモン・ドゥ・ブシ以下三名に全権を委ねる文書を作成した(31)。スコットランド側の使節任命文書と比較すると、冒頭の挨拶文等の形式的な部分を除いて、本文のほとんどが同一の文言を使用していることが明白であり、シャルルの文書はデイヴィッド二世の文書をもとに作成されたと考えられる。しかし、ことデイヴィッド二世の文書で分析した問題の箇所については、微妙に文言が変えられている。すなわち、シャルルの文書では、三名の使節が、「親愛なる主君たる父〔ジャン二世〕、余、ならびに既述のフランス王国の高位聖職者、諸侯、および諸共同体」のために同盟を更新し、さらに「余の手にかけて誓う」ことで、新たに締結された条約の内容に、「既述の余の父、余、ならびに既述のフランス王国の高位聖職者、諸侯、および諸共同体」を義務づける権限を与えられたと説明される。デイヴィッド二世の文書との相違点は、ひとつには、誓約の箇所において「余〔王太子シャルル〕の手」にかけてとだけあって「彼ら」への言及がないことであり、もう一点は、「共同体」が単数形 communitas から複数形 communitates に変えられていることである。「共同体 communitas」という用語は、都市共同体を表す場合にもよく使われる用語であり、例えば、前年の一三五八年九月一六日に輸出品の課税にかんして発給されたジャン二世の証書には、「多くの高位聖職者、貴族、および諸共同体の要請により」という表現が確認できる。[32] 王太子シャルルの使節任命文書は、おそらく馴染みのない単数の「(王国) 共同体」という表現の単複を変えることによって、都市共同体を表す違和感のない「諸共同体 communitates」へと置き換えたのだと思われる。このようなフランス側の文書における用語の改変に照らし合わせれば、スコットランド側の文書の特徴がより明確に浮かび上がってこよう。

双方の交渉使節による協議の結果、スコットランド側の対英開戦を見込んで、フランス側がデイヴィッド二世の身代金を肩代わりする内容で妥結し、王太子シャルルは一三五九年六月二九日に条約を批准する文書を作成した。[33] この文書では、同盟は「フランスとスコットランドの王たちおよび王国の間で」結ばれたとするのみで、「人々」あるいは「共同体」への言及は一切なされていない。用語の慣習の違いに配慮した結果なのか、あるいはほかの理由があるのか、文言の選択の理由は定かではない。しかし、少なくとも先のコルベイユ条約締結時のように、スコットランド側の積極的な要望が通されたわけではないことは確かである。

この条約は、最終的にデイヴィッド二世が批准せず、また、フランス側も翌一三六〇年五月八日にイングランド王とブレティニ条約を締結して休戦することになったため、幻の条約に終わった。

## 4 ロバート二世と「三つの共同体」——ヴァンセンヌ条約 (一三七一年)

一三七一年二月二二日、デイヴィッド二世は継嗣を残すことなく他界し、甥のロバート・ステュワートがロバート二世として王位を継承した。ロバートは三月二七日にスクーンで戴冠式を挙げると、直ちにフランスとの同盟更新へと動き、同月三〇日にはグラスゴー司教ウォルター以下四名の使節をフランスに派遣することを決定した。

ロバート二世の使節派遣文書は、基本的に一三五九年の文言をほぼ継承しており、友愛の同盟が、「高名なるフランス王たちと余の祖父〔ロバート一世〕および余、ならびに彼らと我らの人々 populum の間で」結ばれてきたと述べられた上で、四名の使節が、「余、ならびに余のスコットランド王国の高位聖職者、諸侯、および共同体」のために同盟を更新し、さらに「余の魂にかけて誓う」ことで、新たに締結された条約の内容に、「余、ならびに既述の余の王国の高位聖職者、諸侯、および共同体」を義務づける権限を与えられたと説明される。(34) 同一の文言の選択からは、先の一三五九年の文書が、やはりロバート主導で作成されたものであったことの裏付けが得られる。その一方で、新たに王位を継承したロバート二世の文書として読むと、「王国共同体」への言及を維持しつつも、使節たちの誓約の箇所で「王」以外の人々を削除している点において、即位前から王国共同体の中心人物として活動してきたロバートの王国共同体への配慮と同時に、地歩を固めた王としての立場を見て取ることができる。

さて、ロバート二世の使節たちとシャルル五世との協議は比較的順調に進められたようで、六月三〇日にはパリ東部のヴァンセンヌ城で条約が締結されるに至った。シャルル五世の条約締結文書では、冒頭において、王国を治める者にとっての友愛の絆の重要性について、一三二六年のコルベイユ条約締結文書の文言がそのまま引用されており、先のブルース王家との条約を継承する意図が明示される形となっている。(35) その一方で、「共同体」への言及にかんしては、重要な変更が加えられている。同盟は、「余〔シャルル五世〕に先立つフランス王たちと余の王国、ならびにスコットランドの王たち、王国、および諸共同体の間で」結ばれてきたものだとされ、ここでは単数の「〔王国〕共同体」ではなく、複数形の「共同体 communautez」が用いられているのである。

この用語法は、取り決めの細目を記した条項の中でも一貫している。例えば、友愛の絆でもって結ばれるのは、「余、余の相続人で後継者たるフランス王たち、余の王国、および余の諸共同体と、既述の余の従兄弟たるスコットランド王〔ロバート二世〕、彼の相続人の後継者たち、彼の王国、およびスコットランドの諸共同体」とされる。また、シャルル五世は、スコットランド王やその後継者たちの同意なくして、あるいは、望まれない限り「彼や彼の王国、および彼の諸共同体」を含まずしては、イングランド王やその後継者と和平を結ばないとされる。複数形の「共同体」の使用は、先の一三五九年の王太子シャルルの文書ですでに用いられていたものであり、フランス側からすれば、より自然な用語を選択した結果かもしれない。では、スコットランド側はどうであろうか。

一三七一年一〇月二八日付のロバート二世の条約批准文書は、これまでの同盟が、「余の従兄弟たるフランス王と彼の先代たち、および余と余の先代たち、ならびに我らの王国〔複数形〕、共同体〔複数形〕、および家臣たちの間で」結ばれてきたとする。[36] ここでは複数形の「共同体」の指示対象はフランスとスコットランド双方を含むため、二つの「王国共同体」を意味しているのか、各王国の「諸共同体」を意味しているのかは明確ではない。これと同様に、条約の細目の説明においてもシャルルの文書とは異なり、複数形の「共同体」の指示内容が両義的に取れるように書かれている部分も存在する。ロバート二世の批准文書が条約締結文書から文言を書き写す際に、敢えて表現に変更を加えていることを考えるならば、両義的な表現を用いることで「王国共同体」の含みを残したと推測することも可能かもしれない。しかし、複数形の「共同体」は、指示対象が明確にスコットランドに限定された形でも用いられている。例えば、フランス王と彼の後継者たちは、「忠実なる同盟者として、余〔ロバート二世〕、余の相続人の後継者たち、余の王国、および余の諸共同体を可能な限り支援し助言する」と述べられているのである。一方で、明確な形で単数の「(王国)共同体」が使用されることは一度もない。

「共同体」をめぐる用語法については、実はスコットランド内においても一四世紀中頃に変化が生じてきていた。[37] デイヴィッド二世の身柄解放を決めた一三五七年一〇月三日のベリック条約締結文書では、スコットランド側の使節たちは、執政ロバート・ステュワートと「スコットランド王国の高位聖職者、諸侯、および諸共同体」の使節とされており、同年一一月六日のデイヴィッド二世の条約批准文書でも同様の表現が用いられている。[38] さらに、翌一三五八年一月四日付のデイヴィッド二世の二つの証書では、ベリック条約を批准したスクーンでの宮廷集会について、「王国の三つの共同体」による評議会と述べられている。[39] この表現は、聖俗諸侯と都市共同体のいわゆる三身分を指示するものであり、デイヴィッド二世治世晩年の一三六七年から一三六八年にかけても、パーラメントにおける「三つの共同体」への言及が三通の証書で確認される。[40] ただし、その一方で単数の「王国共同体」の用法がなくなるわけではなく、ロバート二世の治世でも確認される。[41] ロバート二世が王位を継承した時点においては、「三つの共同体からなる王国共同体」という認識が成立していたといえるだろう。そうであるならば、一三七一年のヴァンセンヌ条約締結文書において、フランス側の文書と同様に「諸共同体」という表現が採用されたとしても、違和感はなかったと思われる。

「高位聖職者、諸侯、諸共同体」という表現は、単数の「王国共同体」よりも共同体としての一体性が弱い印象を与えるかもしれない。しかし、ヴァンセンヌ条約では条項の追加がなされており、フランスとの同盟が、より具体的に王国共同体全体の同盟であることが明確化されている。すなわち、ロバート二世は、彼の「家臣たちのいかなる者」に対しても、イングランド王やその同盟者を支援することや、あるいは、「フランス王、その相続人の後継者たち、彼の王国、あるいは彼の家臣たちや彼の諸共同体」に損害を与えるような行為をなすことを認めないとしており、もし違反する者があった場合には、「主君および国に対する反逆者であり謀反人」として処罰すると規定している。また、フランス王への敵対者や明らかな反逆者を決して自身の王国に受け入れないことも約束している。[42] 先の二つの条約では、漠然と両国の人々ないし共同体の間での戦争協力の約束がなされていたが、ヴァンセンヌ条約の規定は、王が王国共同体を構成する人々の行為を責任を持って管理することを示している。

ロバート二世によって新たな意味づけを与えられたフランスとの同盟は、ステュワート朝二代目のロバート三世にそのまま継承された。一三九〇年四月一九日にロバート二世が死去したのち、八月一四日に戴冠式を挙げたロバート三世は、一二月一日にはエディンバラ城で条約を批准した。今回は、双方の王が相手国から派遣された使節の前で、先代の王の文書を確認し批准するという形式がとられた。すなわち、内容を変更する協議はなく、先代の条約がそのまま継承されたということになる。ロバート三世の条約批准文書では、ロバート二世のヴァンセンヌ条約批准文書の複写を挟んで、冒頭に、同盟がフランスとスコットランドの両王、「彼らの王国、彼らの相続人の後継者たち、および諸共同体」のために結ばれたものであることが説明され、末尾には、条約の各条項が、「余、余の相続人の後継者たち、および諸共同体」にかかわる限りにおいて承認される旨が述べられている(43)。

一三～一四世紀のスコットランドでは、イングランド王による支配の脅威を前にして、フランスとの「古き同盟」が重要な影響力を持った。同盟は決して王家のみにかかわる問題ではなく、王国共同体の運命を左右する案件として、常に王国の人々の議論の的となっていた。同盟関連文書には、単に使節の権限や条約の規定が記録されるだけではなく、背後に存在していた王と王国の人々との関係がおのずと反映され、また、宮廷集会の場において公式に批准されることを前提に、王が、あるいは、王国共同体の人々が、しかるべき姿として求めた関係が投影されることもあった。同盟は誰のために結ばれるのか、同盟相手としてどう責任を果たすのか、条約をどのように保証するのか、といった問題をめぐって、時に明白な、時に微妙な表現の変化の中に、王と王国共同体との関係の変遷の跡をうかがうことができたと思われる。

＊

しかし、残された課題も多い。本章においては、スコットランド国内において展開していた国政上の変化について、ほとんど議論に加味することが叶わなかった。今後は、とくにパーラメントの展開との関連を吟味することが重要となるだろう。また、同盟相手国であるフランスにおける文書の慣習についても、十分に考察できたとはいえない。当時の西欧における外交文書についても、より広い視野で比較検討することが必要だと思われる。最後に史料にかんして、今回扱った文書は、対象時期を一四世紀までに限定したとしても、「古き同盟」にかんする文書を網羅しているわけではなく、未見の文書も少なからず残されている。また、同時期のスコットランドは、イングランドとの幾多の交渉の過程においても数多くの文書を生み出しており、それらとの比較によっても更なる発見が可能となるだろう。

**注**

(1) *The Acts of the Parliaments of Scotland*, Vol. I, Edinburgh, 1844, pp. 114f.

(2) Susan Reynolds, *Kingdoms and Communities in Western Europe 900–1300*, 2nd edn., Oxford, 1997, p. 274.

(3) 「王国共同体」の史料上の初出は一二八六年であるが、王国共同体の概念自体は、一三世紀後半には知識人層のみならず、王宮に集う人々や王国行政に携わる人々の間にも浸透していたとされている。Geoffrey W. S. Barrow, *Kingship and Unity: Scotland, 1000–1306*, Edinburgh, 1989, pp. 125f.

(4) 同時期の王国共同体の動向を把握する上で参照すべきものとして、Alexander Grant, *Independence and Nationhood: Scotland 1306–1469*, Edinburgh, 1984; Geoffrey W. S. Barrow, *Robert Bruce and the Community of the Realm of Scotland*, 3rd edn., Edinburgh, 1988. また、より一般的な概説として、Ronald Nicholson, *Scotland: The Later Middle Ages*, Edinburgh, 1974; Michael Brown, *The Wars of Scotland 1214–1371*, Edinburgh, 2004.

(5) 「古き同盟」についての通時的な概要については、Norman Macdougall, *An Antidote to the English: The Auld Alliance, 1295–1560*, East Linton, 2001; Gordon Donaldson, *The Auld Alliance: The Franco-Scottish Connection* (Saltire Pamphlets, N. S. 6), Edinburgh, 1985; Stephen Wood, *The Auld Alliance: Scotland and France, the Military Connection*, Edinburgh, 1989; Elizabeth Bonner, "Scotland's 'Auld Alliance' with France, 1295–1560", *History*, Vol. 84, 1999, pp. 5–30. 論文集として、James Laidlaw (ed.), *The Auld Alliance: France and Scotland over 700 Years*, Edinburgh, 1999. とくに一四世紀については、James Mackinnon, "The Franco-Scottish League in the Fourteenth Century", *Transactions of the Franco-Scottish Society*, Vol. 5, 1910, pp. 219–231 (*Scottish Historical Review*, Vol. 7, 1910, pp. 119–129); James Campbell, "England, Scotland and the Hundred Years War in the Fourteenth Century", in John R. Hale, John R. L. Highfield and Beryl Smalley (eds.), *Europe in the Late Middle Ages*, London, 1965, pp. 184–216; Alastair J. Macdonald, "The Apogee of the 'Auld Alliance' and the Limits of Policy, 1369–1402", *Northern Scotland*, Vol. 20, 2000, pp. 31–46.

(6) Edward L. G. Stones (ed.), *Anlgo-Scottish Relations 1174–1328: Some Selected Documents*, Oxford, 1965 (repr. with corrections, 1970), no. 23.

(7) イングランド側の史料によれば、この時期のジョン王は一二人からなる評議会に実権を奪われていたとされるが、史料を額面通りに受け取ることには疑念が示されている。Amanda Beam, *The Balliol Dynasty 1210–1364*, Edinburgh, 2008, pp. 148–154.

(8) 当時のスコットランドとノルウェーの間には、深刻な金銭トラブルが生じていたほか、ノルウェー王家はジョン王の敵対勢力であるブルース家と婚姻関係を結んでいた。三国間の交渉過程の詳細については、Roland Nicholson, "The Franco-Scottish and Franco-Norwegian Treaties of 1295", *Scottish Historical Review*, Vol. 38, 1959, pp. 114–132; Florent Lenègre, "Les traités de Paris des 22 et 23 octobre 1295: la fin d'un système politique nordique ou de l'intérêt de l'alliance norvégienne", *Thirteenth Century England*,

Vol. 13, 2011, pp. 159-171.

（9） 二通の文書のオリジナルは現存しないが、パリ条約の締結文書の中に一言一句複写されている。次注参照。

（10） Archives Nationales, Paris, J677/1（スコットランド側の四名の使節の文書）; The National Archives, Kew, E39/91/8（フィリップ四世の文書、著しく破損）。

（11） フランスとノルウェーの条約締結文書の原文は、Carl R. Unger and Henrik J. Huitfeldt (eds.), *Diplomatarium Norvegicum*, Vol. 11, Christiana, 1882, no. 5. 三国間の交渉におけるフランスの主導的な役割については、注8の文献を参照。ただし、スコットランドとフランスとの同盟を持ちかけたのは、スコットランド側だと見なされている。Michael Duchein, "Le traité franco-écossais de 1295 dans son contexte international", in Laidlaw (ed.), *op. cit.*, pp. 23-32.

（12） 一七〇七年の合同以前のスコットランド議会関連文書については、セント・アンドリューズ大学の「スコットランド議会プロジェクト」の成果として、ウェブサイト上で原文と英訳が公開されている。The Records of the Parliaments of Scotland to 1707（以下 RPS）http://www.rps.ac.uk/（2016/9/15アクセス）。ジョン王の条約批准文書は、RPS, A1296/2/1. 文書の原本は現存しないが、一四世紀頃のフランス側の記録簿に複写が残されている。Archives Nationales, Paris, Tresor des Chartes, Reg. V, f. 132v-135v（著者未見）。

（13） Alison A.B. McQueen, "Parliament, the Guardians and John Balliol, 1284-1296", in Keith M. Brown and Roland J. Tanner (eds.), *Parliament and Politics in Scotland, 1235-1560*（*The History of the Scottish Parliament*, Vol. I）, Edinburgh, 2004, pp. 29-49.

（14） Stones (ed.), *op. cit.*, no. 24.

（15） Thomas Rymer (ed.), *Fœdera, Conventiones, Literæ et Cujuscunque Generis Acta Publica*, Record Commision edn., Vol. II, Pars I, London, 1818, p. 521.

（16） Stones (ed.), *op. cit.*, no. 41 (c).

（17） フランス王フィリップ四世は、一三〇八年四月一九日の時点ではジョン・ベイリオルをスコットランド王と見なしていたようであるが、翌一三〇九年七月七日にはイングランド王エドワード二世に宛てた書簡で、ロバート一世をスコットランド王と認めている。その間、フィリップ四世はスコットランドに書簡（現存せず）を送り、かつての同盟関係を想起しつつ十字軍遠征の支援を求めたようである。しかし、一三〇九年三月一六日付のスコットランドの諸侯たちによる返書（RPS, 1309/1）では、ロバート一世こそが正統なスコットランド王であるという主張がなされており、ロバート一世のもとで王国が自由と平和を取り戻すまでは支援を見送る旨が記されている。Barrow, *Robert Bruce and the Community of the Realm of Scotland*, pp. 183f, 200; Roland J. Tanner, "Cowing the Community? Coercion and Falsification in Robert Bruce's Parliaments, 1309-1318", in Brown and Tanner (eds.), *op. cit.*, pp. 50-73, at 53f.

（18） 交渉使節の任命にかんする二通の文書については、先のパリ条約の場合と同様に実物は失われているが、後述する使節たちの条約締結文書の中に一言一句複写されている。注20参照。

（19） 一四世紀の同盟関連文書としては、使節派遣についてはラテン語、条約の締結および批准についてはフランス語の文書が残されている。

（20） ロバート一世は五名の使節を任命していたが、条約締結文書は、そのうちの四名の名で作成されている。Archives Nationales, Paris,

J677/3. シャルル四世の文書は、*The Acts of the Parliaments of Scotland*, Vol. XII, Pt. 1, Edinburgh, 1875, pp. 5f.

(21) Archibald A. M. Duncan (ed.), *The Acts of Robert I, King of Scots, 1306-1329* (*Regesta Regum Scottorum*, Vol. V), Edinburgh, 1988, no. 299.

(22) Thomas Rymer (ed.), *Fœdera, Conventiones, Literæ et Cujuscunque Generis Acta Publica*, Record Commision edn., Vol. II, Pars II, London, 1821, pp. 700f.

(23) この点にかんする議論の整理は、Tanner, *op. cit.*, pp. 50-73. 先行研究としては、Archibald A. M. Duncan, *The Nation of the Scots and the Declaration of Arbroath*, London, 1970; Archibald A. M. Duncan, "The Making of the Declaration of Arbroath", in Donald A. Bullough and Robert L. Storey (eds.), *The Study of Medieval Records: Essays in Honour of Kathleen Major*, Oxford, 1971, pp. 174-188; Michael Penman, "'A Fell Coniuracioun agayn Robert the Douchty King': The Soules Conspiracy of 1318-1320", *Innes Review*, Vol. 50, 1999, pp. 25-57.

(24) Duncan (ed.), *The Acts of Robert I*, nos. 300, 301, 335.

(25) Tanner, *op. cit.*, p. 53.

(26) Reynolds, *op. cit.*, p. 289.

(27) 例えば、一三三三年にはフィリップ六世から一〇〇〇ポンドの金銭的援助を受けている。Macdougall, *op. cit.*, p. 33.

(28) Bruce Webster (ed.), *The Acts of David II, King of Scots, 1329-1371* (*Regesta Regum Scottorum*, Vol. VI), Edinburgh, 1982, nos. 148, 150.

(29) Michael Penman and Roland Tanner, "An Unpublished Act of David II, 1359", *Scottish Historical Review*, Vol. 83, 2004, pp. 59-81; Michael Penman, *David II, 1329-71*, East Linton, 2004, pp. 221-235.

(30) デイヴィッド二世の使節任命文書の実物は現存していないが、後述の王太子シャルルによる条約締結文書の中に複写されている。注33参照。また、前注29のペンマンとタナーの論文の末尾にも原文と英訳が掲載されている。

(31) この文書も実物は失われており、王太子シャルルの条約締結文書の中に複写されて伝わるのみである。注33参照。

(32) François Isambert, Decrusy et Athanase J. L. Jourdan (éds.), *Recueil général des anciennes lois françaises, depuis l'an 420 jusqu'à la révolution de 1789*, Tome V, Paris, 1824, no. 280.

(33) Archives Nationales, Paris, J677/7. 同文書のモノクロ写真がスコットランド国立文書館にも所蔵されており、筆者はそちらを参照した。National Records of Scotland, Edinburgh, RH1/2/853.

(34) ロバート二世の使節任命文書の実物も現存していないが、後述のシャルル五世の条約批准文書の中に複写されている。次注参照。

(35) National Records of Scotland, Edinburgh, SP7/2.

(36) Archives Nationales, Paris, J677/9; Thomas Rymer (ed.), *Fœdera, Conventiones, Literæ et Cujuscunque Generis Acta Publica*, Record Commision edn., Vol. III, Pars II, London, 1830, pp. 925f.

(37) Keith M. Brown and Roland J. Tanner, "Parliament and Politics in Scotland, 1235-1560", in Brown and Tanner (eds.), *op. cit.*, pp. 1-28, at p. 14, n. 42.

(38) Webster (ed.), *op. cit.*, no. 150. 使節たちによる条約締結文書の複写を含むデイヴィッド二世の条約批准文書。「諸共同体」にあたる語としては、フランス語で書かれた前者では"communes"、ラテン語で書かれた後者では"communitates"が用いられている。

(39)　*Ibid*., nos. 157, 158.

(40)　*Ibid*., nos. 385, 388, 400.

(41)　RPS, 1385/4/2.

(42)　これらの各条項に記された義務は、フランス側にも同様に課されており、双方が相互に同等の義務を負うことが明記されている。F・オトランは、対等な二国間の条約としての一四世紀の「古き同盟」を近代への移行の起源として論じている。Françoise Autrand, "Aux origines de l'Europe moderne: l'alliance France-Ecosse au XIVe siècle", in Laidlaw (ed.), *op. cit.*, pp. 33-46.

(43)　Archives Nationales, Paris, J677/16.

# 第5章　ブルゴーニュ公か、ブラバント公か
## ――一五世紀後半のリエージュ紛争と君主支配の展開――

青谷秀紀

リエージュ司教領では、一四六〇年代を中心に大規模な紛争が展開された。この紛争は、リエージュの司教君主およびその背後に存在するブルゴーニュ公に対して、司教君主支配下の多数の都市が反旗を翻すことで生じたものである。かつて筆者は、リエージュ司教領の紛争が周辺地域にどのような影響を及ぼしたのかについて論じたことがある(1)。司教領に近く、ブルゴーニュ公シャルル・ル・テメレール（在位一四六七～七七）のリエージュ支配を足がかりとした帝国領侵出を恐れるドイツ都市や、公国内に位置しながらもブルゴーニュ公と政治的な緊張関係のうちにあったフランドル都市がその際の議論の焦点となった。ここにブラバント公領および同地域に位置する都市は含まれていない。ブルゴーニュ支配に対して脅威を感じる、あるいは敵対的な都市にとってのリエージュ紛争の意味を浮き彫りにするため、君主政治の拠点であり、ブルゴーニュ公と比較的良好な関係にあったブラバントの都市や諸集団は議論の対象とならなかったのである。

しかし、これはもちろんブラバントがリエージュ紛争に無関係だったことを意味しない。司教領に隣接するブラバント公領は、ブルゴーニュ公によるリエージュ侵攻の拠点となり、公が反乱鎮圧後に司教領を公国政治に組み込んでゆく際に中央集権体制の制度的基盤を提供する地域でもあった。その過程で、ブラバント諸都市や、ブラバント公が

飛び地的に領有するマース川（ムーズ）東岸の領土がどのような役割を担ったのかを明らかにすることなしに、リエージュ紛争が公国政治の展開にどのような影響を及ぼしたのかを本質的に把握することは難しいだろう。さらに、ブルゴーニュ公が、リエージュ紛争の諸過程でブラバント公として振る舞ったことの意味を理解することなしに、その中央集権政策の性格を理解することもまた難しいのである。これらの点を明らかにすることで、筆者のこれまでの議論を別の角度から補完し、リエージュ紛争の全体像を浮かび上がらせることが本章の目的となる。(2)

## 1　リエージュ紛争とブラバント

### （1）紛争の展開

まず、紛争の具体的展開について概観しておこう。(3) 一五世紀後半におけるリエージュ紛争の直接の起源は、ルイ・ド・ブルボン（在位一四五六〜八二）の司教君主選出に求めることができる（ただし、司教としての叙階は一四六六年）。ブルゴーニュ公フィリップ・ル・ボン（在位一四一九〜六七）の甥で、当時、弱冠一八歳に過ぎなかったルイは、南ネーデルラントで有数の反乱都市リエージュを抱える司教領を統治するには、あまりに乏しい経験と知識しか持ち合わせていなかった。背後のブルゴーニュ権力に対する反感も相まって、この若き司教君主の暴政に対する反発は次第に強まる。直接的には財務役人の不正を契機とし、リエージュを中心とした諸都市が立ち上がると、親司教派の都市ウイに逃れたルイは、一四六一年、自身の支配領域であるリエージュ司教領およびローン（ロース）伯領に聖務停止令を下した。途中、幾度かの中断を挟みつつも、この聖務停止令が一四六八年五月まで継続され、紛争の主要な争点となったことはすでに論じた。(4)

やや時計をまき戻すと、一四六五年四月に、リエージュでは都市の指導者リントレ領主ラースが連れてきたバーデンのマルクに摂政職が委ねられ、他都市も順次彼を受け入れた。公然と君主としてのルイを拒絶するに至ったリエージュ側は、続いて八月にブルゴーニュ公にも宣戦布告を行い、対立はいよいよ激化する。九月初頭に摂政マルクの逃亡があったものの、一〇月二〇日にはモンテナーケンで両軍が激突し、ブルゴーニュ側が勝利を収めた。その結果一四六五年一二月二二日のシント・トライデンの和で、ブルゴーニュ公が司教領ならびにローン伯領の相続的守護者となることが規定され、翌年にはさらにオレイの和も結ばれた。同年、司教領第二の都市ディナンは反乱の報いとして破壊され、和平の過酷な内容にも不満を募らせるリエージュその他の都市は、一四六七年に再度反乱の狼煙をあげる。しかし、一〇月二八日ブルステムの戦いで大敗したリエージュは、市壁の破壊や莫大な罰金など極めて重い処罰を科せられる。それでもブルゴーニュ支配に抵抗するリエージュ市民は、フランス王との戦争で忙しいブルゴーニュ公シャルル・ル・テメレールに対し、三度立ち上がり、一時は奇襲によってルイやブルゴーニュ公の側近ギィ・ド・ブリムを捕らえることにも成功した。しかしながら、フランス王と休戦を結んだシャルルは司教領への侵攻を開始し、次々と都市を陥落させる。一〇月末に降伏したリエージュは、ブルゴーニュ公の命により数週間の間破壊と略奪の対象となり、難民の群れはケルンにまで達したという。その後、完全に自治権を剥奪されたリエージュは、一四七七年一月のシャルルの急死まで、ブルゴーニュの軛の下に置かれることとなったのである。

## (2)　紛争におけるブラバントの位置

ところで、シャルル・ル・テメレールが、一四六七年六月の父の死後ブルゴーニュ公に就任する際、彼に反旗を翻していたのはリエージュだけではなかった。筆者がこれまでに論じたように、同月にヘントで入市式の際に生じた反乱は、リエージュ紛争とも密接なかかわりを持つものであった。[5] また、ほぼ同時期に、やはり公の入市式に際してメヘレンでも反乱が生じている。[6] 先に、君主との比較的良好な関係について言及したが、実のところシャルルの公位就任時、ブラバント都市もこうした動向と無縁ではなかった。宮廷修史官のジョルジュ・シャトランは、ブラバント諸都市がシャルルを公として受け入れる前に諸条件を課そうとしていたことや、ブラバント貴族の存在がなければ、ブラバント身分制議会がフィリップ・ル・ボンの従兄弟でシャルルと敵対していたヌヴェール伯ジャンを君主として戴いていた可能性も示唆している。[7] とはいえ、ブラバントでは、結局のところシャルルに対する大きな反抗の動きはなく、逆に、リエージュ紛争において同地方はブルゴーニュ側によるリエージュ侵攻の拠点として重要な役割を果たすこととなる。その地理的近接性からブラバント公領がもっとも直接的に紛争にかかわり、またその影響を受ける地域となったことは容易に予想できよう。

事実、一四六五年六月一七日にフランス王ルイ一一世と司教領摂政マルクおよび都市リエージュの間で結ばれた同盟文書においては、フランス王がエノー地方に進軍する場合、リエージュはブラバント地方に進撃し、ブルゴーニュ公フィリップおよびシャロレ伯シャルルを両面攻撃するとの約束が交わされている。[8] リエージュの反乱軍が、現実に公領内に侵入しブラバント軍と激しい戦闘を行うことも、もちろんあった。[9] 他方、ブルゴーニュ君主の側でも、ブラバント公領は反乱軍と直接戦闘を行うのみならず、戦術上の駆け引きを展開する上でも重要な地域であった。一四六四年五月には、リエージュのサン・ランベール司教座聖堂参事会と都市の指導者リントレ領主ラースがブラバント地方に有するすべての財産を没収されている。これは、ブラバント公領とローン伯領の境界地域カンピンで、それぞれブラバントとローンに属するふたつの村落間での紛争に由来する事態であった。付け加えるなら、ローン伯領の当該村落は、ラースがかつて購入していたものだったのである。[10] 同様な措置は、一四六七年一一月にも実施された。ブルステムの戦いでリエージュ軍を打ち破った直後の同月、リエージュ司教領やローン伯領の住民がブラバントで有している土地や財産、収入のすべては没収されブラバントに帰属すべしとの命令がブルゴーニュ公シャルルにより出されている。[11]

なお、ブラバントの首都ブリュッセルは、ブルゴーニュ公の宮廷都市として、ルイ・ド・ブルボンの避難地として、紛争をめぐるさまざまな交渉の場となった。[12] またブリュッセルは、反乱民たちによる君主への謝罪儀礼の場としても重要な役割を果たしている。一四六六年四月末、ブリュッセルにやってきた市長その他のリエージュ市民と聖職者たちは、フィリップ・ル・ボンの前に跪き、公の赦しを乞うた[13]。直接反乱の余波を受けたわけではないものの、ブリュッセルは、間接的に紛争における政治的コミュニケーションの場として機能したのである。

## 2　ブルゴーニュ公のリエージュ支配とブラバント

### (1)　ブラバント公としてのブルゴーニュ公

前節で確認したように、リエージュ司教領に隣接し、ブルゴーニュ公の宮廷都市を抱えるブラバントは、反乱民と君主が対峙し、駆け引きを展開する場であり、また紛争にまつわるさまざまなコミュニケーションが展開される場でもあった[14]。こうした事実は、もちろん興味深い。しかし、ブラバントがフランドルをはじめとする周辺諸地域と比べて重要なのは、これらの側面よりも、同地域がブルゴーニュ公のリエージュ支配を理念的ならびに制度的に支える役割を担った点にある。管見の限りではこれまであまり指摘されてこなかったが、ブルゴーニュ公は、リエージュ紛争においてしばしば「ブラバント公」として振る舞っており、むしろ「ブラバント公」としての立場こそが前面に押し出されているといっても過言ではない。そこには、重要な政治的意味合いが含まれているに違いない。また、反乱鎮圧後に、司教領のみならずブラバント公領を含む広範な周辺地域にさまざまな形で教会・世俗裁判権を有していたリエージュの法的権限を無効化し、マース川一帯に実効的支配圏を確立するために利用されたのがブラバント都市であった。換言するならば、議論のポイントは以下のふたつということになる。すなわち、ブルゴーニュ公が、帝国領への侵出にあたって重要な位置を占めるものの聖界諸侯領であるリエージュを支配するために、ブラバント公としての地位や立場をいかに活用したか。また、リエージュ司教および首座リエージュが管轄区域内のブラバント公領に行使した法的権限を、いかに同地域から排除し、逆に異なる法的枠組とこれを核とした新たな統治体制の創出およびそこへの都市リエージュと司教領の編入を、いかに試みたか。まずは、第一のポイントである、ブルゴーニュ公がリエージュ支配を行うにあたって、「ブラバント公」の称号がいかなる場合に用いられ、いかなる役割を果たしたのかについて考察を加えよう。

この点で、第一に検討に値するのは、リエージュ制圧後、ブルゴーニュ公の支配拠点となった「公の島 Isle le duc」と呼ばれるリエージュ中心部のマース川に浮かぶ島である。この島は、シャルルがリエージュ支配の拠点としてルイ・ド・ブルボンから譲り受けたものであり、リエージュ総督に任命されたギィ・ド・ブリムの政治的・軍事的統制はこの島を通じて行われたのである。ところで、この「公の島」の「公」とは「ブルゴーニュ公」と「ブラバント公」のいずれの称号を指すのだろうか。一見、「ブルゴーニュ公」と解するのが妥当であるようにも思われるが、これは「ブラバント公」と理解すべきであろう。なぜならば、ブラバント法による統治が行われるこの島にはブラバント人が入植され、そのため島自体にしばしば「ブラバント Brabant」の名が与えられることもあったからである。[15][16][17]

そもそも、この島がシャルルの手に渡った経緯を見ても、その点は明らかである。一四六九年七月一日に出された文書では、ルイからシャルルに「シテ島 l'isle de la cité」が授封される経緯が述べられている。これによると、四〇万フローリン以上に上る戦費の負担に対して、この島が公に封土として授けられたという。重要なのは、文書において、シャルルの称号がブルゴーニュ公、ブラバントおよびリンブルフ公、そしてフランドル伯といった具合に複数示されるのに対して、「シテ島」があくまでも「彼ならびにその後継者であるブラバントおよびリンブルフの諸公・公妃たち lui et ses successeurs, ducs et duchesses de Brabant et de Lembourg」のために授封されると記されている点である（リンブルフ公は、一三世紀後半よりブラバント公が兼任）[18]。すなわち、この「シテ島」の譲渡が行われるのは、あくまでもブラバント公としてのシャルルに対してであって、ブルゴーニュ公としてのシャルルに対してではないのである。こうした相違については、これまであまり注意が払われてこなかったように思われるが、ブルゴーニュ公によるリエージュ支配の実態を把握するためには無視できない点であろう。

以上のように、「公の島」は象徴的な形で「ブラバント公」によるリエージュ支配を体現しているのだが、より厳密に法的・制度的な面でのシャルルとリエージュの都市および司教領の関係については、一四六七年一一月一八日の和約に明らかである。順に見てゆこう。まず、同和約の第二三項には、リエージュによって六〇〇〇フローリンがブルゴーニュ公に支払われるべきと記されている。その半額は紛争の最中で殺害された公の家臣たちのために、公の望みの場に礼拝堂が建てられるためであり、残り半額は彼らのために同所で毎日永続的にミサが執り行われるためのものであった。同項前半部では「わが公殿 mondit seigneur le duc」とのみ記されているものの、末尾には「わが殿とその後継者たち、ブラバント公 mondit seigneur et ses successeurs, ducs de Brabant」が命ずるように、と明記されており、ここで鎮魂の対象となっている家臣たちも、あくまでもブラバント人の家臣と解すべきであろう。[19]

続いて、第二六項では、シャルルとその後継者たちがリエージュ司教領およびローン伯領の諸教会、諸都市および諸地域の相続的守護者となることが定められている。これは、司教として教会領に君臨しえないブルゴーニュ公が、あくまでも俗人の立場から司教領の支配をもっとも効果的に展開するための措置であり、ブルゴーニュ支配をリエージュ司教領に貫徹させようとするシャルルの強固な意志の表れであると解釈されてきた。しかし注意しなければならないのは、同項においてはあくまでもこの措置が「わが殿とその後継者たち、ブラバントおよびリンブルフ公 mondit seigneur et sesdis successeurs, ducs de Brabant et de Lembourg」を相続的守護者として認めるとの表現が用いられていることである。[20] 同様な表現は、シャルルとその後継者によるもの以外の、同地域にかんするすべての守護職の廃止を定めた第二七項、[21] 守護者としてのシャルルとその後継者に対する毎年二〇〇〇フローリンの支払いを定めた第二八項、[22] 都市の防備破壊を定めた第三二項や、領内における城塞の建設禁止を規定した第三三項、[23] シャルルとその後継者の許可なくしての諸都市の再武装を禁じた第三七項でも確認される。[24] ブルゴーニュ公領やフランドル伯領のようなリエージュから離れたフランス王国内部の領邦を治める君主ではなく、司教領に隣接し、ともに帝国領を構成するブラバントの君主としてリエージュの相続的守護者の法的地位を獲得しているわけである。

こうした点は、ブルゴーニュ公国が、シャルルのような独立国家を夢想する君主のもとでも、基本的には領邦単位での中央集権化を進展させるモザイク国家であったという事実を改めて思い起こさせる。支配イデオロギーの面では絶対的な君主を志向しつつも、そのイデオロギーをあくまでも緻密に構築された法的ロジックに下支えさせるためには、「ブルゴーニュ公」ではなく「ブラバント公」の称号を用いることになるということである。この点で、順番が前後するものの、第一七項を確認しておくことは無駄ではあるまい。この項では、反乱に関係する古い慣習の廃止が取り決められているのだが、その際リエージュ市民や司教領およびローン伯領の領民たちが、これらの地域の君主（ルイ・ド・ブルボン）あるいは「これらの地域の至上にして相続的守護者・擁護者である、わが殿とその後継者たち、ブラバント公 mondit seigneur le duc et ses successeurs, ducs de Braibant, gradiens et advoez souverains et heritaubles desdis pays」に対する「大逆罪 crimme de lese-mejesté」を犯したとの文言が見られる。[25] ブルゴーニュ公たち、とりわけシャルル・ル・テメレールの治世下で、大逆罪の観念が法的に整備され、これがブルゴーニュ公権威の称揚のため大いに活用されたことはこれまでにも指摘されてきたが、[26] 以上のように、実際に運用される段となると、意外な形で称号に影響が及ぼされることになったという点は注目に値するだろう。

以上のような君主の絶対性を志向するイデオロギーと法的ロジックの間の微妙な齟齬とともに見逃せないのが、統治の現実的な運営にかかわる側面では、シャルルとその後継者の称号がブラバントおよびリンブルフ公のそれに限定されないという点である。第二九項では、都市リエージュならびに司教領・ローン伯領の各都市や各地域に対し、「わが公殿もしくはその後継者たちである、公殿が現在お持ちの各地域の公や伯、あるいは殿たちないしはその一人」が、マース川を渡航するに際し、その自由が保障されることを規定している。[27] 続く第三〇項では、同様に「わが公殿と、その後継者である、公殿が現在お持ちの各地域の公や伯、そして殿たち」により発行された貨幣が、それら諸地域におけるのと同様な価値で、都市リエージュ、司教領およびローン伯領の諸都市や諸地域においても流通するよう規定されている。[28] 交通・流通といった支配の現実的なインフラ整備の面で、ブルゴーニュ公はあくまでも広域支配を行う君主として、リエージュの都市と司教領をその支配圏に組み込もうとしていたと考えられるのである。

## (2) 支配拠点としてのブラバント都市

続いて、リエージュ司教ならびにリエージュ法廷の影響力が、ブラバントからどのような形で排除され、逆に前者が後者を中心とする公の統治体制にどのように組み込まれようとしたのか、その制度的側面について見てみよう。この点でまず注目に値するのは、ブラバントの古都ルーヴァンである。ルーヴァンは、もともとブラバント公領が形成される以前の一二世紀までブラバント公の前身であるルーヴァン伯の拠点であった。一三世紀から一四世紀にかけては次第にブリュッセルに宮廷都市としての地位を譲ってゆくが[29]、一四二六年にはネーデルラントで初の大学が創立され、依然として公領で重要な位置を占める都市であった。このルーヴァンが、紛争の過程で前面に取り上げられるのも、先に見た一四六七年の和約である。同和約では、ルーヴァンが、毎年、リエージュの市長や参審人が公に誓約を行う地とされ、またマーストリヒトやナミュールとともにリエージュ司教座解体後の教会法廷設置場所に指定されている[30]。一四六八年一月二二日にも、改めてこの点にかんする布告が出されており[31]、一四六九年一一月二二日には、シャルルがリエージュ在のブラバント大助祭に対して、先の和約に従いルーヴァンへとその座を移すことを命じている[32]。さらに、一四七〇年二月一五日には、ルーヴァンがブラバントのみならずルクセンブルク公領、エノー、ナミュール各伯領で、リエージュ司教管区に属する領域の教会法廷の座をなすこと、およびそれまでリエージュの参事会に上訴していた公に属する諸地域の、世俗面での上級審の場となることが確言されている[33]。厳密には、これは公領の司法組織であるブラバント顧問院の上訴審機能を引き継いだものであったが、顧問院のその権限自体も一四六六年にリエージュ参事会から公の命令によって奪われたものであった[34]。結局、シャルル死後の一四七七年八月四日に、司教ルイがようやく都市リエージュにおける法廷の再設置を認めるまで[35]、こうした状態が維持されることになる。

ただし、都市の権威を上昇させもするこうした措置が、あくまでもブルゴーニュ公の支配に資するがゆえにとられたものであったことは付言しておかねばなるまい。君主の中央集権政策が都市側の利害と衝突する際、公は躊躇することなく都市側の特権を無視し、これを踏みにじることもあった。一四七三年六月、シャルルはブラバントにおいてビールへの課税を行ったが、都市ルーヴァンによって葡萄酒やビールへの税を免除されていたルーヴァン大学の教師や学生たちは、これの支払いを拒否するどころか、徴税吏を侮辱し破門するに至った。激烈な反応を示したシャルルに対し、大学と都市は弁明のために使節を派遣せねばならず、必要とあらば、その間も強制的に税が徴収されることになったという[36]。

もうひとつ、リエージュ紛争により大きな影響を受けた都市メヘレンの事例を取り上げておこう。メヘレンは、厳密にはブラバントに含めることのできない地域である。メヘレンの都市および領主領は、ブリュッセルとアントウェルペンの中間に位置し、まさにブラバント公領の中心に位置しているが、本来的には、公領が成立する以前の一〇世紀以来、封土としてリエージュ司教の支配に属していた[37]。ただし、一三世紀以降メヘレン領主となるベルトハウト家が、やはり同世紀以降、公領の形成を大きく進展させたブラバント公家の家臣として公の政治に大きな影響力を及ぼすこともあった[38]。このような地政学的理由から、政治的にエアポケットを形成するメヘレンは、一四三〇年以降ブラバントを支配するに至ったブルゴーニュ公にとっても好都合な場所であった。ブルゴーニュ支配下にあるブラバントやフランドルなどの有力都市間の競争関係に配慮したフィリップ・ル・ボンやシャルル・ル・テメレールは、中立的な立場にある都市メヘレンに、次第に公国の首都的機能を担わせるようになってゆく。筆者が検討したような一四五〇年代から六〇年代にかけての宗教的な首都としての役割も重要だが[39]、伝統的に、メヘレンは一四七三年にネーデルラント全域の最高法廷としてのパルルマン（高等法院）が設置された場所として知られている[40]。パルルマンはシャルル死後にいったん解体されるものの、ハプスブルク家のもとでその後身となる組織が復活する。こうして、一五世紀末から一六世紀前半にかけて、メヘレンはハプスブルク家の宮廷都市として、そして支配拠点として大いに発展するのである[41]。

このような宮廷都市としての発展にひとつの大きな契機を与えたのがリエージュ紛争であった。その発端は一四六七年に遡る。この年、メヘレンでは穀物の指定市場特権をめぐる反乱が生じたが、これに対してブルゴーニュ公が一〇月一六日に公にした布告で、いくつかの都市特権が削減されることとなった。なかでも、すべての都市参審人判決について、パルルマンの前身としてやはりメヘレンに設置されていた大顧問会への上訴が可能となったことは、都市自治にとって大きな後退であった。そして、これは、形骸化していたとはいえ、古来のリエージュ法廷への上訴権が廃止され、大顧問会へのそれに取って代わられたことをも意味していた。以後、都市法廷は、完全に大顧問会の管轄下に置かれることとなる。しかし、本章の文脈で興味深いのは、この規定により、メヘレンとリエージュの法的関係が断たれたことであり、シャルルがこれを反乱都市リエージュに対する見せしめとして行った可能性が考えられることである。ルーヴァンでこの布告を出した三日後、シャルルはリエージュ遠征に出発することになる。[42]

以上のように、ブルゴーニュ公は、紛争の周辺で、ルーヴァンやメヘレンといった公領内に位置する都市に、リエージュの影響力を排する司法機関を設置し、これを、ブラバントを越える地域の支配にまで活用しようとした。ブラバントとリエージュ紛争のかかわりは、このような形でブルゴーニュ公の中央集権化の試みに大きな影響を及ぼしたのである。次なる課題は、都市マーストリヒトを取り上げ、こうしたブラバントとリエージュのかかわりをより詳細に明らかにすることである。

## 3　マーストリヒトの地政学

### (1)　紛争のなかのマーストリヒト

中世初期より聖セルファース（セルウァティウス）崇敬で知られ多くの巡礼者を集めたマーストリヒトは、都市リエージュから三〇キロ程マース川を下った場所に位置しているが、一三世紀初頭まではリエージュ司教と神聖ローマ皇帝の支配下にあった。しかし、この都市は、一三世紀初頭に皇帝オットー四世によってブラバント公ヘンドリク一世に授封された。このときより、マーストリヒトは、ブラバント公とリエージュ司教が支配する二重支配の地となった。[43]

一四世紀後半から一五世紀初頭にかけて都市に一定の自治を認める都市特権が与えられているが、そこでも都市共同体から選出される市長および評議員とともに、ブラバント公とリエージュ司教がそれぞれ選出する役人が市政に参与することが規定されている[44]。また、フィリップ・ル・ボン治世下では、その地政学的重要性から、しばしば、地方における君主の最高統治機関であるブラバント顧問院がマーストリヒトに設置された[45]。したがって、紛争にかんするマーストリヒトの持つ意味合いも、そうした二重支配の観点から考察する必要があろう。まず、以下では、紛争の具体的な展開におけるマーストリヒトの位置を検討してみたい。

マーストリヒトは、紛争のごく初期からルイ・ド・ブルボンの滞在地として、ウイとならぶ司教派の重要な拠点となっていた。したがって、ルイが紛争の事態解決に向けて、諸勢力と協議を開く際にマーストリヒトがその舞台となることがしばしばあった。ルイにより聖務停止令が出された直後の一四六二年一月二〇日に、その発布の原因となった財務役人の不正にかんする協議がマーストリヒトで開かれることとなった[46]。同年三月二四日にも、ルイがリヨン大司教をはじめとする多くの司教を引き連れマーストリヒトに到着し、リエージュの都市参審人たちと和平交渉を行った[47]。こうした動きはその後の紛争の展開においても確認できるものの、上記の通り、リエージュ司教とブラバント公の二重支配を受ける都市であるがゆえ、マーストリヒトを単なる司教派の拠点と見るだけでは不十分である。その点で、ルイが一四六五年一一月二日にブルゴーニュ公フィリップに対して行った支払いが注目に値する。このとき、ルイは「リエージュ市民ならびにその他わが殿の敵どもに対して、都市マーストリヒトおよびその周辺地域を警護するため、同市にて余のもとに駐屯する」[48]軍を派遣したフィリップに対し九八七フラン六スーを支払った。都市リエージュからさほど遠くないルイの滞在地となれば、当然、リエージュ市民による襲撃の脅威が常に存在したと思われるが、上記の支払い記録は、ルイのみならずブルゴーニュ公にとっても、マーストリヒトが紛争における重要拠点として認識されていたことを示している。また、ルイ自身がリエージュ市民その他自己に反抗する領民たちを、「わが殿」すなわちブルゴーニュ公の敵と見なしていたことも、ここから明らかとなる。一四六五年八月以降、公然とブルゴーニュ公に対して宣戦布告をなしていたリエージュの反乱民たちは、たしかにブルゴーニュ公にとっても「敵」には違いないものの、本来の紛争主体であるルイがこうした認識を持っていたという点を指摘しておくのは無駄ではなかろう。なお、フィリップがマーストリヒト防衛のために派遣した軍については、同年九月二五日、一〇月一〇日、一〇月一六日の三回にわたって検分が行われており、その兵士たちのリストも残っている。そこから明らかになるのは、前二回において軍の主力をなしたのがリエージュ司教領の貴族たちだったということである。ルイが、依然として一定数の貴族たちの忠誠を維持しえていた点は興味深いが、その召集にあたってブルゴーニュ公が介在している点に事態の複雑さが読み取れる(49)。

続いて、反乱鎮圧後に目を向けてみよう。都市征服直後の一四六八年一一月三日、ティルルモントとマーストリヒトに伝令が派遣され、リエージュの教会付近の家々を破壊するため、労働可能な大工や職人たちの派遣が命じられた。ブルゴーニュ公は、教会を除いた都市の破壊を目論んでいたが、その労働力として都市リエージュのライバルであるマーストリヒトの市民が選ばれたのである。また、マーストリヒト市民たちは、当時のリエージュでムーズ川に架かる唯一の橋ポン・デ・ザルシュも破壊しており、ここにもマーストリヒトとリエージュの関係をめぐる象徴的な意味合いを読み取ることは可能であろう(50)。

なお、最後に、反乱派に対するマーストリヒト側の心情について簡単に言及しておこう。実のところ、同時代的な叙述史料の不足によって、この点を理解することは容易ではない。一四八五年頃に人文主義者のマタエウス・ヘルベヌスにより記された『マーストリヒトの再建について』は、地誌的な説明とともに都市を称揚するテクストだが、そこでは、歴代のリエージュ司教にとって都市リエージュが危険な場所であるのに対し、マーストリヒトが唯一にして信頼しうる避難地であり、おそらくは一四八二年のルイ・ド・ブルボンの暗殺を踏まえて、彼がマーストリヒトに逃れていれば、リエージュ人たちのおぞましい父殺しを免れていただろうと記されている。また、これに続いて、司教領の君主ヨハン・フォン・バイエルンがマーストリヒトに居住していたため、これを憎んだリエージュ人が一四〇八年に数ヶ月にわたって同市を包囲したが、正義は長らく抑圧されることはなく、ついにブラバント公の助けで解放されたことも語られる。(51) 反乱からしばらく経ってからのものであり、また学識ある人文主義者によるものであるという留保付きではあるが、こうした叙述に、マーストリヒトの都市リエージュに対する敵対感情や、二重君主としてのリエージュ司教やブラバント公への姿勢をうかがうことはできるのかもしれない。

## (2) ブラバント都市か、マースラントの首都か

以上では、主として事件史的展開から確認できるマーストリヒトの位置を振り返ってきた。続いて、同市が紛争関連の法的文書においてどのような規定の対象となっているかを探ることで、マーストリヒトがブルゴーニュ公の中央集権政策において占めた位置について明らかにしてみよう。

その点でまず参照すべきなのが、これまでにも取り上げた一四六七年一一月一八日の和平文書である。この和約によって、リエージュ司教座が解体され、教会法廷がルーヴァンやナミュールとともに、マーストリヒトに分割されることになった点は、先に触れた。しかし、その他の項目でもマーストリヒトへの言及は数多く見られる。同文書の全四六項にわたる規定のうち、第三八項から四三項までが何らかの形でマーストリヒトにかかわる規定なのである。第三九項では、マーストリヒトの市民が都市リエージュの教会法廷に召集されることはないとの規定がなされている。第四〇項は、マーストリヒトの住民たちが、君主の手元に入るもの以外、マース川の航行を通じて都市リエージュに関税を支払う義務はないものとする規定であった。また第四一および四二項では、戦時の物資調達をめぐるリエージュ側の妨害禁止や、反乱者であるリエージュおよびローンの領民からの財政的な切り離しの措置が定められている。第四三項は、マーストリヒトの主要教会であるシント・セルファース教会の関係者がリエージュ司教領やローン伯領の諸都市・諸村落に飛び地として所有する土地について、それらの共同体が負う財政的負担からの関係者の免除にまつわるもので、教会、その人員、財産のすべてが「わが公殿とその後継者であるブラバント公たち」の守護のもとに

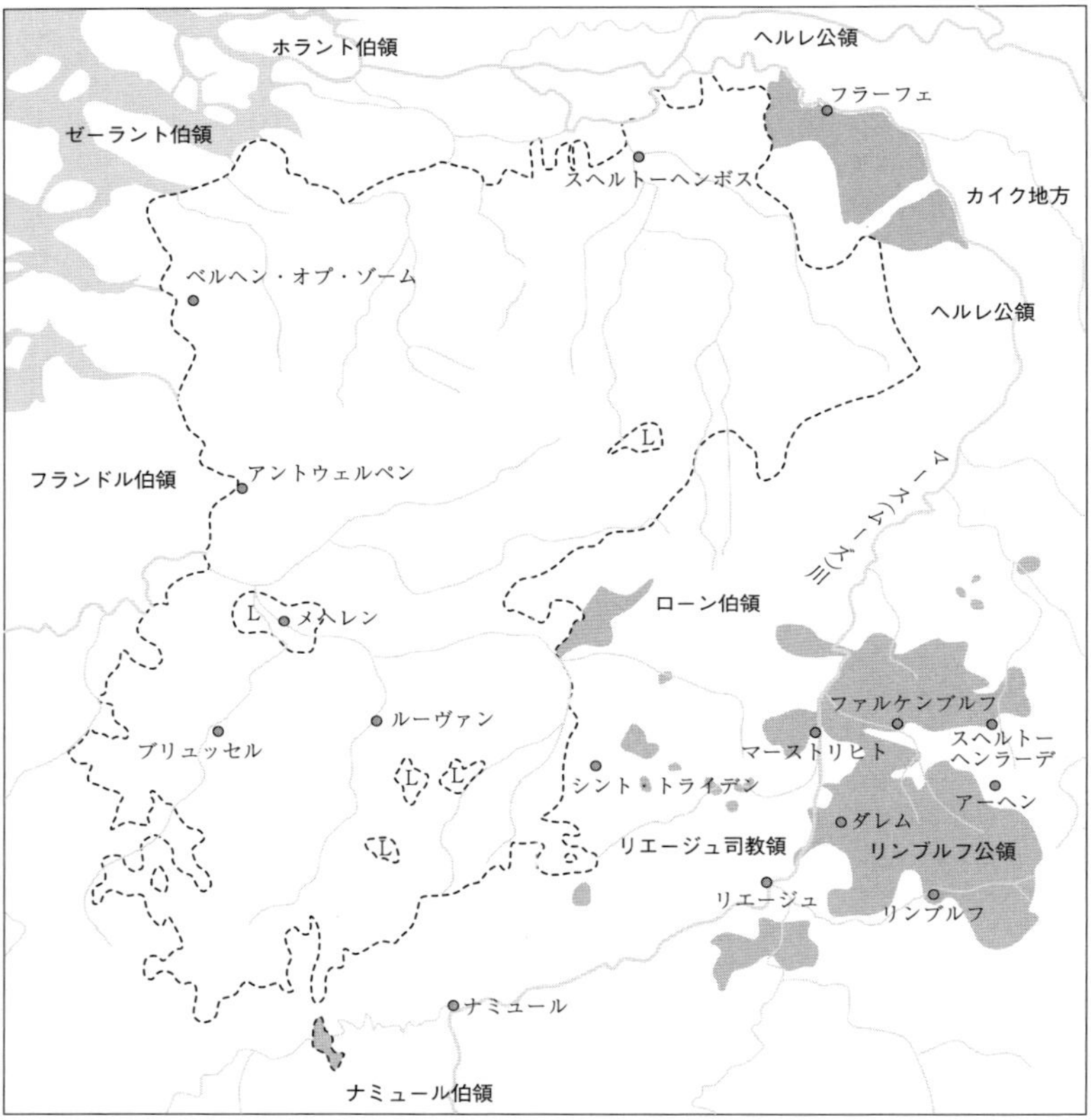


**図 5-1**　最盛期のブラバント公領（1400年頃）

注：Lはリエージュ司教領の飛び地。色付きの部分は，公領外におけるブラバント公の支配地勢力圏。

出所：*Geschiedenis van Brabant van het hertogdom tot heden*, Raymond van Uytven et al (eds.), Leuven, 2004, p. 224 をもとに筆者作成。

とどまることを言明している[52]。

こうした規定に、マーストリヒトを直接支配下に置くブラバント公としてのブルゴーニュ公の立場を読み取ることも可能だが、その後、シャルル・ル・テメレールと側近は、この立場を利用して、マース川流域を統治する拠点を創出しようと試みる。ここで、そのマース川流域の政治地図について一言しておかねばならない。実は、ブラバント公がこの河川の流域で支配下に置いていたのはマーストリヒトだけではなかった。同市の近隣地域であるファルケンブルフやダレム、スヘルトーヘンラーデといった領地は一三世紀から一四世紀のうちにブラバント公により獲得され、「（ブラバント本土から見て）マース川の向こう」を意味するオーフェルマース（ウートルムーズ）と呼ばれる地域を形成していた（図5-1を参照）。これには、ライン川に程近いケルペンやロンメルスムといった飛び地も含まれる[53]。オーフェルマース地域は、ブラバント公にとって、一三世紀後半以来直接その君主としての称号を帯びるリンブルフ公領とならび、マース川流域を支配するにあたって極めて重要な領土を形成していた。一四七三年、リエージュ総督ギィ・ド・ブリムのイニシアティヴのもと、このオーフェルマース地域をはじめとするマース川流域諸邦を管轄下に置く法廷ならびに行政機構として組織されたのがマーストリヒト顧問院 Raad van Maastricht であった[54]。この顧問院が行使する世俗的な司法権には、リエージュ司教領、ローン伯領、リンブルフ公領、オーフェルマース地域にくわえて、一四七五年以降、フラーフェやカイク、ハーテンドンクといったブラバントの飛び地的領土が服していた。その他、顧問院は、行政機構としてナミュール伯領をも管轄下に置いていた[55]。顧問院が組織された年、メヘレンにはネーデルラント全体の最高法廷であるパルルマンが設置されているが、このパルルマンのみが顧問院の上級審を構成した。

このような司法・行政機構の設置は、マース川流域を「マースラント」としてひとつの司法・行政単位とし、中央集権体制のもとに組み込もうとする試みに位置づけられる。一四七五年七月には、マーストリヒト顧問院が、同地域で一種の身分制議会を召集しており、ここにはオーフェルマースのほか、ナミュール伯領やフェンローといった諸地域の代表が集ったという[56]。ただし、注意しなければならないのは、こうしたマーストリヒト顧問院の設置およびマースラント形成のプロセスは、同顧問院のモデルとなった競合組織、ブラバント顧問院が公領外で行使する権限の縮小のプロセスをともなっていたという点である[57]。ブルゴーニュ公は、ブラバント公であるがゆえにマーストリヒトやオーフェルマース地域の支配圏を手にしていたものの、同地域を含むマース川流域全体を中央集権体制へと編成し直すとき、この地はブラバント公領を構成するのではなく、ブルゴーニュ公が支配する「マースラント」となるべく運命づけられたのである。

もっとも、基本的に、マースラントをひとつの地域にまとめ上げ、中央集権体制のもとに編入する試みは、一四七七年一月、シャルル・ル・テメレールの急死によって夢と終わる[58]。その後、再びリエージュは司教領の首座として返り咲き[59]、「マースラント」の首都であったマーストリヒトには再びブラバントの影響力が及ぶようになる。一四七七年一〇月頃、ブルゴーニュ家と婚姻関係を結んだハプスブルク家の代表者と、ブラバント身分制議会の使節がルーヴァンで協議を行っている。この協議は、ブルゴーニュ公シャルルの死を受け、かつてブルゴーニュ公とリエージュの間で結ばれた一四〇八年、六七年、六八年、そして六九年の各和約の条項を見直すために開かれたものであった。マーストリヒトにかかわるのは、もっぱら上記の六七年のそれである。ここでは、先に触れた教会法廷のルーヴァン、ナミュール、そしてマーストリヒトへの分割について[60]、取り消しの可能性が示唆されている[61]。しかし、先に見たように第三九項では、マーストリヒトの住民がリエージュの教会法廷に召還されることはないとの取り決めがなされていたが、これについては、彼ら住民のブラバント的性格を強調する形で、同条項は合理的であるように思われるとの見解が示された[62]。ここでは、ブラバント都市としてのマーストリヒトの性格を維持するよう判断が下されているように思われる。シャルル死後、リエージュ司教領は、相続的守護者であるブルゴーニュ公の後見を免れ、再び司教支配下の独立的領邦となるが、これにともない、それまであいまいに霞んでいたマーストリヒトのブラバント性が回復されようとしているようにも見える。ブラバントの支配者として領邦の将来を担うことが予想されるハプスブルク家は、「ブラバント都市」マーストリヒトへの影響力確保を意識していたのだといえるだろう[63]。

ただし、付言しておくならば、こうした変化に対するマーストリヒトの住民たちの反応は複雑であった。シャルルの戦死直後の一四七七年二月には、当初の期待に反し都市に何らの実質的利益ももたらさず、むしろ負担を押し付ける抑圧者のように思われたマーストリヒト顧問院の役人たちを市民が捕らえ、財産を没収するという出来事が生じる。このとき、市民たちはリエージュ司教ルイとも連絡を取り合っていた。また、罰金の徴収をめぐって都市とブラバント顧問院の間でも諍いが生じ、一四七八年一二月の時点でも、依然として、この問題は解決を見ていなかった[64]。こうした点には、二重支配の特異な政治的伝統を持つマーストリヒトによる、都市の利益に資することのない強引かつ急激な法的・政治的枠組の変更をともなう中央集権政策への戸惑いと反発を見ることもできよう。

＊

本章ではリエージュ紛争とブラバントのかかわりを、主にブルゴーニュ公による君主支配との関連で検討してきた。ブルゴーニュ公は、紛争の諸局面においてリエージュ司教領に隣接するブラバントの君主として振る舞い、そのブラバント公の地位が保証する政治的リソースを最大限に活用しながら、ネーデルラント全域を抱括する中央集権的なブルゴーニュ国家の形成に腐心した。しかし、こうしたブルゴーニュ公による中央集権体制の構築は、パルルマンの設置に見られる公国全体の統合的試みとともに、あくまでも領域単位での集権化の推進をともなうものであった。マースラント形成の過程で見られるように、時にはそれまでブラバント顧問院のような統治機構が同地に有していた法的権限を縮小させることさえ厭わなかった点には、充分留意しなければならない。これと並行して、ブラバント本土においては、リエージュ司教やリエージュ法廷の権限と影響力を排除し、コンパクトな形で領邦単位の中央集権化を進展させる動きも確認される。とはいえ、いったん箍が外れるや、強引に押しつけられたこうした領邦的枠組が、旧来の法的・政治的慣習に基づいた伝統的枠組に復してしまった点は、この時期の中央集権国家形成の試みが孕む困難を示してもいるのである。王国建設の野望に燃えるシャルル・ル・テメレールの政策は、どうしても広域君主としてのブルゴーニュ公によるものと捉えられてしまう側面を有している。しかしながら近年、R・ステインは、J・エリオットらの議論に示唆を受け、ブルゴーニュ国家を、基本的には独自の法や政治体制に基づき形成された諸領邦からなる「複合国家」とみなす視座を打ち出している(65)。司法、行政、税制など様々な論点から、君主による中央集権化の影響を過度に見積もる見方を相対化し、領邦国家形成における「ボトムアップ」の動きを強調するステイン説の細かな検証はまだ今後の課題である。また、リエージュ紛争もその議論において重要な位置を占めているわけではない。しかしながら、さしあたり本章で得られた分析結果がそうした見解と大きく矛盾するものでないとはいえそうである。ブラバントとリエージュ紛争の関係は、この紛争が公国の外部ないしは周辺で展開されたものであるゆえに、ブルゴーニュ公による中央集権政策のより肌理細かな考察の必要性を、いっそう強く示唆しているように思われるのである。

**注**

(1) 青谷秀紀「一五世紀後半のリエージュ紛争と北西ヨーロッパ都市」藤井美男編『ブルゴーニュ国家の形成と変容――権力・都市・文化』九州大学出版会、二〇一六年、七九～一〇六頁。

(2) リエージュ紛争に関係する筆者の論考としては、以下のものも参照。青谷秀紀「聖なる権威の在り処をもとめて――一五世紀後半のリエージュ紛争とブルゴーニュ公」服部良久編著『コミュニケーションから読む中近世ヨーロッパ史――紛争と秩序のタペストリー』ミネルヴァ書房、二〇一五年、四一五～四三七頁。リエージュ紛争とブラバントにかんする先行研究としては、P・ホリッセンの簡潔な叙述を挙げておく。Pieter Gorissen, *De Raadkamer van de hertog van Bourgondië te Maastricht (1473-1477)*, Louvain, Paris, 1959, pp. 80-84.

(3) 以下の紛争史の概観では、とくに注を付けない場合、注1および2の筆者の文献や、次の諸文献に拠っている。Godefroid Kurth, *La Cité de Liège au Moyen-Age*, t. 3, Paris, 1910; *Liège et Bourgogne. Actes du colloque tenu à Liège les 28, 29 et 30 octobre 1968*, Paris, 1972; Richard Vaughn, *Charles the Bold. The Last Valois Duke of Burgundy*, Woodbridge, 2002 (originally published in 1973), pp. 1-40; Bertrand Schnerb, *L'État bourguignon 1363-1477*, Paris, 1999, pp. 395-405; Wim Blockmans and Walter Prevenier, *The Promised Lands: The Low Countries under Burgundian Rule, 1369-1530*, E. Fackelman (tr.), E. Peters (ed.), Philadelphia, 1999, pp. 178-182.

(4) 青谷「聖なる権威の在り処をもとめて」四一五～四三七頁。

(5) Hideki Aotani, "The Papal Indulgence as a Medium of Communication in the Conflict between Charles the Bold and Ghent, 1467-69", in Yoshihisa Hattori (ed.), *Political Order and Forms of*

*Communication in Medieval and Early Modern Europe*, Roma, 2014, pp. 191-206.

（6）Willem De Pauw, *De opstand van 1467 te Mechelen*, Licentiaatverhandeling, Academiejaar: 2002-2003, Universiteit Gent.

（7）Vaughn, *op. cit.*, pp. 9-10.

（8）*Régestes de la Cité de Liège*, t. 4, Emile Fairon (éd.), Liège, 1939, pp. 139-145, とくにpp. 143-144（以下、*RCL*と省略）.

（9）Adrien d'Oudenbosch, *Chronique*, Camille De Borman（éd.）, Liège, 1902, pp. 125-127（以下、Adrienと省略）.

（10）Adrien, pp. 96-97.

（11）*RCL*, pp. 245-246. 日付は不明だが、一四六八年のものと思われる、リエージュの聖職者がブラバントで有する財産にかんする記録も参照（pp. 276-281）。

（12）ブリュッセルが交渉や集会の舞台となったケースは枚挙に暇がないが、いくつかの事例としてAdrien, pp. 78, 81, 100などを参照。

（13）Adrien, pp. 136-137.

（14）宮廷都市としてのブリュッセル、およびブリュッセルとブルゴーニュ公の関係については、次の文献を参照。Elodie Lecuppre-Desjardin, *La ville des cérémonies. Essai sur la communication politique dans les anciens Pay-Bas bourguignons*, Turnhout, 2004; 藤井美男『ブルゴーニュ国家とブリュッセル――財政をめぐる形成期近代国家と中世都市』ミネルヴァ書房、二〇〇七年。

（15）*RCL*, pp. 333-335.

（16）同島の住民が治外法権的な権利を有していた点については、次の文書を参照。*RCL*, pp. 361-362.

（17）Jean de Looz, *Chronicon rerum gestarum ab anno MCCCCLV ad annum MDXIV*, in: *Documents relatives aux troubles du pays de Liège, sous les prince-évêques Louis de Bourbon et Jean de Horne, 1455-1505*, Pierre F. X. De Ram (éd.), Bruxelles, 1844, p. 62（以下、*Documents*と省略）. cf. Alain Marchandisse et Geneviève Coura, "Les lendemains des guerres bourgondo-liégeoises du XVe siècle", in: François Pernot et Valérie Toureille（eds.）, *Lendemains de guerre... De l'Antiquité au monde contemporain: les hommes, l'espace et le récit, l'économie et le politique*, Bruxelles, 2010, pp. 289-307, とくにpp. 295-296.

（18）*Recueil des ordonnances de la principauté de Liège*, première série 974-1506, Stanislas Bormans（éd.）, Bruxelles, 1878, pp. 632-635（以下、*Recueil*と省略）; *Documents*, pp. 576-583, 594-596.（ブラバントとリンブルフの関係については、次の文献を参照。青谷秀紀『記憶のなかのベルギー中世――歴史叙述にみる領邦アイデンティティの生成』京都大学学術出版会、二〇一一年、二八六頁。）

（19）*Recueil*, pp. 622-623. 編者のボルマンスも、見出しでこの項目が「殺害されたブラバント人les Brabancons tués」にかんするものであることを示唆している。なお、続く同二四項の文言は、複数の領邦の君主としてのシャルルとブラバント公としてのシャルルについての記述が併存しており、微妙である（p. 623）。

（20）*Recueil*, p. 623. シャルルが、アンベルクール領主ギィ・ド・ブリムをリエージュ総督に任命する同日付の書簡でも、同様な表現が用いられている。*Collection de documents inédits concernant l'histoire de la Belgique*, t. 2, L. P. Gachard（éd.）, Bruxelles, 1834, pp. 473-479, とくにpp. 474-475（以下、*Collection*と省略）.

(21) *Recueil*, p. 623. ただしここでは「リンブルフ」の語は見られない。

(22) *Recueil*, p. 624.

(23) *Recueil*, p. 625. ただし、第三項の禁止規定は、紛争中君主側についた貴族たちについては例外とされている。なお、ここでも「リンブルフ」の語は見られない。

(24) *Recueil*, p. 626. 前項同様「リンブルフ」は略されている。

(25) *Recueil*, p. 621.

(26) マルク・ボーネ（青谷秀紀訳）「都市は滅びうる――ブルゴーニュ・ハプスブルク期（一四―一六世紀）低地地方における都市破壊の政治的動機」服部良久編訳『紛争のなかのヨーロッパ中世』京都大学学術出版会、二〇〇六年、二七八～三〇八頁。

(27) *Recueil*, p. 624.

(28) *Recueil*, p. 624.

(29) 両都市の関係については、青谷『記憶のなかのベルギー中世』二八六頁を参照。

(30) *Collection*, p. 437; *Recueil*, pp. 618-619.

(31) *RCL*, pp. 258-259.

(32) *RCL*, pp. 332-333.

(33) *RCL*, pp. 336-342.

(34) 藤井美男「一五世紀ブラバント顧問院の成立について」『経済学研究』第七六巻第六号、二〇一〇年、八一～九八頁、とくに九二～九三頁。

(35) *RCL*, pp. 381-384.

(36) Vaughn, *op. cit.*, p. 183.

(37) Raymond van Uytven (ed.), *De geschiedenis van Mechelen van heerlijkheid tot stadsgewest*, Lanno, 1991, pp. 21-38.

(38) 前注に加えて、次の文献も参照。青谷『記憶のなかのベルギー中世』一四七～一八〇頁。

(39) Hideki Aotani, "Mechelen's Jubilee Indulgence and 'Pardon' in Burgundian Political Culture", *Proceedings of Medieval Identities: Political, Social and Religious Aspects. The Eighth Japanese-Korean Symposium on Medieval History of Europe, August 21, 2013/August 22, 2013, Tokyo, Japan*, 2013, pp. 28-37.

(40) Jan Van Rompaey, *De Grote Raad van de hertogen van Boergondie en het parlement van Mechelen*, Brussel, 1973.

(41) *De geschiedenis van Mechelen*, pp. 81-116.

(42) Van Rompaey, *op. cit.*, pp. 315-318.

(43) Erwig Steegen, *Kleinhandel en stedelijke ontwikkeling. Het kramersambacht te Maastricht in de vroegmoderne tijd*, Hislversum, 2006, pp. 95-100.

(44) Jacobus H. J. Geurts, *'Onsser stadt in sulken gedranghe'. Maastricht tussen Brabant en het Rijk 1500-1550*, Nijmegen, 1993, pp. 17-79; *Raadsverdragen van Maastricht 1367-1428*, bewerkt door M. A. van der Eerden-Vonk met medewerking van W. J. Alberts en Th. J. van Rensch, 's-Gravenhage, 1992, pp. VIII-XXV. 一三七二年、一三八〇年、一四〇九年、一四一三年に自治特権が出されているが、それぞれにおいて選出される役人の数は異なっており、選出システムにも変更が見られる（とくに pp. XIII, XV, XVIII, XIX の図を参照）。

(45) Philippe Godding, *Le conseil de Brabant sous le règne de Philippe le Bon (1430-1467)*, Bruxelles, 1999, pp. 134, 142. 顧問院は、特定の場所に固定されていなかった。

(46) Adrien, p. 79.
(47) Adrien, p. 81.
(48) *RCL*, p. 159, "....pour ester et demourer en garnison soubz nous en la ville de Tricht, à la garde et seurté d'icelle ville et du pays environ, à l'encontre des Liegeois et autres adversaires de mondit seigneur.....".
(49) *RCL*, pp. 157–159. なお、最後の一回で主力をなしていたのは、もっぱらドイツ人傭兵たちであった。これも、リエージュおよびマーストリヒトの位置関係や紛争諸勢力の位置関係を考慮する際に興味深い点ではある。
(50) Vaughan, *op. cit.*, p. 35.
(51) Matthaeus Herbenus, *Over hersteld Maastricht* (*De Trajecto instaurato*), M. G. M. A. van Heyst (ed.), Roermond, 1985, pp. 30–31.
(52) *Recueil*, pp. 626-627.
(53) 小都市エイスデンもここに含まれるが、同市については次の詳細な研究を参照。Hans van Hall, *Eijsden, een vrijheid met Luikse stadsrechten. Een rechtshistorische schets van de ontwikkeling van een Minderstadt tussen Maas en Rijn* (*ca. 1300–ca. 1550*), Hilversum, 2011.
(54) ギィ・ド・ブリムによるマース川流域沿いの統治については、次の文献を参照。Werner Paravicini, *Guy de Brimeu. Der burgundische Staat und seine adlige Führungsschicht unter Karl dem Kühnen*, Bonn, 1975.
(55) Gorissen, *op. cit.*, pp. 49–73.
(56) Jacobus Geurts, "Tussen droom en daad. Karel de Stoute en diens plannen voor een nieuw gewest: 'Maasland'", in Jacobus Geurts en Hugo de Schepper (red.), *Staatsvorming onder Bourgondiërs en Habsburgers. Theorie en praktijk*, Maastricht, 2006, pp. 81–111.
(57) Leo E. M. A. Van Hommerich, "La politique centralisatrice de Charles le Téméraire à l'égard des assemblées d'États dans la vallée de la Meuse, 1469–1477. Maastricht, capitale administrative et judiciaire", *Publications de la société historique et archéologique dans le Limbourg* CIII–CIV (1967–1968), pp. 107–157. cf. *Recueil*, p. 594; Godding, *op. cit.*, p. 252.
(58) Geurts, "Tussen droom en daad", pp. 81–111.
(59) Marchandisse et Coura, *op. cit.*, pp. 289–307.
(60) 注31参照。
(61) *RCL*, p. 397.
(62) *RCL*, p. 400.
(63) そのほか、マーストリヒトの住民たちがマース川でのいかなる新たな税の支払いをも免れるとの規定についても議論されている。*RCL*, p. 400. なお、その後のハプスブルク家のマーストリヒト政策については Geurts, '*Onsser stadt in sulken gedranghe*', pp. 81-329 を、とくに本章の文脈では pp. 81-98 を参照。
(64) Gorissen, *op. cit.*, pp. 99–102.
(65) R. Stein, *De hertog en zijn staten. De eenwording van de Bourgondische Nederlanden ca. 1380–ca. 1480*, Hilversum, 2014.

＊本章は、二〇一五年度科学研究費基盤研究Cによる研究成果の一部である。

# 第Ⅱ部　地域権力と普遍的権力の関係

## ――王公伯と皇帝

# 第6章　一三世紀英仏間の海上紛争とガスコーニュ戦争

――海域世界における裁判権をめぐって――

花房秀一

一二〇二年、フランス王フィリップ二世（在位一一八〇～一二二三）は、ユーグ・ド・リュジニャンの婚約者イザベル・ダングレーム略奪事件を契機として、イングランド王ジョン（在位一一九九～一二一六）がフランス王国に保有する所領の没収を宣言した。このため、一〇六六年のノルマン征服以来、イングランドと政治的、経済的、人的に密接に結びついていたノルマンディ地方は、一二〇四年六月にカペー王権によって軍事的に征服されることとなった。その結果、いわゆる「アングロ・ノルマン王国」の体制下で、主に対英貿易によって繁栄していたノルマンディ諸都市は、イングランドとの交易に困難が生じることとなった。ルーアンは早くも一二〇四年一二月には、ジョン王から保護通行証 sauf-conduits を獲得して、イングランドとの通商を確保した(1)。しかし実際には、度重なる英仏間の政治的対立によって、ノルマンディ諸都市の海上貿易は、イングランド王による商船や商品の没収の危険に晒されることとなったのである。

また一二〇二年に始まるフィリップ二世によるフランス王国内のイングランド領への侵攻は、ノルマンディだけでなく、アンジュー、メーヌ、ポワトゥーなどのフランス北西部の地方も、カペー王権の占領下に置いた。これにより、プランタジネット家の影響下にあったビスケー湾からイギリス海峡に至る「イングランドの海 mer d'Angleterre」は、分断されることになったのである。海上はカペー家のもとにある船舶と、プランタジネット家のもとにある船舶の対立の場となり、とくにノルマンディ商船は、イングランド本国や英領ガスコーニュの商船との海上紛争に、しばしば巻き込まれることとなった。

このような船舶間の海上紛争は、単に都市間の摩擦を引き起こしただけでなく、英仏両王権間の政治問題にまで発展することもあった。例えば、一二九二年から翌一二九三年にかけて起こったノルマンディ商船とガスコーニュの都市バイヨンヌの商船間の海上紛争は、英仏間の政治対立を引き起こし、ガスコーニュ戦争（一二九四～一三〇三年）の発端となったことで知られている。ガスコーニュ戦争は、しばしば王国統一を目論むカペー王権の政治的意図が強調されてきたため、歴史上、英仏百年戦争（一三三七～一四五三年）の前哨戦、あるいは中世後期へと向かう過渡期として位置づけられてきた(2)。そのため同戦争自体の勃発要因の多様性や、その政治的重要性は看過されてきたという一面がある(3)。

そこで本章では、ガスコーニュ戦争が、一三世紀初頭以来続く英仏間の海上紛争を原因として勃発したことに着目し、以下、(1)英仏間抗争におけるノルマンディ諸都市、(2)ガスコーニュ戦争の原因論、(3)英仏間における海事裁判権の三つに分けて考察し、中世の海域世界に対する英仏両王権の政治動向について検討することとする。

## 1　英仏間抗争におけるノルマンディ諸都市

フィリップ二世によるノルマンディ征服以前、同地方の諸都市は、イングランド諸王からさまざまな商業上の特権を付与されていた。例えば、ノルマンディの主邑ルーアンは、九紀末にはロンドンにワインを輸出していた記録が残存しており(4)、エドワード証聖王（在位一〇四二～六六）の時代には、ロンドンのデューンゲート港を与えられていた(5)。また一一五〇年代、プランタジネット朝初代イングランド王ヘンリ二世（在位一一五四～八九）は、ルーアン商人にロンドンでの免税特権を与え、さらにイングランドで開催されるすべての市場に彼らが赴くことを許可した(6)。また同王は、一一七二年から一一七八年の間に、セーヌ川方面からイングランドにワインを輸出する独占権をルーアンに付与した(7)。またカンは、一〇八〇年から一〇八二年に、すべての商品にかんして、イングランドにおける免税特権をヘンリ二世から得ており、カンの外港ウィストレアムを通して、イングランドに主に石材等を輸出していた(8)。シェルブールは、ヘンリ二世治世下において、年に一度、アイルランドに商船を送る許可を得ていた(9)。一二〇二年には、ファレーズはジョン王から、ロンドンを除く全イングランドでの免税特権を与えられた。

しかし上述したように、一二〇四年六月のフィリップ二世によるノルマンディ征服によって、ノルマンディ諸都市は、それまで享受していた商業特権を喪失した。そのためR・ジュエによれば、ノルマンディ諸都市は対英貿易での損失を補填するために、イル・ド・フランスや上ブルゴーニュなど、フランス内陸部との交易を活発化させたと考えられてきた(10)。とくにルーアンは、セーヌ川を用いた交易をめぐって、一三世紀から一四世紀初頭にかけて、激しくパリと競合していたことで知られている(11)。

しかし、一般的に一三世紀は、海運を用いた流通が活発化する時期にあたる(12)。例えば、一二二五年、カン商人のジャン・ル・ノウンとその仲間たちは、イングランド王ヘンリ三世（在位一二一六～七二）から、ポルトガルから運んだ商品にかんして、保護通行証を与えられた。また一二七六年には、バルフルールの商人ダニエル・ド・ホックの商船が、紙やその他の商品を積載し、イングランドのキングス・リンに向かった記録が残っている。さらに一三〇六年には、フィレンツェ商人がハルに停泊していたバルフルール商人所有の商船を用船し、フランドルのグラヴリーヌに羊毛を運んだ。これらの事例からもうかがえるように、一三世紀のノルマンディ商船は、イベリア半島とイングランド、そしてフランドルを結ぶ通商を行って、大西洋から北海にかけて活発に交易を行っていたと推測できるのである(13)。とくに当時のバルフルール商船は、スペインからイングランドのサウサンプトンに蠟を運び、その後、羊毛をフランドルやフランス北部の都市に輸送していたことが明らかになっている(14)。

このように一二〇四年のフィリップ二世によるノルマンディ征服以後も、ノルマンディ諸都市は活発に海洋貿易を行っていた。しかし、プランタジネット家の支配下から離れたノルマンディ諸都市は、度々引き起こされる英仏間の紛争に影響を受け、イングランド王による商船や商品の没収の危険に晒されることとなった。例えば、一二〇五年五月、イプスウィッチでルーアンとカンの商人の財産が、イングランド王によって没収された。また同年七月には、ディエップの商人の金一〇〇マールに相当する商品が没収された(15)。

イングランド王権は、一二〇六年頃からノルマンディ諸都市や商人に対して保護通行証を発行しはじめたため、このような財産没収は一旦止むこととなった。しかし一二一四年のブーヴィーヌの戦いと、その後の王太子ルイ（後のルイ八世、在位一二二三〜二六）によるイングランド遠征の影響で、再びノルマンディ商人の商品没収が行われるようになった。例えば、一二一五年六月、イングランド王の国王役人により、ノルマンディ方面から輸送されたワインが没収された(16)。その数日後には、サウサンプトンで、同じくルーアン商人が所有していた大青が没収された(17)。

このような度重なるノルマンディ商人の商品没収に対して、フランス王はイングランド王に抗議を行って、その返還を求めていた。例えば一二一八年、ダニッジでノルマンディ商人の商品が略奪されたとき、フィリップ二世はヘンリ三世に抗議し、略奪された商品の返還を約束させた。

A・サドゥルニによれば、イングランド王によるノルマンディ商人の商品没収がもっとも苛烈であったのは、一二一七年に締結されたランベス休戦協定が期限切れとなった一二二四年から、ヘンリ三世がフランスに遠征した一二三〇年までである。一二二四年五月一五日、ヘンリ三世は、上述の休戦協定の期限切れを受けて、イングランドの五港市に対して、フランス商人の拘束とその商船の没収を命じた。また同年九月には、サウサンプトンの国王役人に対して、年市に来ていたノルマンディ商人とフランス王の臣民の財産を没収するよう命じた(18)。

このような英仏間の抗争時において、ノルマンディ商人が安全にイングランドと交易を行うためには、イングランド王から保護通行証を獲得する必要があった。保護通行証は、主に戦時に都市や商人、または商船に対して発行された。その有効期限は通常三ヶ月から六ヶ月、一二四四年以後は一年から三年であった[19]。A・サドゥルニの調査によれば、一二〇五年から一二三四年の三〇年間で、イングランド王がノルマンディ商人に発行した一〇八通の保護通行証のうち、一二二四年が一一件、一二二五年が三〇件、一二二六年が二二件、一二二七年が一一件、一二二九年が一一件、一二三〇年が一二件であった[20]。このように、この時期に発行された保護通行証の数は、調査対象期間に発行された全保護通行証数の八割強に上り、この時期の英仏間交易の緊張状態がいかに甚だしかったのかを物語っている。

以上のように、一三世紀前半は英仏間の政治対立のために、ノルマンディ諸都市がイングランドと交易を行うことは、非常な困難をともなった。この状況が変化するのは、一二五九年のパリ条約締結以後である。同条約によって、一二世紀以来の英仏間の対立が終了したことにより、例えば一二六九年、ルーアンはヘンリ三世から、二〇年間イングランド全土を自由に通行する許可を獲得した[21]。このルーアンの事例からも指摘できるように、パリ条約という英仏間の政治的転換以後、ノルマンディ諸都市は、イングランドとの交易を平和裏に行えるようになったと考えられるのである。

ノルマンディ諸都市の商船が、一三世紀後半に活発にイングランドと交易をしていたことは、一二七〇年代のイングランドとフランドルの対立時の状況からも推測できる。一二七一年、フランドル女伯マルグリットは、ヘンリ三世の金銭不払いを理由に、同王に属するイングランド、ウェールズ、アイルランド、そしてガスコーニュの商人の商品を没収し、彼らをフランドルから追放した。これに対して、ヘンリ三世はイングランドにあるフランドル商人の商品を没収し、さらにフランドルへの羊毛輸出を禁止した[22]。このため、イングランド産の羊毛を大陸に輸出していた商人たちは、フランドルに羊毛を売却しないことを条件に、イングランド王から羊毛輸出の許可証を獲得しなければならなかった。L・ジャン－マリによれば、その二一二通の許可証の内、二五通がノルマンディの商人または団体に向けたものであった。その二五通の内訳は、二二通がルーアン、二通がカン、一通がフェカンであり、このことからルーアンを中心として、イングランド産の羊毛貿易に、ノルマンディ商人が深くかかわっていたことが推測できる[23]。また一二七五年から一二七六年には、ハルでバルフルールの商人が輸出向けの羊毛を積載したことが記録されており、イングランドとフランドルの紛争時に、ノルマンディ商人が活発に対英貿易を行っていたことがうかがえるのである。(24)

次に、一三世紀の対英貿易に対するフランス王権側の対応について検討してみたいと思う。一二〇四年以後、フランス王権も英仏の対立を背景に、プランタジネット家の支配下にある地域との交易を制限した。例えば、ノルマンディ征服後の一二一〇年頃、フィリップ二世はポワトゥー、ガスコーニュ、アンジューからノルマンディに船でワインを輸送することを禁止したことが確認できる。(25)また一二三五年には、フランス王権は、イングランドのリン、ヤーマス、ライジングから来た商人の商品を、カンとポン・トドメールで没収した。(26)

しかし一二五九年のパリ条約以降、英仏間で平和が成ると、上述のように英仏間の交易は活発化した。そのため一三世紀後半のパリ高等法院の記録からは、カペー王権が、ノルマンディ商人とイングランド商人の間で起こる商業上の紛争を処理していたことが確認できるのである。(27)

最後に、ノルマンディとイングランドの商船間で起こった海上紛争について見ていきたいと思う。一二三五年、ワインを積載していたバルフルールの商船が、ブルターニュ半島のミュレ沖で、イングランド船によって襲撃された。バルフルール商船を襲ったのは、ガスコーニュ産ワインの貿易にかかわるウィンチェルシーの商人たちであった。この紛争では、バルフルール商船の船主がヘンリ三世に訴えたため、イングランド王の命令によって、略奪された商品は返還された。また一二五六年には、海賊行為を働いたバルフルールの商人たちが、ヘンリ三世の命により処刑された。一二八九年には、ブルターニュの漁船とバイヨンヌの漁船間で、漁場をめぐって紛争が勃発した。(28)そして一二九三年には、エドワード一世（在位一二七二～一三〇七）は、バルフルールとノルマンディ東部の都市サン・ヴァレリの商人が、正当な理由なくサウサンプトンの商人の商品を没収したために、サウサンプトンの国王役人と市長に、犯人の拘束を命じた。(29)

これらの事例からは、戦時と平時にかかわらず、英仏の商人間で商船への襲撃や略奪行為が行われていたことが確認できる。このような英仏の商人間で起こる紛争は、しばしば港湾付近や交易ルート上などの海上で起こったため、海域世界に対する英仏両王権間の政治的態度が如実に反映されることがあった。そこで以下、一二九二年から一二九三年にかけて起こったノルマンディ商船とバイヨンヌ商船間の海上紛争と、ガスコーニュ戦争の勃発について検討してみたいと思う。

## 2　ガスコーニュ戦争の原因論

一二九四年五月一九日、ノルマンディ商船とバイヨンヌ商船の海上紛争にかんして弁明させるため、エドワード一世に対してパリ高等法院への出頭を命じていたフィリップ四世は、同王の出廷拒否を理由に、イングランド王が領有するガスコーニュ地方の没収を宣言した(30)。既述したように、ガスコーニュ戦争はしばしば百年戦争の前哨戦として位置づけられるが、それは一二五九年のパリ条約以来の英仏間の平和が、同戦争によって破綻したことに起因する。英仏両王権の関係は、ガスコーニュ戦争終了後、一三二三年のサン・サルドス戦争、一三三四年のスコットランド王デイヴィッド二世（在位一三二九～七一）のフランス亡命、そして同年のイングランド王エドワード三世（在位一三二七～七七）によるフランス王へのロベール・ダルトワ引き渡し拒否等を経て、百年戦争へと展開していくのである(31)。

しかし、ガスコーニュ戦争を単なる百年戦争の前哨戦として看過するのは、中世後期の英仏関係を考えていく上で、問題があると思われる。なぜならガスコーニュ戦争勃発の背景には、後述するように、当時のカペー家とプランタジネット家をめぐる西欧における国際関係と、海域世界に対する両王権の政治的態度が複雑に絡み合っていたからである。そこで本節では、一二九二年から一二九三年にかけて起こったノルマンディ商船とバイヨンヌ商船の海上紛争と、ガスコーニュ戦争勃発の諸原因について検討してみたいと思う。

既述したように、英仏の商船間では、一二五九年のパリ条約締結後も、しばしば紛争が起こっていた。そのなかでも、一二九二年から一二九三年にかけて勃発したノルマンディ商船とバイヨンヌ商船の紛争は、ガスコーニュ戦争の発端となったことで注目される。

一二九二年、ブルターニュ半島西端に位置するポワント・サン・マテュー付近で、ノルマンディ商船とバイヨンヌ商船の間で紛争が勃発した。数週間後、ノルマンディ商船は紛争の報復として、ガスコーニュの港市ロワイヤンに停泊していた四艘のバイヨンヌ商船を攻撃し、沈没させた。この事態を重く見たガスコーニュのコネタブル connétableは、これ以上の事態の悪化を防ぐため、ボルドーでノルマンディ人たちに海上の平和を宣誓させた。しかしその後、ボルドーを出港したバイヨンヌの商船団に対して、八〇艘のネフ船からなるノルマンディの商船団が追撃し、すべてのバイヨンヌ船を沈めた(32)。

そのためエドワード一世は五港市に命じて艦隊を編成し、一二九三年五月一五日、ノルマンディ商船団を打ち破り、さらにフランスの港市ラ・ロシェルを襲撃した。この事態に対して、フィリップ四世は、エドワード一世に上述の事件の責任を持つ公役人と水夫の引き渡しを命じ、さらに一二九三年一〇月二七日、ガスコーニュ公であるエドワード一世にパリ高等法院への出頭を命じた。

ローマ教皇空位のため、教皇庁の仲介による和解が期待できなかったエドワード一世は、王弟ランカスター伯エドマンドをフランス宮廷に派遣した(33)。ランカスター伯が使者に選ばれた理由は、伯がフィリップ四世の王妃ジャンヌの継父であったためであると考えられる。交渉の結果、エドワード一世は封主フィリップ四世に対して、二〇人のガスコーニュ公役人を引き渡し、さらに平和の担保として、アジュネとサントンジュの要塞を明け渡した。また英仏の合意を保証するために、フィリップ四世の妹マルグリットとエドワード一世の婚約が取り決められた(34)。

しかしランカスター伯がこのような過酷な条件を受け入れたにもかかわらず、フィリップ四世はガスコーニュ全体を統治下に置くため、同地方の各都市に一名ないし二名の使者を派遣した。エドワード一世は事態の挽回のために二ヶ月の猶予と、フランス王の面前に赴くための通行証発行を求めたが、フィリップ四世はこれを拒絶した。一二九四年三月二一日にパリ高等法院が封臣エドワード一世の欠席を確認したことを受けて、五月一九日、フィリップ四世はイングランド王が保持するフランス王国内の封の没収を宣言した。このためエドワード一世は、パリに使者を派遣して、自身が八年前にフィリップ四世に対して行った臣従礼を撤回し、六月二〇日、ガスコーニュ戦争が勃発したのである。(35)

カペー王権とランカスター伯の間で合意がなされたにもかかわらず、なぜ戦争が勃発したのかについて、先行研究ではさまざまな説明がなされている。例えば、Ch・V・ラングロワは、ランカスター伯はカペー王権に欺かれたと説明している。(36)カペー王権の目的は、当初からエドワード一世からガスコーニュを没収すること、あるいは独立性の高い同地方を、ほかの王国内の諸侯領と同様、フランス王権に服従させることであった。そのためノルマンディ商船とバイヨンヌ商船の海上紛争の問題は、開戦のための単なる口実に使われたのに過ぎなかったと考えられるのである。(37)

このように、エドワード一世との戦争を推進したのは、一般に、フィリップ四世の法律顧問であるレジスト légistes たちであったと考えられている。しかしJ・R・ストレイヤーは、当時のフィリップ四世の顧問団の中に、戦争を望む人物がいなかったことを指摘し、英仏間の紛争勃発に対するレジストの責任を否定した。例えば、イタリア出身の銀行家で、フィリップ四世の財務官を務めていたグィディ兄弟は、戦争による財政難を考慮し、またジル・エスランやピエール・ド・モルネは武力よりも交渉を好んだため、イングランドとの戦争を望んでいなかった。また後に教皇ボニファティウス八世との対立において主導的な役割を果たしたピエール・フロートは、一二九四年時点では国王顧問官の一員になったばかりであり、ガスコーニュ戦争勃発において、フィリップ四世に影響力を行使できなかった。以上からJ・R・ストレイヤーは、ガスコーニュ戦争勃発の直接的な原因を、フィリップ四世の個人的な野心に求めている。(38)

また戦争勃発の遠因を、一二八二年のシチリアの晩禱事件に端を発するシチリア問題、およびそれに起因するアラゴン十字軍問題に対するエドワード一世の介入に求める見解も存在する。一二八五年のアラゴン十字軍失敗後、カペー王権はアラゴン王権と、一二八七年七月にオロロン・サント・マリーで、そして一二八八年一〇月にカンフランクで交渉を行ったが、そのときエドワード一世は、アラゴン貴族の支持のもと、アラゴン王権側が有利になるように仲介を行った(39)。そのため、封臣であるエドワード一世のこのような外交姿勢に対して、フィリップ四世は不審を抱き、一二九四年のガスコーニュ没収へと至ったと考えられるのである。

さらにM・ヴェイルは、このアラゴン問題を背景として、フィリップ四世にガスコーニュ没収を決断させた人物として、ヴァロワ伯シャルルの存在を指摘している。フィリップ四世の同腹の弟であるシャルルは、教皇マルティヌス四世によって廃位されたアラゴン王ペドロ三世（在位一二七六〜八五）に替わって、教皇からアラゴン王に任命されていた。カペー王権によるアラゴン十字軍は、シャルルをアラゴン王位に就ける目的で行われており、その失敗後も、一二九五年六月二〇日のアナーニ条約締結まで、シャルルはアラゴン王位を放棄しなかった。

したがって、一二八四年二月にエドワード一世の王女とアラゴン王太子アルフォンソ（後のアルフォンソ三世、在位一二八五－九一）が婚約したこと、およびフランスとアラゴン間の交渉におけるエドワード一世の上述の行動は、アラゴン王国に野心を抱くシャルルにとって、自身の利益に反することであった。また地理的にも、ガスコーニュはアラゴンへの侵入や物資補給のための重要な後背地であるため、一二八五年のアラゴン十字軍失敗後も、再びアラゴンへの侵攻を目論むシャルルとしては、同地方をフランス王権の支配下に組み込む必要があったのである(40)。

以上のように、一般にガスコーニュ戦争の勃発は、その主導者がフィリップ四世自身であれ、または側近のレジストや王弟ヴァロワ伯シャルルであれ、カペー王権によるガスコーニュ没収の意図が原因と考えられてきた。そのため一二九二年から一二九三年にかけて起こったノルマンディ商船とバイヨンヌ商船の海上紛争は、戦争の直接的動機ではなく、単なるきっかけに過ぎないと推定されてきたのである。

## 3　英仏間における海事裁判権

しかし、ガスコーニュ戦争の勃発において、英仏間の海上紛争が占めた役割を軽視することはできない。なぜなら一二九二年から一二九三年にかけて起こった英仏の商船間の紛争の背景には、英仏両王権間の海事裁判権をめぐる争いがあったと考えられるからである。

P・シャプレによれば、一二五九年のパリ条約により、ガスコーニュ公領はフランス王からの移動封 fief mouvant に設定されたため、同公領で起こる陸上の紛争に対しては、フランス王が介入する余地があった。ところが海上においては、プランタジネット家は、イギリス海峡だけでなく、ブルターニュからピレネーに至る沿岸の裁判権を主張しており、フランス王による海上紛争への介入を認めていなかった。しかしそれに対して、ガスコーニュ戦争の契機となった海上紛争では、フランス王は、エドワード一世支配下のガスコーニュの住民が、海上で自らの臣民に対して犯した罪を、封主として唯一自身だけが裁くことのできる封建的な紛争と見なしたのである[41]。

この問題の背景のひとつには、英仏両王権の各々の海上紛争および海事法への認識の差異があると考えられる。一二九二年から一二九三年の海上紛争における一方の当事者であるノルマンディでは、中世のノルマン海法は成文化されていなかった。また一二〇〇年頃に成文化された同地方の慣習法集である『最古慣習法集 *Très Ancien Coutumier*』には、portus（港）という語は一ヶ所しか確認できず、一二三五年から一二五八年にかけて編纂された『世俗法廷におけるノルマン法大全 *Summa de legibus Normannie in curia laicali*』では、portus について書かれた箇所は存在しない[42]。したがって、当時のカペー王権は海事法に関心が低く、ガスコーニュ戦争のきっかけとなった海上紛争では、フィリップ四世は封建法的なアプローチから紛争を処理しようとしたのだとも考えられる。これに対してプランタジネット家は、英仏に跨るアンジュー帝国維持のため、海上紛争に対する関心が強く、一二世紀末から独自の海事法の整備を進めていた。

この海事問題に対する英仏間の認識の差異は、パリ高等法院がエドワード一世に対して出頭命令を出す一二九三年一〇月二七日以前の英仏間交渉の過程において如実に表れている。一二九三年五月一五日のイングランド船団によるノルマンディ商船襲撃後、フィリップ四世はエドワード一世に対して、捕虜となったノルマンディ商人の解放と略奪された財産の返還を求めた。そのため七月一五日、エドワード一世はロンドン司教リチャード・オブ・グレーヴズエンドを筆頭とする使節団をフィリップ四世のもとに派遣し、紛争解決のために以下の三つの提案を行った。(1)ノルマンディ商人がイングランドの法廷に出廷して彼らの要求を開示し、その上で法に従って判決を下す。(2)英仏両王が、イングランド人二名とフランス人二名、計四名の裁判官からなる特別法廷を開廷し、問題を解決する。(3)特別法廷で解決しきれなかった事柄については、後日フランス側の都市において英仏両王の会見を開いて解決する。もしフランス王が上記ふたつの提案に同意できない場合、解決をローマ教皇の仲裁に委ねる。[43]

しかしフィリップ四世は、これらの提案をいずれも拒否し、ガスコーニュ公の封主の立場から、紛争処理を行うこととした。[44] 同王はバイヨンヌ人によるラ・ロシェル襲撃を追及して、ガスコーニュ公役人に対して、バイヨンヌ市長と参審人、そして同市の百人会のメンバーをペリグーの監獄に引き渡すよう命じた。[45] ガスコーニュ公役人はこのフランス王の命令を拒否し、さらにフィリップ四世が命じたガスコーニュ公領の接収も拒否したため、一〇月二七日にエドワード一世に対してパリ高等法院への出廷が命じられたのである。

ガスコーニュ公役人がフィリップ四世の命令を拒否した理由として、P・シャプレはバイヨンヌ市民の反対があっただけでなく、フランス王の命令に従うことができないというガスコーニュ人の訴えがあったためであると指摘している。ガスコーニュ人の訴えによれば、フィリップ四世の命令は彼らの特権に反するものであり、またガスコーニュ人とフランス王の臣民の間で紛争が起こった場合に適用される慣習法に明白に違反していた。従来、ガスコーニュ人とフランス王の臣民の間で紛争が起こった場合、陸上の紛争に対しては「辺境の法 loi de marche」に従って、海上の紛争に対してはすべてオレロン海法に従って解決することになっていた(46)。

「辺境の法」とは、ロレーヌ公領やバール伯領、ブルゴーニュ伯領などの神聖ローマ帝国西部の辺境地域の住民と、フランス王の臣民の間で起こった紛争に適用される慣習法であった(47)。ガスコーニュ側の訴えによれば、ガスコーニュにおけるイングランド王の臣民と、隣接するフランス王およびフランス諸侯の臣民の間で、陸上または河川上で起こった紛争に対しても、当時の慣習として「辺境の法」が適用されていた(48)。

「辺境の法」は、一種の同害復讐法であり、加害者側に対する被害者側の報復的差押えが認められていた。例えば、フランス王の臣民とガスコーニュ人の間で、一方が他方に、身体またはその財産に対して罪を犯した場合、損害を受けた人物の封主は、罪を犯した人物の封主に対して損害賠償を求めることができた。しかし、もしその交渉が暗礁に乗り上げた場合、被害者側は、加害者またはその同郷人に対して、蒙った損害の分だけ財産を差押えることが可能であった。このような報復的差押えは、犯罪者が逃亡し、裁判所に連行不可能であった場合や、裁判官が裁判拒否を行った場合に有効であり、ガスコーニュ人が被害にあった際には、イングランド王またはガスコーニュ公役人から差押え状を獲得した後に行われた(49)。

加害者側がこの報復的差押えを中止させるためには、両者の間で合意を形成する必要があった。両者が会談によって解決を図る場合、報復によって差押えられた財産は、紛争が解決するまで一時的に報復者によって、その所有権が放棄された。その上で両者は定められた期間内に、各々の領主の支配地域の境界付近で会談を行い、差押えが行われた状況が調査された。

もし両者に合意が形成されなかった場合、両者の間で共通の仲裁人が選出された。仲裁人は差押えが違反であったか、または正当な権利のもとで行われたのかを調査した。もし差押えが違反であった場合、すべての損害は報復者の責任とされた。もし差押えが正当な根拠のもと行われたと判断された場合は、加害者は紛争において略奪したものすべてを返還しなければならなかった。仲裁人が期間内に結論を出せなかった場合、第二の期日が設定され、問題の解決が図られた。

海上紛争にかんしては、一二九三年のガスコーニュ人の訴えでは、前述のように唯一オレロン海法にのみ従うことが宣言された。オレロン海法とは、ラ・ロシェル沖に位置するプランタジネット家支配下のオレロン島に設置されていた海事法廷の判決記録を基に、一二世紀末頃に南フランスで編纂された海事法である。オレロン島の海事法廷設置、およびオレロン海法の編纂の動機は、アキテーヌがプランタジネット家の所領となったことで、ガスコーニュ産ワインの対英輸送が活発化したためであると考えられる。オレロン島はワイン貿易のルート上に位置し、海上で起こるさまざまな紛争を処理する場所として適していたと考えられる(50)。

またオレロン海法はフラマン語に翻訳され、フランドルの海事法としても用いられた。バルト海の最初の海事法であるヴィスビュー海法は、部分的にフラマン語版オレロン海法に基づいて編纂された。さらにオレロン海法は、ブルターニュやノルマンディなどフランス沿岸地方の海事法にも影響を与えたと考えられている。オレロン海法の解釈と修正はイングランド王が行った。これにより当初二四条で構成されていたオレロン海法は、中世後期には、船舶による商業輸送の発展にともない、追加条項が設定され、八一条にまで拡大した(51)。

イングランド王はオレロン海法を用い、ビスケー湾からイギリス海峡に至る「イングランドの海」における唯一の裁判権保持者として、同海域で起こるすべての紛争を裁く権利を有していると主張した(52)。これに対してフランス王権はイングランド王の海事裁判権を認めず、フランス沿岸部における自身の裁判権を主張していた。

またP・シャプレが指摘しているように、英仏間で裁判権が争われている海域は、実際には複数の勢力が混在する境域であったと考えられる。したがって、英仏両王とも海上紛争に対する一方的な裁判権を主張できず、陸上の紛争で適用されているように、「辺境の法」が海上紛争において適用されることはあり得ることであった。

「辺境の法」に従えば、海上紛争においても、陸上の紛争と同様、報復的差押えが可能であった。海上紛争において実際に報復的差押えが行われていたことは、本稿の対象期間より少し後の史料であるが、一三三一年に実施されたラ・ロシェルのプレヴォによる尋問調査記録からも推定できる。同尋問調査記録によれば、フランス商人とイングランド商人の間で、一方が他方に属する財産を海上において略奪した場合、被害者は加害者の財産を差押えることができた。また、加害者の逮捕、または加害者の財産を差押えることができなかった場合、損害額に応じて、被害者は加害者の同郷人が所有する商品を差押えることが可能であった。[53] 加害者側が報復的差押えの中止を求めた場合、海上紛争においても「辺境の法」で定められている通り、両者の会談によって紛争の解決が図られた。

以上から、一二九二年から一二九三年にかけて起こったノルマンディ商船とバイヨンヌ商船間の海上紛争において、フランス王が封主の立場から、一方的に裁判権を主張することは、エドワード一世にとっても、ガスコーニュ人にとっても、当時の慣習に照らし合わせて、受け入れがたい要求であったと推測できるのである。

ここで今一度、一二九三年七月一五日に、エドワード一世がフィリップ四世に派遣した使節団の三つの提案にかんして再考してみたいと思う。第三の提案、すなわち、もしフランス王が第一と第二の案に同意できない場合、解決をローマ教皇の仲裁に委ねるという案にかんしては、当時教皇座が空位であったため、実際には当面の問題の解決を先送りするということを意味していた。したがって、イングランド使節団が提案した第一と第二の案が、実際に懸案の海上紛争を解決するための現実的な案として提示されたと考えられる。

第一の提案は、ノルマンディ商人がイングランドの法廷に出廷して彼らの要求を開示し、その上で法に従って判決を下すというものであった。この案は、イングランド王が従来主張してきた英仏間の海域世界における裁判権の独占を意味していると考えられる。エドワード一世にとって、「イングランドの海」で起こった海上紛争は、オレロン海法に則って、自身の裁判において解決されるべきものであった。

また第二の案は、英仏両王が、イングランド人二名とフランス人二名、計四名の裁判官からなる特別法廷を開廷して問題を解決し、特別法廷で解決しきれなかった事柄については、後日フランス側の都市において英仏両王の会見を開いて解決するというものであったが、これは「辺境の法」における仲裁人の設定に該当する。[54] エドワード一世にとって、また海上紛争の被害者であるバイヨンヌ商人にとって、一二九三年五月一五日に行われたイングランド船団によるノルマンディ商船団の襲撃とそれに続くラ・ロシェルでの略奪は、当時の慣習法である「辺境の法」に則った正当な行為であった。したがって報復的差押えによってイングランド側が差押えた財産の返還は、両者が選定した仲裁人の判断に従って行われなければならなかったのである。

以上から、一二九三年七月一五日のイングランド側の諸提案は、フランス王の権限を侵害するものではなく、当時の慣習に則した妥当な解決案であったといえるであろう。エドワード一世にとって、英仏間の海上紛争は、オレロン海法に則って自身の裁判所で解決されるか、または「辺境の法」に則って処理されるべき問題であったのである。したがって、同年一〇月二七日のエドワード一世に対するパリ高等法院への出廷命令は、同王としては、自身の裁判権を侵害すると同時に、当時の慣習にも反するものとして、到底受け入れることができない事柄であったのである。

＊

以上、一三世紀に英仏間で起こった海上紛争、とくに一二九二年から翌一二九三年にかけて起こった、ノルマンディ商船とバイヨンヌ商船間の海上紛争を中心に考察を行った。所謂アンジュー帝国下において、ビスケー湾からイギリス海峡に至る「イングランドの海」は、プランタジネット家の支配下にあった。ところが一三世紀初頭のフィリップ二世によるノルマンディおよびフランス中西部の征服によって、「イングランドの海」は分断され、同海域では英仏間で海上紛争が勃発することとなった。とくに一二九二年から一二九三年にかけて起こった海上紛争は、一二五九年のパリ条約締結以来の英仏間の平和を破綻させ、ガスコーニュ戦争へと発展していったのである。

従来、ガスコーニュ戦争勃発の原因として、カペー王権によるガスコーニュ没収の意図がしばしば指摘されてきた。しかし本章では、ノルマンディ商船とバイヨンヌ商船間の海上紛争に対する英仏両王権の対応を検討することで、ガスコーニュ戦争勃発のひとつの要因として、英仏両王権間で、海上紛争処理に対する対応の差異があったことを指摘した。

英仏両王権間で海上紛争に対して態度が異なったのは、以下のふたつの理由が考えられる。第一に、すでに指摘したように、元来カペー王権側は、相対的にイングランド王に比べて、海事問題や海事法に関心が低かったことが挙げられる。ノルマンディの事例で指摘したように、元来イル・ド・フランスというフランス内陸部を中心として発展してきたカペー王権にとって、海事法の整備は喫緊の課題ではなかった。それに対してイングランドでは、ガスコーニュ産ワインの貿易の活発化から、早くも一二世紀末からオレロン海法の法整備が始まっていた。この両王権による海事問題および海事法への認識の違いが、英仏間の海上紛争の解決を困難にさせたひとつの要因となったと考えられる。

第二に、海域世界における英仏間の裁判権争いが指摘できる。一二九二年から一二九三年にかけて起こった英仏間の海上紛争では、イングランド側は、オレロン海法または従来の慣習である「辺境の法」に則って、解決を図ろうとした。しかしカペー王権は、イングランド側の提案を拒否して、フランス沿岸部の裁判権を主張し、英仏間の海上紛争を封主の立場から解決しようと試みたのである。換言すれば、このことはカペー王権が、フランス沿岸部を自らの領海と認識し、旧来の慣習やイングランド王の裁判権を排除して、同海域で排他的な裁判権を行使できると主張したことを意味する(55)。

したがって、ガスコーニュ戦争は、単にガスコーニュの領有権を争っただけではなく、「イングランドの海」を維持しようとするプランタジネット家と、フランス沿岸部を領海化し、領域国家形成へと発展する途上のフランス王権の対立があったと考えられるのである。もちろん本章では、ガスコーニュ戦争勃発の契機となった英仏間の海上紛争に限定して考察を行ったため、今回得られた知見が英仏間の海上紛争および海域世界における裁判権に関する問題一般に適応できるかどうかは、少なからず留意が必要である。そのため今後、英仏両王権だけではなく、英仏諸都市の動向を含めた海域世界における各々の活動を、より詳細に検討する必要が強く感じられるのである。

**注**

(1) Roger Jouet, *Et la Normandie devint française*, Paris, 1983, p. 89.

(2) 例えば、Malcolm Vale, *The Origins of the Hundred Years War; The Angevin Legacy 1250-1340*, Oxrord, 1990を参照。

(3) ガスコーニュ戦争およびその前後の期間の英仏関係については、以下の論考が挙げられる。Pierre Chaplais, “Règlement des conflits internationaux franco-anglais au XIV$^{e}$ siècle”, *Le Moyen Age*, LVII, 1951, pp. 269-302; Yves Renouard, “Les papes et le conflit franco-anglais en Aquitaine de 1259 à 1337”, *Mélanges d'archéologie et d'histoire publiés par l'École française de Rome*, 1934, pp. 258-292; Réimprimé dans, *Études d'histoire médiévale*, Paris, 1968, t. II, pp. 911-934; Jean-Paul Trabut-Cussac, *L'administration anglaise en Gascogne sous Henry III et Édouard I$^{er}$ de 1254 à 1307*, Paris, 1974.

(4) Henri Pirenne, “Un grand commerce d'exportation au Moyen-Age: les vins de France”, *Hstoire économique de l'Occident médiéval*, Paris, 1951, p. 595.

(5) Charles Ernest de Fréville, *Mémoire sur le commerce maritime de Rouen*, Rouen, 1857, t. 1, p. 98.

(6) Léopold Delisle et Élie Berger, *Recueil des actes de Henri II, roi d'Angleterre et duc de Normandie concernant les provinces françaises et les affaires de France*, Paris, 1909, t. 1, acte 14, p. 18.

(7) Roger Dion, *Histoire de la vigne et du vin en France des origines au XX$^{e}$ siècle*, Paris, 1959, p. 217.

(8) Laurence Jean-Marie and S. Nicholls (tr.), “Close Relations? Some Examples of Trade Links between England and the Towns and Ports of Lower Normandy in the Thirteenth and Early Fourteenth Century”, *Anglo-Norman Studies*, 32, 2010, p. 98.

(9) *Ibid.*, p. 99.

(10) Roger Jouet, *Et la Normandie devint française*, Paris, 1983, p. 89.

(11) 詳しくは、拙稿「カペー朝末期のノルマンディにおける王権と都市――都市ルーアンの商業特権と紛争解決をめぐって」『史学雑誌』一一九編八号、二〇一〇年、三六～五七頁を参照。

(12) 例えば、Michel Mollat, *Le commerce maritime normand à la fin du Moyen Âge*, Paris, 1952を参照。

(13) Jean-Marie, *op. cit.*, p. 102.

(14) Alwyn A. Ruddock, *Italian Merchants and Shipping in Southampton, 1270-1600*, Southampton, 1951, p. 13.

(15) Alain Sadourny, “Les marchands normands en Angleterre apres le conquête de 1204”, *Cahiers d'études médiévales*, 1, 1979, p. 134.

(16) このときジョン王はワインの所有者を調査し、もし押収物がルーアン商人の所有であれば、返還するよう命じている。*Ibid.*, p. 134.

(17) そのときも、押収物の返還がジョン王によって国王役人たちに命じられている。*Ibid.*, p. 134.

(18) *Ibid.*, P.135.

(19) Jean-Marie, *op. cit.*, pp. 104-105.

(20) Sadourny, *op. cit.*, p. 137.

(21) *Ibid.*, p. 137.

(22) Maurice. Powicke, *The Thirteen Century, 1216-1307*, Oxford, 1953, p. 621.

(23) Jean-Marie, *op. cit.*, p. 107.

(24) Norman Scott Brien Gras, *The Early English Customs System: A*

*Documentary Study of the Institutional History of the Customs from the Thirteenth to the Sixteenth Century*, Cambridge, 1918, pp. 226-243.

（25）Léopold Delisle, *Cartulaire Normand de Philippe-Auguste, Louis VIII, Saint-Louis et Philippe-le-Hardi*, Caen, 1882, n° 186.

（26）これに対してヘンリ三世はリン、ヤーマス、ボストンの港にあるフランス商人の商品の没収を命じた。Jean-Marie, *op. cit.*, p. 106.

（27）例えば一二六八年、カン商人のジャン・ダルティックは、彼と共同で皮革の輸送をしていたイングランド人ロバートが、パリのオテル・デュ（Hôtel-Dieu）に金銭を寄贈したことについて訴えた。ジャン・ダルティックは、ロバートが寄贈した金銭には、共同の商業活動で得た利益が含まれていると訴え、自身の持ち分にかんしては、返還するよう主張した。この訴訟では、高等法院は、ジャン・ダルティックがロバートと共同で商業を行っていたことが証明できなかったので、原告の訴えを退けた。Auguste-Arthur Beugnot, *Les olim ou registres des arrêts rendus par la Cour du Roi sous les règnes de Saint Louis, de Philippe le Hardi, de Philippe le Bel, de Louis le Hutin et de Philippe le Long*, Paris, 1839-1848, I, p. 280-XI（no. 1312）.

＊括弧内の数字（no.）は Edgard Boutaric, *Inventaire analytique des actes du Parlement de Paris*, série I, 1254-1328, 2 Vols, Paris, 1863-67 における整理番号を示す。

（28）Jean Favier, *Philippe le Bel*, Paris, 1978, p. 209.

（29）Jean-Marie, *op. cit.*, pp. 108-109.

（30）Favier, *op. cit.*, p. 212.

（31）ガスコーニュ戦争終結から英仏百年戦争勃発までの経緯については、朝治啓三・渡辺節夫・加藤玄編『中世英仏関係史　一〇六六～一五〇〇――ノルマン征服から百年戦争終結まで』創元社、二〇一二年、八七～一〇四頁を参照。

（32）Favier, *op. cit.*, p. 209.

（33）一二九二年四月四日の教皇ニコラウス四世の死去から、一二九四年七月五日に教皇ケレスティヌス五世が就任するまで、二年以上にわたって教皇は空位のままであった。

（34）Powicke, *op. cit.*, pp. 644-647.

（35）Favier, *op. cit.*, pp. 211-212.

（36）Charles-Victor Langlois, *St. Louis, Philippe le Bel et les derniers Capétiens directs*, Paris, 1911, p. 297.

（37）Favier, *op. cit.*, p. 211.

（38）Joseph R. Strayer, *The reign of Philip the Fair*, New Jersey, 1980, pp. 317-319.

（39）Vale, *op. cit.*, pp. 177-178.

（40）*Ibid.*, pp. 196-199.

（41）Chaplais, *op. cit.*, pp. 270-271; Thomas Wemyss Fulton, *The Sovereignty of the Sea*, Edinburgh et London, 1911, pp. 25-59.

（42）Lucien Musset, Jean-Michel Bouvris et Jean-Marie Maillefer, "Autour du pouvoir ducal normand $X^{e}$-$XII^{e}$ siècle", dans *Cahiers des Annales de Normandie*, 17, 1985, p. 113.

（43）Jean-Jacques Champollion-Figeac, *Lettres de rois, reines et autres personnages des cours de France et d'Angleterre depuis Louis VII jusqu'à Henri IV*, T. 1, Paris, 1839, n° 322.

（44）Chaplais, *op. cit.*, p. 272.

（45）*Olim*, II. p. 4-I（no. 2858）.

(46) Chaplais, *op. cit.*, p. 273.

(47) 例えば、ロレーヌにおける「辺境の法」の適用にかんしては、Édouard Bonvalot, *Histoire du doroit et des institutions de la Lorraine et des Trois-Evêchés*, Paris, 1895, pp. 298-305 を、バールにおける「辺境の法」の適用にかんしては、*Mémoires et documents inédits pour servir à l'histoire de la Franche-Comté*, publiés par l'Académie de Besançon, t. 8, Besançon, 1908, p. 72 を参照。

(48) Chaplais, *op. cit.*, *Pièces justificatives*, n° 1.

(49) *Ibid.*, pp. 274-275.

(50) Maryanne Kowaleski, "The French of England: A Maritime lingua franca?", in J. Wogan-Browne (ed.), *Language and Culture in Medieval Britain*, York, 2009, p. 104.

(51) *Ibid.*, pp. 105-106.

(52) Chaplais, *op. cit.*, *Pièces justificatives*, n° 3.

(53) *Ibid.*, *Pièces justificatives*, n° 4.

(54) *Ibid.*, p. 278.

(55) このように、カペー王権がオレロン海法のみならず、「辺境の法」の適用をも拒否して、当該海域における裁判権を主張するに至った背景には、同王権の商品流通に対する関心の高まりがあったと考えられる。一三世紀初頭以来、カペー王権は慣習法の整備や、都市の商業特権の改変を通して、陸上および河川を用いた商品輸送に対して、統制を強化していったことが知られている。したがって、カペー王権によるフランス沿岸部の領海化および海事裁判権の主張は、同王権による海上流通の管理・統制という意図があったと考えられるのである。商品流通に対するカペー王権の対応にかんしては、山田雅彦「なぜバポーム通過税を負わねばならないのか——一三・一四世紀北フランスの都市と王権の係争」服部良久編著『コミュニケーションから読む中近世ヨーロッパ史——紛争と秩序のタペストリー』ミネルヴァ書房、二〇一五年、三四四～三七一頁および、前掲の拙稿「カペー朝末期のノルマンディにおける王権と都市」などを参照。

# 第7章　ジャン・ド・グライの遍歴
## ――一三世紀後半サヴォワ出身の中小貴族の活動――

加藤　玄

「ビュシュの長 Capital de Buch」ことジャン三世・ド・グライは、百年戦争の激戦のひとつポワティエの戦い（一三五六年）でエドワード黒太子麾下の隊長として武勲を立て、年代記作家フロワサールによって騎士道の理想として称えられた。[1] フォワ伯ガストン・フェビュスの従兄弟でもあるジャン三世はガスコーニュの貴族として名高いが、彼の高祖父ジャン（一世）がサヴォワ出身であることは、それほど知られているわけではない。

ジャン（一世）が活躍した一三世紀は、西ヨーロッパの貴族が故郷を離れ、新しい地域へ移動する拡張現象が顕著にみられた。バートレットが「貴族の拡散」と呼んだこうした現象のひとつの極となったのは、イングランド王宮廷である。[2] ヴェイルは、中世後期のイングランド王宮廷社会の「コスモポリタン」な性格を指摘している。[3] 例えば、エドワード一世治世末期の一三〇七年頃、一一人の伯中、ペンブルック伯エイマー・ド・ヴァランス、リッチモンド伯ジョン・オブ・ブリタニー、コンウォール伯ピアーズ・ガヴェストンの三人が大陸出身者である。そのほかにもグランソン家、ジョワンヴィル家、グライ家、クラオン家は、大陸に所領を持ちつつ、外交、行政、軍事の面でイングランド王家に仕える貴族家門である。こうした大陸出身者はイングランドと大陸の仲介者としての重要な役割を果たしたのである。

筆者は以前に、百年戦争前期にイングランド王とフランス王の対立を巧みに利用し、自領を拡大した諸侯の例としてフォワ伯ガストン・フェビュスを論じたことがある。(4)本章では、国王や諸侯よりも下位の騎士層がどのようにして、国王や諸侯に仕え、所領を形成したかを考察する。この問題関心は、中世における「国家への奉仕者」や「君主の側近」の性格と役割の解明をめざす近年のフランス学界の研究動向とも関連している。(5)

本章で対象とするサヴォワ出身の一貴族ジャン・ド・グライ（以下、JGと略す）の生涯に関心を寄せるサヴォワ地方の郷土史家は彼の郷土への愛着を強調する。(6)他方で、ガスコーニュ地方の貴族家系の研究者は彼を祖先とするグライ家のガスコーニュへの定着と家門の存続を詳細に辿る。(7)JGのガスコーニュ・セネシャルとしての活動については、ベモンやトラビュ＝キュサックの研究によってよく知られている。(8)近年では、一三世紀後半の教皇やフランス王による十字軍を論じたエラリやボールドウィンの研究、および教皇領コンタ・ヴネサンの行政制度を論じたテイスの研究において、JGの活動にも光が当てられている。(9)しかし、一二八〇年代、とくに一二八九年以降にガスコーニュを離れている時期の彼の経歴は、当時のイングランド、フランス、ドイツの君主や諸侯、教皇をめぐる人的な諸関係および政治宗教的な文脈と十分に結びつけられてはいない。未刊行史料が各地に分散していることも彼の活動範囲を捕捉することを困難にしているといえる。(10)

本章では刊行・未刊行史料の調査に基づき、第一節では、JGの経歴を辿り、彼が故郷を離れた背景、およびガスコーニュ・セネシャルとしての活動を概観する。第二節では、ブルゴーニュ・ドフィネ両地方における活動を、アンジュー伯シャルルに対抗する勢力の動向と関連づけて考察する。第三節では、ガスコーニュを離れて以降のJGの活動を、十字軍への従軍、エドワード一世や教皇ボニファティウス八世との関係のなかに位置づける。以上の検討を通じて、JGの出自ならびに遍歴、王国の枠組みを越えて形成された人的ネットワークの性格、および彼のような中小貴族の活動の特徴を明らかにしたい。

# 1　ジャン・ド・グライの経歴

## (1)　イングランドにおけるサヴォワ人

JGはサヴォワ地方ジェクス近郊グライ村の小領主であり、一二五四年頃に主君であるサヴォワ伯家のピエール二世に随行してイングランドへ赴いたと推定される。

ピエール二世の渡英の背景には、当時のイングランドとフランスの両王家とプロヴァンス伯家との婚姻関係が存在した。よく知られているように、プロヴァンス伯レモン・ベランジェ四世の四人の娘はいずれも英仏両王家へ嫁いだ。すなわち長女マルグリットと四女ベアトリスはそれぞれ、フランス国王ルイ九世とその弟のアンジュー伯シャルル（シャルル・ダンジュー）と結婚した。また、次女アリエノールはイングランド国王ヘンリ三世の妻であり、三女サンシはヘンリ三世の弟のコンウォール伯リチャードと結婚している。このように英仏両王家はプロヴァンス伯レモン・ベランジェ四世の娘たちを通じて皆兄弟となっている[11]（図7-1）。

そのレモン・ベランジェ四世の妻ベアトリスはサヴォワ家の出身で、彼女の弟のピエール二世からみて、姪のアリエノールと結婚したヘンリ三世は、義理の甥ということになる（図7-1および2）。ピエール二世はアリエノールに随行し、リッチモンド伯としてイングランドの宮廷で重きをなした。JGも渡英すると、ヘンリ三世の王太子エドワード（後のエドワード一世）の側近となった。

イングランドへ渡ったサヴォワ人は、その後の定着先によって三つに分類できよう。第一に、故郷のサヴォワ地方に戻ったピエール二世の例である。彼は、甥のサヴォワ伯ボニファスが一二六三年に死去すると、伯領を継承するために、イングランドを離れた[12]。また、オトン・ド・グランソンも、エドワード一世の側近として外交・行政面で活躍し、チャネル諸島やウェールズの行政長官を務めた著名な人物であるが、晩年は故郷に戻り、子孫を残さず没してい

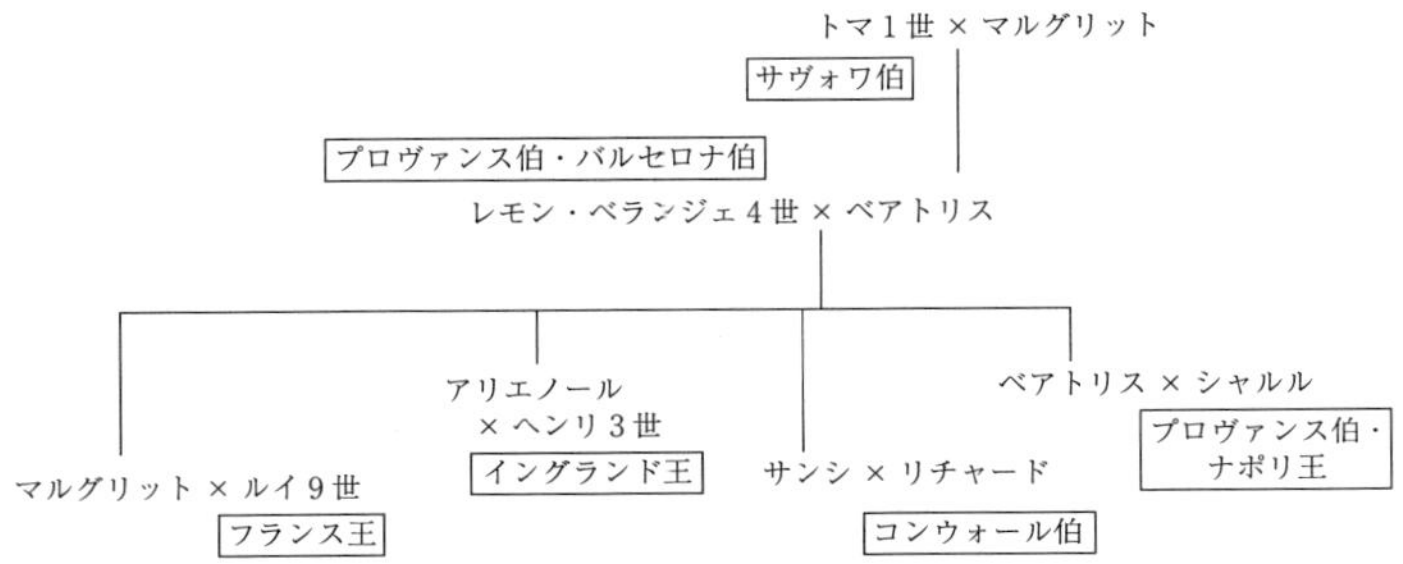


**図 7-1**　英仏王家とプロヴァンス伯家とサヴォワ家

出所：筆者作成。

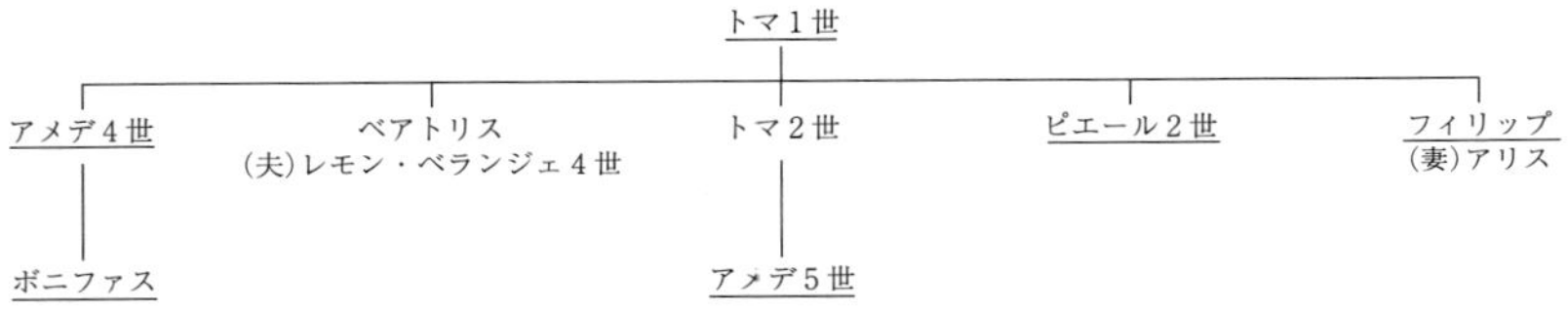


**図 7-2**　サヴォワ家系図（下線はサヴァワ伯）

出所：筆者作成。

る。[13]第二に、イングランドに定着した例である。オトン・ド・グランソンの従兄弟であるピエール・ド・シャヴァンは、グロスター城主、エドワード一世の侍従を務めた。シャヴァン家は婚姻を通じて、イングランドの貴族家系と同化した[14]。第三に、故郷やイングランド以外の場所に定着した例であり、JGがそれに当たる。

### (2) ガスコーニュと聖地における活動

一二六四年にヘンリ三世に対してシモン・ド・モンフォールが反乱を起こすが、鎮圧される[15]。その際にJGはガスコーニュ兵を率いてヘンリ三世側の勝利に貢献し、その功績により、一二六六年にブノージュ副伯領をはじめとするガスコーニュの所領を与えられ、一二六八年まで現地のセネシャル（行政長官）を務めた[16]。

一二七〇年に王太子エドワードが十字軍遠征に出発すると、JGも同行した。一二七二年一一月のヘンリ三世の死去により、エドワードは帰国の途につくが、教皇グレゴリウス一〇世の要請により、JGはシリアに留まった[17]。翌年、教皇は彼を、イェルサレム総大司教に宛てた書簡のなかではイェルサレム王国の「セネシャル」と呼んでいる[18]。教皇がエドワード一世に送った二通の書簡は、日付を欠いているものの、おそらくこの時期のものと考えられ、JGに好意的な内容が確認できる。(19) 二年あまりの聖地滞在後、第二リヨン公会議に出席するために、JGはフランスに帰還した。彼が教皇に送った嘆願によれば、グレゴリウス一〇世の約束にもかかわらず、金銭的援助を一切得られず、その総額はトゥール貨一万一五〇〇リーヴルに上ったという。一二七六年一〇月二八日に教皇ヨハネス二一世はJGに、ヴィエンヌ教会管区の十分の一税からトゥール貨七〇〇〇リーヴルを徴収することを認めた。(20)

一二七八年にJGは再びガスコーニュのセネシャルに任命される。先述の通り、ガスコーニュ・セネシャルとしての彼の活動はよく知られているため、二節で扱うブルゴーニュ・ドフィネ両地方における活動以外は詳述を控え、二点のみを指摘するに留めたい。

第一に、一二八三年のナポリ王シャルル・ダンジューとアラゴン王ペドロ三世との決闘裁判に関与したことである。一二八二年三月三〇日の「シチリアの晩鐘」事件をきっかけに、ペドロ三世はシチリアを占領し、八月三〇日にパレルモでシチリア王に即位した。その後、アラゴン王家とアンジュー家の間の紛争は膠着状態となり、双方一〇〇人ずつの騎士による決闘裁判の構想が立てられた。フランス王フィリップ三世は叔父シャルルのために準備を整えたが、イングランド王エドワード一世は裁定役を拒否した。おそらくボルドーの決闘場の管理を任されたJGの計らいで、双方の体面を保ちつつ、決闘が回避された。(21) この「決闘裁判」は、叔父シャルルを支持したフィリップ三世によるアラゴン十字軍の遠因となったが、一方で父王を救われたアラゴン王ハイメ二世は後にプロヴァンスでJGとの面会の機会を求めるのである。

第二に、行政面では、多数の新集落を建設したことで知られる。(22) 例えば、一二八一年にカディヤックが、一二八四年にはヴィアンヌとモンパジエが彼によって建設された。これらの集落は「バスティード」と総称され、ガスコーニュにおいては統治の拠点となった。

一二八七年に、JGは、自身の所領であるカスティヨン、ブノージュ、ギュルソンのために、サン・テミリオン、サン・マケール、ラ・レオル、ヴィルフランシュ・ド・ロンシャにおいて国王プレヴォ管区に属する裁判権を侵害したと糾弾された。[23] 一二八七年七月二二日に、彼は権力濫用の咎でガスコーニュにおける全財産の没収を宣告された。その結果、彼はセネシャルを解任され、エドワード一世の元を離れた。[24]

### (3) 遺言書と遺領

ガスコーニュ・セネシャル解任後の彼の足取りについては、第三節で扱う。一三〇三年六月六日、JGは隠退先のグルナド・シュル・ガロンヌで遺言書を作成し、一〇月に死去した。

彼の遺言確認証書（vidimus）は、孫娘カトリーヌの嫁ぎ先であるリル・ジュルダン家文書に挿入され、現在では、モントーバンのタルヌ・エ・ガロンヌ県文書館に所蔵されている。[25]

遺言内容を列挙するならば、まず、自らの埋葬場所として、ガスコーニュのユゼスト教会とサヴォワのボンモン修道院を指定し、各地の教会施設への遺贈を定めた。その後に、姪（実妹の娘）、妻ベアトリス、側近とお付き司祭、家人（寝所係、料理人、小姓、馬丁、床屋など）への遺贈が続く。そして、孫のピエール（二世）を包括相続人に、もう一人の孫のカトリーヌと甥たちをその他の相続人に設定した（図7-3）。さらに、遺言保証人として、ボルドー大司教ベルトラン・ド・ゴ（後の教皇クレメンス五世）、サヴォワ伯アメデ五世、ブルゴーニュ公ロベール二世という聖俗の有力者が指名された。

本遺言で相続の対象となった所領は、故郷サヴォワではグライ村、ヴィル・ラ・グラン、ロルであり、ガスコーニュではブノージュ副伯領とカスティヨン副伯領であり、そしてシャンパーニュ地方ではアンピイ、マッサンジ、クレパンである（図7-4）。

この遺言の執行を担ったのは、JGがエドワード一世に仕えていた頃からの友人たちであるオトン・ド・グランソンとリンカン伯ヘンリー・ド・レイシーであった。

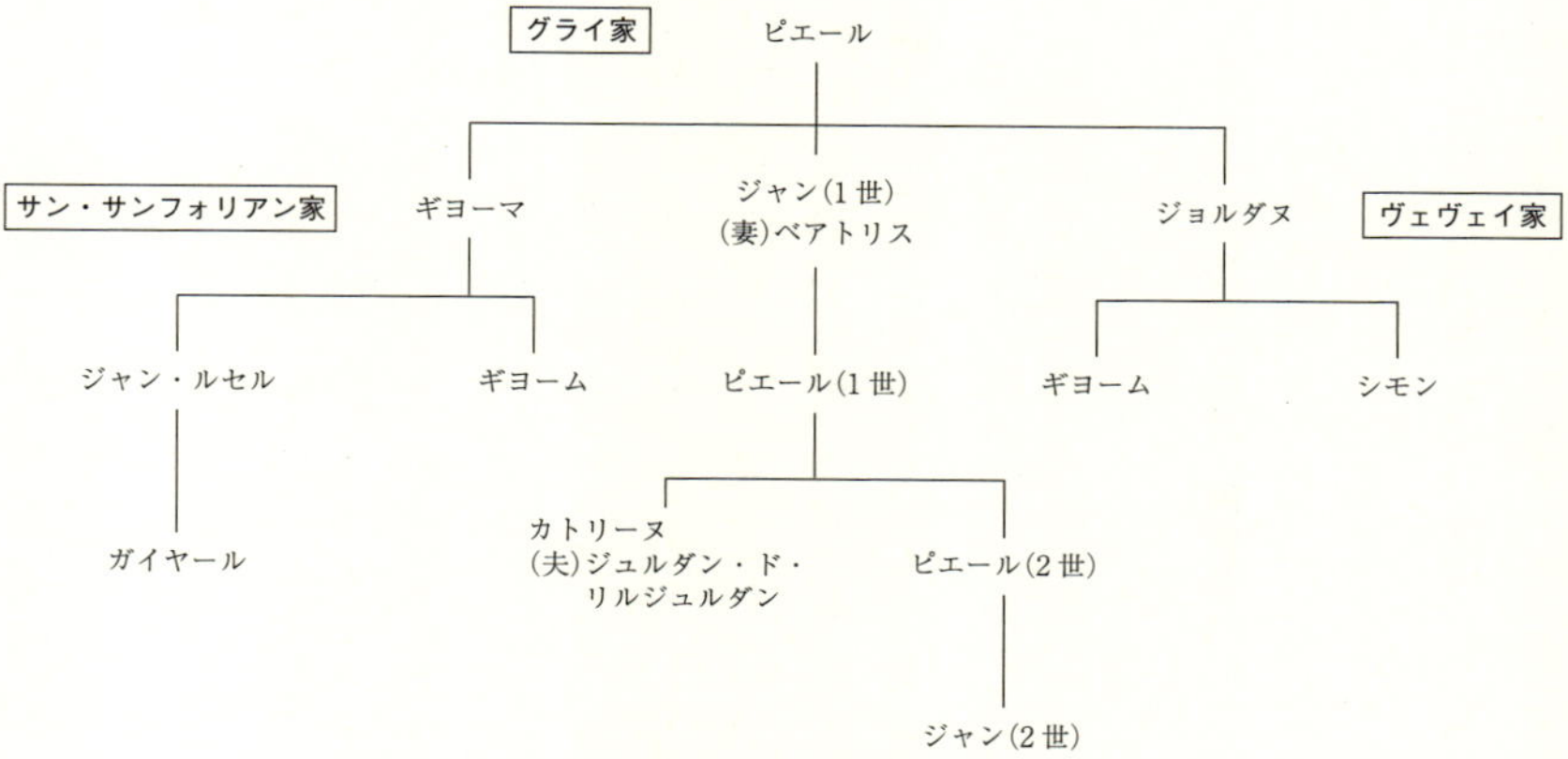


**図7–3**　グライ家関連系図

出所：筆者作成。

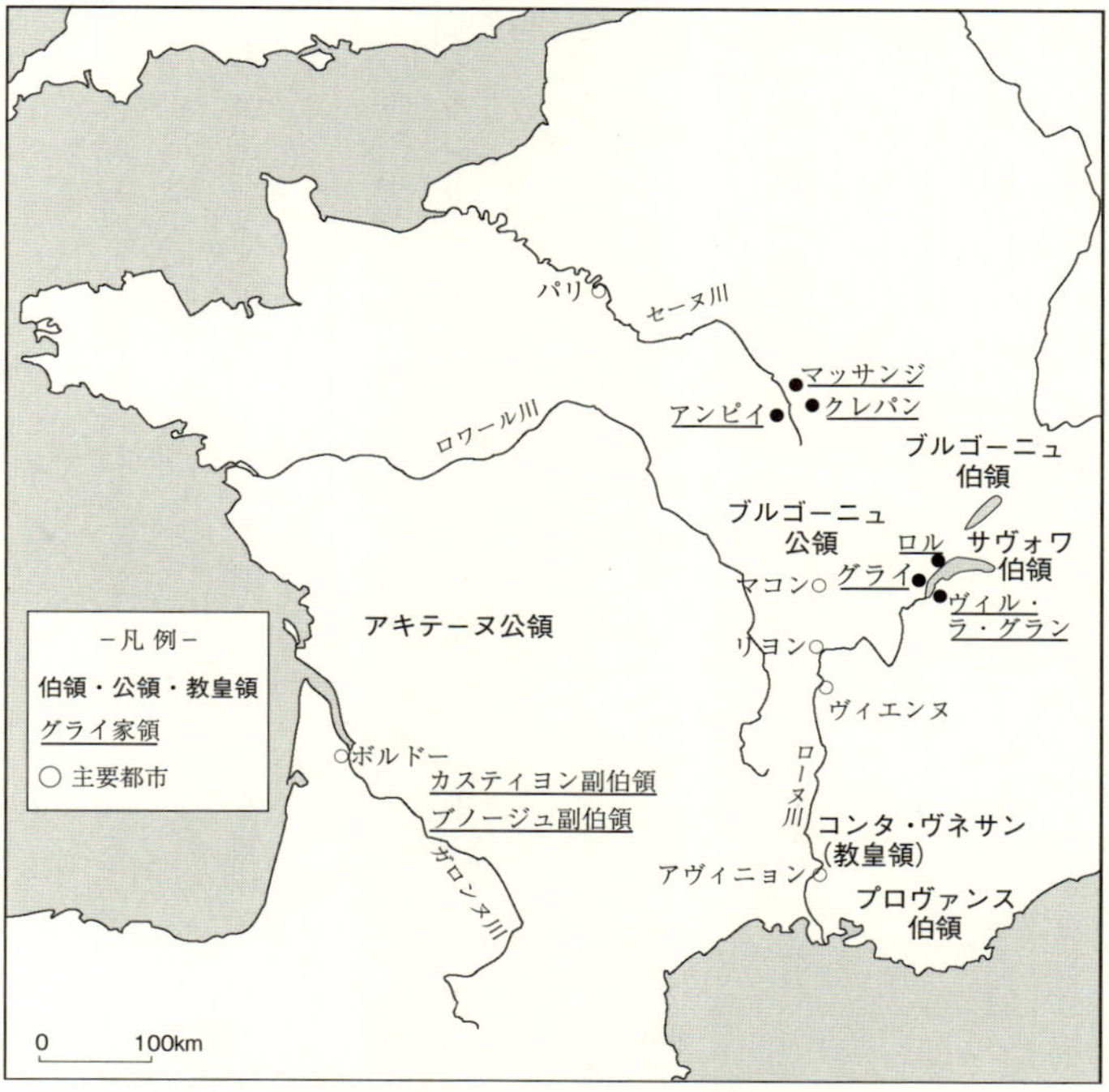


**図7–4**　ジャン・ド・グライの遺領

出所：筆者作成。

## 2　ブルゴーニュ・ドフィネ両地方における活動

JGは、セネシャルとして、ガスコーニュの統治のみに専念したわけではない。パリのパルルマンでイングランド王の代理として活動したほか、王や王妃の意向を受けて、外交活動にも従事した。とくにブルゴーニュ・ドフィネ両地方におけるJGの活動は、当時のハプスブルク家やアンジュー家をめぐる国際情勢にかかわる興味深い事例を提供する。

一二七五年以降、フランス王フィリップ三世とカスティリャ王アルフォンソ一〇世の間でカスティリャ王位の継承をめぐる争いが続いていた。一二七九年以降、イングランド王エドワード一世が両者の調停を試み、関係者はガスコーニュに滞在し、休戦交渉を行っていた。教皇ニコラウス四世も加わった調停が功を奏し、一二八〇年一二月にバイヨンヌの会談で休戦が合意された(26)。そのバイヨンヌ会談にかんするJGの報告書中に、エドワード一世による書状を受領したことが記されている(27)。この書状の内容は、サヴォワ伯フィリップとブルゴーニュ伯オトン四世との間の和解交渉のために、JGを一二八一年一月二日までに、フランス東南部のドフィネ地方の中心都市ヴィエンヌへ派遣するという命令であった。このJGのヴィエンヌへの派遣の背景には、フランス王家内の複雑な事情があった。

### (1)「アルル王国」再興問題

一三世紀後半のフランス王家内には、ルイ九世の寡婦であるフランス王太后マルグリットとアンジュー伯シャルルの根強い対立があった(28)。先述のように、シャルルは、一二四六年以降、マルグリットの妹ベアトリスの夫として、プロヴァンス伯となっていたが、マルグリットは父プロヴァンス伯レモン・ベランジェ四世の遺産の取り分を主張しており、一二六七年にベアトリスが死去すると、シャルルへの対決姿勢を強めた。しかし、マルグリットの息子のフランス王フィリップ三世は、一二七四年に再婚した妻マリー・ド・ブラバンの影響で、シャルルを支持していた。他方、イングランド王エドワード一世は叔母であるマルグリットを支持していた[29]。実際に、エドワード一世は一二七八年に娘ジョーンとハプスブルク家のルドルフ一世の息子ハルトマンとの婚約を成立させた[30]。一二七三年にドイツ王に選出されたルドルフ一世を反アンジュー陣営に引き込むことを狙うマルグリットの意向に沿う政策であった。

ところで、八四三年のヴェルダン条約によって成立した「中王国」の領域は、西側はローヌ川とソーヌ川渓谷によって、北側と北東側はロレーヌとスイスによって、東側はロンバルディアとアルプ・マリティーム山地によって、南側は地中海によって区切られた。神聖ローマ帝国の一部として、伝統的には「ブルゴーニュ（ブルグント）王国」として知られてきたが、一三世紀までには、次第に「ブルゴーニュ」の名は北部のみを指すようになり、ヴィエノワ以南の地域は「アルル王国」、「アルル＝ヴィエンヌ王国」や「プロヴァンス王国」と呼ばれるようになった。歴代の神聖ローマ皇帝はこの「アルル王国」の再興を試みていたが、いずれも失敗に終わっていた[31]。

この「アルル王国」を再興し、息子のシャルル二世（サレルノ公）を国王として即位させることをめざすシャルルは、孫のシャルル・マルテルをルドルフの娘クレメンツィアと結婚させることで、ハプスブルク家との同盟を図った[32]。マルグリットは一二七九年にエドワード一世へ送った手紙のなかで、ハプスブルク家とアンジュー家の婚姻同盟が近いことを警告していたが、有効な対抗策を見いだせないまま、一二八一年にシャルル・マルテルとクレメンツィアとの婚約が成立した[33]。

この頃、ハプスブルク家はスイスのヴォー地方の支配をめぐって、サヴォワ家と対立しており、一二八〇年には両者の武力衝突に至った。戦いを有利に進めたハルトマンは、一二八一年一二月にサヴォワ伯フィリップに和平を強いることに成功したが、その直後にライン川で溺死してしまう。これはサヴォワ伯の敵だけでなく、上述のイングランド王家とハプスブルク家との婚姻同盟の消滅を意味した[34]。

## （2）　サヴォワ伯とブルゴーニュ伯の和解

マルグリットは、北イタリア地方の支配をめぐってアンジュー家と対立していたサヴォワ伯フィリップとブルゴーニュ宮中伯オトン四世の協力を期待していた。しかし、両者はオトン四世の母アリス・ド・メランの遺産をめぐって対立していた。アリスは、先夫ユーグ・ド・シャロンの死後、サヴォワ伯フィリップと再婚するが、一二七九年に死去した。寡夫となったフィリップは、義理の息子、すなわちアリスとユーグの息子であるオトン四世に対して、亡妻アリスの遺産についての自身の取り分を要求していたのである(35)。これに対し、姉マルグリットを支持するイングランド王太后アリエノール（ヘンリ三世の寡婦）は、一二八〇年八月二六日に息子エドワード一世に、調停役としてＪＧを指名した(36)。それを受け、翌月二〇日にエドワードは叔母マルグリットの支持を表明した(37)。

こうして、バイヨンヌ会談を終えたばかりのＪＧにヴィエンヌへの派遣命令が下ったのである。翌一二八一年には、マルグリットによる裁定に従う形で、二人の伯の間に合意が成立し、オトン四世はトゥール貨一万二〇〇〇リーヴルをフィリップに支払うことが取り決められた(38)。また、この約定が守られなかった場合の保証金として銀貨六〇〇〇マルクが定められ、シャンパーニュ伯エドマンド、ブルゴーニュ公ロベール、トマ・ド・サヴォワ、シモン・ド・ラ・マルシュら有力諸侯に加えて、ＪＧも、それぞれが一〇〇〇マルクずつを保証する仲裁人リストに名を連ねた(39)。こうしてＪＧの派遣は功を奏して、サヴォワ伯家とブルゴーニュ伯家との関係は修復へ向かった。

## （3）　反アンジュー派によるマコンの集会

先代プロヴァンス伯の遺産の獲得を図るマルグリットは、フィリップ三世の支持を得て、一二八一年一〇月にブルゴーニュ地方のマコンで集会を開催した(40)。この集会に先だち、マルグリットはエドワード一世に手紙を送り、ＪＧが引き続きブルゴーニュへ滞在するよう要請し、エドワードは一二八一年一〇月一日付の書簡でＪＧの任務を延長した(41)。

マコンの集会には、シャンパーニュ伯エドマンド、ブルゴーニュ公ロベール、ブルゴーニュ伯オトン四世、サヴォワ伯フィリップとトマ、マルグリットの息子であるアランソン伯ピエール、ヴィエンヌ伯、リヨン大司教、ラングル司教らマルグリット派の領袖が参加した。同年一〇月三〇日付のマルグリットからエドワード一世への手紙によれば、この集会の参加者は、アンジュー家のサレルノ公シャルル二世によるアルル王国再興の動きを非難し、一二八二年五月初めにリヨンに武装して集結する計画に合意した。(42) この計画にエドワードも同調したが、(43) ウェールズの反乱に対処しなければならず、準備が進まないまま、翌一二八二年三月三〇日に、前節でも触れた「シチリアの晩鐘」事件を迎えた。(44) その後、同年六月二〇日、サレルノ公はフィリップ三世に手紙を送り、父シャルルと叔母マルグリットの和解を模索していることを表明した。一二八三年一一月に、フィリップ三世の調停により、シャルルがマルグリットの権利を承認する方針が決められた。(45)

## (4) ブルゴーニュ伯やサヴォワ伯との関係

JGは、ブルゴーニュ・ドフィネ両地方において主君エドワード一世に命じられた任務を果たしただけであろうか。ヴィエンヌでの滞在時に、彼はサヴォワ伯とブルゴーニュ宮中伯と頻繁に接触した。彼はすでに一二七九年二月に、一〇〇リーヴル相当の土地と現金五〇〇リーヴルと引き換えにブルゴーニュ宮中伯オトン四世に臣従礼を行っており、一二八一年八月一九日にその臣従礼を確認している。(46) オトン四世はJGにウニー城とその付属物（トゥール貨一〇〇リーヴル相当の土地）を贈与した。(47) また、一二八一年一〇月一七日にマコンで、JGはヴィル・ラ・グラン城に関して、サヴォワ伯フィリップに臣従礼を行っている。(48) このようにJGは、みずからの任務を所領形成の機会に利用したのである。

## 3　アッコからコンタ・ヴネサンへ

### (1)　十字軍への参加

一二八七年に、ガスコーニュ・セネシャルを解任された後、JGは、同年のシャンパーニュ伯の会計文書に侍従として言及されているが[49]、そこには長く留まらなかったようである。なぜならば、一二八八年九月三〇日から翌年九月一三日まで、教皇ニコラス四世の手紙のなかで、JGは聖地におけるフランス王軍の隊長として言及されているからである[50]。その当時、彼はローマにおり、ニコラス四世に委ねられたガレー船二〇隻をともなって、一二九〇年初頭に聖地に向かった[51]。彼はオトン・ド・グランソンやギヨーム・ド・ヴィラレとともにアッコ防衛のために奮闘した。オトンはJGと同郷の友人であり、防衛の際には彼の代理を務めた。ギヨームとは、JGのガスコーニュ・セネシャル時代に出会っていた。すなわち、バザス司教区のサルブルノーにテンプル騎士修道会が有していた権利にかかわる訴訟の際であり、当時のギヨームはトゥールーズのサン・ジル修道院分院長であった。一二八〇年一月一四日、ブノージュの領主であったJGは、みずからの死後にサルブルノーへの裁判権をテンプル騎士修道会に譲渡することに合意していた[52]。その後、ギヨームは聖ヨハネ騎士修道会長となり、聖地滞在中に、JGと親交を結ぶことになった。

### (2)　国王と教皇との間

一二九四年以降、イングランド王エドワード一世とフランス王フィリップ四世はガスコーニュで戦争状態にあった。翌年二月、即位直後の教皇ボニファティウス八世は、両王を仲裁する教皇特使として二人の枢機卿を派遣した[53]。しかし、両王の交渉は合意に至らず、教皇特使が設えたカンブレーでの会談は延期された。一二九六年二月二四日、教皇は勅書「クレリキス・ライコス」を発し、イングランドとフランスの両王による聖職者への課税に反対した[54]。

イングランド王のもとに送られた教皇特使の一人は、アルバノ司教枢機卿ベロー・ド・ゴであった。彼はベルトラン・ド・ゴ（後のクレメンス五世）の兄であり、その経歴も知られている。[55] ベローがイングランド王の書記・家人として、アジャン司教区のモントー大助祭であった際に、当時のガスコーニュ・セネシャルであったJGと知り合い、一二八一年にJGとベローは、イングランド王とバザスの司教と聖堂参事会員との間の紛争を解決する任務を帯びた。同年、ベローは、JGとアマニュ・ド・ラ・モトとの間の別の紛争の解決を担当した。[56] 一二八九年七月二三日、教皇ニコラス四世はベローをリヨン大司教に任命した。[57] さらに一二九四年、ベローは教皇ケレスティヌス五世によって、アルバノ司教枢機卿に昇進した。一二九五年四月二八日に、エドワード一世は、教皇庁の他の友人たちよりも、ベローのイングランドへの来訪を望む、という手紙を送っている。[58]

ガスコーニュ・セネシャルを解任されてから九年後の一二九六年五月、JGはコンタ・ヴネサンの管理官になっていたが、スコットランドのロクスバラでエドワード一世と会見した。JGがセネシャル時代に負った未払い金の全額を、エドワード一世が放棄したのは「余の友人」であるベローの「頼み」によってであった。[59] その場には、オトン・ド・グランソンとサヴォワ伯アメデ五世が列席しており、彼らがJGを擁護したことも十分に考えられる。[60] 一二九五年三月一日、JGはレマン地方にある所領をアメデ五世から受領することを認めており、両者の間には主従関係が存在した。[61] さらに、上述のベローのリヨン大司教への昇進を支援したのもアメデ五世であった。[62]

かつての主君エドワード一世との関係を改善するために、JGは、サヴォワ人とのつながりだけでなく、英仏両王間の永続的な平和を模索していた枢機卿ベローと教皇の執り成しを期待できたのである。

### （3）コンタ・ヴネサンの管理官

一二九五年、教皇ボニファティウス八世は、JGにプロヴァンスの教皇領コンタ・ヴネサンの統治を委ねた。[63] この教皇庁の官職は、もともとはイタリアにおける教皇領の統治者を指す管理官（レクトル）の名称を持つ。先述の聖ヨハネ騎士修道会長ギヨーム・ド・ヴィラレがコンタ・ヴネサンの最初の管理官に任命された際に示されたように、管理官はコンタ・ヴネサンの財務、司法、行政、軍事のあらゆる権限を持つ[64]。教皇の代理人として、管理官は封臣からの臣従礼を受け、統治に関する教皇の命令を執行し、自らを補佐する他の役人を任命し、軍隊を指揮するのである[65]。

こうした職務は、ガスコーニュ・セネシャルの職務を思い起こさせる。後者の権限と義務は、トラビュ＝キュサックによれば、「公領の秩序を維持すること、すなわち、イングランド王＝アキテーヌ公に対しては管理の義務を、住民に対しては保護の義務を果たすことである」。より具体的には、セネシャルは、王＝公の名で封臣から臣従礼を受け、司法の分野では公領における裁判の長として巡回法廷を主宰する権利と義務があった[66]。

実際に、一二九五年七月三日、ＪＧは、カルパントラ司教ベランジェ・ド・マザンとヴェゾン司教ジローの臣従礼を受けた[67]。これは彼が管理官として言及されている最初の記録である[68]。同年一〇月一日、彼はアルマン・ド・ヴェロヌをカヴァイヨンの領主法廷の判事に任命した[69]。

ＪＧが管理官職にあった時期に、コンタ・ヴネサンにおいてボニファティウス八世はふたつの問題に直面していた。フランス王との緊張の増大と財政上の不正である。第一の点にかんして、勅書「クレリキス・ライコス」の発布前に教皇が懸念していたのは、聖職者に課税しようとしているフランス王との関係悪化であった[70]。一二九六年三月一四日、教皇はサン・サテュルナン・デュ・ポールの修道院分院長に書状を、ＪＧに写しを送った。これらの書状により、教皇は分院長にふたつの城砦を破壊するように命じ、管理官には、それらの破壊後に、その城砦に属していた財産を回収するように求めた。分院によって築かれた城砦のひとつはローヌ川右岸のフランス王国内のポン・サン・テスプリにあり、もうひとつはローヌ川に架かる橋の近くにあり、コンタ・ヴネサンに属していた[71]。フランス王の脅威のもとで、教皇は自領の境界部に城砦を放置することを望まなかった[72]。ＪＧは、場合によっては武力の行使をともなう、このような任務を遂行するのに相応しい人物といえる。

第二の点にかんして、教皇は、ＪＧの前任者であるフィリップ・ド・ボニゾンがヴィエンヌのドフィネ公アンバールとおそらく共謀して生じさせた負債を返済しなければならなかった。[73] しかし、ＪＧは、財務の専門家ではなかった。ボニファティウス八世は、ＪＧよりも財務に長けているであろう銀行家のフランチェジ兄弟に管理官職を委ねることを決心した。南イタリアの統治を安定させるために、ボニファティウス八世はフィリップ四世との合意を模索しており、また、ルッカのリッカルディ商会との取引のために、フランチェジ兄弟と協力する必要があったのである。[74]

一二九七年四月七日、ＪＧはギヨーム・ド・ヴィラレと会い、彼にサルブルノーの裁判権を譲渡した。[75] その数日後にＪＧは出発したと思われる。なぜならば、四月一八日にアラゴン王ハイメ二世がプロヴァンスで彼を発見できなかったからである。[76]

＊

以上のようなＪＧの経歴のあまり知られていない側面の検討から、何がいえるであろうか。次の三点を指摘しておきたい。

第一に、彼は複数の君主に仕える中世的コスモポリタンの典型であった。しかし、彼の個人的なネットワークはサヴォワ人だけに限られなかった。彼の聖地やガスコーニュでの経験はエドワード一世との関係修復に寄与した。なぜならば、司教枢機卿ベロー・ド・ゴとの友好関係を利用でき、教皇ボニファティウス八世は彼の教皇庁への献身を高く評価したからである。彼は自らの遍歴を通じて、サヴォワ、イングランド、ブルゴーニュ、ガスコーニュ、プロヴァンスにまたがる聖俗の有力者たちとの人的ネットワークを構築したのである。

第二に、彼はそうした人的ネットワークを利用し、ブリテン諸島ではなく、大陸のサヴォワ、ガスコーニュ、シャンパーニュに世襲領を形成することに成功した。冒頭で触れたように、彼の子孫はガスコーニュの有力貴族として名を馳せるのである。

第三に、彼は勇猛な戦士であり、熟練した外交官・行政官であったが、司法や財務の専門家ではなかった。ガスコーニュ・セネシャル在任時にも、裁判時に自らの利害を優先させたことが、解任の理由とされた。たしかに、教皇とフランス王の関係の悪化に対応して、彼はコンタ・ヴネサンで効果的な役割を果たしたといえる。しかし、ボニファティウス八世はフィリップ四世との妥協を模索し、イタリア政策と関連する財政問題に直面すると、財務能力の不十分なJGを解任した。一三世紀において、彼は多様な能力を備えたという意味で、すぐれて伝統的な君主の側近であった。しかし、一四世紀以降は、こうした貴族層の傍らで、国家の司法・行財政機構の複雑化に対応しうる能力を備えた専門家層が、「奉仕者」として次第に台頭してくるのである。

**注**

（1）Peter Ainsworth et Alberto Varvaro (éds.), Jean Froissart, *Chroniques, livre III et IV*, Paris, 2004, pp. 198-199, 204-205.

（2）ロバート・バートレット著、伊藤誓・磯山甚一訳『ヨーロッパの形成――九五〇年―一三五〇年における征服、植民、文化変容』法政大学出版局、二〇〇三年、三四～八六頁。シャンパーニュ出身のジョワンヴィル家の例は、三五～四〇頁。

（3）Malcolm G. A. Vale, *The Angevin Legacy and the Hundred Years War, 1250-1340*, Oxford, 1990, pp. 30-31.

（4）加藤玄「中世後期の英仏関係とガスコーニュ」『西洋史研究』新輯四二号、二〇一四年、二〇九～二一五頁。同「国王と諸侯――一四世紀ガスコーニュに生きたガストン・フェビュスの生涯から」近藤和彦編『ヨーロッパ史講義』山川出版社、二〇一五年、五五～七三頁。

（5）Cl. Gauvard (éd.), *Les serviteurs de l'État au moyen âge. XXIX$^{e}$ congrès de la Société des Historiens Médiévistes de l'Enseignement Supérieur Public* (*Pau, mai 1998*), Paris, 1999. とくに、F. Bériac-Lainé et Ph. Challet, "Les sénéchaux de Gascogne, des hommes de guerre?", in *ibid.*, pp. 207-227; A. Marchandisse et J.-L. Kupper (éds.), *À l'ombre du pouvoir. Les entourages princiers au moyen âge*, Genève, 2003.

（6）J. de Gailly, *Notes pour servir à la biographie de Jean I$^{er}$ de Grailly*, dactylographie conservée aux Archives cantonales Vaudoises (Lausanne), 1938; H. Buathier, *Jean I$^{er}$ de Grailly: un chevalier européen du XIII$^{e}$ siècle*, Mex, 1995（ウェブ上で閲覧可能: http://doc.rero.ch/record/8965（2016/12/20アクセス））. 以下も参照。J. de Gailly, "Un seigneur savoyard en Terre-Sainte au XIII$^{e}$ siècle: Jean I$^{er}$ de Grailly", *La Revue Savoisienne*, 1937, pp. 15-28.

（7）J.-P. Casse, "Fortunes d'immigrés en Aquitaine: les Grailly-Foix (1255-1789)", in *Les Pyrénées dans une Aquitaine: terre d'accueil, terre d'exil. Actes du XLVI$^{e}$ congrès d'études régionales de la*

*Fédération historique du Sud-Ouest, organisé par la Société des Sciences, Lettres et Arts de Pau et du Béarn, les 19-20 mars 1994 à Oloron-Sainte-Marie*, Bordeaux, 1996, pp. 273-284; J.-P. Casse, "Les Grailly-Foix-Candale et Cadillac (ca 1260/1594)", in *Château, bastide et vignobles en pays de Cadillac. L'Entre-deux-Mers et son identité. Actes du 9e colloque de l'Entre-deux-Mers tenu à Cadillac les 24, 25 et 26 octobre 2003*, Camiac-et-Saint-Denis, CLEM, 2005, pp. 95-121.

(8) Ch. Bémont (éd.), *Rôles gascons (1290-1307)*, tome 3, Paris, 1906, pp. xxxiii-xlvii; J.-P. Trabut-Cussac, *L'administration anglaise en Gascogne sous Henry III et Edouard Ier de 1254 à 1307*, Paris et Genève, 1972, pp. 36-37, 58-65, 67-78, 142-149.

(9) X. Hélary, "Les rois de France et la Terre sainte, de la croisade de Tunis à la chute d'Acre (1270-1291)", *Annuaire Bulletin de la Société d'Histoire de France, année 2005*, 118, 2007, pp. 69-72, 80; Philip B. Baldwin, *Pope Gregory X and the Crusades*, Woodbridge, 2014, pp. 91-93; V. Theis, *Le gouvernement pontifical du Comtat Venaissin: vers 1270 - vers 1350*, Rome, 2012, pp. 149, 513, 527, 711.

(10) 例えば、イギリスではロンドン（国立文書館）、スイスではローザンヌ（ヴォー県文書館）、フランスではブザンソン（ドゥー県文書館＝ADD）、ディジョン（コート・ドール県文書館）、アヴィニヨン（ヴォクリューズ県文書館＝ADV）、カルパントラ市立図書館（BMC）、リル・シュル・ソルグ市文書館、トゥールーズ（オート・ガロンヌ県文書館＝ADHG）、モントーバン（タルン・エ・ガロンヌ県文書館＝ADTG）、ボルドー（ジロンド県文書館）に関連文書が所蔵されている。

(11) 朝治啓三・渡辺節夫・加藤玄編著『中世英仏関係史 一〇六六～一五〇〇――ノルマン征服から百年戦争終結まで』創元社、二〇一二年、五九～六〇、二七八頁。

(12) Eugene Lionel Cox, *The eagles of Savoy. The House of Savoy in thirteenth-century Europe*, Princeton, NJ, 1974.

(13) C. L. Kingsford, "Sir Otho de Grandison", *Transactions of the Royal Historical Society*, 3, 1909, pp. 125-195; E. R. Clifford, *A Knight of Great Renown. The Life and Times of Othon de Grandson*, Chicago, 1961; Margaret Wade Labarge, "Travels of a Diplomat: Edward I's Use of Othon de Grandson", in M. W. Labarge and Judith Herrin (eds.), *A medieval miscellany*, London, 1999, pp. 199-206.

(14) Michael Ray, "The Savoyard cousins: a comparison of the careers and relative success of the Grandson (Grandison) and Champvent (Chavent) families in England", *The antiquaries journal*, 86, 2006, pp. 148-178; Michael Ray, "Alien knights in a hostile land: The experience of curial knights in thirteenth-century England and the assimiliation of their families", *Historical Research*, 79, 2006, pp. 451-476.

(15) この反乱の背景と意義については、朝治啓三『シモン・ド・モンフォールの乱』京都大学学術出版会、二〇〇三年。

(16) Trabut-Cussac, *op. cit.*, pp. 36-37.

(17) テオバルド・ヴィスコンティは、聖地でJGと知り合っていたが、一二七一年九月一日に教皇に選出され、グレゴリウス一〇世と名乗った。Jonathan Simon Christopher Riley-Smith, "The crown of France and Acre, 1254-1291," in Daniel H. Weiss and Lisa Mahoney (eds.), *France and the Holy land. Frankish culture at the end of the*

*crusades*, Baltimore, 2004, p. 47. ボールドウィンは、ＪＧが聖地に留まった理由を、エドワードの不興を買ったためと推測するが、後述のように、一二八七年以降の両者の関係と混同していると思われる。Baltimore, *op. cit.*, p. 92.

(18) J. Guiraud (éd.), *Les registres de Grégoire X* (*1272-1276*). *Recueil des bulles de ce pape, publiées et analysées d'après les manuscrits originaux des Archives du Vatican*, tome 1, Paris, 1892, n° 809, p. 339: "*ut dilecto filio nobili viro Johanni de Grallaco, regni Jherusalem senescallo*".; R. Röhricht (éd.), *Regesta regni Hierosolymitani* (*1097-1291*), Innsbruck, 1893-1904, n° 1393, pp. 362-363: "*ut Johanni de Graliaco, regni Hierosolymitani senescalo*". なお、キプロス王へ宛てた別の書簡で、教皇は彼を「マレシャル(軍事長官)」と呼んでいるが、ボールドウィンの指摘通り、書記の間違いであろう。Baldwin, *op. cit.*, p. 93. Cf. *Les registres de Grégoire X*, n° 810, p. 339.

(19) *Les registres de Grégoire X*, n° 820 et 822, p. 341. cf. Baldwin, *op. cit.*, pp. 92-93.

(20) *Les registres de Grégoire X* (*1272-1276*) *et de Jean XXI* (*1276-1277*), tome 2, n° 4, p. 3: "*Johanni de Graliaco, Gebennensis diocesis, qui undecim milia et quingenta libras Turonensium, in Terra sanctae defensione et in consilii Lugdunensis custodia expendisse se asserebat, septem milia librarum Turonensium de decima in Viennensi provencia Terrae sanctae subsidio deputata concedit*".

(21) Ch.-V. Langlois, *Le règne de Philippe III le Hardi*, Paris, 1887, pp. 141-144; Trabut-Cussac, *op. cit.*, pp. 71-72. スティーブン・ランシマン著、榊原勝・藤沢房俊訳『シチリアの晩鐘——一三世紀後半の地中海世界の歴史』太陽出版、二〇〇二年、三八六～三八八頁。

(22) 伊藤毅編『バスティード——フランス中世都市と建築』中央公論美術出版、二〇〇九年。加藤玄「バスティード」吉田伸之・伊藤毅編『伝統都市一——イデア』東京大学出版会、二〇一〇年、二四九～二五九頁。

(23) 一二八九年五月二七日、王はこの判決を確認している。*Archives Historiques du département de la Gironde* (=*AHG*), tome 16, Bordeaux, 1878, n° LXXXV, pp. 130-137; *AHG*, tome 31, Bordeaux, 1897, n° LVIII, pp. 195-198.

(24) *Rôles gascons* (*1290-1307*), pp. xlv-xlvii; Trabut-Cussac, *op. cit.*, pp. 142-143, 149.

(25) ADTG, A197, ff. 1060v-1068v.

(26) Langlois, *op. cit.*, pp. 117-123.

(27) *Ibid.*, n° XVII, p. 437: "... *recepi vestras litteras, quas scitis, de eundo ad partes Sabaudie pro negocio comitum Sabaudie et Burgundie, et jam ... ejusdem domini comitis Sabaudie ut intersim Vianne in crastinum Octabarum Natalis* ..." (一二八〇年一二月三日付)

(28) マルグリットについては、以下の文献を参照した。E. Boutaric, "Marguerite de Provence, son caractère, son rôle politique", *Revue des questions historiques*, 3, 1867, pp. 417-458; G. Sivéry, *Marguerite de Provence: une reine au temps des cathédrales*, Paris, 1987.

(29) M. Powicke, *The Thirteenth Century, 1216-1307*, 2nd éd. Oxford, 1962, pp. 246-247; M. Prestwich, *Edward I*, Berkeley, 1988, p. 317.

(30) P. Fournier, *Le royaume d'Arles et de Vienne* (*1138-1378*).

*Etude sur la formation territoriale de la France dans l'Est et le Sud-Est*, Paris, 1891, p. 230.

(31) E.L. Cox, "The kingdom of Burgundy, the lands of the House of Savoy and adjacent territories", in D. S. H. Abulafia (ed.), *The New Cambridge Medieval history, vol. 5, c. 1198 – c. 1300*, Cambridge, 1999, pp. 358-359.

(32) Fournier, *op. cit.*, p. 234.

(33) Cox, *The eagles of Savoy*, p. 420.

(34) *Ibid.*, pp. 431-432.

(35) Fournier, *op. cit.*, pp. 241-242.

(36) M. Champollion-Figeac (éd.), *Lettres des rois et reines et autres personnages des cours de France et d'Angleterre depuis Louis VII jusqu'en Henri IV*, tome I, Paris, 1839, pp. 264-265, n° CCIX: "*Sachés que madame de France, nostre soer, nous a mandé que endroit de la bosogne de Provence, que toche et nos de nos patries de Provence, ...*"; *Ibid.*, pp. 306-307, n° CCXL: "*Sachés, nos fis, que Phelippe le conte de Savoie, nostre oncle, nos a mandé par sa lettre que mon sire Otes, conte de Borgogne, li vet contradisant convenances que il li fesoit tant que la contesse sa mere vivoit, ... De ceste chose nos prie-il aide et consail, et ausi que nos vos prioms que voillés charger à mon sire Jehan de ...lly* (*Grelly*)*...*".

(37) T. Rymer (éd.), *Foedera, conventiones, litterae et cuiuscunque generis acta publica*, London, 1816-1830, tome I part 2, p. 586.

(38) ADD, 1B38-1: "*Cest asavoir que li cuens de Bergoigne ou son hers, se il deffailloit, donra et paiera douze mile livres de vyenois a Mascon adit nostre oncle ou a son comandemant en la maison des freres Pracheours de Mascon, ...*". (一二八一年一〇月一七日付)

(39) ADD, 1B38-2: "*... que nous avons promis par nos sermenz ... a paier sur l'obligation de touz nos biens VI mil mars d'argent, ..., cest savoir nous Aymes, cuens de Champaigne, de mil mars, nous Thomas de Savoie, de mil mars, nous Jehans de Graillie de mil mars, nous Symon de mil mars, ...*". (一二八一年一〇月付)

(40) Fournier, *op. cit.*, pp. 250-251.

(41) Champollion-Figeac, *op. cit.*, p. 282, n° CCXXVI: "*pour quoi nous aurions trop grant domage se i convenoit que messier Jehan* (*de Grelli*) *se partoit si tost de nous. Sivous prions que vous li donés respite d'estre à nous jusque à v semaines de la Seint-Michel ...*"; *Foedera*, tome I part 2, p. 599.

(42) Champollion-Figeac, *op. cit.*, p. 265, n° CCX.

(43) Langlois, *op. cit.*, p. 126, n° 4.

(44) ランシマン前掲書、三四九～三六八頁。

(45) Boutaric, *op. cit.*, pp. 454-456; Sivéry, *op. cit.*, pp. 243-245.

(46) ADD, 1B46-11: "*que ie ay fait homage a noble baron mon tres cher seignour monseignour Othes de Bourgoigne, seignour de Salins, pour moy et pour mes hoirs parmy cent livrees de terre et parmy cinc cens livres en deniers, ...*". 確認証書は、ADD 1B69-59。

(47) ADD, 1B383-1: "*Nos, Othes cuens palatins de Borgoigne et sires de Salins, ..., que en recompensation des services a nos fait especialment et es nos mont de fieis par nostre ame et feial monssignour Jehan de Greilly, chevalier, denons a li et a ses hoirs perpetuement par donation faite entre les vis, nostre maisom doignie, ... ou les apartenances ... pour cent livrées de terre a tornois*

*de rente* ...".（一二八二年四月一〇日付）

(48) *AHG*, tome 26, p. 171.

(49) A. Longnon (éd.), *Documents relatifs au comté de Champagne et de Brie. 1172-1361*, tome 3, Paris, 1914, p. 47: "Au chambellain, mon seigneur Jehan de Grilly" マコンの集会に、ラングル司教ギ・ド・ジュネーヴとシャンパーニュ伯エドマンドが列席していたことを考え合わせると、JGがシャンパーニュ伯のもとに滞在していた際に、クレパン、アンピイ、メシニを得たと想定することも可能である。第一節（3）参照。

(50) *Les registres de Grégoire X (1272-1276) et de Jean XXI (1276-1277)*, tome 2, n° 620, p. 126: "*Nobili viro Johanni de Graliaco, capitaneo gentis carissimi in Christo filii nostri Phylippi, regis Francorum illustris*"; *ibid.*, n° 2252-2257, p. 396: "*Johanneque de Grilli, capitaneo genti Philippi, regis Francorum*".

(51) E. Langlois (éd.), *Les registres de Nicolas IV. Recueil des bulles de ce pape, publiées et analysées d'après les manuscrits originaux des Archives du Vatican*, tome 1, Paris, 1887, n° 1941, p. 347.

(52) ADHG, série H, fonds de l'Ordre Malte: Commanderie de Bordeaux 50. Cf. M.-A. Du Bourg, *Ordre de Malte, Histoire du Grand prieuré de Toulouse et des diverses possessions de l'Ordre de Saint-Jean*, Toulouse, 1883, p. 454 et preuve n° LXXXIII, p. LXII.

(53) 一二九五年一二月一八日および一九日付の書簡。G. Digard, M. Faucon, A. Thomas et R. Fawtier (éds.), *Les registres de Boniface VIII (1294-1303)*, tome 1, Paris, 1884, n° 697-698, pp. 241-242.

(54) Powicke, *op. cit.*, p. 673; G. Digard, *Philippe le Bel et le Saint-Siège de 1285 à 1304*, Paris, 1936, tome 1, pp. 260-261; J. Favier, *Philippe le Bel*, Paris, 1980, pp. 274-277; A. Paravicini-Bagliani, *Boniface VIII: un pape hérétique?*, Paris, 2003, pp. 139-141.

(55) J.A. Kicklighter, "La carrière de Béraud de Got", *Annales du Midi*, 85, 1973, pp. 327-334.

(56) *Rôles gascons (1273-1290)*, tome 2, n° 440, p. 116 et n° 443, p. 117.

(57) F. Lainé (éd.), *Fasti Ecclesiae Gallicanae. tome 13: Diocèse de Bordeaux*, Turnhout, 2012, pp. 127-128.

(58) *Foedera*, tome I, part 2, p. 821. Cf. Kicklighter, *op. cit.*, p. 333.

(59) *Rôles gascons (1290-1307)*, tome 3, n° 4183, p. 327: "*ad instanciam venerabilis patris domini B. episcopi Albanensis, sancte romane ecclesie cardinalis, amici nostri*".

(60) H.R. Luard (éd.), *Bartholomaeus de Cotton. Historia Anglicana*, London, 1859, p. 312: "*et dominus noster rex cum dominis Albanensi episcopo, comite Sebaudiae, Johanne de Griliaco, Ottone de Grandissono, et exercitu suo toto apud Rokesburgh festum Pentecostale sollempnizavit*". cf. Clifford, *op. cit.*, p. 145.

(61) F. Forel (éd.), *Régeste des documents relatifs à l'histoire de la Suisse romande*, Lausanne, 1862, n° 2215, p. 462.

(62) Kicklighter, *op. cit.*, pp. 330-331.

(63) D. Waley, *The Papal State in the Thirteenth Century*, London, 1961, p. 96.

(64) J. Fornery, *Histoire du Comté Venaissin et de la ville d'Avignon*, Avignon, 1909, tome 2, pp. 410-411: "*civitates, castra, munitiones et villas, cum omnibus hominibus, vassallis, pertinentiis jurisdictionibus et juribus ad ipsam terram Venaissini spectantibus,* [...] *romane fideliter servare, dirigere, gubernare, regere et custodire*".

(65) C. Faure, *Étude sur l'administration et l'histoire du Comtat-Venaissin du XIII^e au XV^e siècle (1229-1417)*, Paris et Avignon, 1909, pp. 50-68. Cf. Theis, *op. cit.*, p. 309, note 12.

(66) Trabut-Cussac, *op. cit.*, pp. 157-161.

(67) BMC, Ms. 560, f° 50; ADV, 6 G9, pièce 3, n° 10 A, pp. 13-15.

(68) Theis, *op. cit.*, p. 149 note 170 et pp. 604-605.

(69) ADV, 4 G1, n° 70: "*quod nos Johannes de Greilliaco, miles, rector Venayssini pro Sancta Romana Ecclesia, iuxta antiquam observationem curie comunis Cavallicensis in qua maior curia Venayssini uno anno et dominus Cavallicensis episcopus alio sequenti anno consueverint ponere judicem qui confirmatione indiget utriusque confisi de discretione legalitate et scientia discreti viri nobilis Armandi de Verone, jurisperiti*". Cf. Theis, *op. cit.*, p. 544 note 125.

(70) Paravicini-Bagliani, *op. cit.*, pp. 139-140.

(71) *Les registres de Boniface VIII*, n° 1568, p. 585: "*Cum itaque, sicut accepimus, duas bastidas seu fortellicias, unam videlicet in pila pontis Sancti Spiritus, aliam in ripa Rodani juxta pontem ipsum intra limites seu in confinibus terre sive comitatus Venesini, qui est ipsius ecclesie specialis,* [...] *mandamus quatinus bastidas seu fortilitias hujusmodi infra unius mensis spatium a receptione presentium omnino curetis destruere ad facere demoliri, ipsas vel similes ulterius reficere seu de novo facere nullatenus presumpturi, alioquin* -".

(72) Theis, *op. cit.*, p. 40.

(73) *Ibid.*, pp. 147-149.

(74) *Les registres de Boniface VIII*, n° 2326, p. 915. Cf. Paravicini-Bagliani, *op. cit.*, pp. 146-147.

(75) ADHG, série H, fonds de l'Ordre Malte: Commanderie de Bordeaux 130. Cf. Du Bourg, *op. cit.*, p. 455.

(76) J. Delaville-le-Roulx (éd.), *Cartulaire général de l'ordre des Hospitaliers de Saint-Jean de Jérusalem*, tome 3, Paris, 1899, n° 4370, p. 711.

*本章は、二〇一六年度科学研究費基盤研究Cによる研究成果の一部である。なお、第三節は、以下の拙稿に加筆修正を施したものである。M. Kato, "Note sur la seconde moitié de la carrière de Jean de Grailly: de Saint-Jean d'Acre au Comtat (1289-1297)", *Annales du Midi*, 128, 2016, pp. 281-287.

# 第8章　中世後期フランスにおける英仏両王権の都市政策

## ——ポワティエをめぐる英仏抗争から——

亀原勝宏

一一世紀後半以降に形成された「中世都市」は、消費の場、または生産の場として市などが開催される経済的な中心地として発展してきた。さらに、軍事的・宗教的・政治的・行政的な側面においても、そこは地方における重要な拠点として発展を遂げてきた[1]。フランスでも、王権や諸侯など、上級権力にとって地方における中心地として、都市の役割の重要性は一二世紀頃から明確になってくる。B・シュヴァリエによる「良き都市」研究では、一三〜一六世紀において、フランス王権と諸都市との諸関係が考察され、その両者が百年戦争という困難な時代を経て、「心からの協調」へと至ることが強調されている[2]。

フランスにおける王権と都市との「良き」関係を論ずる際、フランス王権と都市とのさまざまな関係だけを取り上げて論じられることが常であった。しかし、一四・一五世紀は、百年戦争の最中であり、フランス国土は英仏両王権によって争奪が繰り返されていた。都市によってその支配権は、英仏両王権間でたびたび変動した。ゆえに、この時期の王権と都市との関係を論ずる上で、イングランド王権による都市支配の影響も少なからずあったと考えられる。しかし、英仏両王権の都市政策における連関性について、これまでの研究で明確にされてきたとは言い難い。一四・一五世紀のフランス王権と都市との「良き」関係構築において、イングランド王権の影響を考慮する上で、古くから英仏両王家がその領有権をめぐって争った地方のひとつである、フランス中西部のポワトゥー地方は有用なケーススタディーとなりうるだろう。ポワトゥー地方の中心都市ポワティエ研究で有名なR・ファヴロは、一四・一五世紀の都市ポワティエを中心に、その都市とフランス王権との関係を詳述しているが、そこにイングランド王権への関心は希薄である。一方、大宅明美は、アキテーヌに隣接するポワトゥー地方が、フィリップ二世以後も、英仏両王権が領有権を主張し続けた地方であったと位置づけている。大宅は、そのような状況下の一三世紀後半、フランス王権が政策転換したことで、諸都市は地域における国王行政の代理人と財政的援助者、すなわち「良き都市」としての役割が希求されることとなったと述べている。(3) 一三世紀をフランス王権と都市との関係の分水嶺とし、そこにイングランド王権の影響を見いだしている。そこで、一三世紀以降も続く、ポワトゥー地方をめぐる英仏抗争において、フランス王権の都市政策にイングランド王権がどのように影響を及ぼしていたのかを考察することは、王権と都市との関係をみる上で重要だと考えられる。

本章では、フランス王権が都市と「良き」関係を築く一四・一五世紀に至るまでのポワティエをめぐる英仏両王権の争いとそれぞれの都市政策をみていき、それが王権と都市との関係にどのように影響を及ぼしたのかを明らかにし、新たなフランスにおける王権と都市との関係史を構築してみたい。

## 1　都市ポワティエと英仏両王家

### (1)　ポワティエの優位性

都市ポワティエが英仏両王権の争点となった一因として、その都市がポワトゥー地方における要衝であったということが挙げられ、その名声はフランス王国内でも轟いていた。(4)

フランク時代から伯の居住地として、司法集会 assemblée judiciaire の拠点となり、カロリング王ルイ一世はそこを拠点のひとつとしていた。[5] 九四二年、ポワトゥー伯のギヨーム一世がアキテーヌ公位を得て以降、その伯の居城となったポワティエは、ポワトゥー地方に限らず、ギヨームの支配する全地域において、政治的・行政的に重要な都市となっていった。一〇世紀末以降、ポワティエで幾度も参議会 plaid が開催され、ポワトゥー、サントンジュ、アングモワ、リムーザン、ラ・マルシュといった各地方の大領主や主要な高位聖職者たちが参席した。一一世紀には、伯の顧問会議が、ポワトゥー伯の政治的権威のもと、ポワティエで毎回開催された。また、ポワトゥー伯の尚書官、伯の家産的官吏としての、プレヴォ、ヴィギエ、セルジャン、森林管理官、通行税徴収役たちは、伯のセネシャルの指導下に、ポワトゥー伯の宮廷を拠点としていた。[6]

ポワティエは司教座都市として宗教的にもその地方の中心地へと発展していく。ポワティエは、四世紀後半以降、ガリアでもっとも広大な教区のひとつとなり、その司教区全体を統括する司教の拠点となった。毎年、司教区会議 synode が開催され、ポワティエの宗教裁判所が、その司教区全土の聖職者たちによる訴訟すべてを統括し、一三世紀から、極めて重要な非訟事件裁判権 jurisdiction gracieuse も同時にそこで行使された。

宗教施設が多数存在するポワティエは、同時に、その数に比例して、その付属の教育機関も多数存在し、知的な側面においても重要な都市であった。さらに、ポワトゥー地方はフランス北部のパリ盆地とその南西部のアキテーヌ盆地を結ぶ地方であり、ポワティエもロワール川とガロンヌ川間の交通の要衝で、一一・一二世紀頃まで、市が積極的に開設され、商人たちの往来は頻繁となり、経済の要衝として発展した。[7]

このように、その地理的な重要性や政治的・行政的・宗教的・知的・経済的な側面において、ポワトゥー地方におけるポワティエの優位性は、古代より確立されてきたといえる。

### （2）ポワティエと英仏両王家との関係のはじまり

ポワティエと英仏両王権との関係を概観する際、その端緒はポワトゥー伯でありアキテーヌ公でもあったギヨーム一世の時代にまで遡らなければならない。一〇世紀、ポワティエを拠点としていたポワトゥー伯かつアキテーヌ公のギヨーム一世は、ロベール家とカロリング家との抗争において、後者に与していた。しかし、九六八年、その息子ギヨーム二世の妹のアデレードとユーグ・カペーとの婚姻が成立し、この抗争にも終止符が打たれ、ポワトゥー伯はあらゆる証書でアキテーヌ公を名乗るようになった(8)。ユーグがフランス王位に就いたことで、ポワトゥー伯家とカペー王家との関係はここから始まったといえる。

カペー家がポワトゥー伯領に直接かかわりを持つようになるのは、アリエノール・ダキテーヌとルイ七世の婚姻である。一一三七年、アキテーヌ公でポワトゥー伯ギヨーム八世の死後、その後継の長女アリエノールとフランス王ルイ七世との婚姻によって、ポワトゥー伯領およびアキテーヌ公領がフランス王領地に併合された。このとき、都市に対するルイ七世の姿勢は、一一三八年に王がポワティエのシテ住民に対する特権要求を却下し、その住民によるコミューン創設の動きを弾圧したという事実から、抑圧的なものであったと考えられる。一方、このシテ住民のコミューン創設のための蜂起にかんしては、ギヨーム八世の死およびアリエノールと新たなフランス王との婚姻によるポワトゥー地方のフランス王国への併合との因果関係が指摘されている(9)。この頃のカペー家による都市政策が抑圧的なものであり、そのようなカペー家に対するポワティエシテ住民の反発がここにみてとれる(10)。

ポワトゥー伯領は、この後、プランタジネット家の手に移る。一一五二年、ルイ七世と離婚したアリエノールがアンジュー伯アンリ・プランタジュネと再婚し、アンリが一一五四年にヘンリ二世としてイングランド王位に即位したため、アキテーヌ公領およびポワトゥー伯領は「アンジュー帝国」の一部となった。ポワトゥー伯領は、フランス北部と境界を接する地方として、以後、プランタジネット家ひいてはイングランド王家にとって重要な地方と位置づけられるようになった。

プランタジネット家は、都市に対して、カペー家とは対照的な姿勢をみせる。アリエノールは、一一九九年にコミューンの創設を承認しており、これは、父ギヨーム八世の治世において、ポワティエのシテ住民に対して付与された、婚姻・領外婚・相続などの自由、軽犯罪の案件における保証金による身体と財産の保護などの特権を追認したものであった(11)。この政策は、彼女以前にも例があり、ヘンリ二世やリチャード一世などのそれも同様であって、この頃のプランタジネット家の諸都市に対する政策の一環であった(12)。さらに、プランタジネット家はポワティエのコミューンの体制を損なうことなく、うまく都市との関係を維持しながら支配していた。ポワティエ都市の支配者層もプランタジネット家と関係の深い人物で固めていた。一二〇〇年頃のポワティエ市長サヴァリは、ジョン王とアリエノールの宮廷役人として彼らと関係の深い人物で、とくにジョン王の寵愛を受けた人物であった。また、一二〇二年頃の市長ソロネという人物も、サヴァリの後継者として、モントルイユ－ボナンやポワティエのプレヴォといった国王役人経験者であった。ポワティエ市長は、コミューンの代表であると同時にプランタジネット家の地方代理人というべき存在でもあった(13)。

プランタジネット家によるこのような都市政策は、カペー家や在地領主層の勢力削減をめざしたものと指摘されている。プランタジネット家への対抗勢力に対する防波堤として都市を利用し、コミューンの創設などの諸特権を認め、プランタジネット家のもとにシテ住民の忠誠を留めるためとされている。加えて、アリエノールがとった措置は、息子のリチャード一世の急死による国王不在という事態において、不人気の弟ジョンの即位に際し、公領内の都市などの在地諸勢力の忠誠をプランタジネット家のもとに留め置く政策の一環とも考えられている(14)。プランタジネット家の都市政策にかんしては、ギヨーム八世のそれと同様、都市を懐柔して地方支配の基盤を固めようとしていたことがうかがえる。

一二世紀は、英仏両王家を継承するカペー家とプランタジネット家によるポワトゥー地方をめぐる争いが始まった時代であった。しかし、その中心都市ポワティエに対するカペー家とプランタジネット家の政策は対照的であった。都市に強硬的な姿勢をとったカペー家に対して都市民は反発し、一方、カペー家と対立するプランタジネット家は、従来の特権を保証して都市を懐柔し、敵対勢力の削減と不安定な地方における支配の確立に努めた。つまり、ポワトゥー地方が両王家の争点になったことが、プランタジネット家の対ポワティエ政策を決定づけたといえる。

## 2　フランス王権による都市政策の転換

### (1)　フィリップ・オーギュストによる都市政策

プランタジネット家の支配は、カペー家のフランス王フィリップ・オーギュストによって終止符が打たれる。ポワトゥー地方が再びカペー家の領有地となったが、プランタジネット家による支配を経て、フィリップ・オーギュスト以降のフランス王権の都市政策の方針には変化がみられる。

フィリップ・オーギュストは、一二〇三年のジョン王との戦いに勝利し、ノルマンディ、アンジュー、トゥーレーヌの地方を奪還したのに続き、一二〇四年三月のアリエノールの死をきっかけに、ポワトゥー地方も奪還してフランス王国に併合することに成功した。フィリップは、アリエノールの一一九九年の証書を追認した一二〇四年の証書をはじめ、その同年、一二一四年、一二二二年と計四通の証書をポワティエに付与している。その最後の一二二二年の特権付与証書は、ポワティエのコミューンの要請に応じて、フランス王が「その都市の市壁内においてコミューンを承認」したものであった。そこには、コミューンに移譲される諸特権やその組織の枠組みが明確に規定されており、以降のフランス王もこの一二二二年の特権付与証書を追認していくこととなる[15]。ここには、ルイ七世期とは異なり、プランタジネット家の都市政策の継承がみてとれる。

ポワティエに付与された特権や都市が果たす義務についても、プランタジネット家のそれらに起因している。とくに、一二二二年の特権付与証書に規定された項目の大部分は、一二〇七年にフィリップ・オーギュストがルーアンに付与した証書からの引用であり、その一二〇七年の証書は、プランタジネット家のヘンリ二世とジョン王が、一一五〇年と一一九九年にルーアンに付与した証書の引用であった[16]。その一方で、ポワティエのコミューンは「助力と助言」の義務を果たさなければならなかった。この表現は、一一九九年にアリエノールによって交付された証書において最優先事項として現れる。一二二二年の証書にも封臣がはたす「助力」の一環として、ポワティエのコミューンにフランス王への軍役奉仕が課せられていた。ポワトゥー地方の他の住民たち同様、ポワティエのコミューンもロワール川を越えての軍役奉仕が規定された。ポワティエのコミューンが封建的軍役奉仕を封臣として課せられたのは、ヘンリ二世のときであった。その際、ラ・ロシェルのコミューンとともに最初に動員されたといわれている(17)。

ポワティエのコミューンに対する諸特権の追認や付与といった、フィリップ・オーギュストの一連の都市政策は、ポワトゥー地方へのプランタジネット家の再進出の可能性によるところが大きかった。フィリップによる奪還後も、プランタジネット家は、ポワティエの再奪還を計画していた。大陸側の大部分の所領を失ったジョン王が、一二〇六年、ラ・ロシェルで戦闘態勢を整えていたが、それを知ったフィリップはポワティエに防衛態勢を整えさせている。ポワトゥー地方の北辺境への短期遠征中のフィリップが一二一四年の証書に署名したのは、ジョン王が、ポワトゥー地方での支援を得るためにその地方を駆けめぐっていたときのことであった。また、一二一六年にポワティエの市長職に就いたイレール・ベルランの父は、謝肉祭の市の開催期間に、商人たちから税を徴収する権利をジョン王によって認められた人物であり、ポワトゥー地方におけるプランタジネット家の影響力はいまだ残存し、不安定な地方であったことがわかる(18)。

ポワトゥー地方におけるフランス王権の都市政策は、フィリップ・オーギュストによって、ルイ七世の都市政策から転換したことがうかがえる。フィリップは、それまでのプランタジネット家が行ってきた都市政策を継承するという形で、さまざまな特権を都市に付与し、懐柔する政策をとった。この方針転換は、ポワトゥー地方がプランタジネット家の支配していたアキテーヌ公領に隣接する地方で、奪還後もその影響力があったことと大きく関係していたといえる。

## (2) フィリップ・オーギュスト以降の都市政策

プランタジネット家の都市政策を引き継いだフィリップ・オーギュストの都市政策は、その後のフランス王たちに引き継がれていく。一二二三年から一二二四年におけるルイ八世によるポワトゥー地方の征服、さらには一二五九年のパリ条約によってポワトゥー地方がフランス王権の直領地となっても、その方針は変わらなかった。そのことは、「聖王ルイの教訓 Enseignements de Siant-Louis」において明言されている。ルイ九世は、息子への助言のなかで、バロンたちの反抗に対して自らを援助してくれたパリと王国の「良き都市」のこと、さらにそれら「良き都市」に先王たちが保証してきた特権的な地位を保証するように説いている(19)。

また、地方行政も整備され、そこにもプランタジネット家の影響がみられる。フィリップ・オーギュストによって、地方の国王代官としてポワトゥーとトゥーレーヌに設置されたバイイないしセネシャルは、ルイ八世のときにポワトゥー地方が切り離され、そこにセネシャルが置かれた。このセネシャル職も、プランタジネット家支配期から存在したセネシャルという特定の職に起源があるといわれる。そのセネシャルが、ポワティエを拠点としてポワトゥー地方を管轄したため、ポワティエは行政的中心地となっていった(20)。

しかし、フランス王権による地方行政の整備によってポワティエが地方における中心地となっていくにつれて、王権による中央集権的機構に組み込まれ、王権の人的・財政的援助要請が増えてきた(21)。その要請の増大に拍車をかけたのが、対プランタジネット家戦争であった。フィリップ四世の治世以降、フランドル戦争やギュイエンヌでの対英戦争など、対外戦争における兵員や戦費の調達のために、王権による都市への要請が増えていった(22)。またその息子たちも同様で、ルイ一〇世とフィリップ五世がフランドル戦争において、またシャルル四世がギュイエンヌでの対英戦争において、それぞれポワティエのコミューンに人的・財政的援助を要請している。さらに、ヴァロワ朝のフィリップ六世も、一三二九年、引き続きフランドル戦争の費用負担をそのコミューンに求めている(23)。

フランス王権によるこのような中央集権化傾向のなかで、国王役人によるポワティエのコミューンの特権侵害も度々見受けられた。一三〇〇年、コミューンはセネシャルの特権侵害に対して、不平の陳情をフィリップ四世に行っている。また、一三二一年、コミューンに帰属する裁判権をセネシャルが侵害したことに対して、コミューンはシャルル四世に訴えている。

負担が増大し、不満を訴える都市に対して、フランス王権による都市への善処がみられたが、これらの事例は、都市への負担増加に対する都市コミューンの王権への不満が顕著となり、表面化してきた事象といえる[24]。カペー朝末期からヴァロワ朝初期にかけては、王権による中央集権化傾向のもと、都市への要請も増大し、コミューンの諸特権は国王行政の影響によって制限される時代となった[25]。

フランス王権とポワティエ市当局との間に齟齬がみられるようになり、その結果、その市当局によるフランス王権への反発の事例がみられるようになる。例えば、一二九六年、フィリップ四世によるガスコーニュへの遠征費の要請に対して、ポワティエのコミューンは王に苦情を陳べ、最終的にその近隣の村落からその費用の徴収権を付与されるという形で事態は収集した。また、英仏百年戦争の勃発にともない、一三三七〜三八年、市長と参審人たちはフィリップ六世の要請に応えて、援助金五〇〇リーヴルの支払いを決定した。その一方、ポワトゥー地方およびサントンジュ地方における国王軍部隊長 capitaine du roi の命令で、市長指揮下のコミューン軍の派兵が要請されたとき、ポワティエはさらに戦費として五〇〇リーヴルを支払うことで、軍事的奉仕の義務を回避している[26]。さらに、一三五六年八月、ポワティエ近郊で英仏両軍の小競り合いがあり、その戦いに参戦していたポワティエ市長率いるポワティエ市民軍は敗れ、市長が捕虜となった。フランス軍を率いていた摂政の王太子シャルルは、このとき、増援部隊を派遣するようポワティエに要請したが、ポワティエはその要請に応じなかった[27]。

一三世紀半ばから一四世紀前半にかけての、フランス王権による中央集権化傾向とポワティエの反発による両者間の軋轢は、シュヴァリエがこの時代のフランス王権と都市との関係を、フランス王権の「早熟な中央集権化と、その協力者としての良き都市」と評したことを裏付けることにもなるだろう[28]。フィリップ・オーギュスト以降、フランス王権とポワティエとの関係は緊密化していくようにみえたが、フランス王権による時期尚早な中央集権化によって、その関係性はいまだ不完全なものであったといえる。

この両者の不完全な関係を完全なものとしたのがまさに百年戦争におけるイングランドの脅威であった。百年戦争期において、両者が相互に依存せざるをえない状況になっていった。イングランド王権が支配するアキテーヌ公領に隣接するポワトゥー地方は、度々イングランド軍に侵攻され、ポワティエも直接的脅威に晒されるようになる。一三五六年九月のポワティエの戦いや、それ以前の一三四六年九月には、イングランド王エドワード三世の国王代官ダービー伯によってポワトゥー地方は侵攻された。一〇月、守備部隊として六人しか駐留していなかったポワティエは、そのイングランド遠征軍によって簡単に侵入され、八日間にわたる略奪が行われた[29]。

このようなイングランド軍の直接的な脅威に対して、ポワティエのコミューンは防衛組織や市壁の増強など防備強化策の必要性を痛感し、フランス王権に依存するようになる。まず、コミューンは都市防備強化の財源として、フランス王権に陳情し、あらゆる税の徴収権が授与された。フィリップ六世の治世の一三四七年二月、前年にイングランド軍の攻囲戦によって、略奪をうけたポワティエの防備強化費として、三年にわたりその都市における通行税の徴収権がポワティエに認められている。以降、通行税の徴収権は、一三五二年、さらにポワティエの戦い敗戦後の一三五七年にも、コミューンに付与されている。また一三五三年には、ポワティエの都市およびシャテルニーから徴収された税収のうち、防備強化費への充当のため、七〇〇リーヴルの受領を市政府は認められている[30]。さらに、都市防衛組織についても、フランス王権の指導のもとに整備された。一三四七年七月には、国王代官フォワ伯ギーグが、ポワティエを訪れ、都市防衛の組織化に取り組んでいる[31]。このように、都市の防備強化事業は、フランス王権と都市相互が共有する課題となっていた。

カペー朝末期からヴァロワ朝初期のフランス王権による中央集権化傾向において、王権とポワティエとの関係にも変化がみられるようになる。対英戦争遂行のため、中央集権化する王権によるポワティエへの援助要請の増大など、都市が抑圧される時代となっていった。しかし、同時に、イングランド勢力に対する地方防衛という観点から、都市の自治権保護や防備強化策を通して、王権と都市が相互に不可欠な存在であることを自覚する時代でもあったといえる。

## 3　英仏両王権とポワティエの新たな関係

### (1)　ランカスター朝支配下のポワティエ

カペー朝末期からヴァロワ朝初期、「早熟な」中央集権的傾向にあったフランス王権と、それに反発するポワティエという両者の関係が、対英戦争によって、互いに不可欠なものとなっていった。その結果、都市の存在はフランス王権に依るところが大きくなり、その王権への帰属意識の萌芽がみられるようになる。それは、一三六〇年のブレティニ条約前後のポワティエ都市民の反応からもみてとれる。

ブレティニ条約は、クレシーやポワティエでの敗戦などで、フランス王に不利な状況下で締結された休戦協定である。一三六〇年五月八日、ブレティニで予備交渉が行われ、一〇月二四日にカレーで批准されたこの協定において、ジャン二世の解放と、ポワトゥー、サントンジュ、アングモワ、リムーザン、ペリゴール、クェルシー、ルエルグがイングランド王に委譲されることとなった。

まず、一三五九年五月二五日の三部会の決定から、ポワティエ都市民のフランス王権への帰属意識は、イングランド王権に対するその都市民の抵抗によって推測できる。ブレティニの休戦協定が締結される以前の一三五八年五月一八日と翌年三月二四日に、捕虜となったジャン二世の身代金の支払額とともに、フランス王が主権放棄する領土を決めた条約が、英仏両王によってロンドンで締結された。その放棄される領土の中にはポワトゥーおよびアキテーヌも含まれていた。一三五九年四月二二日、王太子シャルルは、ロンドンで締結されたその条約の受け入れを検討するために、パリに三部会を招集することを決定し、五月二五日に招集された三部会では、ロンドンでの条約の破棄が決定された。この三部会には、ポワティエの都市にも代表を派遣することが要請されていたのである(32)。

ポワティエ都市民のイングランド支配に対する抵抗は、実際にイングランド王権への支配に入るときにみられる。エドワード三世の信任厚いジャン・シャンドスは、ブレティニ条約で決められた、フランス王からイングランド王への領土の譲渡遂行を任務として、ポワトゥー地方を訪れた。シャンドスは、一三六一年から一三六二年にかけて、イングランド王へと移譲されたポワトゥー地方において、ラ・ロシェルを除く各都市の恭順を受け入れた。しかし、ポワティエのコミューンは、ポワトゥー地方がイングランド王権の支配下に入ることに抵抗の意を示していた。ポワティエ都市民が、イングランド王への支配権の移譲を望まなかったために、ジャン二世がポワティエの市長およびブルジョワたちに、イングランド王に臣従礼の誓いを行い、支配下に入ることを促す命令開封証書 lettres patentes de jussion を何度も送付せざるをえなかったといわれている(33)。

一三六一年八月一二日、ジャン二世から届いた証書には、ブレティニ条約によって、「ポワティエのシテと城、伯管轄地およびポワトゥー地方全領土」などがイングランド王に譲渡されたことをポワティエのコミューンに知らせ、イングランド王に誠実宣誓と臣従礼を示すことを義務づける旨が書かれていた。最終的にポワティエのコミューンはイングランドの支配を受け入れることとなったが、ここにイングランド王の支配下に入ることに対する抵抗という都市ポワティエの立場を垣間みることができる(34)。このようなポワティエ都市民の反応は、明らかにイングランド王権への支配に入ることへの拒絶と、フランス王権への忠誠がみてとれる。

イングランド王権への抵抗がみられる都市ポワティエの状況を考慮してか、同年九月二二日、フランス王の名代ブシコー元帥がポワティエに来て、ジャン・シャンドスの要求に応え、彼に従うようポワティエ市長に対して命じた。ブシコーは、シャンドスによるポワティエ譲渡の要請は正当で、ポワティエのシテと城の所有権がイングランド王の名代であるシャンドスにあり、彼に従うことをポワティエ住民に求めたのである。このブシコーの要請をポワティエ住民が受けいれたことで、翌日、シャンドスは、ポワティエの都市公邸 palais の大広間に、その都市の市長やブルジョワをはじめ、高位聖職者、聖職者、有力者や貴族など都市住民を招集し、イングランド王へのポワティエの移譲を知らせ、イングランド王に代わって自身に対する宣誓を行わせるに至った。そして、一三六二年七月一九日、イングランド王は、アキテーヌ公としてエドワード黒太子を認めさせ、彼に従うよう命じる証書をポワティエ市参事会に送付した。このように、フランス王の名代の要請を受けて、ようやくポワティエ都市住民はシャンドスおよびイングランド王の支配を受け入れることとなった(35)。

この際、ポワティエ市長が、シャンドスにこれまでポワティエが受けてきた諸特権や慣習、そして自由を保証してくれることを条件に従うことを約した。シャンドスもそれらをイングランド王の名のもとに追認することで応えた。一三六四年三月五日、エドワード黒太子によって、一二〇四年と一二二二年の証書で付与されたポワティエの諸特権の追認がなされた。これにより、イングランド王権による都市政策は、ポワティエの従来の諸特権や慣習、さらにある程度の自治権を保証するものとなった。市長は、これまで自身が管理していた都市の鍵をブシコーの手を経て、シャンドスに譲渡したが、最終的にその鍵の管理は、イングランド王の名のもとに市長に委託されている(36)。

イングランド王権のもと、ポワティエに対する特権が改めて保証されて遵守されることとなった。しかし、このときのランカスター王権が、それ以前のフランス王権よりもさらに都市へと権利委譲する例がみられる。裁判権の所在にかんして、英仏両王権間に対照性がみられる。フィリップ・オーギュストによる特権授与証書、とくに一二二二年のそれにおいては国王専決事件の指定と上級裁判権は王権に留保されていることが明記されており、そのため一二〇四年以降、ポワティエに完全な裁判権は授与されることなく、国王役人の監督下にたえず置かれていた。しかし、イングランド王権の支配下では、ポワティエに上級裁判権の行使が認められた。このことは、一三六九年六月三日、エドワード三世が、ブレティニ条約を破棄し、再びフランス王の肩書を用いるようになったことで、英仏の敵対関係が再燃したことによるものだといわれている(37)。同年一〇月一七日、黒太子は、ポワティエの支持を得るために、「余の貨幣や余の印璽の偽造、死刑の事件、至上権 souveraneté や国王の上位管轄権にかかわる大逆罪の事件を除いて」、「刑事と民事の事件すべて、またあらゆる訴訟にかんする裁判権を市長が保持する」ことを認め、上級裁判権をポワティエに承認した。(38)

さらに、行政の面においてもイングランド王権による都市住民への配慮が見受けられる。シャンドスは、ポワティエ市長やその住民たちから服従の宣誓を受けた一三六一年九月二三日、自らの邸宅で顧問会議を開き、そこでポワトゥー地方の行政役人を決定していった。セネシャル職には、イングランド王とシャンドスの意向によって、ギヨーム・ド・フェルトンが就任し、慣習的宣誓を行わせた。財務収入役には、これまでフランス王の収入役であったジャン・ル・ブレトンが任命され、イングランド王に宣誓を行い、王の名のもと、ポワトゥー、リムーザン、ベルヴィルの収入役を兼務した。セネシャル総代官には、トゥアール副伯の顧問官であったモリス・ラクレが、さらにポワティエのプレヴォには、フランス王のもとに従っていたルニョ・プレレーがそれぞれ就任した。ポワトゥー地方の河湖森林管理官には、ブランでイングランド軍を指揮していたウォティエ・スプリディントンと、ポワトゥー地方の主要な領主ギヨーム・ダペルヴォワザンが就任した。(39)歴代セネシャル職、城守備隊長職といった国王役人の要職のほとんどがイングランド人によって独占されていたが、その他の役職は地元出身者たちが引き継ぐことも多かった。(40)

イングランド王によるポワティエに対する懐柔政策によって、ポワティエのポワトゥー地方における拠点化が促進されていく。エドワード黒太子がアキテーヌ公となって以降、ボルドーを「政治の頂点」として、行政上ポワティエがその下に位置づけられるようになった。ポワティエにはポワトゥー地方のセネシャル裁判所管区の法廷が設けられ、セネシャル代官によって管轄されていた。また、ポワトゥー地方の慣習法集もこのときから成文化されるようになったといわれている。そして、ポワティエとリムーザンの収入役もポワティエを拠点とし、貨幣鋳造所も一三六二年から一三七二年にかけて機能していた。(41)シャンドス自らはギュイエンヌのコネタブルに就任し、その二年後、ブルターニュのジャン・ド・モンフォールを救援したり、オレでの戦いで指揮をとったりと活躍した。さらに、彼は一三六九年の後半のみではあるが、ポワトゥー地方のセネシャルに就任する。黒太子は二度ほどしかポワティエを訪問しなかったが、シャンドスは度々ポワティエに居住した(42)。ランカスター王権の支配のもとで、またシャンドスの配慮もあり、都市ポワティエはその自治権を引き続き享受しつつ、ポワトゥー地方の中心地として、財務・司法・行政組織の構築が一層促進されていった。

以上の例からも、都市ポワティエにとっての最優先事項は、これまで付与された特権の維持であった。イングランド王の支配に抵抗感を持ちつつ、都市の特権維持を条件に、都市民がイングランド王に服従の宣誓を行っていたことからもわかる。一四世紀中葉のランカスター王権の支配期において、ポワティエはポワトゥー地方の中心地としてますます発展していった。その一方で、フランス王権と都市とがこれまで築いてきた相互依存関係によって、都市ポワティエがイングランド王権への支配下に入ることを容易に是としないその都市の風潮もそこにはみられた。

### (2)　ポワティエ都市民の帰属意識の発芽

ランカスター王権のポワトゥー地方の支配によって、ポワティエを中心とする制度上・政治上の組織の整備が促進され、その地方におけるポワティエの重要性は高まった。しかし、イングランド王権に対するポワティエ都市民の抵抗意識がそこでは浮き彫りとなり、イングランド王権にその都市支配権が委譲して以降も、その意識は燻り続けていた。

そのような状況下で、ブレティニ条約でイングランドに移譲された各地方においても、イングランド軍の支配に対する都市民の不満が徐々に噴出してきた。一三六七年、エドワード三世からアキテーヌ公エドワード黒太子に宛てた文書には、アキテーヌ公領の住民たちの不満や訴えが、王やその最高法廷にあったことが記されている。そのほか、アキテーヌ公の配下であるイングランド守備部隊の兵士たちが、義務ではない夜警や新たな税をフランス住民たちに恣意的に課したり、穀物やワインを売値以下の安価でしか購入しなかったり、都市からの税収を横領したりしていた。

このように、イングランド人の横暴が蔓延していた上、ポワトゥー地方の役職と利益がイングランド人たちに占有されるようになった(43)。

このようなイングランド王によるポワトゥー地方の支配に対する抵抗意識や不満は、一三七〇年のジャン・シャンドスの死後に顕著となり、ポワティエ都市内において複雑な状況を生み出していた。ランカスター家支配下のポワティエ都市内では、下層市民層と聖職者から成る親仏派が存在し、地方役人や富裕な都市民層から成る親英派との間で抗争が繰り広げられた。例えば、フランス王権を支持していたピエール・ボシェは、イングランド王による支配を逃れるために、ポワティエを離れてパリに逃亡し、パリ高等法院の弁護官に就任した親仏的な人物であった。また、一三七〇年八月一五日、その叔父ジャン・ボシェは、サン゠シプリアン大修道院長とともに、ポワティエをフランス王シャルル五世の支配下に置き、イングランド王の利益を侵害しようと画策した件で親英派に捕らわれて死刑となり、財産を没収された(44)。

都市内の英仏両派閥による争いは、フランス王軍のコネタブルのベルトラン・デュ・ゲクランが率いるフランス王軍の接近にともないその激しさを増していった。親仏派はデュ・ゲクランと内通しており、一三七二年七月のフランス王軍の再征服に際して、デュ・ゲクランに情報や協力を提供していた。親仏派は、セネシャルがポワティエの都市に駐屯しているイングランド守備部隊の大部分を率いて、フランス軍追討のために都市を離れるので、この機会を逃さず駆けつけるよう秘密裏にコネタブルに知らせた。親英派の市長ジャン・ルノーは新仏派によるその不穏な動きを察知し、ポワトゥー地方のセネシャルであるトマ・ド・ペルシーに援助を求めていた。それにより、ポワティエ都市内での英仏両派閥による対立は公然となり、両陣営が相互に暴力に訴えるような雰囲気が広がって、市長が死の脅威を感じるような一触即発の危険な状況となった。また、デュ・ゲクランがポワティエの門前に到着した際、デュ・ゲクランに一日の猶予を与えられた都市指導者層が対処方法をめぐる議論を行ったときも、両陣営によって意見が分かれてまとまることはなかった(45)。このような都市内の不安定な状況の中、八月七日、親仏派の協力もあり、デュ・ゲクランはポワティエの奪還に成功したのである(46)。

ポワティエ都市内のこのような状況は、ブレティニ条約でイングランド支配下に入って以降も、都市内にフランス王権を支持する派閥が存在していたことを示すものである。この事実は、都市民の関心が、必ずしも自己の諸権利の保証というだけでなく、フランス王権への帰属に向けられていた証左となろう。

英仏両派閥によって都市内が分裂していた状況下で、ポワティエ奪還直後、ベリー公をともないポワティエに入ったデュ・ゲクランは、ポワティエのコミューンの要請に応じて都市の諸特権を保証し、イングランド人や親英派住民に対して恩赦を与え、フランス兵には節度を守ることを厳命した。デュ・ゲクランのこのような都市に対する措置は、英仏両派閥によって二分され、混乱していた都市内秩序の回復をはかったものといえる。不安定な都市内事情を鑑みると、デュ・ゲクランがポワティエ都市民の要請を受け入れ、従来の都市の諸特権を保証し、親英派への恩赦を与え、都市内秩序の安定をはかったのは当然といえる。

その上で、一三七二年一二月、ベリー公ジャンおよびシャルル五世は、これまでの歴代の英仏両王同様、コミューン全員の懇願に応じて、特別な恩寵を与え、従来の都市の諸特権を追認し、都市住民はフランス王の庇護下に置かれることになった。都市の諸特権を承認する文書において、ポワティエのコミューンおよびそこに属す人たちが、フランス王の「良き、実直で忠実な臣民として、再度または自由に、余（王）の従属と支配のもとに自ら服従し、永遠にそこに留まることを欲した」とある(47)。また、フランス王は市長や参審人、宣誓顧問役に貴族叙任を行った。彼らが、「常にフランス王冠に対して抱いていた、非常に大きな忠誠と服従、非常に良き意図と感情」、また「優れた良き奉仕もまた考慮し」、「今後もそうすることを期待して」、フランス王は貴族位を彼らに授与している(48)。都市指導者層の従来からのフランス王への奉仕が考慮され、フランス王に対する彼らの帰属意識もここに看取できる。これは、ブレティニ条約直後のイングランド王に対する態度とは対照的であるといえる。

さらにフランス王の恩寵の対象は、集団的なものだけでなく、個々の都市民も対象となっていた。一三七〇年五月、前述のピエール・ボシェには、自身が被った損害の代償とシャルル五世への奉仕の報酬として、ポワトゥー地方におけるアキテーヌ公の収入役であったイングランド人聖職者から没収した財産が贈与された。さらに、一三七二年一二月、国王顧問官となったピエールには、親英派に処刑された叔父の没収され親英派に分与されていた財産が返還された[49]。さらに親英派もまたその恩寵の対象となっており、親英派の市長であったジャン・ルノーも赦免され、貴族叙任証書を獲得している。富裕商人でもあったジャンは、ポワティエ守備部隊の兵士たちの装備や俸給のために、必需品や金銭を提供するなどの都市への貢献もあって、一三七三～七五年には再び市長に選出されている[50]。ここには、フランス王による都市民に対するありとあらゆる懐柔的な姿勢がみてとれる。

以上のように、この頃の都市民の英仏両王権に対する態度の違いをみると、とくに都市内における親仏派の存在は、都市の既存の特権保持が、都市民にとって最優先事項ではなくなりつつあることを示す事例といえる。まさに、ブレティニ条約直後のイングランド王への服従に対する抵抗の事実と合わせて、都市民によるフランス王権への帰属意識の萌芽がこの時代に看取できる。また、フランス王権側の都市政策にかんしては、フィリップ・オーギュスト以降の英仏両王権によるものが引き継がれた。ポワティエのコミューンの要請に応じた形で、過去の彼らの行いを考慮し、従来の都市の諸特権が追認されたのである。さらに、貴族叙任による都市指導者層との関係の深化によって、今後、彼らが国王の地方役人となったり、さらに封土を獲得して領主化したりしていく傾向に一層の拍車がかかった。このように、都市は王権の地方統治における有用な拠点となっていく。多くの都市民に対するフランス王の恩寵などは、王が都市に対して「良き」関係を構築しようとする姿勢がここに表れており、王権と都市との関係は、ここで新たな段階に入ったとみなすことができる。

*

フランスにおける王権と都市が親近関係を築いていく過程において、英仏両王権の争いがそこに大きくかかわっていることがわかる。一二世紀のカペー家とプランタジネット家の争いでは、カペー家のルイ七世の強硬な都市政策とは異なり、プランタジネット家のそれは、都市に従来の諸特権を承認するなどの政策をとった。ここに都市との関係の緊密化によって、不安定な地方支配の基盤とする都市政策の始まりがみてとれる。フィリップ・オーギュストがポワトゥー地方を奪還して以降のカペー王権による都市政策は、プランタジネット家支配期のそれを継承し、ルイ七世治世の都市政策を大きく転換することとなった。ルイ九世以降、王権による「早熟な」中央集権化傾向によって、都市との関係に軋轢が生じたが、対英百年戦争において両者の関係の深化が必然とされる状況となった。王権にとって都市が地方防衛の起点となっていく一方で、都市にとっては、王権が自衛力の増強の後援者となり、相互に不可欠な存在となっていった。百年戦争という対英戦争において、地方が不安定な状況に置かれたことで、フランス王権と都市との間に「良き」関係が構築されていった。そのような状況のもとで都市民のフランス王権への帰属意識が醸成されていったと考えられる。一四世紀中葉のブレティニ条約によって、ランカスター王権下へのポワトゥー地方の譲渡が決定されたことに対する都市民の反発、さらにランカスター王権支配下における親仏派住民の存在などは、フランス王権に対する都市民の帰属意識の表出といえる。

一五世紀に入ると、フランス王権と都市との関係はより緊密になっていく。とくに一四一八年、フランス王太子シャルルがパリを脱出し、シャルル七世としてブールジュ、トゥール、ポワティエなどロワール近郊の諸都市を拠点としたことがその大きな起因となっている。ポワティエでは、高等法院代表団、あるいは「最高法廷 Grands Jours」による審理が行われ、一四一八〜三六年、一四六九〜七一年にはポワティエに高等法院が設立された。また一四三一年には、シャルル七世と聖職者やポワティエ都市民の要請に応じて、教皇エウゲニウス四世の勅書が公布され、ポワティエに大学が創設される。これらの機関は、シャルルがパリから逃走した際にともなってきたパリ高等法院のメンバーやパリ大学の教員たちによって構成されていた。とくにポワティエ大学設立のフランス王の政治的な意図として、イングランド王権を支持していたパリ大学への対抗意識が挙げられる(51)。ポワティエへの高等法院や大学の設立は、ポワティエの有力都市民の子弟が法学士を取得し、地方の国王役人の地位を得るのに大いに寄与した。それと同時に、イングランド王軍に対抗するフランス王の政治的意図もそこには見受けられる。王権と都市との相互依存関係のもと、王権にとっての地方における都市の拠点化がより一層促され、百年戦争のフランス王軍の勝利によって、都市民のフランス王権への帰属意識も最終的に固まったといえる。

一四・一五世紀のフランス王権と都市との「心からの協調」に至るまで、ポワティエのケースをみると、プランタジネット家イングランド王による支配も無視できない要素であった。フィリップ・オーギュスト以降、フランス王権はプランタジネット家の都市政策を継承しつつ、イングランド王家への対抗意識によって新たな王権と都市との関係が形成されていった。確かに、王権と都市との関係において、王権の対抗勢力としては、そのほかにもさまざまな勢力が考えられるだろうが、その最たるものがイングランド王権であった。このような状況のもとで王権と都市が関係を築き上げていく過程は、同じく英仏両王権の争点となったノルマンディ地方でも見受けられる(52)。さらに、この英仏両王権が拮抗するなかで、フランス王権への都市民の帰属意識が醸成され、まさに「良き」関係へと至る。フランス王権と都市との相互依存関係の構築と、その関係の緊密化の歴史において、イングランド王権による政治上・制度上の寄与が少なからず存在し、フランス王権の都市政策にもイングランド王権が多大な影響を及ぼしていたといえるだろう。

**注**

（1）河原温『都市の創造力』岩波書店、二〇〇九年、三二～三八頁。

（2）B. Chevalier, *Les bonnes villes de France du XIVe au XVIe siècle*, Paris, 1982. Id., "L'état et les bonnes villes en France au temps de leur accord parfait (1450-1550)", dans N. Burst et J.-Ph.Genet (éd.), *La ville, la bourgeoisie et la genèse de l'Etat moderne* (*XIIe-XVIIIe siècles*), *Actes du colloque de Bielefeld* (*29 novembre-1e decembre 1985*), Paris, CNRS, 1988, pp. 77-85. Id., "Pouvoir central et pouvoirs des bonnes villes en France, aux XIVe-XVe siècles", dans S. Gensini, (a cura di), *Principi e Città alla fine del Medioevo, Collana di studi e Ricerche*, 6, Pisa, 1996, pp. 53-76.

（3）　R. Favreau, *La ville de Poitiers à la fin du moyen âge, un capital régionale*, Poitiers, 1978.　大宅明美『中世盛期西フランスにおける都市と王権』九州大学出版会、二〇一〇年。このほかに、一五・一六世紀のポワティエおよびトゥール、ブールジュを含む都市とフランス王権との関係の研究として、D・リヴォがいる。D. Rivaud, *Les villes et roi (v. 1440–v. 1560): Les municipalités de Bourges, Poitiers et Tours et l'émergence de l'État moderne*, Rennes, 2007.

（4）　九世紀のノルマン人の災難を嘆いたサン＝メクサンの年代記には、ポワティエにかんして、「アキテーヌ地方においてかつてもっとも豊かな都市」との記述があり、フルリ大修道院長アボンは、クリュニー大修道院長に宛てた手紙に、ポワティエのことを「非常に名高い都市」として紹介している。また、一〇世紀、ヒルデベール・ド・ラヴァルダンは、「その（都市を支配する）諸侯や非常に多くの都市人口、そして聖職者の卓越性、市壁と多くの塔の強固さ、そして都市の地勢」から、ポワティエを王国において最高位の都市に位置づけていた。R. Favreau (dir.), *Histoire de Poitiers*, Toulouse, 1985, p. 93.

（5）　ルイ一世は、少なくとも八三九年と八四〇年に、多くの国王証書をポワティエから発布している。Id., *La ville de Poitiers*, p. 27.

（6）　*Ibid.*, pp. 112-115. ポワトゥー伯がアキテーヌ公を名乗るようになって以降、その権威は、リムーザン、アングモワ、ペリゴール、ベリー、ラ・マルシュ、ジェヴォーダン、サントンジュ、ボルドレやアジュネにまで段階的に拡大していったといわれている。

（7）　*Ibid.*, p. 27, pp. 120-147.

（8）　Favreau (dir.), *Histoire de Poitiers*, pp. 90-91.

（9）　コミューンの形成を試みたポワティエのシテ住民は、市壁や堀で都市を囲み、伯の宮廷を占有し、ポワトゥー地方のその他の諸都市や城、城塞と結託しようとしたが、ルイ七世は、ポワトゥー地方のバロンや二〇〇の騎士、弓兵や弩兵を徴集し、無血でポワティエのシテ住民を屈服させた。王はコミューンを廃止し、首謀者たちの息子や娘たちを人質にとり、王国のさまざまな地方に追放しようとしていた。サン＝ドニの祝祭日が過ぎた頃、ポワティエで王と合流したシュジェールは、シテ住民たちの動揺と悔悛の念に触れた後、若王を説得して国外追放の命令を撤回させた。Id., *La ville de Poitiers*, p. 48. 大宅『中世盛期西フランスにおける都市と王権』一四～一五頁。

（10）　カペー家による都市政策も、一貫して抑圧的なものではなかった。ルイ六世以降、その政策は、現地の政治的な状況などに応じて異なっていた。ノワイヨン（一一〇八～〇九年）、ラン（一一二八年）などの事例ではコミューンの創設がフランス王に認可されている。渡辺節夫『フランスの中世社会　王と貴族たちの軌跡』吉川弘文館、二〇〇六年、一〇四～一〇六頁。

（11）　Id., *La ville de Poitiers*, p. 47. アリエノールは、このとき「イングランド王妃、ノルマンディーおよびアキテーヌ公妃、そしてアンジュ伯妃」という肩書で、息子ジョンが英王位に就くまでの間の一一九九年五月四日、ポワティエ都市民に特権確認証書を二通同時に発布した。E. Audouin, *Recueil de documents concernant la commune et la ville de Poitiers*, t. I: de 1063 à 1327, Poitiers, 1923, pp. 49-52 (XXVI, XXVII). 大宅『中世盛期西フランスにおける都市と王権』一一五～一一六頁。

（12）　ポワティエの都市コミューンは、ヘンリ二世期の一一七〇年代に創設された可能性が高く、このアリエノールのコミューン特許状は、その追認であるとされている。また、一一二七～三七年にポワトゥー伯によって付与されたラ・ロシェルの最古の特権は、ヘンリ二世によって追認され、さらにポワトゥー伯ギヨーム七世によってバイヨンヌに初めて付与された一二一一年の諸特権は、リチャード一世獅子心王によって追認されている。そして、ヘンリ二世とリチャード一世によって付与されたニオールへの最古の諸特権は、一二〇五年のジョン欠地王による追認証書に記載されている。ヘンリ二世以前のヘンリ一世もまた、ルーアンに対して最古の特許状を与えている。これはポワティエ同様現存していないが、唯一ヘンリ二世による追認証書にそのことが記載されている。Favreau, *La ville de Poitiers*, p. 47, (191).

(13) 仏王フィリップ二世に臣従礼をとり、ジョン王と敵対していたアルテュールを支持し、ミルボの攻囲戦で捕虜となったルジニャン家のユーグ・ル・ブランとジョフロワそれぞれの城の管轄が、ソロネに委託されている。B. Ledain, "Les maires de Poitiers", dans *Mémoires la société des antiquaires de l'Ouest*, t. XX, 1987, pp. 219-222.

(14) A. Giry, *Les Etablissements de Rouen*, t. 1, Paris, 1883, pp. 357-358; 大宅『中世盛期西フランスにおける都市と王権』一七～一八頁。ヘンリ二世期のアキテーヌでは反乱が数回にわたって起こった。

(15) Giry, *Les Etablissements de Rouen*, t. 1, pp. 362-365. 大宅『中世盛期西フランスにおける都市と王権』一九～二二頁。

(16) Giry, *Les Etablissements de Rouen*, t. 1, pp. 360-362. ジリーによると、一二〇七年のルーアンに付与された証書の二七箇条のうち一九箇条が、ポワティエに付与された一二二二年の証書にも引用された。例えば、一二二二年の証書には、ポワティエ住民の商業にかんする特権が承認されているが、これは「ヘンリ二世が有する領土すべてに」認められていたものであり、アリエノールの一一九九年の証書においてこれら「自由の慣習」が追認されている。Favreau, *La ville de Poitiers*, pp. 95, (423). また、一二二二年の証書以外で、税務上の特権も付与されている。フィリップ・オーギュストは、市場税（droits de vente）や通行税の免除、リチャード一世が設けた四旬節中（Mi-Carême）の市の開催を追認した。その市の開催期間中、よそ者の商人から減額された税が徴収されるが、一方、ポワティエの商人たちには、その税が強制されることはなかった。Ledain, "Les maires de Poitiers", pp. 222-223. さらに、プレヴォ管区の料金表（tarif de la prévôté）の起草も、ヘンリ二世の治世にまで遡ることができる。Audouin, *Recueil de documents*, t. I, Poitiers, 1923, pp. 53-62 (XXVIII).

(17) Favreau, *La ville de Poitiers*, pp. 78-83.

(18) ヘンリ三世も、アキテーヌ公領にかんする決定すべてをポワティエの住民に知らせていたといわれている。Ledain, "Les maires de Poitiers", pp. 223-225.

(19) Chevalier, "Pouvoir central et pouvoirs des bonnes villes en France", pp. 58-59.「私（ルイ九世）が即位したとき、バロンたちの反抗に対して私を援助したパリと私の王国の良き都市のことをよく覚えている。」……「あなた（ルイ九世の息子）の王国の良き都市および良きシテにあなたの先王たちが保証してきた身分と特権を保証しなさい」。

(20) Favreau, *La ville de Poitiers*, pp. 115-116. Id., *Histoire de Poitiers*, p. 129. Giry, *Les Etablissements de Rouen*, t. 1, pp. 360-361.

(21) ルイ九世がポワトゥー伯領を王弟のアルフォンス・ド・ポワティエに委譲して以降、アルフォンスは主にパリ出身の自身の臣下たちを派遣して支配させるなど、中央集権的傾向が顕著となってくる。E.-R. Lanbande (dir), *Histire du Poitou, du Limousin et des pays charantais: Vendé, Aunis, Saintonge, Angoumois, Toulouse*, 1976, pp. 188–189.

(22)　Chevaliers, *Les bonnes villes de France*, p. 43-44. フィリップ四世は、教皇ボニファティウス八世との対立、またフランドルとギュイエンヌでの戦争に対して、臣民による支持や、その同意と軍事的・財政的援助を得るために三部会を招集した。実際、ポワティエのコミューンは一三〇三年にフランス王支持を表明している。シュヴァリエはこれを契機に、フランス王権と「良き都市」との関係が始まったとしている。

(23)　Ledain, "Les maires de Poitiers", pp. 254-262.

(24)　Audouin, *Recueil de documents*, p. VIII. Ledain, "Les maires de Poitiers", pp. 239-273. フランス王の善処としては、以下のことがあげられる。一三二一年のコミューンの訴えに対して、王はコミューンの裁判権の侵害を止めるようセネシャルに厳命し、都市の特権保護や負担軽減に努めている。また、一三二七年には、ギュイエンヌでの対英戦争での貢献を考慮し、王は切迫した緊急時を除いて、ポワティエのコミューンに対して軍役奉仕を要請しないよう、セネシャルおよびポワトゥーとサントンジュ両地方の国王代官に命じた。そのほか、ポリスの権限も都市コミューンに帰属することが認められている。

(25)　E. Audouin, *Recueil de documents concernant la commune et la ville de Poitiers*, t. II: de 1328 à 1380, p. VIII.

(26)　Ledain, "Les maires de Poitiers", p. 248, pp. 265-266.

(27)　Favreau, *La ville de Poitiers*, pp. 156-158. 一三五六年九月のフランス王軍がイングランド軍に大敗を喫したポワティエの戦いでも、ポワティエ都市民は、フランス敗走兵に対して市門を閉ざし、敗走兵が大量に殺害されるのを武装して市壁の上から見ていただけであったといわれる。

(28)　Chevalier, "Pouvoir central et pouvoirs des bonnes villes en France", pp. 57-60.

(29)　Audouin, *Recueil de documents*, t. II, p. IX. イングランド軍は、このとき、六〇〇人の都市民を殺害し、都市官邸を焼失させ、戦利品を奪ってポワティエから去っていった。

(30)　一三五五年には、同じくポワトゥー地方の国王代官ジャン・ド・クレルモンも、防衛強化事業に充てるための四〇〇リーヴルの援助金をポワティエに譲渡し、その事業の推進に尽力していた。Ledain, "Les maires de Poitiers", p. 271, pp. 278-284.

(31)　平時でも開けておく門を三つだけにして、各門ではポワティエ全住民が警固を課された。シャテルニーの小教区からは自弁で武装した人々の都市への派遣や、市壁の早急の修復などが義務づけられた。*Ibid.*, pp. 271-272.

(32)　*Ibid.*, pp. 282-283. Favreau, *Histoire de Poitiers*, p. 137. パリでは、一三五六～五九年にかけてたびたび三部会が開催されており、ポワティエの都市代表使節はそれら三部会に参加している。ファヴロは、そこでその都市代表が、「ポワティエのシテ、城、伯領、およびポワティエの領土と地方」のエドワード三世への委譲を防ぐことができなかったとしている。Id., *La ville de Poitiers*, p. 160.

(33)　Favreau, *La ville de Poitiers*, pp. 164-165. 一三六一年八月一二日を最後にイングランド王への恭順を促すジャン二世の命令証書は交付されていない。

(34) Audouin, *Recueil de documents*, t. II, pp. 190-191 (CCCCXXIV).
(35) *Ibid.*, pp. 192-204 (CCCCXXV), pp. 204-206 (CCCCXXVI).
(36) *Ibid.*, pp. 192-204 (CCCCXXV), pp. 210-211 (CCCCXXIX).
(37) 一三六七年のカスティーリャに介入して借金を負った黒太子は、アキテーヌ公領に五年間のかまど税 (fouage) の徴収を求めた。ポワティエやニオールなど各都市で賛否が話し合われた後の一三六八年一月、アングレームの三部会でその課税徴収が決議された。アルマニャック伯をはじめとする領主たちによって、その課税が不当徴収であるとの訴えが頻発し、パリ高等法院にもそれらの訴訟が持ち込まれた。黒太子不在の欠席裁判となり、黒太子の背信行為として告発されたことで、エドワード三世はブレティニ条約を破棄した。Favreau, *La ville de Poitiers*, pp. 168-169. Ph. コンタミーヌ著、坂巻昭二訳『百年戦争』白水社、二〇〇三年、六九～七三頁。
(38) Giry, *Les Etablissements de Rouen*, t. I, pp. 366-367. Audouin, *Recueil de documents*, t. II, pp. 242-243.
(39) Audouin, *Recueil de documents*, t. II, pp. 202-203 (CCCCXXV).
(40) Favreau, *La ville de Poitiers*, p. 165, 171. イングランド支配下のセネシャル職には、勇敢なイングランド人が就任した。ジャン・シャンドスのフランス各地での代官であり、イングランド王の総代官を務めたギヨーム・フェルトンの次に就任したのは、ボードゥアン・ド・フレヴィル。その後、ジェームス・ドドゥレイ、ジャン・シャンドス、そして最後にトマ・ド・ペルシーがセネシャル職に就任している。
(41) Favreau, *La ville de Poitiers*, pp. 166-167. 財務行政は、ボルドーのエシキエやアキテーヌ財務官の肩書を持ったコネタブルの管轄に入り、貨幣鋳造所もボルドーに所在した。司法行政においては、上訴はガスコーニュやロンドンの法廷になされたが、一三七〇年一月一日にはアキテーヌに最高法廷が設けられるようになった。
(42) Audouin, *Recueil de documents*, t. II, p. 192. Favreau, *La ville de Poitiers*, p. 168.
(43) 一三六七年二月一〇日、ポワトゥー地方の騎士ルイ・シャボにかんするエドワード三世からエドワード黒太子への文書内に、「その地方の権利・道理・慣習に反して抑圧の被害を受けていること」、また「訴訟において不利益を被ったり、公や公領の法廷において大きな過ちが犯されたりしている」という訴えが述べられている。Favreau, *La ville de Poitiers*, p. 169, pp. 174-175.
(44) *Ibid.*, pp. 173-176. Ledain, "Les maires de Poitiers", pp. 288-289.
(45) Ledain, "Les maires de Poitiers", p. 290. フランス軍に投降すべきであるという意見や、占領時にイングランド軍がポワティエ市民を虐殺しなかったことを想起して、イングランド軍側の人々をフランス軍に売り渡すのは背信であり、抗戦することを訴える意見など、さまざまな議論がなされた。
(46) Ledain, "Les maires de Poitiers", pp. 289-291.
(47) Audouin, *Recueil de documents*, t. II, pp. 248-251 (CCCCXLVIII, CCCCXLIX).
(48) *Ibid.*, pp. 251-253 (CCCCL).
(49) P. Guerin, *Recueil des documents concernant le Poitou contenus dans les registres de la Chancellerie de France*, t. IV (*Archives historiques de Poitou*, t. XIX Poitiers), pp. 63-64 (CCCCXCVII), pp. 120-129 (DXVI), pp. 199-205 (DXXXIV). ピエール・ボシェには、一三七二年七月、すでに没収されていた叔父ジャンの財産を実際に返還する約束がなされていた。実際に返還されたのは、ポワトゥー

とサントンジュがシャルル五世によって奪還された同年一二月であった。

(50) ジャン・ルノーは、一三七五年、ベリー公が守備部隊に支給すべき俸給を代わりに支給している。Guerin, *Recueil des documents concernant le Poitou*, pp. 236-240 (DXLII). Ledain, "Les maires de Poitiers", p. 293, pp. 297-299.

(51) Favreau, *La ville de Poitiers*, pp. 276-288, 289-298. Id., *Histoire de Poitiers*, p. 161, pp. 164-165. 一四一八年に王太子シャルルに付き従ったのは、パリ高等法院やシャトレ裁判所の中でも「もっとも有力で古参の人たち」で、彼らがポワティエ高等法院の人員となっていた。一四一八年九月の証書によって任命された一七人のメンバーのうち一六人がパリの法廷に属していた。

(52) 朝治啓三・渡辺節夫・加藤玄編著『中世英仏関係史　一〇六六～一五〇〇――ノルマン征服から百年戦争まで』創元社、二〇一二年、一六八～一七八頁。

# 第9章　境域にたつサヴォワ伯
## ——サヴォワ–フランス関係からみる中世後期フランスの内紛——

上田耕造

「アルプスの門番」と呼ばれるサヴォワ伯（一四一六年以降はサヴォワ公）。中世から近代に至るまで、アルプス地域の西部を支配していたのが、このサヴォワ伯（公）であった。当時サヴォワ伯（公）の支配圏は、レマン湖周辺からアルプス山脈の西麓、ピエモンテ、そして地中海に面した都市ニースにまで及んでいた。現在では、トリノを中心としたピエモンテはイタリアに、シャンベリーを中心とした山岳地帯のいわゆるサヴォワはフランスに、そしてジュネーブを中心としたレマン湖周辺はスイスにそれぞれ属している。各国の境界線にあたる地域を束ねていたのがサヴォワ伯（公）であった[1]（図9-1参照）。

中世においてサヴォワ伯（公）の支配領域は、フランス王国と神聖ローマ帝国との間に位置していた。上級領主は神聖ローマ皇帝であったが、帝国の西の端に位置するこの地方に対して、皇帝が積極的な干渉を行うことは、ほとんどなかった[2]。一方、フランス王は、サヴォワ伯領に隣接するドーフィネを手にいれるも、帝国の領域に位置するこの地に侵出するまでには至らなかった[3]。権力の中枢である国王や皇帝の主要所在地から、比較的離れた地域であったこともあり[4]、サヴォワ伯（公）はこの地に、自らを中心とした独自の統治組織を整備し、「サヴォワ公国」と呼ばれるひとつの国を作り上げていった。それは一八世紀初頭サルデーニャ王国となり、次世紀にはイタリア統一を指揮する

**図 9-1**　1416年のサヴォワ公国

出所：Bernard Demotz, *Le comté de Savoie du XI^e au XV^e siècle*, p. 492 より筆者作成。

存在となる。[5] ヨーロッパを代表する二大勢力の狭間で、サヴォワ伯（公）は独立性を保ち続けた。

そのサヴォワ伯（公）は公国を存続させるべく、アルプス西麓の地に立てこもり、ひたすら所領の維持と防衛に努めていたのであろうか。実はそうではない。むしろ、積極的に外部勢力と対話を行い、多方面につながりを持っていた。活発な行動のもとで作られた幅広い人脈から、サヴォワ伯（公）やサヴォワ家の人々、そしてその家臣たちはヨーロッパ内のさまざまな地域、そして場面で姿を現す。[6] 本章では、フランスの諸侯たちとの関係のなかで姿を見せる、サヴォワ伯（公）の存在に焦点をあてる。

## 1　中世サヴォワ史とフランス史

サヴォワ家の故地はシャンベリー付近であったとされる。始祖はアンベール一世であった。彼はブルグンド王ルドルフ三世に、顧問官として仕えていた。一〇三二年にブルグンド王国が神聖ローマ帝国に併合されると、アンベール一世は皇帝であるコンラート二世に迎え入れられ、良好な関係を築いたとされる。

サヴォワ伯がアルプスの西部地域で頭角を現すのは、一二世紀末のことであった。トマ一世の治世から、一四世紀末にサヴォワ伯（公）となるアメデ八世の治世までのおよそ二世紀をかけて、サヴォワ伯（公）は西部アルプス地域一帯からピエモンテ、そして都市ニースに至るまでの領域を支配下におさめていく。[7]

こうしたサヴォワ史にかんする研究は、一九世紀より進められており、古いものであればヴィクトル・ド・サン＝ジェニの『サヴォワ史』を挙げることができる。そこにはサヴォワ家の黎明期から伯位を獲得し、そして支配圏を徐々に広げていく過程が詳細にまとめられている。[8] 比較的新しい作品としては、ベルナール・デモット『一一世紀から一五世紀におけるサヴォワ伯領——中世における権力、城そして国家』が挙げられるであろう。[9] デモットの著作の特徴は、サヴォワ通史を描きつつ、そこに新たに「国家」という視点を組み込んでいる部分にある。つまり、デモットはサヴォワ伯の宮廷とその機能、伯の支配圏内にはりめぐらされる統治組織の網の目、そしてそこで働く役人たちの姿などを検討し、サヴォワ公国が「国家」としてのまとまりを持つことを詳らかにしている。近年、サヴォワ公国内部の制度面の充実や、サヴォワ伯による領内統治のあり方についての研究は、ギド・カステルノーボの尚書官にかんする研究や、ベルナール・アンデンマッテンの城主の役人としての立場に注目した研究などを例として、積極的に進められている。(10)こうした一連の研究から、フランス王国の西に端、神聖ローマ帝国の東の端という、いわば「辺境」に位置する地域で、サヴォワ伯の支配領域が独自の発展を遂げていた事実が浮かび上がってくる。

すでに述べたが、サヴォワ伯（公）は山深いアルプス地域に引きこもり、ただ独自の支配を行うだけの存在ではなかった。デモットは、サヴォワ伯（公）のヨーロッパ規模で広がる各勢力とのつながりを明らかにしている。伯（公）は支配圏拡大の際に、隣接する土地の領主であるフランス王やブルゴーニュ公、アンジュー公といったフランスの諸侯たち、さらに北東の支配圏をめぐってぶつかるハプスブルク家、そしてアルプス地域を挟んで対峙する都市ミラノ（後にはミラノ公国）などと折衝を重ね、さらには同時に婚姻政策も併用して、周辺の諸勢力と幅広く友好関係を築いていった。そして、このサヴォワ伯（公）の関係図は周辺領域だけにとどまらず、遠くブリテン島のイングランド王や、さらにはコンスタンティノープルにいるビザンツ皇帝にまで広がっていたとデモットは述べる。(11)

サヴォワ伯（公）と周辺勢力との関係に焦点をあてた研究のなかで、とくにサヴォワ－フランス関係に注目した研究がある。二〇世紀初頭に出版されたジャン・コルデの博士論文『百年戦争期（一三二九－一三九一年）におけるサヴォワ伯とフランス国王』は、サヴォワ伯とフランス王との関係を扱った研究の初期の作品といえるであろう。(12)そこでは、百年戦争期におけるサヴォワ伯の政治動向と対イングランド戦におけるフランス軍支援の状況が書かれている。コルデの視点は、その後アンリ・ボーに受け継がれ、彼は『アメデ八世と百年戦争』と題する作品を残している。(13)コルデの研究がアメデ七世の治世までで終わっているため、その後のサヴォワ－フランス関係を追いかけたのがボーの研究であった。一連の研究は、フランスにおいてサヴォワ伯が少なからず影響力を持ちうる存在であったことを明らかにしている。

サヴォワ-フランス関係の検討で興味深いのは、これまでのフランス一国史の観点では見えてこなかった部分が、サヴォワ伯の存在に関心をむけることによって浮かび上がってくる点にある。例えば、ボーの研究によると、一四一九年のモントローでのブルゴーニュ公ジャン・サン・プール暗殺事件以来、袂を分かっていたブルゴーニュ公フィリップ・ル・ボンと、暗殺の主犯格とされるシャルル七世とが、一四三五年アラスで和解し敵対関係の修復にむかうことになるのだが、このアラスでの対談には仲介者がおり、それがサヴォワ公であったとする。さらには、アラスの和約に至るまで、サヴォワ公は長年にわたり両者の橋渡しの役割を担ってきており、その努力が結実したのが一四三五年であったと彼は述べる(14)。和解の過程において、おそらくサヴォワ公の果たした役割は重要であっただろうし、こうしたサヴォワ公の仲介を重視する見解は、おそらくフランス史の枠組みからは出てこない。これはひとつの事例であるが、サヴォワ伯（公）の存在は、一国史の枠組みではおさまらないフランス史のあり方を示してくれる。

以上のような研究状況を踏まえつつ、本章で注目するのは一四世紀末から一五世紀初頭におけるフランスの諸侯たちとサヴォワ伯との関係である。後に詳しく述べるが、当時のフランスは、精神的な病を抱えていた国王シャルル六世に代わり、諸侯たちが政治の実権を握っていた時代であり、またその主導権を求めて内戦が始まろうとする時期であった。フランス史にとって、重要な転換期であったといえる。そして、当該期にフランスの諸侯たちとサヴォワ伯との間には、比較的多くの接触が見られる。諸侯たちはサヴォワ伯に何を求めて対面していたのであろうか。各諸侯にかんする研究において、しばしばサヴォワ伯への言及を見ることができるのだが、しかし、彼らが伯と具体的にどのような意図と目的を持って対話を重ねていたのかに注目した研究は、それほど多くない(15)。そこで、以下では一四世紀末から一五世紀初頭において、サヴォワ伯がフランスの諸侯たちにとって、どのような存在であったのかを明らかにし、また、サヴォワ伯が当該期のフランスにどのような影響をもたらしたのかについて検討していく。

## 2　一四世紀末から一五世紀初頭のフランスとサヴォワ

まずは一四世紀末から一五世紀初頭にかけてのフランスとサヴォワの状況を確認しておこう。この時期のフランスはシャルル六世の治世にあたる[16]。即位時に王は一二歳であったこと、そして一三九二年からは、精神的な病を患い、しばしば国政の場から離れることが多かったことから、当時のフランスは安定性を欠いていた。病気のため恒常的に政治の場に姿を現すことのできない王に代わり、国政を主導したのは諸侯たちであった。具体的には王の叔父であるブルゴーニュ公フィリップ・ル・アルディ、アンジュー公ルイ、ベリー公ジャン、そして王の母方の叔父であるブルボン公ルイ二世、さらに王弟オルレアン公ルイである。彼らは政治の主導権を手に入れようとし、徐々に反目し合うようになる。摂政位についたオルレアン公ルイと諸侯筆頭のブルゴーニュ公フィリップ（一四〇四年からブルゴーニュ公位は息子のジャンに移る）を中心として、政治的な駆け引きが繰り広げられるなかで、一四〇七年にひとつの事件が起きた。ブルゴーニュ公ジャン・サン・プールが、政敵であったオルレアン公ルイをパリで暗殺したのである。この事件をきっかけとして、フランスはブルゴーニュ派とオルレアン派（後にアルマニャック派）とによる内戦へと突入していくことになる[17]。

政治の場であるパリで、諸侯たちが政権争いを繰り広げる一方で、彼らは、地方において独自の活動を展開し徐々に支配圏を拡大させていった。例えば、ブルゴーニュ公フィリップは、婚姻政策を用いてフランドルを手に入れ、さらにはエノーやブラバンといった周辺領域にまで勢力を拡大させようとしていた。ブルボン公ルイ二世も同じく婚姻政策で隣接するフォレ伯領を獲得すると、一四〇〇年にはボージョレ領を領主であったボージュー卿の遺言をもとに併合した。さらに同年ブルボン公領の南に位置するオーヴェルニュ公領については、国王との交渉の末に、諸々の交換条件がつけられた上で、その継承権を獲得した[18]。

支配領域が徐々に広がっていくなかで、諸侯たちは同時に自領全体を効率的に統治するための組織作りを進めていく。例えば、一三七四年ブルボン公の主な所在地であったムーランに会計検査院が設立された。公の支配圏内には、すでにフォレ伯領内のモンブリソンとボージョレ領内のヴィルフランシュに会計検査院があった。このふたつの会計検査院は、新設されたムーランの会計検査院設置の下部組織として位置づけられるようになる。こうしてできた体系的な財政システムによって、ブルボン公の支配圏内における収支の管理が、より組織的かつ効率的に進められるようになる。会計検査院の創設にともなう財政改革は、各諸侯領内でも起きた。その他、上訴法廷の設置にともなう司法体系の整備や、地方管理体制の確立などもそれぞれに進められた[19]。

一四世紀末から一五世紀初頭にかけて、こうした諸侯を頂点とする国家的なまとまりが、フランスの各地方に登場する。それは「諸侯国」と呼ばれるのだが、中世後期のフランスにはこうした「諸侯国」が並存していた。そして、この地方における「諸侯国」形成の動きと、諸侯らによる王国統治の主導権掌握とは連動しており、彼らは所領の買収や統治組織の整備に、国庫を流用していたとされるのである[20]。

一方、サヴォワ伯の状況は、どのようなものであったのだろうか。少し時代を遡ってサヴォワ史を整理しておこう。サヴォワ伯の支配領域は、一二世紀末のトマ一世の治世から徐々に拡大していくのだが、周囲にはさまざまな有力勢力の支配地が広がっていた。北西にはブルゴーニュ家、北東にはハプスブルク家、西のアルプスをまたいだ地域には都市国家ミラノがおり、南のドーフィネにはフランス王家、そしてプロヴァンス方面にはアンジュー家の姿があった。歴代サヴォワ伯は、こうした勢力との駆け引きのなかで、少しずつ自らの支配領域を拡大させ、そして確保していった。例えば、一二七二年に後のサヴォワ伯アメデ五世は、ブレス地方に所領を持つ有力領主の唯一の娘シビル・ド・バジェと政略結婚をした。この結婚に基づいて、ブレス地方の領地が後に、サヴォワ伯の所領に組み込まれることになる。ただ、同地方はブルゴーニュ公の支配領域と接していた。サヴォワ伯の勢力がブルゴーニュ公の領域にまで迫るなかで、両者は一二八九年に折衝を重ね、ソーヌ川とセイユ川を互いの境界線とすることを決めた。

対話を重ねたサヴォワ伯とブルゴーニュ公とが、友好関係を結んだ背景には、ひとつ大きな理由があった。彼らには対ハプスブルク家という共同の目的があったのである。元来アルザス地方の小貴族であったハプスブルク家は、徐々に中央アルプス地域へと支配圏を拡大させていった。同家の勢力拡大は、隣接するサヴォワ伯とブルゴーニュ公にとっては脅威であり、両者の距離を縮めるきっかけとなった。一二七三年ハプスブルク家から神聖ローマ皇帝ルドルフ一世が誕生すると、皇帝はベルンとモラとの紛争に介入しつつ、サヴォワ伯の支配領域にも圧力をかけ始める。対するサヴォワ伯は、同盟関係を結んでいたブルゴーニュ公から軍事支援を受け、これに対応した。その後、皇帝ルドルフ一世の死去にともない、ハプスブルク家の侵攻は止む。両家はここから歩み寄りを始め、ハプスブルク家のオーストリア大公レオポルトとサヴォワ伯アメデ五世の娘カトリーヌ・ド・サヴォワとが結婚し、両家は姻戚関係で結ばれることになる。このような他勢力に対する共同戦線というように、サヴォワ伯はうまく周囲の状況を利用しつつ、同盟関係の構築や所領の確保および拡大を進めていったのである(21)。

一四世紀に入ると、サヴォワ伯は東方、そして南方のアルプス地域に侵出し始める。まずは、所領の東に位置する二つの峠、すなわち、グラン・サン＝ベルナール峠とシンプロン峠がある地域へとむかう。そこでは、オー・ヴァレー渓谷にある多くの渓谷共同体の抵抗を受けるも、なんとかこれを抑え支配圏内に取り込んでいく。最終的に峠を越えた地域でぶつかったのが都市国家ミラノであった。このミラノの支配者ヴィスコンティ家のガレアッツォ二世に対して、サヴォワ伯アメデ六世は結婚相手として妹のブランシュ・ド・サヴォワを差し出す。同時に交渉を行い、峠を抜ける交通路の共同支配と利益の分配といった協定を定めた。さらに、一四世紀末から一五世紀の初頭にかけて、アメデ六世は南方のアルプス地域とそれを越えたピエモンテ方面へと勢力を伸ばしていく。当時プロヴァンスおよびピエモンテは、アンジュー公の手中にあったのだが、一三八二年アメデ六世は、家系のつながりからナポリ王国に関心を寄せるアンジュー公ルイ一世に対して、一二〇〇人の兵の派遣を約束し、さらには四万五〇〇〇フローリンを支払って、ピエモンテを獲得したのであった(22)。その後も地中海方面をめざして、所領を拡大させていくことになる。

このように、サヴォワ伯は全方面で積極的な活動を繰り返していた。そのなかで、サヴォワ伯にとって重要で、同家に多くの利益をもたらしたのが、西アルプス地域における峠道の確保であった。サヴォワ伯は東方の山岳地域に侵出し、そこでシンプロン峠を手に入れた。また南への勢力拡大に際しては、モン＝スニ峠をはじめ、イタリア方面からドーフィネ、プロヴァンスに至るすべての峠を支配下におさめた。そして、峠道にある橋や河川は、サヴォワ伯の管理下におかれることになる。シンプロン峠はイタリアからフランス北東地方へと抜けるルートであり、多くの商人がここを通った。サヴォワ伯は、人々の交通の安全を保障するとともに、通行を管理して多くの代価を得たのであった。(23)

所領の拡大と並行して、サヴォワ伯は支配領域を総合的に管理し統制するための組織も徐々に整えていく。サヴォワ伯の主な所在地はシャンベリーであったが、そこに伯の宮廷がおかれた。同時に宮廷の伯のもとには、助言者である顧問官が集まり、顧問会議が開かれるようになる。シャンベリーはサヴォワ公国の政治の中心地となった。さらに、公印を預かる尚書官や軍司令官である元帥二名、財務長官、宮廷長などの役職も設置された。地方の管理や実務にあたったのは城主であり、地方への命令伝達、実行の役割としてバイイ、あるいは地方総督もおかれた。(24) こうしてサヴォワ伯の支配領域は、ひとつのまとまりである「サヴォワ国」としての体を成していくことになる。

一四世紀末から一五世紀の初頭にかけて、フランスは諸侯たちが中心となって、内戦に向かう状況にあったのだが、一方、彼らは地方で独自の活動を展開し、支配領域の拡大と「諸侯国」の形成を進めていた。そして同時期に、サヴォワ伯も同じような動きをとっていた。互いが互いの地域で多様な活動を繰り広げるなかで、フランスの諸侯たちとサヴォワ伯とは、どのようなつながりを持っていたのであろうか。以下ではふたつの場面に焦点をあて、具体的に各諸侯とサヴォワ伯との関係性について検討していく。

## 3　サヴォワ伯とフランスの諸侯たち

### (1)　一三九三年――サヴォワ内紛に対するフランス諸侯たちの介入

一三九一年にサヴォワ伯アメデ七世が死去する。[25] 新たに伯位を継承したのは、息子のアメデ八世であった。ただし、彼はまだ当時八歳であった。そこで、後見人がおかれることになる。アメデ七世は遺言で、母のボンヌ・ド・ブルボンがその地位に就くよう示していた。しかし、これに異論を挟む者がいた。アメデ七世の妻ボンヌ・ド・ベリーであった。さらに、サヴォワ家傍系のモレ伯アメデもこれに加わる。議論が進むなかで、一三九三年四月二七日にモレ伯アメデを含め、サヴォワ伯に仕える一部の領主たちが、ボンヌ・ド・ブルボンの後見人としての立場を認める宣言を出した。[26] ただし、まだ一部の領主たちは納得していなかった。ここで問題の解決に向けて介入してきたのが、フランスの諸侯たち、すなわちオルレアン公ルイ、ベリー公ジャン、ブルゴーニュ公フィリップ・ル・アルディであった。

ブルボン公の証書集のなかには、この状況を具体的に示した文書がある。一三九三年五月八日シャンベリーに、ブルボン公ルイ二世、ボンヌ・ド・ブルボン、サヴォワ伯アメデ八世、モレ伯アメデ、その弟のルイ、その他ボージュー卿を筆頭に、サヴォワ伯に仕える家臣たちが多く集まっていた。そして、この家臣団は、先にボンヌへの支持を表明したモレ伯アメデをはじめとした親ボンヌ派と、ボンヌの後見人としての立場に反対する反ボンヌ派とのふたつに分かれていた。両派閥が相対するなかで、仲裁者としてフランスの諸侯たちが間に入り、提案がなされた。ひとつ目は、ボンヌが後見人となって以来、しばしば彼女の名誉を傷つける行為が取られていたのだが、直ちにそれを止めてボンヌの名誉を守ること。ふたつ目は、諸侯たちがアメデ八世に対して良き助言を行うこと。三つ目はアメデ八世とブルゴーニュ公の娘マリーとの結婚を正式に承認すること。四つ目はサヴォワの平和のため、アメデ八世の良き統治のために、サヴォワの領主たちは尽力すること。以上の四つであった。これに対して、両派閥は、はじめの三つの事項については同意したが、最後の項目については、反ボンヌ派は承諾できない姿勢を示した。サヴォワの行政を担う親ボンヌ派の者たちが、良き政治、公共の利益を考えた政治を行っていないという理由からである。そこで、フランスの諸侯たちから助言がなされ、ボンヌの権利を明確化するという条件のもとで、反対派もボンヌ体制を受け入れるとのことになる。最終的に、これらの事項は、両派閥の者たちと、ブルボン公ルイ二世、ボンヌ・ド・ブルボン、アメデ八世、そしてフランスの諸侯たちの立会いのもとで承認された[27]。

そもそも、ベリー公、ブルゴーニュ公、オルレアン公の三諸侯は、なぜこのサヴォワ内部の問題に関与してきたのであろうか。証書内の記述では、血縁の近さがその理由としてあげられている。つまり、ベリー公は亡きアメデ七世の妻ボンヌの兄である。ブルゴーニュ公は、アメデ八世と娘のマリーとを婚約させていた。オルレアン公ルイについては、ボンヌ・ド・ブルボンが父王シャルル五世の妻イザベルの妹なので、ボンヌは彼の叔母ということになる。さらにもうひとつ、姻戚関係にあるボンヌの名誉が、著しく傷つけられているという理由もあげられている[28]。仲裁に入る口実としては、これでよいのだろう。ただ、諸侯たちの行動は、単にサヴォワの内部分裂を解決させるためだけのものだったのであろうか。ここで、当時の諸侯たちとサヴォワとのつながりについて整理し、問題解決の先に彼らが何を見越していたのかについて検討してみよう。

一三九〇年フランスの諸侯たち、さらにはサヴォワ伯アメデ七世も含めて、彼らはシャルル六世に随伴して南フランスに向かった。シャルル六世の最終的な目的地はローマであった。当時、教会大分裂の最中であり、フランス王はアヴィニョン教皇のクレメンス七世を擁護していた。一方ローマでは、一三八九年にウルバヌス六世が死去し、新たにボニファティウス九世がローマ教皇に選出されていた[29]。この新しいローマ教皇を、シャルル六世は武力で排除すべく、総勢一万二〇〇〇の兵を集めた。そして、この遠征隊に、諸侯たちおよびサヴォワ伯も参加したのであった。一三九一年二月にはトゥーレーヌ公ルイ（後のオルレアン公ルイ）がアルプスを越え、ブルゴーニュ公がこれに続いていた。しかし、最終的には、クレメンス七世がこれに待ったをかけて、シャルル六世のローマ遠征は途中で中止されることになった(30)。

王の命に従って、アルプスを越えイタリアに入ったオルレアン公ルイ（当時はまだトゥーレーヌ公）であったが、彼はこの時すでにイタリアでの活動拠点を持っていた(31)。一三八九年にルイはミラノを支配するヴィスコンティ家のヴァレンティーヌと結婚し、それにともなってアスティ公領を受け取っていたのである。そのオルレアン公は、ヴィスコンティ家とフランス王とを結びつける橋渡し役を担う。当時ミラノのヴィスコンティ家は、フィレンツェと対立していた。このフィレンツェはローマ教皇の最大の支持者であった。そしてフランス王はこのローマ教皇と対立していた。互いに敵対する方向が同じであったことから、ヴィスコンティ家とフランス王とは距離を縮めることとなり、その仲介役をオルレアン公が果たしたのである。さらに、一三九二年教皇派と皇帝派とに分かれ争うジェノヴァが、フランス王に仲介を求めた。派遣されたのはオルレアン公ルイであった(32)。オルレアン公によるジェノヴァへの干渉は、これを機に始まり、その後、ことあるごとにこの地への政治介入を行うようになる。オルレアン公は当時イタリアをひとつの活動の場としていた。

フランスからイタリア方面に抜けるルート上にあるのが、サヴォワ伯の支配領域である。一三九〇年のイタリア遠征でもオルレアン公は、やはりサヴォワ伯領内にあるアルプス地域を抜けてイタリア方面に進出している。公が勢力を伸ばそうとしているイタリア方面へと行くためには、必ずサヴォワ公国内にあるアルプス越えの峠道を通らなくてはならない。イタリアでの積極的活動を目論むオルレアン公にとって、サヴォワは常に視野におさめておくべき存在であったといえるであろう。

一方、ブルゴーニュ公は、当時サヴォワ伯と独自の関係を築き上げていた。ブルゴーニュ公とサヴォワ伯については、境界線が接していることもあり、かねてより政治的、外交的関係を保持していた。すでに述べたが、対ハプスブルク家のために同盟を築いた経験もある。そしてこのつながりは、両者の軍事同盟へと発展し、一三七九年にこの同盟は更新されたばかりであった(33)。

当時のブルゴーニュ公は、フランドル方面に関心を持っていた。[34] ブルゴーニュ公フィリップ・ル・アルディは、一三六九年にフランドル伯の娘マルグリット・ド・フランドルと結婚していた。この結婚により、ブルゴーニュ公はフランドル、ブラバンの両地を手に入れる算段がつき、さらには東方、ヘルダーランドやルクセンブルク方面へも手を伸ばし始めていた。ここで対峙することになったのが、神聖ローマ皇帝を輩出した家系である、ヴィッテルスバッハ家とルクセンブルク家であった。ブラバンの土地は、ルクセンブルク家とのつながりもあり、ともすれば同家にこの場所が移りかねなかったのだが、所領の継承者でありブルゴーニュ公の妻マルグリットが、一三九〇年にブルゴーニュ公のもとにこの土地と財産が確実に移るように手配した。東方の神聖ローマ帝国方面に関心を向けるブルゴーニュ公は、娘マリーをアメデ八世と結婚させる約束をとりつけた。軍事同盟を結ぶサヴォワ伯とのつながりをより確かなものにすることで、東方への進攻を強化しようとしたのである。ブルゴーニュ公にとってサヴォワ伯は政策を進める上で欠かせない重要なパートナーであった。

サヴォワは、オルレアン公とブルゴーニュ公にとって、自身の政策を遂行する上で重要な位置を占めており、常に情勢を把握しておくべき存在であった。そのサヴォワで内紛が生じたということで、オルレアン公とブルゴーニュ公が仲裁に入った。というのも、サヴォワ公国の政治的停滞、あるいは分裂は、この地に利を持つふたりの諸侯にとって、コミュニケーションの相手が不在になることに等しい。すると、ブルゴーニュとサヴォワとの軍事同盟関係も停滞し、オルレアン公が通るアルプスの峠道も、いつものように進めなくなる可能性がある。両者にとって、サヴォワの安定は必要不可欠であり、サヴォワの政治が正常に機能してこそ、得ることのできる利益が彼らにはあった。

フランス諸侯たちの仲裁により導き出された最終的な着地点は、ボンヌ・ド・ブルボンの後見人体制の確認であった。そしてこれはオルレアン公とブルゴーニュ公、そしてベリー公が加わった形での仲裁によってなされた。さらにいえば、この現場にはボンヌの兄であるブルボン公の姿もあった。一三九三年以前において、ベリー公とブルボン公については、管見の限り姻戚関係以外にサヴォワとの積極的なつながりを見出せないのだが、彼らもサヴォワの内紛解決に加わった。つまり、複数のフランス諸侯たちの共同作業により、サヴォワは現状維持の体制に落ち着いた。なぜ、こうした仲裁の形となったのであろうか。これはブルゴーニュ公の単独行動阻止か、あるいはオルレアン公とブルゴーニュ公との対立の回避と結びつけて考えられる。

ブルゴーニュ公は、この出来事の直後から積極的にサヴォワの内政に干渉していくことになる。軍事同盟のもと、サヴォワからの援軍を常に期待していたこともあり、公がこの地を自身の統制下におきたいと考えていたことは確かであろう。ただ、サヴォワの地については、オルレアン公も少なからず関心を持っていた。サヴォワの問題解決に単独、あるいはブルゴーニュ公とオルレアン公のふたりによる介入では、この地を必要とする両者の間に軋轢を生み出しかねない。こうした事情のもとで、仲裁の場面に四人の諸侯が集まることになった。

この四人は、サヴォワに来る直前にパリで似たような状況を経験していた。一三九二年にフランス王シャルル六世は精神的な病を発病させた。直後にブルゴーニュ公は、マルムーゼと呼ばれる王の側近を排除し、政治の主導権を握ろうとした。そして翌年一三九三年一月に、国王がもし早くに死去した際の、後見監督人の設置が議論されることになる。ここでブルボン公は王弟として摂政位に就くはずのオルレアン公を擁護しつつ、国政の掌握を目的とするブルゴーニュ公と対峙した。議論の詳しい過程はわからないが、最終的にはブルゴーニュ公、ブルボン公にベリー公、王妃イザボー、そしてルイ・ド・バヴィエールが加わって、後見人を支える役を担うことが決められた。政治の主導権争いを回避し、さらには個人の利益が優先されない、諸侯たちの協力体制による国政運営の方針が、このときに形作られたのである。(35) この四ヶ月後に、オルレアン公、ブルゴーニュ公、ベリー公、それにブルボン公らによるサヴォワ問題への介入が始まる。

四人の諸侯たちによる共同作業によって、サヴォワの内紛は一旦おさまることになる。それは、この地に関心を持つブルゴーニュ公やオルレアン公が、サヴォワを自身の統制下におき、個人の独占物としない、いわばサヴォワの中立化といえる形での問題解決であった。

## （2）　一四〇九年――アメ・ド・ヴィリーの侵攻とフランスの諸侯たち

一四〇九年四月にサヴォワ伯の家臣であったアメ・ド・ヴィリーという人物が、ボージョレ領に軍隊を率いて侵出し、ブルボン公が所有するソーヌ川沿いの都市を奪っていった。これに対してブルボン公は、軍隊を召集しヴィリー軍を攻撃した。最終的には、ブルボン公軍が奪われた都市の奪還に成功し、ヴィリーを退けた(36)。

ヴィリーが進攻した目的は、判明していない。年代記の記述によると、上級領主であるサヴォワ伯アメデ八世は、ヴィリーの行動とのかかわり合いを否定、侵攻は彼の単独行動であったとした(37)。しかし、当時ブルボン公とサヴォワ伯との間に、何の問題もないわけではなかった。というのも、両者は、このソーヌ川以東の地域において、オマージュをめぐる問題を抱えていたのである。

ブルボン公が当時所有していたソーヌ川以東の地域というのは、元来ボージュー卿のものであった。ボージュー卿はボージョレ領の領主なのだが、この領地はブルボン公、ブルゴーニュ公、サヴォワ伯からのそれぞれの封土が統合されて成り立っていた。一四〇〇年ボージュー卿エドゥアール二世が死去する。彼は遺言書を残していた。そして、そこには所領をブルボン公に委譲する由が書かれていた。遺言書に基づいてブルボン公はボージョレの領有権を獲得したのだが、先にも述べたように、この所領にはブルゴーニュ公とサヴォワ伯へのオマージュによって受けている封土があった。ブルゴーニュ公に対しては、ブルボン公は所領を継承してすぐ後にオマージュを行っている。しかし、サヴォワ伯に対しては、オマージュを行わなかった。この地に役人を派遣し、自力で統治を行おうとしたのであった。こうして、ブルボン公とサヴォワ伯との間にオマージュの問題が残ることになる(38)。

オマージュの問題は、一四〇九年二月頃から表面化するようになっていた(39)。アメ・ド・ヴィリーの行動は、当然この延長線上で考えられるであろう。彼が奪い取った都市はすべて、ソーヌ川以東に位置している。そして、このオマージュの問題は、ヴィリーの出来事の直後に解決に向かうことになる。ブルボン公はサヴォワ伯へのオマージュを認めた。ただし、ブルボン公から息子のジャンへソーヌ川以東の所領を譲渡し、息子のジャンからサヴォワ伯へのオマージュをさせるという変則の形であった[40]。ヴィリーの侵攻がサヴォワ伯と結びついていることを前提とした、ブルボン公の対応であったといえる。

ただし、ソーヌ川以東の地域におけるブルボン公とサヴォワ伯とのせめぎ合いは、この後も続いていく。オマージュはブルボン公の交代の度に問題となった[41]。また、ブルボン公が同地域を所領拡大の地と見なし、領地を買収し支配圏を徐々に拡大させていったことから、しばしばサヴォワ伯と軍事衝突に至る場面もでてくる[42]。

ヴィリー進攻には、もうひとつ別の背景があったとされる。それは、ブルゴーニュ公ジャン・サン・プールの関与である。『サン・ドニ年代記』によると、公はヴィリーの行動に合わせて、相当数の軍隊とともに、ソーヌ川以東の地に侵出した。年代記作者は、これをブルゴーニュ公のブルボン公に対する長年の敵対心に基づく行動であったと述べる。しかし、ヴィリー軍はすぐさまブルボン公軍の反撃にあい、サヴォワ伯もヴィリーへの関与を否定した。急変する戦況を見てブルゴーニュ公も、軍をともなった自身の行動は、実はブルボン公を援護するためのものであったとし、さらには、平和をもたらす仲裁者としての役割を演じることになる[43]。

ヴィリーが侵攻を開始したのは一四〇九年四月のこと。その前の月の三月九日にブルボン公仲介のもと、シャルトルでブルゴーニュ公は、一四〇七年に起こしたオルレアン公ルイの暗殺を、息子のオルレアン公シャルルに詫び、両者が和解をしたところであった。宮廷においてブルボン公とブルゴーニュ公とは、相反する立場にあり、ブルゴーニュ公が政治の主導権を握ろうとした際に、常に障壁となっていたのがブルボン公であった[44]。

年代記の説明では、ヴィリーの行動に、反ブルボン公の姿勢を持つブルゴーニュ公が加担したように見えるが、しかし、ブルゴーニュ公がヴィリーの行動を促した可能性がある。というのも当時ヴィリーは、契約によりブルゴーニュ公軍に所属し、さらには、公から指揮官の役割を与えられていたからである[45]。

当時、ヴィリーのようにサヴォワ伯の封臣でありながら、契約によってブルゴーニュ公軍の一員となるという事例がしばしば見られた[46]。ブルゴーニュ公はサヴォワを軍人の供給地として捉えるようになっていた。公にとって、サヴォワからの兵は、徐々に進めていた所領の東方にある神聖ローマ皇帝領内への侵攻に必要不可欠であった。一方、サヴォワ伯にとっても、当時軍人の輩出は公国のひとつの事業となりつつあり、ここから得られる利益というのも大きかった[47]。それゆえ、封臣にブルゴーニュ公と軍事契約を結ぶことを承認していたのである。また、サヴォワ伯も東に目を転じれば神聖ローマ帝国内の諸侯勢力がおり、さらには南東地方への勢力拡大もめざしていた。ブルゴーニュ公との関係維持は、サヴォワ伯が政策を進める上でも重要な役割を果たしていた。このように一四世紀後半から、両者の同盟関係は、軍事支援を軸としてより強固なものとなっていたといえる。

ここで、これまでの状況を踏まえ、今一度ヴィリー侵攻の背景を考えてみよう。ソーヌ川以東の地域にブルボン公との問題を抱えるサヴォワ伯が、軍事同盟者であるブルゴーニュ公と連携をとり、伯の封臣で公の軍隊の指揮官であったヴィリーに軍事行動を促した。以上のような筋道が一応想定できるのだが、しかしながら、上級領主のサヴォワ伯も、彼が属する軍隊の指揮官であるブルゴーニュ公も、ヴィリーとのかかわりを否定しているので、決定的な証拠はない。ただし、ヴィリーの行動に対して、最終的にはサヴォワ伯とブルゴーニュ公とが登場し、ヴィリーへの処罰と侵された地域の平和についてブルボン公と話し合いをすることになる[48]。問題の収集に積極的にかかわる両者のこの態度は、逆にふたりがヴィリーの行動にかかわっていた証拠ともいえるであろう。

ヴィリーの侵攻がわかった際に、ブルボン公を支援する立場を表明し、援軍を送った者たちがいた。オルレアン公をはじめとした、フランス内の有力貴族たちであった。彼らの反応は、やはりヴィリーの背後にブルゴーニュ公の存在を見出してのことであったとされる[49]。ブルボン公の努力によりシャルトルでオルレアン公とブルゴーニュ公との和解は成立し、両派閥の対立も一旦は解消されたはずであった。しかし、図らずもヴィリーの行動に対するブルボン公の対応から、再度、反ブルゴーニュの人々が結集することになったのである。

オルレアン公を含め、フランスの貴族たちの反応は、対ブルゴーニュ公というだけではなかったといえる。つまり、彼らの行動の先には、ブルゴーニュ公とサヴォワ伯との同盟強化に対する抵抗もあった。百年戦争におけるイングランド勢との戦いにおいて、サヴォワ伯からの援軍は常にフランス軍を支えていた。サヴォワ軍がすべてブルゴーニュ公側に回るとすれば、対するオルレアン派は軍事的に脅威にさらされることになる。こうした状況のなかで、ブルゴーニュ公に反感を抱く者の結集は、必要不可欠であり、そうした有力貴族たちの認識がブルボン公の行動に呼応する形となったのである。

*

一四世紀末から一五世紀初頭にかけて、フランスの諸侯たちはサヴォワ伯とその支配領域にさまざまな形でかかわっていた。ブルボン公は所領拡大の地、オルレアン公はイタリア方面へと抜けるための交通路、そしてブルゴーニュ公は軍事同盟の相手としてである。目的はそれぞれであるが、当時、本領地を中心として所領の拡大と「諸侯国」の形成に着手していた彼らは、サヴォワ伯を政策遂行上の重要な存在として認め、サヴォワの地を重要視していたといえる。

一方、このサヴォワは、一三九三年に内紛が起きた際、フランスの諸侯側の思惑が絡み合った末に、中立化が求められた。その後、主に軍事の面での協力関係を基調として、ブルゴーニュ公とサヴォワ伯とはつながりを強化していく。一四〇九年サヴォワ伯とブルゴーニュ公の関与のもと、ヴィリーがブルボン公の所領へと侵攻したことをきっかけとして、反ブルゴーニュ派であったオルレアン公をはじめ有力貴族たちは、ブルゴーニュ公とサヴォワ伯との同盟関係に危機感を抱き、結集することになった。しかし、ヴィリーの侵攻が失敗し、上級領主のサヴォワ伯が関与を否定することで問題の沈静化を図っていたときに、ブルボン公がサヴォワ伯へのオマージュを、息子のジャンに行わせるという形ではあるが、受け入れた。両者の間で懸案であった問題に終止符が打たれることになる。ブルボン公によるこの譲歩は、潜在的にあったサヴォワ伯との敵対関係を解消し、歩み寄りを促す(50)。ブルボン公を通して、サヴォワ伯とオルレアン派との対話の回路がつながったことで、伯のブルゴーニュ公へのさらなる接近は阻止された。そして、サヴォワ伯がこの後、中立の立場でブルゴーニュ派とオルレアン派（アルマニャック派）との対立に向き合い、両陣営の和解に尽力する姿へとつながっていく。サヴォワ伯は中立なのであった。中立の立場は、伯による個々の政策の先にあったのかもしれないが、同時に、それはフランス王国内諸勢力からも求められる立場であったといえる。サヴォワ伯がアルプス西域の地で独自の発展を遂げていった背景には、周辺勢力からの後押しもあったのである。

一四〇九年ヴィリーの侵攻とそれに対するブルボン公の対応をきっかけに、オルレアン派が結集したという事実は、サヴォワにかんする出来事がフランスの内政に大きな影響を与えたことを物語っている。ブルゴーニュ公の背後にいるサヴォワの存在は、反ブルゴーニュ陣営を動かした。そしてこのブルゴーニュ公とサヴォワ伯との軍事同盟は、対神聖ローマ帝国領への侵攻用であったということを加味すれば、フランスの内戦を促した要素というのは、さらに広い文脈で捉えられることになるであろう。この点は今後の課題であるが、一国史の枠組みにおさまらないフランス史の姿を、ここでひとつ垣間見ることができたのではないだろうか。

**注**

（1）Thérèse et Jean-Pierre Leguay, *La Savoie: des origines à nos jours*, Renne, 2014. この文献は古代から現代までのサヴォワの通史が、わかりやすくコンパクトにまとめられている。

（2）サヴォワ伯は歴代皇帝から同地方における皇帝代理の職を受け、この地をおさめていた。Bernard Demotz, *Le comté de Savoie du $XI^{e}$ au $XV^{e}$ siècle: pouvoire, château et état au moyen âge*, Genève, 2000, pp. 455-463.

（3）Françoise Autrand, *Charles V: le sage*, Paris, 1994, pp. 51-76.

（4）服部良久氏によると、イタリアからスイス、ライン、低地地方に至る地域は、「都市ベルト」地域と呼ばれる場所であり、多くの商業都市が発展する一方で、集権国家の形成はなく、分権的な連邦制国家しか生まれなかったとする。「都市ベルト」地域に隣接するサヴォワも、こうした現象の一部に位置づけられるであろう。服部良久「中世後期の『都市ベルト』地域における都市と国家――比較地域史のこころみ」紀平英作編『ヨーロッパの統合の理念と軌跡』京都大学学術出版会、二〇〇四年、五六～一一一頁。

（5）近代イタリアの政治動向については、藤澤房俊『「イタリア」誕生の物語』講談社（講談社選書メチエ）、二〇一二年、北原淳編『新版世界各国史――イタリア史』山川出版社、二〇〇八年、三五二～四〇七頁を参照した。

（6）Bernard Demotz, "La politique internationale du comte de Savoie durant deux siècles d'expansion（début XIII$^{e}$-début XV$^{e}$ siècle）", *Cahiers d'Histoire*, t. XIX, 1974, pp. 29-64.

（7）Demotz, *Le comté de Savoie du XI$^{e}$ au XV$^{e}$ siècle*, pp. 19-81.

（8）Victor de Saint-Genis, *Histoire de Savoie d'après les documents originaux depuis les origines les plus reculées jusqu'à l'annexion*, Chambéry, 1868.

（9）Demotz, *Le comté de Savoie du XI$^{e}$ au XV$^{e}$ siècle*.

（10）Guido Castelnuovo, "Girard d'Estrées, chancelier des comtes de Savoie", dans Guido Castelnuovo et Olivier Mattéoni（dir.）, "*la part et d'autre des Alpes*"（*II*）*: chancelleries et chanceliers des princes à la fin du Moyen Age*, Chambéry, 2012, pp. 215-229; Bernard Andenmatten, "Office princier et patrimoine familial: châtelain et vidomnes dans la pay de Vaud savoyard", dans Guido Castelnuovo et Olivier Mattéoni（dir.）, "*la part et d'autre des Alpes*" *tome I: les châtelains des princes à la fin du Moyen Age*, Chambéry, 2006, pp. 177-188.

（11）Demotz, "La politique internationale du comte de Savoie", pp. 29-64.

（12）Jean Cordey, *Les comtes de Savoie et les rois de France pendant la guerre de cent ans*（*1329-1391*）, Paris, 1911.

（13）Henri Baud, *Amédée VIII et la guerre de Cent Ans*, Annecy, 1971.

（14）Henri Baud, "La correspondance entre le roi Charles VII et le duc Amédée VIII pendant la guerre de Cent ans", dans Bernard Andenmatten et Agostino Paravicini Bagliani（éds.）, *Amédée VIII-Félix V: premier duc de Savoie et Pape*（*1383-1451*）, Lausanne, 1992, pp. 247-257.

（15）サヴォワ－ブルゴーニュ関係の研究としては、例えば以下のものがある。Bernard Schnerb, "Bourgogne et Savoie au début du XV$^{e}$ siècle: évolution d'une alliance militaire", *Publication du Centre européen d'études bourguignonnes*, n° 32, 1992, pp. 13-29. サヴォワ－ブルボン関係としては、以下の著書のなかで触れられている。Olivier Troubat, *La guerre de cent ans et le prince chevalier le Bon Duc Louis II de Bourbon 1337-1410*, 2 Vol. Montluçon, 2003.

（16）シャルル六世治世の詳細については、Françoise Autrand, *Charles VI: la folie du roi*, Paris, 1986を参照した。

（17）一四世紀末から一五世紀初頭にかけてのフランスの内戦については、以下の文献を参考にした。Michel Nordberg, *Les ducs et la royauté: étude sur la rivalité des ducs d'Orléans et Bourgogne 1392-1407*, Uppsala, 1964; F. Autrand, *Charles VI*; Bertrand Schnerb, *Les armagnacs et les bourguignons: La maudite guerre*, Paris, 2001.

（18）André Leguai, "Les〈Etats〉princiers en France à la fin du moyen âge", *Annali della fondazione italiana per la storia amministrativa*, n° 4, 1967, pp. 133-157.

（19）諸侯領の発展についての研究としては、代表的な作品として以下の著書をあげておく。André Leguai, *Les ducs de Bourbon pendant la crise monarchique du XV$^{e}$ siècle: contribution à l'étude des apanages*, Paris, 1962; Olivier Mattéoni, *Servir le prince: les officiers des ducs de Bourbon à la fin du moyen âge, 1356-1523*, Paris, 1998; Philippe Contamine et Olivier Mattéoni（éds.）, *Les chambres des comptes en France aux XIV$^{e}$ et XV$^{e}$ siècles*, Paris, 1998.

(20) Leguai, "Les 〈Etats〉 princiers en France à la fin du moyen âge", pp. 133-157.
(21) Demotz, "La politique internationale du comte de Savoie", pp. 32-36.
(22) *Ibid.*, pp. 36-42.
(23) *Ibid.*, pp. 43-44. 中世から近世にかけてのジュネーブを中心とした通商路については、深沢克己「アルプスと地中海世界――ジュネーブからマルセイユ」踊共二編『アルプス文化史』昭和堂、二〇一五年、九〇～九五頁参照。
(24) Bernard Demotz, "Amédée VIII et le personnel de l'Etat savoyard", dans Bernard Andenmatten et Agostino Paravicini Bagliani (éds.), *Amédée VIII – Félix: premier duc de Savoie et pape (1383-1451)*, Lausanne, pp. 123-142.
(25) 一三九三年の出来事の経緯については、以下の文献を参照した。Guillaume Paradin (éd.), *Chronique de Savoie*, Lyon, 1561, pp. 263-265; A. M. Chazaud (éd.), *La chronique du bon duc Louis de Bourbon*, Paris, 1876, pp. 258-261; Troubat, *op. cit.*, pp. 442-457.
(26) Jean-Louis-Alphonse Huillard-Breholles, *Titres de la maison ducal de la Bourbon*, Paris, 1867-1882, n° 3914.
(27) *Ibid.*, n° 3919.
(28) *Ibid.*
(29) 教会大分裂については、以下の文献を参考にした。G・バラクロウ著、藤崎衛訳『中世教皇史』八坂書房、二〇一二年、二八二～三一四頁。
(30) Schnerb, *Les armagnacs et les bourguignons*, pp. 25-29; Autrand, *Charles VI*, pp. 260-264.
(31) Elizabeth Gonzalez, *Un prince en son hôtel: les serviteurs des ducs d'Orléans au XV$^{e}$ siècle*, Paris, 2004, p. 28; Schnerb, *Les armagnacs et les bourguignons*, p. 27.
(32) Schnerb, *Les armagnacs et les bourguignons*, pp. 27-28.
(33) Schnerb, "Bourgogne et Savoie", p. 14.
(34) Bernard Schnerb, *L'État bourguignon 1363-1477*, Paris, 1999, pp. 59-94; ジョゼフ・カルメット著、田辺保訳『ブルゴーニュ公国の大公たち』国書刊行会、二〇〇〇年、五五～九九頁。
(35) Autrand, *Charles VI*, p. 276.
(36) Paradin (éd.), *op. cit.*, pp. 269-270; Chazaud (éd.), *op. cit.*, pp. 284-289; Troubat, *op. cit.*, pp. 622-639.
(37) Troubat, *op. cit.*, pp. 631-632.
(38) 拙稿『ブルボン公とフランス国王――中世後期フランスにおける諸侯と王権』晃洋書房、二〇一四年、六三～八二頁。
(39) Huillard-Breholles, *op. cit.*, n° 4782.
(40) *Ibid.*, n° 4790, 4791.
(41) 例えば一四三四年にブルボン公シャルル一世が、父ジャン一世の死去にともない所領を継承した際に、オマージュの問題が再発している。*Ibid.*, n° 5481, 5482.
(42) 拙稿『ブルボン公とフランス国王』七六～八二頁。
(43) Bernard Guenée, *Chronique du religieux de Saint-Denys: contenant le règne de Charles VI, de 1380 à 1422* (publiée en latin et traduite par Bellaguet), t. IV, Paris, 1994, pp. 241-249.
(44) Troubat, *op. cit.*, pp. 622-633.
(45) Schnerb, "Bourgogne et Savoie", pp. 16-17.
(46) *Ibid.*, pp. 13-17.

（47）*Ibid*., pp. 28–29.

（48）Guenée, *op. cit*., pp. 247–249; Troubat, *op. cit*., pp. 631–633.

（49）Troubat, *op. cit*., pp. 629–630.

（50）*Ibid*., p. 636.

# 第Ⅲ部　三種の普遍的権力の相互関係

# 第10章　皇帝フリードリヒ一世・バルバロッサ時代の「独仏関係」

## ――シスマと境界地域の政治的コミュニケーション――

服部良久

「独仏関係史」はシュタウフェン家の皇帝フリードリヒ一世・バルバロッサ（以後バルバロッサと表記）の治世（一一五二～九〇）に新たな局面を迎えた。ではこの時代の「独仏関係」とは何か。ジャン＝マリ・ムグランは、一五世紀末には王朝（家門）政策と国民（国家）領域の拡大政策が重なり始めると述べる[1]。両政策の峻別が容易ではないとしても、バルバロッサ時代には王権・王家のほかに、聖俗の有力者が「対外関係」における自律的アクターとして、重要な役割を果たした。とりわけ独仏の境界地域に所領や利害関係を有する貴族の政治的オプションと封建関係、同盟、保護・被保護等による人的結合は、国家の枠に制約されないことが多い。伯レベルの中規模貴族や諸侯が示す「独仏王権」との流動的、選択的な関係は、下ライン・低地地方からロートリンゲンを経て、ブルグント地方（王国）に至る境界地域の政治秩序の重要なファクターだったといえよう。

このように、この時期の「独仏関係」は国家間関係でないことはもちろん、王家の利害関心によってのみ推進されたのでもないとすれば、「独仏関係史」研究の課題は以下のようになる。すなわち王国内外の、あるいは越境する政治的アクターたちが変化する状況に対応しつつ、固有の利害に基づいて形成するさまざまな人的結合関係のネットワークを明らかにすること、そうした関係性のなかで行為する人々の政治的コミュニケーションの展開が、各（境界）

地域のみならず王国の政治秩序全体にどのような影響を及ぼしたのかを考えることである。それはボーダーレスな政治的コミュニケーションという視点から、関係史と政治構造史（政治的秩序のダイナミクス）の相互作用を明らかにすることでもある。本章は、一二世紀の「独仏関係」を国王および「境界地域」における多様なアクターのコミュニケーション行為から理解するための概観的考察である。

## 1　中世の「独仏関係史」とは何か

### (1)　バルバロッサ時代の西部境界地域

中世盛期におけるドイツ国王（神聖ローマ皇帝）が重視したのは、フランス（王）よりもイタリアや教皇であり、中世後期には東部、スラヴ地域との関係であった。西方に対して中世のドイツ国王（皇帝）が直接、境界を越えて軍事的に進出したのは九八五年、オットー二世のそれが最後であった。九八七～一〇五六年に独仏王は八回の会見（接触）を行ったが、一〇五六～一一四七年には両王の接触はない。[2] この間、各々の君主は国内問題への対処（カペー家の王権再構築、ドイツの叙任権問題と諸侯の叛乱、ヴェルフェン家との争いなど）に忙殺されていたからである。しかしフリードリヒ一世・バルバロッサの治世には、ロンバルディアからシチリアをも視野に収めたイタリア政策、シスマへの積極的介入、東西境域への活動範囲の拡大による、一連の新たな「対外問題」の展開が見られた。これを仏王の側から見ると、ルイ七世、フィリップ二世の治世におけるカペー王権の発展は、ドイツとの境界諸地域におけるドイツ系貴族、そして皇帝との直接、間接の軋轢と紛争状況を生み出し、シスマ問題への対応、プランタジネット家との争いとも絡まり合いながら、対立・交渉・協定（同盟）等を促すことになった。シュタウフェン朝時代を通して見れば、一一六〇～一二三〇年にはカペー王権と皇帝の間に幾度かの会談が試みられ、また実現され、友好・同盟関係が形成されることもあった。これらの背景には、カペー王権とプランタジネット家の対立、そしてプランタジネット家とド

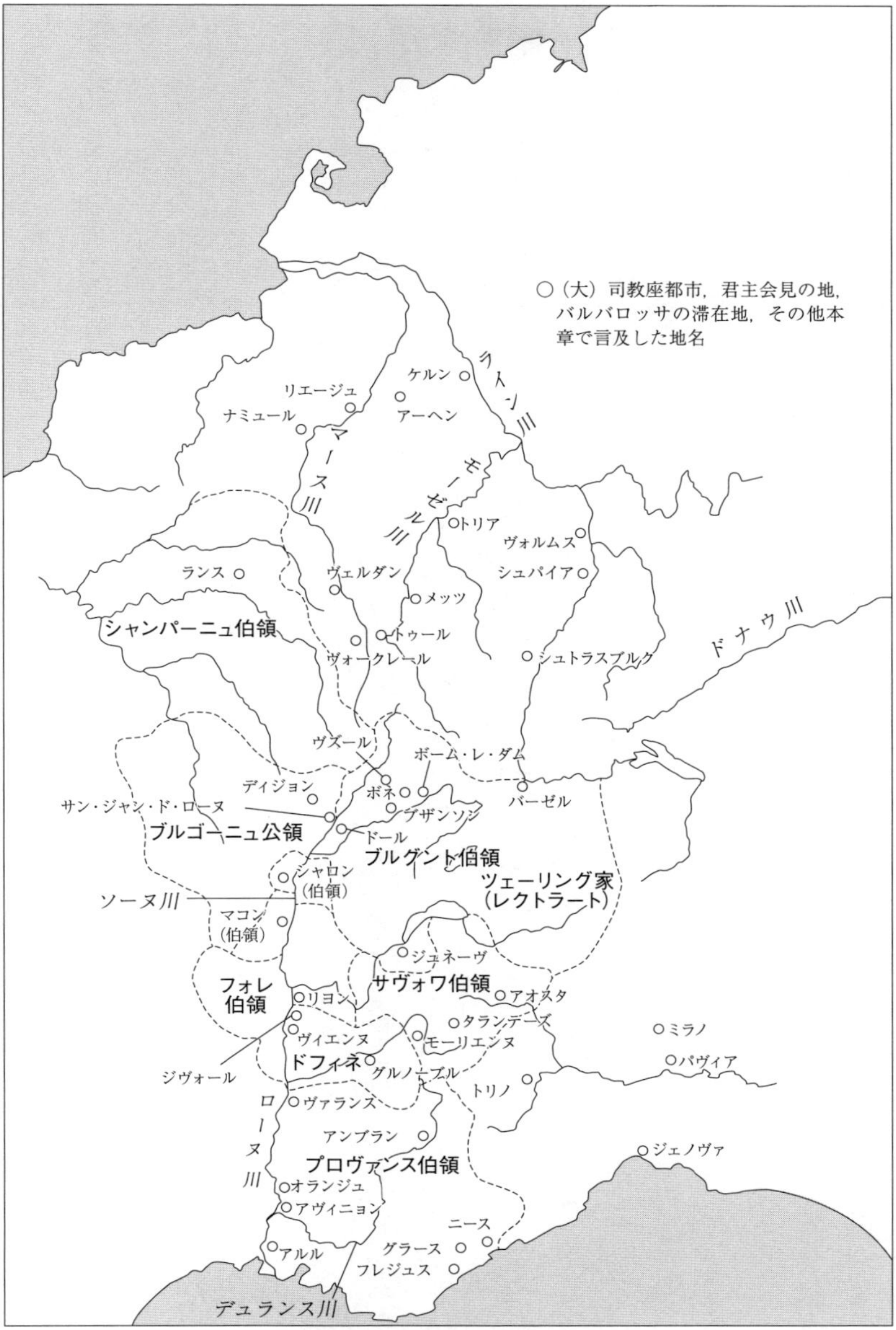


**図 10-1**　12世紀の独仏境界地域

出所：筆者作成。

イツのヴェルフェン家の結合等があった。ムグランによれば、これらのファクターの影響が弱まる一二三二年以後、シュタウフェン皇帝とカペー王権の協定・同盟はなくなり、こうした「独仏関係」の稀薄化は一三世紀末まで続く。(3)

以上のような流れのなかでバルバロッサ時代の「独仏関係」の意味を考えるために、具体的な課題を挙げておこう。「独仏関係」にとって地政学的な重要性が明らかな、(1)フランドル、低地地方、下ラインにおける領域（領邦）の継承、再編の問題、(2)マース～ソーヌ～ローヌとライン、アルプスに挟まれたロートリンゲン、およびブルグント（王国）におけるバルバロッサ、カペー王権、教会と貴族のコミュニケーションのプロセス、この二点を、バルバロッサの当該地域におけるプレゼンス、すなわちイティネラール、宮廷集会、証書発給と王権の儀礼等に着目しつつ明らかにすること。(3)このような政治的コミュニケーションの展開における、一一五九年以後のシスマをめぐるバルバロッサとルイ七世の対立と交渉、そして英王のかかわりを明らかにすること。本章では紙幅の制約より(1)は割愛し、(2)(3)を中心に考察を加える。

## (2)　境界地域におけるイティネラール・宮廷集会・コミュニケーション

フリードリヒ・バルバロッサ時代の「独仏関係」を政治的コミュニケーションの展開として考察する場合に、もっとも基本的なメディアとしての国王自身とその宮廷のイティネラールを認識することが不可欠であり、かつ重要な手がかりとなる。王国（帝国）内部の秩序と統合において、宮廷集会は国王の意思や諸侯、貴族の間の紛争処理、権利確認、合意形成が公にされる場として決定的な意義を有した。バルバロッサのイティネラールについてはすでに研究の蓄積があるが、それらによればバルバロッサと宮廷の巡行路、滞在地はその活動範囲の広さを示すものの、シュヴァーベン、マイン・フランケン、エルザスなどシュタウフェン家の重点的支配領域への偏りがあり、とくに治世末期にはこの傾向が顕著となる。(4)しかしこのことは必ずしもバルバロッサの周縁領域の軽視、活動領域の縮小を意味するわけではない。バルバロッサは治世中に、しばしばフランス王権を意識しつつ、ブルグントに一〇度、ロートリンゲンには六度滞在している。両王から境界と見なされたマース、ソーヌの河畔では幾度か会見が行われ（あるいは計画され）たが、この地域におけるバルバロッサの巡行や滞在、宮廷集会は、ドイツ（帝国）国制史、あるいは「独仏関係史」において、これまで格別の研究対象とされることはなかった。たしかに両地域には、バルバロッサと宮廷の長期滞在を支える重要な直轄領組織は存在せず、とくに第二の妃ベアトリクスを通じてその北部地域を相続したブルグント王国に比して、ロートリンゲンはバルバロッサの義兄弟や従兄弟が大公であったとはいえ、政治的統合はルーズで、バルバロッサは一貫した施策方針を持たなかった。しかし前述のようにバルバロッサがメッツ、ヴェルダン、トゥールなどモーゼル、マース河畔の地を幾度か訪れ、仏王との会見をも行ったことは、バルバロッサがフランスに対し、帝国の境界維持を意識していたことを示唆している。またカロリング時代の分王国としての伝統を持ち、一〇三二年以来帝国に属し、ドイツ、イタリアとともに帝国を構成する王国の一つとされたブルグントは、バルバロッサの当地への一〇度の訪問とブルグントの教会、貴族への一〇〇通を超える国王証書の発給からもわかるように、対フランス境界政策を超え、バルバロッサの帝国統治の現実と理念の双方において小さからぬ意義を有した[5]。

以上より、輪郭の流動的なこれら境界地域におけるバルバロッサのイティネラールと宮廷集会の参加者を確認し、またフランスとドイツの双方に所領や封建関係を有し、状況に応じて両王と関係を結ぶ俗人貴族や司教たちの動向をも踏まえつつ「独仏関係」を、境界を跨ぐ王、貴族のコミュニケーションのプロセスとして考察していくための展望を得ることを本章の課題としたい。

## 2　シスマとブルグント――サン・ジャン・ド・ローヌ会議（一一六二年）前後

### (1)　ブザンソン宮廷集会（一一五七年）

一一五九～七七年のシスマがバルバロッサの帝国統治のみならず、英仏王との関係にも大きな影響を与えたことはいうまでもない。この問題が独仏境界地域、とくにブルグントに与えた影響について考えるため、この地域の宮廷集会を少し遡って見てみよう。

一一五六年の聖霊降臨祭（六月初）にブルグント伯領の相続人ベアトリクスは、ヴォルムスの聖堂でトリア大司教ヒリンに王妃として戴冠された後、ヴュルツブルクの宮廷集会にてバルバロッサと結婚式を挙げた[6]。この婚姻によりブルグント伯領の実質的な支配権を掌握したバルバロッサは、翌一一五七年の一〇月下旬、ベアトリクスをともない、大司教座都市にして伯領の中心であるブザンソンに赴いた。フライジング司教オットーの「フリードリヒ事績録」を継承したラーエヴィンの記述によれば、ブザンソン宮廷集会には教皇使節、ドイツ、ブルグントの諸侯のほか、イタリア諸都市、フランス、イングランド、スペイン（バルセロナ伯?）の使者も来訪した[7]。

当時の帝国領「ブルグント王国 regnum Burgundiae」とは、バーゼルから地中海岸におよぶ、西アルプスとソーヌ、ローヌ河の間の地、すなわちブルグント伯領からサヴォア、ドフィネ、プロヴァンスまでを包括するものと理解された。実際ブザンソン集会にはブザンソン、ヴィエンヌ、リヨン、タランテーズ大司教、アヴィニョン、ヴァランス司教、その他のブルグントの聖俗有力者が伺候して皇帝に忠誠を誓い、レガリア等を授与された[8]。またバルバロッサは一一月にはいずれもブルグント伯領の要地であるドール、アルボワ、モンベリを巡って宮廷集会を持ち、一ヶ月に及ぶブルグント滞在の間に一五通の国王証書を発給している[9]。ラーエヴィンによれば、バルバロッサのブザンソン滞在ないし集会が今少し続けば、アルル大司教、その他の多数の（大）司教、貴族が参内した筈であった[10]。

バルバロッサのブルグント（王国）滞在が、以後のそれと同様に北部中心であったことは明らかだが、ブザンソン集会には南部、プロヴァンスの高位聖職者や貴族を含むブルグント王国の要人が訪れ、加えて帝国外の君侯使節も招聘されていたことから、ローマでの皇帝戴冠（一一五五年）とベアトリクスとの結婚を経たバルバロッサは、ブルグント王国に対する自身の支配と権威を確かめ、これを帝国外にも誇示しようとしたのであろう。またイタリア北部、ピエモンテの司教たちのブザンソン集会出席は、バルバロッサがブルグントと帝国イタリアの密接な関係を認識していたことを示唆している。加えてドイツから聖俗諸侯、貴族が参加し、ブルグント貴族と交わったこの宮廷集会は、以後の同様な集会とともにブルグントの帝国への帰属意識、あるいはドイツ、ブルグントの帝国としての共属意識を育む政治的コミュニケーションの場となったであろう。(11) バルバロッサが各滞在地の集会を訪れる大司教、司教、俗人貴族の要請に応じて証書を発給し、諸権限の確認や紛争の裁定を行ったことは、彼らが長らくこの地に不在であった皇帝の権威を受容し、利用したことを意味する。(12)

他方、仏王ルイ七世は、おそらく境界地域におけるこのような皇帝のプレゼンスと貴族との政治的コミュニケーションに危機感を持ち、バルバロッサにディジョンでの会見を提案した。バルバロッサはケルン大司教ライナルトらを、ルイは国王書記を使者としたが、同時に双方とも警戒して軍を配備し、バルバロッサはドールにとどまった後、ドイツに戻った。(13)

### (2) シスマとサン・ジャン・ド・ローヌ会議

一一五九年九月に枢機卿団の分裂により、アレクサンデル(三世)とヴィクトル(四世)の二人が教皇に選ばれると、バルバロッサはシスマの回避のため、翌年二月のパヴィア教会会議開催を告示した。そしてヴィクトル支持への合意を得るため、事前にパヴィア司教を派遣して英仏王の関係を調停させたが、両王は皇帝・教皇の争いへの関与には慎重で、態度を明確にしなかった。(14) パヴィアに現れなかったアレクサンデルは破門され、バルバロッサはヴィクトルを正式の教皇と宣言したが、七月のボーヴェ教会会議ではバルバロッサとヴィクトルの使節が出席したにもかかわらず、英王ヘンリ二世はアレクサンデル派の枢機卿たちの説得や国内聖職者の圧力によりアレクサンデルを支持し、ヘンリと戦っていたルイも秋には同様の立場をとった。(15) バルバロッサの第二次イタリア遠征によりミラノの降伏が迫るなか、一一六二年四月にはアレクサンデルはイタリアから南フランスのモンペリエに難を逃れ、翌年九月からはサンスに移った。

バルバロッサはルイ七世にアレクサンデルを保護せぬよう警告し、英王ヘンリとの対立が強まるなかでバルバロッサとの争いを避けたかったルイは、義兄弟にして婿でもあるシャンパーニュ伯アンリを仲介者としてバルバロッサと交渉した。その結果、両者はこの年（一一六二年）の八月にソーヌ河畔のサン・ジャン・ド・ローヌに教会会議を開き、両教皇が出席して双方の高位聖職者、諸侯から構成される仲裁者によりシスマを克服すること、欠席した側は教皇位を失うことで合意したのである。(16) しかしバルバロッサにこの会議を公平な仲裁裁定の場とする意思がなかったことは、バルバロッサが一一六二年五月にパヴィアよりアヴィニョン、アウクスブルク司教、リヨン大司教とその管区聖職者、ロートリンゲン大公に宛て、その他の聖俗の要人にも送付されたであろう文書（招集状）にて、この会議はルイ七世がヴィクトルを正統教皇として承認するために開くものであり、出席者は武装騎士を率いて来るように、と命じていること、アレクサンデル支持のザルツブルク大司教とその属司教たちが招集されなかったことからもわかる。(17) バルバロッサのこうした事前の情報戦略はルイの兄弟であるランス大司教に伝わり、大司教は当然ながらこのことを同王に知らせていた。

サン・ジャン・ド・ローヌはブルグント（伯領）の西端、ソーヌ河畔の、フランスと帝国の境界に位置し、会議の予定された八月二九日までにバルバロッサはヴィクトルとともにその東部、ドールに至り、すでにバルバロッサの意図を知ったルイ七世はその北部、ディジョンに兵をともなって待機した。この会議前後の錯綜した双方の思惑や行動には立ち入らない。(18) 顚末を簡略に記せば、アレクサンデル三世はルイが要請した三週間の延期を経てもサン・ジャン・ド・ローヌには現れなかった。ルイもバルバロッサと協議する意欲を失い、両者は直接会見することなく、サン・ジャン・ド・ローヌのソーヌ橋梁上でルイとケルン大司教ライナルトが相互に非難し合ったのみで終わった。そこでバルバロッサは同地で集会を開き、ヴィクトルを正統な教皇と宣言した。この集会は国王証書の証人リストからすると、ドイツ、イタリア、ブルグントの高位聖職者四〇人以上を含む六〇人余の聖俗貴顕が出席し、（実現しなかった）教会会議の継続のごとき一大集会であった。フランスの国王と教会（アレクサンデルを含め）を舞台上に乗せるべく演出され、シャンパーニュ伯アンリというメディエーターを得て仕組まれた教会統一のシナリオは頓挫した。しかしこの集会は、少なくとも境界地域を含めた帝国全体に対する皇帝の意思表明の場として機能し、前述のように五月以来の帝国構成員への通知・招集は一定の効果を有したといえよう。少なからぬ帝国北部の年代記がこの会議に言及していることは、その反響の大きさを思わせる。(19)

他方、約束に従うならヴィクトルの承認を迫られるルイに対し、皇帝・教皇（ヴィクトル）・仏王の結合を懼れた英王ヘンリ二世は、アレクサンデルの要請に応じて介入し、ルイのヴィクトル支持を回避させた。九月末、ヘンリとルイは和解し、アレクサンデルは引き続き、両王の支持を恃みとすることができた。バルバロッサがサン・ジャン・ド・ローヌで集会を開いた後、ヴィクトルとともにブルグント（ブザンソン、ヴズール）からロートリンゲンのトゥールを巡ってエルザスに戻ったのは、カペー王権を意識しつつ教皇ヴィクトル四世を支える皇帝の意志と権威を、帝国境界地域において誇示するためであったと思われる。

### （3）サン・ジャン・ド・ローヌ会議後のブルグント

サン・ジャン・ド・ローヌ会議の決裂後、バルバロッサとルイ七世の間の緊張の高まりは、ブルグント内部にも影響を及ぼした。両君主が直接争うことはなかったが、所領が境界を跨ぎ、また錯綜した封臣関係を持つ貴族たちの紛争が顕在化すると、両君主は介入した。(20) 皇帝に忠実なリヨン大司教ドルーと同市の裁判権をめぐって争っていた、仏王の封臣であるリヨン北部（ローヌ以西）のフォレ伯は、シスマ派が帝国のために同伯領を征服しようとしていると大司教を王に訴えた。(21) 他方この頃ブルゴーニュ公位を継承したユーグ（三世）はしばしば仏王ルイと争い、王の介入を招いていた。バルバロッサはブルゴーニュ公を攻撃するなら自身が軍を率いて対処すると、ルイに文書で警告している。(22) ソーヌ右岸のマコン伯やシャロン伯は本来仏王の封臣であったが、ソーヌ左岸の帝国の所領については皇帝に封臣義務を負い、実際に妃ベアトリクスの後見人でもあったマコン伯はバルバロッサとは親しい関係にあった。一一六六年、マコン伯、シャロン・シュル・ソーヌ周辺の伯たちに対しルイ七世は、マコン司教領侵害を理由に軍事行動を行った。バルバロッサは同年七月にマコン伯支援をも考慮したのであろう、ブザンソン、ドールで宮廷集会を開いた。[23]四節で述べるようにバルバロッサは一一七〇年秋にはブザンソンで宮廷集会を開き、バルセロナ伯家のプロヴァンス伯とアルル大司教、トゥールーズ伯らの紛争裁定を試みている。バルバロッサはさらにリヨン南部のジヴォールにて、ブザンソン大司教、シャンパーニュ伯、マコン伯らと協議し、マコン伯とはブルグント王国中部の平和について協定を結んだ。ドフィネではアレクサンデル派のグルノーブル司教が皇帝派と争っており、グランド・シャルトルーズ修道院院長はルイ七世を調停者として招請したが、ルイはドフィネ内部への直接介入を避けた。[24]北部に重点を置いたバルバロッサのブルグント支配は、南部の俗人貴族の問題に対しては、彼ら自身の要請に応じた封の確認、（使者による）紛争仲裁など、オーソライズと調整による緩やかな統治行為を越えず、またプロヴァンスは後述のように独仏の両君主ともに掌握の困難な、内外の諸権力がせめぎ合うアリーナであった。

## 3　カール大帝の列聖とヴォークレールの会見——一一六〇年代の英仏王権との関係

### （1）ヴュルツブルク宮廷集会

時代は前後するが、一一六四年四月にヴィクトル四世が没した後、ケルン大司教ライナルトの強い指導下にヴィクトル派の枢機卿団があらたにパスカリス（三世）を対立教皇に立てると、バルバロッサは暫しの躊躇の後、パスカリスを承認した。[25]この年、英王ヘンリ二世はクラレンドン法をめぐってカンタベリ大司教トマス・ベケットと対立し、ベケットはフランス滞在中の教皇アレクサンデルのもとに保護を求めて亡命したことから、ヘンリとアレクサンデルの関係は冷え込み、英仏王の関係も悪化した。このようなアレクサンデル派内の不和に乗じ、ケルン大司教ライナルトはバルバロッサの指示により一一六四年末からルーアンとウェストミンスタのヘンリの宮廷を訪れて交渉を重ね、パスカリス支持を要請し、ヘンリの娘マティルデとハインリヒ獅子公の、そして同じくヘンリの三歳の次女アリエノールとバルバロッサの九ヶ月の息子フリードリヒの二重婚姻協定を結んだ(26)。

一一六五年、聖霊降臨祭（五月二四日）のヴュルツブルク宮廷集会では、イングランドから戻ったライナルトの立案によりバルバロッサは、アレクサンデルを教皇と認めず、パスカリスとその後継者を正統教皇として認めることを自ら誓約した上で、出席した帝国の約四〇人の（大）司教をはじめ、俗人諸侯、貴族に対し同様に誓約させた(27)。当初からアレクサンデル派であったザルツブルク大司教に加え、このときマインツ、トリア大司教、バルバロッサの従兄、ローテンブルク大公コンラートなど対立教皇の擁立に反対ないし懐疑的な高位聖職者、諸侯は誓約を逃れるため欠席あるいは退席したが、ライナルトに同行して集会を訪れていた英王の二人の使者は誓約を行った。なお六月一日には、この宮廷集会の決定を知らせ、同様の誓約を命じる回勅が前述のシャンパーニュ伯など帝国外、フランスやイングランド宛てに、さらに翌日には同様の文書が帝国内に宛てて作成され、すべての者に六週間以内の誓約が命じられた(28)。

パスカリス支持を前提としたヘンリ二世との同盟と、このヴュルツブルク宮廷集会出席者と帝国の全聖職者・貴族への異例の誓約強制は、バルバロッサとライナルトにとって、皇帝の権威と決定に基づくシスマの解決・教会統一が不可避の課題であり、またそのために英仏両王との関係は軽視すべからざる意味を持っていたことを示している。しかしこのヘンリとの同盟もまた、プランタジネット家と「シュタウフェン家」、あるいは「ヴェルフェン家」との戦略的合意であり、両国の諸侯、貴族の大方がパスカリス支持に合意したわけではなかった。

### （2）カール大帝の列聖

バルバロッサはヴュルツブルク集会の後、同年のクリスマスにアーヘンで祝祭宮廷集会を開き、一二月二九日にはカール大帝の列聖を行った。バルバロッサのアーヘン市への国王証書（特許状）に記されたカール列聖の意図や意義については多様な解釈が可能であり、カールの特許状なる偽造文書をバルバロッサの国王証書に挿入して、種々の特権を確認させたアーヘン市参事会のイニシアティヴをも考慮しなければならない[29]。また近年、バルバロッサ伝の大著を公にしたクヌート・ゲーリヒは、列聖の数年後に市参事会により作成されたカールの伝記では、とくにカールの聖地やイベリアでのイスラムとの戦い、キリスト教世界の保護・拡大が顕彰されていることから、バルバロッサが抱き続けた十字軍理念との関連に言及するが、同時に帝国を固有の聖性によりローマ教会から自立した、あるいはこれと同等の存在とする新たな帝国意識の影響をも指摘する[30]。しかしここでは列聖を伝える国王証書（アーヘン市への特許状）の文言に着目し、英仏との関係のなかでその意図を考えてみたい。

ダヴィデの祝日でもある列聖の日、バルバロッサはアーヘンのマリア教会内に目立たぬ仕方で埋葬されていたカールの遺体を取り出して高所に顕示し、列聖した。国王証書ではこの列聖が「親愛なる我が友にして秀でたる英王ヘンリの熱心な請願により」、また「教皇パスカリス猊下の同意と指示により、そしてすべての教会諸侯、俗人諸侯との協議（助言）により」行われたとある[31]。まず何より、前述のヘンリ二世との合意への配慮がうかがえる。また当時なお教皇庁における列聖の認可手続きが確立されていなかったにもかかわらず、パスカリスの「同意と指示により」と特記されたのは、いうまでもなくパスカリスの正統性を強調するためである。一一八二～一二一五年に制作された「カールの櫃＝聖遺物容器」の側面には、ルイ敬虔帝からフリードリヒ二世に至る一六人の皇帝（国王）の像や名が刻まれているのだが、西フランク、フランスの後継王たちは無視され、カール大帝から東フランク王、ドイツ（神聖ローマ帝国）皇帝への連続性のみが表現されている。この皇帝権の連続性が六〇年代のバルバロッサとその周辺でいかほど意識されていたか定かではないが、バルバロッサの証書ではアーヘンが「都市の中の頭」、「ローマ帝国の誉れ」とされたように、同市の厚遇と顕彰がフランス（王権）に対抗する帝国の連続性意識と結びついていたことは否定できない。また列聖に立ち会った有力者がケルン大司教のほか、リエージュ、ユトレヒト、カンブレー司教、ロートリンゲン、ルーヴァン（ブラバント）大公、ナミュール伯など帝国北西部、境界地域の聖俗諸侯に限られたことは、カペー王権を意識したこの政治的儀礼への彼ら独自の関心を示唆するが[32]、同時に、パスカリス擁立を支持しない諸侯をはじめ、多くの諸侯はこのコミュニケーション空間に立ち入っていないことにも留意すべきであろう。この意味では、皇帝とその周辺の意図する権力表象の政治的コミュニケーションの射程は、なお限定的であった。

### (3) ヴォークレールの会見

ケルン大司教ライナルトの精力的「外交活動」により成立したシュタウフェン・プランタジネット同盟関係は、ヘンリが次女（アリエノール）をカスティーリャ王と婚約、結婚させ、また仏王とは一一六九年にモンミライユにて大陸領土の相続分割にかんする合意に至ったことにより、数年後に実質的な意味を失った。この間、一一六八年にバルバロッサはハインリヒ獅子公、ケルン大司教、マインツ大司教をルーアンのヘンリの宮廷に派遣し、パスカリス支持を条件にルイ七世との戦いを援助し、王息ヘンリにフランス王位を与えると約束していたが、ヘンリはむしろルイとの平和的関係を望み、またロンドンの教会会議が反対したため、パスカリス支持も約束できなかった(33)。かくしてプランタジネット・シュタウフェン同盟が頓挫するなかで、同年九月にパスカリスが没し、カリクストゥスが後継（対立）教皇とされた。しかし一一七〇年にフランスから戻ったトマス・ベケットがカンタベリで英王ヘンリの騎士に殺害されると、英仏両王の関係悪化のなかでルイ七世は再びバルバロッサに接近した。

翌一一七一年、バルバロッサは三度目のロートリンゲン巡行を行い、メッツからトゥールを経て二月一四日、仏王との伝統的な会見の地、マース河畔のヴォークレール付近にて、バルバロッサの要請に応じたルイ七世と会談した。この会談の決定内容とその実行を命じる回勅のごとき文書（一三世紀初の写本）は、ブラバンソンと呼ばれる武装集団（傭兵崩れ）をライン、アルプス、パリ間の地域において雇うことを、破門をもって厳禁している(34)。この、ロートリンゲンとその東西、南部、すなわち独仏境界を跨ぐ広域にわたる「独仏ラント平和令」の責任者（保証人）とされたのは、ロートリンゲン大公と、サン・ジャン・ド・ローヌ会議以来、両王間の仲介役を担ってきたシャンパーニュ伯という、二人の境界地域の代表的諸侯であった。

以上より、なお不十分ながら政治的コミュニケーション・ゾーンとしてのロートリンゲン、ブルグントの歴史的性格が見えてきたように思われる。両君主のパーソナルなコミュニケーション空間は、上ロートリンゲンのメッツ、トゥール、ヴォークレールからブルグント北部のディジョン、ドール、サン・ジャン・ド・ローヌにかけての限られた境界地域であった。しかし、詳論できなかったが、広く散在する所領と両属的、仲介者的な政治的関係を持つ諸侯、貴族（教会）をアクターと見なすなら、コミュニケーションの地域的広がりと同時に、その錯綜と重層性がより明らかになるであろう。しかし紙幅の制約により、バルバロッサとアレクサンデルの和解（一一七七年のヴェネツィアの和）に至るまでの経緯を辿ることは控えたい。[35]

## 4　バルバロッサのブルグント支配とアルル祝祭戴冠（一一七八年）

### (1)　祝祭戴冠か？

ヴォークレールの会見以後、独仏両君主の関係は比較的穏やかに推移する。しかしバルバロッサのブルグント支配の意味を「対外関係」のコンテクストにおいて考えるためには、もうひとつの「政治的儀礼」、アルルにおける皇帝夫妻の戴冠を取り上げねばならない。

一一七六年にレニャーノでロンバルディア同盟に敗れ、翌年に教皇アレクサンデル三世とヴェネツィアの和を結んだバルバロッサは、一一七八年七月にトリノから西アルプスのモンジュネーヴル峠を越えてアルルに入り、アルル大司教より戴冠された。[36] その後バルバロッサは八月初から一〇月初にかけて、アルルからサン・ジル、ヴァランス、オランジュ、ヴィエンヌ、リヨン、ドール、ブザンソン、ボネ、ポンタリエ、ボーム・レ・ダムを巡行した。ヴィエンヌではベアトリクスが、ブルグント王国の尚書部長官とされたヴィエンヌ大司教から戴冠された。皇帝のアルル訪問が前任者を含めて初めてのことであり、またバルバロッサがプロヴァンスからブルグント伯領まで全ブルグント王国を中断なく巡ったのも異例のことであった[37]。

バルバロッサはクリスマス、復活祭、聖霊降臨祭などの重要祝日には各地の宮廷集会で祝祭戴冠を行ったが、アルルにおける戴冠は、そのような通例の祝祭儀礼に留まらぬ意味を持っていたように思われる。まずイタリアにおける敗北と妥協による皇帝権威の低下を、挽回ないし糊塗する演出が意図された可能性は否定できない。ヴェレーナ・テユルクによればアルル戴冠は祝祭戴冠ではなく、アーヘンでのドイツ王としての、そしてパヴィア（あるいはモンツァ）でのイタリア王としての戴冠と同様、ブルグント王としての戴冠であった。バルバロッサはベアトリクスとの結婚により実質的にブルグントの支配者ではあったが、アルル王国とも称されたブルグント王国の古都におけるこの度の戴冠は、このことをフォーマルに可視化する政治的儀礼であった。ベアトリクスのヴィエンヌ大司教による戴冠もまた、彼女がブルグント王国の正統な後継者にして王妃であること誇示する儀礼である[38]。

レニャーノの敗戦処理を済ませ、「ヴェネツィアの和約」で一八年に及ぶシスマ問題を解決したバルバロッサは、プロヴァンス、ブルグントで儀礼的プレゼンスにより皇帝として、ブルグント王としての権威発揚を試みた。プロヴァンスはイタリアからドイツに戻る経由地としてのみ選択されたのではない。ドイツではハインリヒ獅子公と諸侯の紛争激化という難問が待ち構えていた。少なくともアレクサンデル派の抵抗という障害が克服されたことから、バルバロッサはブルグント王（と王妃）としての戴冠儀礼による権力表象が受容され易いと考え、この地での巡行、滞在を選択したのではないだろうか。

より現実政治的にはロカテッリが述べるように、アルル戴冠は従来北部に偏っていたブルグント王国支配を、南部、プロヴァンスに拡大する意図と結びついていたのかも知れない[39]。このブルグント巡行において発給された二五通の国王証書は、バルバロッサが各地の高位聖職者、貴族の要請に応え、紛争裁定、利害関係の調整、封、レガリアの確認により、ブルグント全体の秩序回復に努めたことを示している。しかし一二世紀後半のプロヴァンスは、すでにバルバロッサによるコントロールの困難な政治状況にあった。アルルの宮廷集会には多数の聖俗要人が出席していたが、プロヴァンスでもっとも影響力の大きいバルセロナ伯家、トゥールーズ伯家の人物の参加は確認できない。かつてヨハネス・フリートは、こうした背景からアルル戴冠の再解釈を試みた。近年の研究をも踏まえ、少し時代を遡ってプロヴァンスをめぐる南欧諸権力の関係の中でアルル戴冠の意義を再考してみよう。

## (2)　全欧的コミュニケーション空間としてのプロヴァンス

フリートによれば、一二世紀のプロヴァンスはヨーロッパ権力政治の焦点となっていた(40)。アラゴン王国をも継承するバルセロナ伯家のラモン・バランゲー三世はプロヴァンス伯の娘ドゥルシアとの婚姻により同伯領の相続権を得、同様に相続権を主張したトゥールーズ伯とは一一二五年に協定を結び、バルセロナ伯はデュランス川以南のプロヴァンス伯領を、トゥールーズ伯はデュランス以北（プロヴァンス辺境伯領）を支配下に置いた。その息子バルセロナ伯（アラゴン公）ラモン・バランゲー四世は甥の同三世をプロヴァンス伯としたが、実権は自身が保持し、以後同伯家はラングドック、プロヴァンス南部からリグリア地方に及ぶ政治と交易の圏域拡大をめざして、トゥールーズ伯やプロヴァンスの在地勢力（ボー家、フォルカルキエ伯など）と対立した(41)。バルセロナ伯は封臣として皇帝の権威に服そうとはしなかったが、一一六一年にはラモン・バランゲー四世とその甥の同三世は、在地勢力に対処し、プロヴァンスにおける権限を維持するためにバルバロッサと協定した。それによりバルセロナ伯は、レガリア承認料等の納入、ヴィクトルの教皇位承認などを条件に、プロヴァンス伯領とアルル市の支配権を授封された(42)。

翌年、バルバロッサのミラノ包囲の支援に赴く途上ラモン・バランゲー四世は死去し、甥の同三世もその四年後に幼い娘ドゥルシアを遺して没したので、トゥールーズ伯レモン五世は息子のレモン六世とドゥルシアを婚約させた(43)。またレモン五世は一一六三年に、幼少の次男アルベリクとドフィネ（ヴィエンヌ）伯の娘との婚約により、ドフィネの大半を自身の支配下に置いた。教皇アレクサンデルを支持するレモンはルイ七世への書簡においてドフィネを、皇帝の裁判権に服すが、フランス王国の港、門としてその拡大に資するものと記している(44)。しかしバルセロナ伯ラモン・バランゲー四世の息子でアラゴン王のアルフォンソ二世はトゥールーズ、ドフィネ、プロヴァンスの結合を政治的脅威と見なし、一一六七年にはレモン六世と婚約していたドゥルシアの相続権を排除してプロヴァンスを自身が掌握し、弟のラモン・バランゲーをプロヴァンス伯とした。これに対しトゥールーズ伯レモン五世はプロヴァンスを確保するため、仏王ルイ七世の姉妹である妻コンスタンスを離縁し、前述のバルセロナ伯家のプロヴァンス伯ラモン・バランゲー三世の寡婦（ドゥルシアの母）でバルバロッサの従姉妹であったリヒルデと結婚（あるいは婚約）した。この結婚によりバルバロッサからプロヴァンス伯領を授封されたレモン五世は、仏王とアレクサンデル派から離れ、皇帝派へと立場をシフトした。バルバロッサもまたバルセロナ伯家との協力（妥協）関係から、これと争っていた在地のボー家、フォルカルキエ伯、そしてトゥールーズ伯らの支援へと策を転じたのである。

いずれにせよ一一六一年のバルバロッサとの協定後もバルセロナ伯・アラゴン王はバルバロッサとの接触を避け、アラゴン王アルフォンソ二世は一一七〇年代にも数度、プロヴァンス、アルルを訪れたが、皇帝に封臣として伺候することはなかった。その一方彼らはアルル大司教や在地の貴族たちと頻繁に争い、二節に言及した一一七〇年のブザンソン宮廷集会には、アルル大司教、トゥールーズ伯らの苦情が寄せられた。しかしバルバロッサはプロヴァンス南部における政治的混乱に有効に対処することができず、アルフォンソ二世はプロヴァンス南部、アルルを自由に巡回していたように見える。なおトゥールーズ伯はこのブザンソン集会に参席し、七八年のアルル戴冠にも息子アルベリクとともに臨席したのに対し、バルセロナ伯家のアラゴン王とプロヴァンス伯は一貫して皇帝から距離を置いていた。(45)

興味深いのは、プロヴァンスをめぐるトゥールーズ伯、アラゴン王の対立が、さらにヨーロッパ規模の政治的利害関係ともかかわっていたことである。略述すれば、イングランド王ヘンリ二世はアキテーヌ支配における難敵、トゥールーズ伯に対抗してプロヴァンスに布石を打つため皇帝の頭越しに、王家とモーリエンヌ（サヴォワ）伯の女性相続人との婚姻を計画した。(46) またビザンツ皇帝マヌエル一世は、バルバロッサと教皇アレクサンデルの和解により西欧においてバルバロッサに対抗する足場を失ったことから、地中海域に勢力を伸ばすバルセロナ伯・アラゴン王家との同盟をめざし、自身の姪エウドキアをアルフォンソ二世の弟、前述のプロヴァンス伯ラモン・バランゲー（四世）に嫁がせることを提案した。しかしラモンはこれを辞退したので、エウドキアはバルセロナ伯の封臣であるモンペリエのギヨームに嫁ぐことになった（一一七八年末）(47)。これは何を意味するのか。

バルバロッサの尚書ゴットフリート・フォン・ヴィテルボの『事績録』によれば、バルバロッサはアルルに赴く直前、アラゴン王の支配下にあった沿岸都市、ニース、グラース、フレジュスを服属させ、アラゴン・バルセロナ家に力を誇示し、これと対立していたトゥールーズ伯、ボー家、フォルカルキエ伯、さらにジェノヴァとの保護・支持の相互関係を強めた(48)。フリートによれば、こうした権力パフォーマンスを背景としたバルバロッサのプロヴァンス、アルル入りは、アルフォンソとラモン・バランゲーの兄弟に強いインパクトを与え、それゆえマヌエル一世の婚姻による同盟の提案に対し、アラゴン王の兄弟は皇帝の権威を憚り、これを拒否した。すなわちバルバロッサのアルル戴冠は、ブルグント、帝国を越え、トゥールーズ、アラゴン、ラングドック、フランス、イングランド、教皇、そしてビザンツ帝国に及ぶ利害の交錯の中に位置づけられるシンボリックな行為であったというのである(49)。

フリートの解釈は仮説に留まるが、その射程の広さは評価してよい。ただしアルル戴冠はペーガウ編年誌や、戴冠に立ち会ったゴットフリート・フォン・ヴィテルボによる比較的詳細な記述のほか、少なからぬ叙述史料に現れるものの、総じて祝祭的儀礼としての簡素な言及に留まり、当時ブルグント以外では大きな反響はなかったようである(50)。とはいえ戴冠に続く全ブルグント王国の巡行は、皇帝、教会、貴族間の密な政治的コミュニケーションを促したであろう。また前述のとおりアルル戴冠からリヨン、ヴィエンヌ、ブザンソンの集会までブルゴーニュ公ユーグが随行していたことは、ここに越境的コミュニケーション空間が生まれていたことを示唆する(51)。

ブルグントは境界地域であるゆえに外部諸勢力が交錯する空間となり、対立と同盟の関係がめまぐるしくシフトした。しかしそのなかでバルバロッサが自身の持続的なプレゼンスにより、これをひとつの支配空間として編成、維持する余力は、もはや残されてはいなかったようである。アルル戴冠以後、バルバロッサがブルグントを訪れることは

なかった。(52)

＊

本章では、皇帝フリードリヒ一世・バルバロッサ時代、とりわけシスマ期における「独仏関係」を、ブルグント王国、ロートリンゲン地方という境界地域における両国の君主（英王も含め）と教会、貴族のコミュニケーションの過程として考察しようとした。

最初に述べたように、中世の「独仏関係」は国家間関係でないことはもちろん、君主（家門）の関係史にとどまるものでもない。中世盛期の国制（政治秩序）が、諸侯、貴族、高位聖職者、都市、君主の相互関係に支えられていたとすれば、「独仏関係」も同様に考えるべきであろう。境界地域ではそのようなコミュニケーションが、固定的な境や地理的枠組みが存在しないかのように展開する。もちろん君主は文書や使者を媒体とし、そのような境界空間をも飛び越して交渉を行い、同盟を結ぶ。しかし奇妙なことに、現実にはルイ七世もバルバロッサも、境界として認識されたマース、ソーヌ、ローヌを越えて相手側領域に進出することは、軍事的にも平和的にもなかった。両君主自身が会見するのは、これらの河畔の地、ときにはその橋梁上とされたのである。境界地域における君主の軍事行動は、境界（河川）の内側における敵対貴族に対する制裁、あるいは相手君主に対する示威行為として行われた。この意味で君主にとって河川に沿った境界は、定常的関係のための共通認識に属し、また会見というパーソナルなコミュニケーションの場とされることによりシンボリックに確認された。これに対し、境界地域の貴族は所領の分布や人的結合、利害関係と政治行動のオプションにおいて、日常的に越境していたのである。

さらにプロヴァンスについて見たように、地中海に面したこの境界地域は「独仏関係」を越えるヨーロッパ規模の政治的コミュニケーション空間でもあった。(53) この点は、本章では言及できなかった下ラインからフランドルにかけての帝国北西部の境界地域でも同様である。こうした点に中世的な「独仏関係」の特質を見ることができよう。しかしブルグントは、バルバロッサと息子ハインリヒ六世の没後、後期シュタウフェン時代にはすでに「王権から遠い」地域となる。王のプレゼンスにより維持されるコミュニケーション空間としてのブルグント王国は解体しつつあった。このことがあらたな「国境」と領域国家の再編（帝国の収縮）に直結しないことは自明であるが、帝国の政治構造の変容との相互関係において、続く時代の関係史をより広い視野で考察することは、別の機会に譲らねばならない(54)。

**注**

（1） Jean-Marie Moeglin, *L'Empire et le Royaume. Entre indifférence et fascination 1214-1500*, Villeneuve d'Ascq, 2011, p. 41.

（2） Michel Parisse, "La France et l'Empire à l'époque des Saliens et des Staufen", in Joachim Ehlers (Hg.), *Deutschland und der Westen im Mittelalter*, Stuttgart, 2002, S. 306.

（3） Moeglin, *op. cit.*, pp. 44-45.

（4） バルバロッサの宮廷とイティネラールについては関連文献情報を含めて、服部良久「フリードリヒ一世・バルバロッサの宮廷とコミュニケーション——儀礼・争い・秩序」『京都大学文学部研究紀要』五〇、二〇一一年、二〇一～二〇六頁を参照。

（5） バルバロッサのブルグント関連の国王証書の一覧、受給者別統計については、Verena Türck, *Beherrschter Raum und anerkannte Herrschaft. Friedrich I. Barbarossa und das Königreich Burgund*, Ostfildern, 2013, pp. 298-307; René Locatelli, "Frédéric Ier et le royaume de Bourgogne", in Alfred Haverkamp (Hg.), *Friedrich Barbarossa - Handlungsspielräume und seine Wirkungsweisen des staufischen Kaisers*, Sigmaringen, 1992, p. 190.

（6） Türck, *a. a. O.*, S. 228; *Die Regesten des Kaiserreiches unter Friedrich* I. 1152(1122)-1190 (J. F. Böhmer, *Regesta Imperii* IV., 以下 *RI*. IV と略記), 398; Otto von Freising/Rahewin, *Gesta Frederici seu rectius Chronica*, hg. von Franz-Josef Schmale, Darmstadt, 1986（以下 *Gesta Frederici* と略記）, II, c. 50, S. 380. バルバロッサの最初のブルグント、ブザンソン滞在は一一五三年である。Die *Urkunden Friedrichs I.*, bearb. von Heinrich Appelt u.a., *MGH Diplomata regum et imperatorum Germaniae* 10-1～5, 1975-1990, Nr. 48, 49.50, 1085（以下 *DFI.* 48... と略記）; Türck, *a.a.O.*, S. 101.

（7） 教皇ハドリアヌスの使節団を枢機卿ローランド、後の教皇アレクサンデル三世が率い、使節が用いた beneficium の表現をめぐって出席諸侯が使節団に激しく反発した事件はよく知られている。*DFI.* 186; *Gesta Frederici* III, c. 10-13, SS. 408-420. とくに c. 10, S. 408.

（8） Ebenda, III, c. 14, S. 422.

（9） Türck, *a.a.O.*, S. 102.

（10） *Gesta Frederici*, III, 14, S. 420-422. プロヴァンス南部の多くの聖俗有力者が主席しなかったのは、次節で述べるプロヴァンス伯と皇帝の関係を考慮したものと思われる。Heinrich Büttner, "Friedrich Barbarossa und Burgund. Studien zur Politik der Staufer während des 12. Jahrhunderts", in Theodor Mayer (Hg.), *Probleme des 12. Jahrhunderts*, Stuttgart, 1968, S. 94-95.

(11) Türck, *a.a.O.*, S. 127-128.

(12) 皇帝不在時には主としてブルグント外の聖俗貴族が、特使として裁判、仲裁、その他の代理行為を行った。Türck, *a.a.O.*, S. 133-146; Locatelli, *op. cit.*, pp. 183-184.

(13) この時ルイはトロワに九人の司教とその軍を待機させた。*Gesta Frederici*, III, c. 14, S. 422. なおブザンソン集会直前、同年九月のヴュルツブルク宮廷集会に英王ヘンリ二世は、多くの贈り物とともに書簡を送り、平和と友誼の同盟を提案した。ラーエヴィンによれば、この書簡でヘンリは皇帝の権威に服し、自身の王国とこれに属するすべてを皇帝の支配の下に置くと述べている。Ebenda, III, c. 7-8, S. 404-406.

(14) Johannes Laudage, *Alexander III. und Friedrich Barbarossa*, Köln/Weimar/Wien, 1997, S. 103-123.

(15) Ebenda, S. 126; Bruno Galland, "Les relations entre la France et L'Empire au XII$^{e}$ siécle", in Theo Kölzer (Hg.), *Die Staufer im Süden. Sizilien und das Reich*, Sigmaringen, 1996, S. 71; Knut Görich, *Friedrich Barbarossa. Eine Biographie*, München, 2011, S. 396-397.

(16) Laudage, *a.a.O.*, S. 138-140; *Chronica regia Coloniensis*, MGH SS rerum germanicarum in usum scholarum, 1880, S. 112-113. ここでは会議は curia generalis とも generale sinodum とも記されており、教会会議と政治集会を兼ねていたことを示す。なおフリードリヒの従兄弟でもあるシャンパーニュ伯アンリと仏王との関係についての詳細は本書14章、渡辺節夫「『国際関係』のなかでのシャンパーニュ伯とフランス中世王権」を参照。

(17) *DFI.* 363-365.

(18) この会議を提案したシャンパーニュ伯とバルバロッサの事前協議と意図、これに対するルイ七世の認識と行動、会議決裂に至る経緯と両王にとっての意味等について歴史家の見解は一致していない。Franz-Josef Schmale, "Friedrich I. und Ludwig VII. im Sommer des Jahres 1162", *Zeitschrift für bayerische Landesgeschichte*, 31, 1968, S. 348ff., 365-368; Walter Heinemeyer, "Die Verhandlungen an der Saône im Jahre 1162", *Deutsches Archiv für Erforschung des Mittelalters*, 20, 1964, S. 186-189; Laudage, *a.a.O.*, S. 141-145; Türck, *a.a.O.*, S. 116-125; Walther Kienast, *Deutschland und Frankreich in der Kaiserzeit (900-1270)*, Stuttgart, 1973, 1. Teil, S. 204-209; John B. Fried, *Frederick Barbarossa. The Prince and The Myth*, New Haven and London, 2016, pp. 303-310. *RI.* IV, 1152-1157. 会議前後の経緯については北嶋繁雄『中世盛期ドイツの政治と思想』梓出版社、二〇〇一年、五五～六〇頁をも参照。

(19) *DFI.* 388. サン・ジャン・ド・ローヌ（あるいはその周辺）で九月四～七日付の国王証書五通が発給されている。*DFI.* 385-389. ヴィクトルを正統教皇と宣告した日付は不明。

(20) Robert Folz, "L'Empereur Frédéric I$^{er}$ et le royaume de Bourgogne", in *Mémoires de la Société pour l'histoire du droit et des institutions des anciens pays bourguignons, comtois et romands* 18, 1956, p. 113.

(21) Galland, *op. cit.*, p. 73; Büttner, a.a.O., S. 101.

(22) Kienast, *a.a.O.*, S. 216. ユーグは後述の一一七八年のアルルにおける皇帝夫妻の戴冠に列席し、ブザンソンまで同行、この間にヴィエンヌで皇帝にオマージュを呈し、さらに一一八三年には婚姻によって得たドフィネについても国王ハインリヒ六世にオマージュを行っている。Türck, *a.a.O.*, S. 197, 204, 247, Folz, *op. cit.*, p. 124.

(23) *DFI.* 514, 515.

(24) *RI.* IV, 1899-1901; *DFI.* 187, 188, 1153; Galland, *op. cit.*, pp. 73-74.

(25) Laudage, *a.a.O.*, S. 151-154. ラウダーゲによれば、バルバロッサ自身がこの頃アレクサンデルとの和解を考慮していた事実はない。Ebenda, S. 157-158.

(26) *RI.* IV, 1466, 1470, 1471; Laudage, *a.a.O.*, S. 154-157. 並行してバルバロッサが行ったルイ七世との交渉は失敗した。この婚姻協定の背景や交錯する意図については桑野聡「一一六五年のシュタウファー＝アンジュー二重婚姻協定——ヴェルフェン＝アンジュー同盟成立の背景」『郡山女子大学紀要』三三、一九九七年、七一～九〇頁を参照。

(27) *RI.* IV, 1475.

(28) MGH, *Constitutiones et acta publica* I, Nr. 223-225; *DFI.* 480, 481. 北嶋、前掲書、六一～七三頁。ハンナ・フォルラートによれば、英王使節の「ヴュルツブルク宮廷集会における誓約」はヘンリとバルバロッサの婚姻協定を固めるものであり、ヘンリの教皇パスカリス支持を確認するものではなかった。Hanna Vollrath, "Lüge oder Fälschung? Die Überlieferung von Barbarossas Hoftag zu Würzburg im Jahr 1165 und der Becket-Streit", in Stefan Weinfurter (Hg.), *Stauferreich im Wandel*, Stuttgart, 2002, S. 168-171.

(29) *DFI.* 502. この証書の日付は一月八日。

(30) Görich, *a.a.O.*, S. 633-635. この年の九月にアレクサンデルはローマに戻っており、ローマから自立した帝国の伝統的中心都市アーヘンという理念も意識されたのかもしれない。

(31) *DFI.* 502.「アーヘン編年誌」では、クリスマス宮廷集会参加諸侯はカールの遺体を大理石の墓から取り上げ、木製の箱に移したとのみ記されている。*Continuatio Aquicinctina*, MGH *Scriptores in folio*（以下 SS.）6, S. 411.

(32) 列聖前後にアーヘンで発給された国王証書の副署人たちである。*DFI.* 499-503.

(33) Kienast, *a.a.O.*, S. 222-223; *RI.* IV, 1814.

(34) *RI.* IV, 1917-1919; Michel Parisse, "Présence et interventions de Frédéric Barberousse en Lorraine", in Haverkamp (Hg.), *a.a.O.*, S. 220; Ferdinand Opll, *Das Itinerar Kaiser Friedrich Barbarossas (1152-1190)*, Wien/Köln/Graz, 1978, S. 52; *DFI.* 575. ただしこの会談の本来の目的は、バルバロッサの息子とルイの娘の婚約交渉であった。またシスマについて何らかの合意が成立したわけではない。Gallant, *op. cit.*, p. 75.

(35) シスマ時代のブルグント高位聖職者の大半は皇帝に忠実であり、一一七〇年代に増えるアレクサンデル派に対しても皇帝に反逆しない限りバルバロッサは寛大に対処し、双方から承認される司教も見られた。彼らは皇帝とアレクサンデルの仲介に努め、この意味でブルグントは仲介の空間でもあった。Türck, *a.a.O.*, S. 271-282; Folz, *op. cit.*, pp. 121-124.

(36) Gottfried von Viterbo, *Gesta Friderici* I. et Heinrici VI., MGH SS. XXII, S. 331 vv. 1095-1170; *Annales Pegavienses*, MGH SS. XVI, S. 262.

(37) *DFI.* 741-766; *RI.* IV, 2405-2454.

(38) Türck, *a.a.O.*, S. 239-241.

(39) Locatelli, *op. cit.*, p. 185.

(40) 以下の記述については Johannes Fried, "Friedrich Barbarossas Krönung in Arles (1178)", *Historisches Jahrbuch*, 103, 1982, S. 347–371; Türck, *a.a.O.*, S. 125–128, 205–228, 234–245; Locatelli, *op. cit.*, pp. 173–174, 187–188.

(41) Folz, *op. cit.*, p. 114; Locatelli, *op. cit.*, pp. 173–174; *DFI*. 378; Büttner, a.a.O., S. 82–83.

(42) *DFI*. 378. なおラモン・バランゲー四世の死後に同三世に与えられたバルバロッサの証書にはヴィクトル承認への言及がなく、ビュトナーはこの協定をバルセロナ・プロヴァンス伯側の大きな成果と見る。Büttner, a.a.O., S. 98–99.

(43) なお Ernest Marcos Hierro, *La Dama de Bizanci, Un enigma en la nissaga de Jaume I*, Barcelona, 2013 では、プロヴァンス伯ラモン・バランゲー三世は叔父の死後、バルセロナ伯からの自立を試みてバルバロッサ側に接近し、一一六五年にトゥールーズ伯レモン五世と協定を結び、ドゥルシアとレモン六世の婚約を取り決めたとされている（大阪大学外国語学部非常勤講師の中嶋耕大氏のご教示による）。

(44) Büttner, a.a.O., S. 101.

(45) Fried, a.a.O., S. 359–360, 363; Türck, *a.a.O.*, S. 125; *DFI*. 187, 188; *RI*. IV, 1899–1901.

(46) Fried, a.a.O., S. 353–354. ウェールズの年代記作者 Giraldus Cambrensis はヘンリの名声がすべての王侯を凌ぎ、皇帝フリードリヒ、ビザンツ皇帝マヌエル、ヒスパニア、イスラムの支配者などキリスト教徒、異教徒の君侯がヘンリに使者と贈物により敬意を表していたと述べている。*De principibus instructione liber*, *Giraldi Cambrensis Opera*, Vol. 8, Rerum Britannicarum Medii Aevi Scriptores (Rolls Series) 21, London, 1964, pp. 157–158.

(47) このモンペリエの貴族家門とバルセロナ伯の関係については Kienast, *a.a.O.*, S. 704.

(48) Gottfried von Viterbo, *Gesta Friderici*, MGH SS. XXII, S. 331, vv. 1090–1092; Fried, a.a.O., S. 361.

(49) Fried, a.a.O., S. 369–370; Freed, *op. cit.*, pp. 419–421.

(50) Türck, *a.a.O.*, S. 234–243.

(51) *DFI*. 756, 757, 763.

(52) バルバロッサから帝国西部の統治を委ねられたハインリヒ六世は数度リヨン、ブザンソンを訪れているが、「ブルグント宮中伯」とされた弟のオットーがこれを支えた。*RI*. IV, 68, 69, 529–533; Alheydis Plassmann, "Herrschaftspraxis und Legitimation. Möglichkeit und Grenzen der Urkundenauswertung am Beispiel der Staufer in Burgund", *Archiv für Diplomatik, Schriftgeschichte, Siegel- und Wappenkunde*, 56, 2009, S. 46–47, 52. またベアトリクスがときには長期にわたってブルグントに滞在し、証書を発給した。

(53) 本書、第14章、三〇〇～三〇一頁、および服部、前掲論文、二二五～二二六頁を参照。

(54) フリードリヒ二世以後、一三―一四世紀のアルル王国、リヨン、ドフィネをめぐる政治的動向については Plassmann, a.a.O., S. 54–63; Moeglin, *op. cit.*, pp. 35–41 を参照。

# 第11章　フランス国王と異端

## ――アルビジョワ十字軍からベルナール・デリシユー事件まで――

轟木広太郎

本書では、中世盛期以降の西欧君主による統治領域に「王国」とともに、「帝国」という呼称が与えられている。例えば、本章が対象とする一三世紀のフランス王国もひとつの「帝国」と見なされる。その理由は、一二世紀までのフランス王国が、一〇世紀末に諸侯たちが相互の合意に基づいて諸侯の一人たるユーグ・カペーを国王に推戴することにより王国を形成したというその起源に規定され、依然として分権的な権力構造が維持されたままだったのに対し、フィリップ・オーギュスト以降は従来の狭小な王領の範囲を超えて、ノルマンディ、アンジュー、ポワトゥー、トゥールーズへと王権の勢力域が飛躍的に拡大したことにより、王権と諸侯との権力関係に大きな変動が生じ始めたからである。これ以降、国王は自身の平和領域を王国と重ね合わせる方向に大きな一歩を踏み出したといえる。

しかし他方で一三世紀のカペー王は、この平和領域を自身の軍事力だけで、すなわち諸侯や領主層の軍事奉仕に依拠せずに維持するのはなお不可能であって、それゆえ、力の均衡が崩れたといっても、諸侯との権力関係の組み替えは軍事や裁判による強圧的な方法を通じてというよりも、封建契約の締結や忠誠誓約、婚姻関係の取り結びや後見権の設定、地域紛争の調停といった、むしろ半ば私的、和解的な諸回路を通じてなされたのである。他方で、イングランド王家たるアンジュー家の大陸支配域も類似した状況にあり、とくに英仏王家勢力圏の境界地帯をなすフランス西部領域では、地域の中小の諸侯たちがどちらの勢力圏に組み入れられるかという問題が先鋭化していった。つまり、分権的な初期のフランス王国と、平和領域としての王国の完結性が国王の軍事・司法独占により実現するに至る近世との狭間にある時代の権力構造を指示するものとして、「帝国」の語を用いるのである。

ところで、そのような「帝国」的権力構造に規定された中世の王国においては、ローマ教皇はかなり奇妙な軍事的権利を主張しえた。それは、キリスト教世界の長としての権威によって、国王を含めた戦士層に対して、同じ王国内の異端と名指された戦士層との戦争を命ずる、すなわち、十字軍を発令する権利である。本章で論じる、南フランスに向けて北フランスから送り込まれたアルビジョワ十字軍（一二〇九〜二九年）がまさにそれである。時の教皇インノケンティウス三世は、当時ラングドック地方に蔓延しているとされた異端カタリ派掃討のために、フランス国王をはじめとする貴族・戦士層に号令をかけ、それに応えた者に聖地十字軍士と同等の贖宥および平和保護を約束したのである。

ここで一見不可思議なのは、俗界の権力者であるフランス国王が自らの王国における戦争を、聖界の権威から命じられている点である。しかし当時のフランス王国が、国王が平和領域の拡大をめざしつつも、諸侯や領主たちとの間の衝突と妥協を前提とする不均一な政治的関係に規定されている構成体であったとしたなら、それも理解しがたいこととはいえないだろう。この時代、依然としてほとんど制限されていないフェーデ権を有した諸侯・領主階層にとっても、戦争開始には相続権の主張、弱者・教会の保護、報復などの正当化が必要だったが、教皇による十字軍発令はそれらをはるかに凌ぐ十分すぎる理由となりえた。十字軍士たちには、教皇により征服地を獲得する権限も与えられたから、理論上はフランス王国内の政治地図を教皇が画定する権利を主張したに等しい。わけても興味深いのは、カペー王家にとっても、教皇による発令が王国内における戦争の発動、征服の正当化となりえたことである（もっとも全面的に支持されたわけではないが）。譬えていえば、「帝国」的構造を織りなすバラバラな権力関係の縦・横の糸は、聖界の首長という特別な外部的権威よって断ち切られたり、編み直されたりしえるものだったのである。

ローマ＝カトリック教会によるラングドックにおけるカタリ派対策が、アルビジョワ十字軍から異端審問制度（一二三三年以降）に移った後は、攻撃の主たる対象は在地の戦士＝領主階層から一般住民へと変わり、その意味では、もはや教皇が王国内の政治地図を書き換えるわけではなくなる。だがしかし、国王をはじめとする世俗領主たちは、霊的裁きを司る異端審問官や司教のために、容疑者逮捕・財産没収・処刑といった物理的強制力を提供する役割を引き受けることになった。つまり対異端十字軍とは形式は異なるものの、ローマ＝カトリック教会が王国内で世俗の武力行使を発動させる権限を維持したという点では、「帝国」的なフランス王国の権力秩序と、キリスト教信仰の一元化をめざす教権との関係は、根本的には変化しなかったといえる。

ところが、異端審問におけるこうした聖俗の協働関係は、本章後半で取り上げる、一三世紀末から一四世紀初頭にかけてのベルナール・デリシユー事件において、大きな動揺を来たすことになる。この事件では、一人のフランチェスコ会士ベルナール・デリシユーが反異端審問の説教を繰り広げ、それに同調した国王役人が異端審問の獄舎を解き放ち、フランス国王が異端審問官の解任に動くことになった。アルビジョワ十字軍からこの事件に至るまでの俗権・教権関係の変化を、フランス王国の「帝国」的構造と絡ませながら論じるのが本章の目的である。(1)

## 1　アルビジョワ十字軍をめぐる国王と教皇

本節ではすでに述べたような理由から、中心的な十字軍士のモンフォール父子（シモンとアモーリー）や、それに対峙したラングドック諸侯のトゥールーズ伯、ベジエ・カルカッソンヌ副伯といった人物や実際の戦闘などよりも、アルビジョワ十字軍をめぐるフランス王権と教皇権との関係性を中心に、一三世紀前半のフランス王国の「帝国」的構造の一端を見ていきたい。(2)

アルビジョワ十字軍発動を宣する教皇令の直接のきっかけは、反異端宣教のためにラングドックに送られていた教皇特使ピエール・ド・カステルノーが、一二〇八年の初めに、トゥールーズ伯レモン六世の家臣と思しき騎士たちにアヴィニョン近郊で暗殺されたことであった。しかし、異端の蔓延に手を焼いていたインノケンティウス三世は、すでに一二〇四年、一二〇五年、一二〇七年にも十字軍要請をフランス国王に発していた(3)。一二〇四年のフィリップ・オーギュスト宛書簡では、当時よく知られた比喩を用いて、「その〔主の〕ブドウ園が子狐によって打ち壊され、その羊たちが狼の攻撃にさらされている（カッコ内引用者／以下同様）」と異端の跳梁を嘆きつつ、「汝が大義なく剣を取るのではなく、かの人〔主〕の救援に力強く武器と盾を取って立ち上がるべく」十字軍誓願を立てるようにと訴えている(4)。この書簡は、フランス国王が十字軍誓願により王国内の諸侯たちに対する申し分のない戦争開始理由を得ることができるだろうと述べている点で、フランス王国の政治構造に対する教皇の関係をよく表すものといえる。

これに対しフィリップは、皇帝オットー四世とイングランド国王ジョンの来襲の危険が迫っていることを理由に要請を退けたが(5)、ピエール・ド・カステルノー暗殺直後の要請（一二〇八年）のときには、結局は出征を見送ったものの、十字軍参加のための条件として教皇に財政的援助とイングランド王との休戦のための仲裁を求めるなど、一歩踏み込んだ姿勢を見せた。ただしフィリップの返答は、インノケンティウスの行為を一部批判する内容を含んでいた。すなわち「学識ある者たち」の意見を徴したところでは、トゥールーズ伯レモン六世が異端として断罪されたのでないかぎり、教皇には十字軍士に伯の領地を自由に強奪する許可を与える権限はない。しかも、レモンが異端宣告を受けた場合でも、レモンは自分の封臣なのだからその権限は最終的には自分にある、というのである(6)。

ここで興味深いのは、フィリップが教皇に異議を呈しつつも、その実、王国内におけるローマ教皇の戦争発動権それ自体は不問に付されている点である。彼の非難はあくまで征服地の処置にかかわるもので、教皇の宣言が自身の封建法上の権利を蔑ろにしているという点を訴えたものにすぎない。実際、征服されたトゥールーズ伯領、ベジエ・カルカッソンヌ副伯領の帰趨がいずれ問題になるときがくるが、それはモンフォール父子、国王、ローマ教皇の間の交渉により決着させられることになる。そもそも戦士＝領主間の折衝・妥協により政治的関係が構成されるのが常の政治空間において、この結果は、教皇が当事者の一人としてかかわっている点を除けば、なんら特別なこととはいえないだろう。

　ところで、フィリップ・オーギュストが十字軍参加に終始消極的だったのに対して、王太子ルイ（後のルイ八世）は一二一三年になって出征の意思を表明する。あくまで王家の介入に慎重だったフィリップは、それを渋々承認したとピエール・デ・ヴォードド・セルネーは伝えている(7)。実際に出征したルイがシモン・ド・モンフォールの軍に加わったのは一二一五年春のことだったが、この時点ですでにシモンはトランカヴァル家からベジエ＝カルカッソンヌ副伯領を奪取しており、今は南仏最大の都市トゥールーズへ向けて進軍中だった。しかし、市のコンシュラ（執政たち）はほとんど抵抗することなく降伏し、シモンに服従を誓約した。

　このときのルイの行動として注目されるのは、都市トゥールーズ征服後、彼が王家の人間として何の権利主張も行うことなく、すでに六月初頭にはパリへの帰途に就いたことである。この事実が端的に示すのは、彼の十字軍参加の主たる目的が征服ではなく、贖宥の獲得という宗教的なものだったか、あるいは騎士的な冒険心によるものだったろうということである。かりに前者であれば、十字軍士は、封建法の慣習とされる四〇日間の従軍奉仕をもってその権利を得るとされたため、それ以上ラングドックに留まる理由もなかった。ルイは一二一九年にも再び十字の印を取った。このときも父王の意思に半ば反して出征したのだが、やはり四〇日を過ぎると早々に従軍を切り上げ、踵を返すように北フランスに帰還している(8)。

　ラングドック最大の諸侯領たるトゥールーズ伯領にかかわる王権の対応も、やはりここまで述べてきた「帝国」的構造の線上にあるといってよい。シモン・ド・モンフォールはトゥールーズ伯を含む南仏貴族とアラゴン王の連合軍に勝利した一二一二年のミュレの戦い以後、トゥールーズ伯位を聖界側の十字軍指揮者アルノー・アモーリーと争っていたが、一二一五年の第四回ラテラノ公会議はシモンの主張を認める決定を下した。ところでシモンはこの報を聞くと、まっさきに長途パリに赴いて、フィリップに臣従礼を呈し、国王の側もこれを受け入れている。M・ロックべールが指摘するように、アルビジョワ十字軍を通じて問題になっていたのは、十字軍士が征服した土地の帰属に対するローマ教皇の裁断権と、同じくそれに対する封主としてのフランス王の権利の対立であったといえるが[9]、この問題については、十字軍終結を告げた一二二九年のモー・パリ和約も含め、一方が他方の権利を完全に排除することなく事態は終始経過したといってよい。一二一五年の右の出来事も、国王フィリップがトゥールーズ伯領に対する教皇の裁断権を黙認しつつ、封主としての最低限の権利を確保したという点で、「帝国」的構造に特徴的な妥協的な落着だったといえるだろう。

結局のところ、フランス国王とローマ教皇との間で、このように十字軍による征服地の処置をめぐって争う余地があったとしても、ローマ教皇が王国内の諸侯に対して十字軍を発令して戦争を発動させる権限を有するという法理それ自体は、国王によって異を唱えられたようには思われない。それどころか、例えば一二二四年、即位して間もないルイ八世は、再度の十字軍出征の条件のひとつとして、レモン六世、七世の父子からのトゥールーズ伯領、およびフランス王国内に二人が有するその他の所領の没収、同じくトランカヴェル家からのベジエ・カルカッソンヌ副伯領の没収を宣言するように教皇ホノリウス三世に訴えている[10]。このときの要求は総じてかなり威嚇的な内容で、教皇側が承服する可能性の低いものであったが、それでもルイは、自身が王国内の諸侯に対して戦争を開始するための法的根拠をローマ教皇に求めて疑っていない点に注意すべきだろう。フランス王国の「帝国」的構造の一端とは、このように王国内における戦争発動についてすら、国王が無条件の権利をいまだ主張しえなかった、あるいはそうしようとすらしていなかったという点にあるといえる。

最終的にアルビジョワ十字軍は、征服地にかかわるいっさいの権利をアモーリー・ド・モンフォールから譲渡されたルイ八世と、失地回復にある程度成功しつつあったレモン七世、そして教皇特使ロマヌスの間でモー・パリ和約が結ばれて一応の決着を見た。レモン七世はプロヴァンス地域の領有地を失い（フランス王国に属するプロヴァンス西部は王領に編入され、神聖ローマ帝国内の東部は教皇特使の管轄下に置かれた）、また継嗣の相続について不利な条件を呑まされたものの、教会からの赦免獲得と国王への臣従礼・誠実宣誓を前提に、トゥールーズ伯としての領域支配権のかなりの部分を取り戻した[11]。これはすでに薮本将典が指摘しているように、封建貴族にとってなじみ深い玉虫色の紛争決着だったといえる（これに対し、トランカヴェル家のベジエ・カルカッソンヌ副伯領はまるごと王領に編入された[12]）。

アルビジョワ十字軍はただ政治的結果から見れば、南フランス地方の王領への統合をもたらしたという意味で、王権の拡大にとって画期的事件にはちがいないが、国王が十字軍に積極的に関与したのはその終盤のみであり、それも教皇の発令を自明の法的根拠とするものだった。そして、敗者の封建貴族に大きな領主権限を回復させたという点でも、王国の「帝国」的構造をよく反映する出来事だったといえるだろう。

## 2　異端審問のもとでの俗権・教権協働体制の成立とその動揺

モー＝パリ和約では、異端者を除き、十字軍によって所領を追われた者への財産返還が認められた。しかし、異端の残党 faidits による抵抗活動が続いたため、それに対する掃討作戦が一二四〇年代半ばまでは続くことになった。そしてその間、一二三三年以降は、トールーズ、カルカッソンヌを拠点に、教皇から権限委任されたドミニコ会によって異端審問が開始された。これからカタリ派消滅までの一〇〇年弱が南フランスにおける異端審問の最盛期となるだろう。

先に触れたように、異端審問は、異端との戦いにおいて教権と俗権の間にはっきりとした分掌を成立させた。すなわち、異端者に対する尋問と判決、つまり罪とその裁定にかんしては教権の手に、他方、逮捕・処刑・財産没収・家屋破壊など物理的執行にかかわる役割は俗権の手に帰すことになった。ただし財産没収にかんしては、ドミニコ会士による異端審問では没収財産はすべて俗権（王権）の取り分となったが[13]、伝統的に異端追及の権限を有する司教によって審問が行われた場合、司教はふつう司教座に付随する世俗領主権の保持者でもあったから、没収財産に対して一

定の権利主張をしえた。南フランスの司教たちは、早い時期に王権と没収財産の分割について約定を結んでいる。(14)

フランス王権は異端審問官たちの活動に対して当初から協力的な態度を示してきた。ルイ九世（在位一二二六～七〇）は異端撲滅を国王の真摯な務めとして認識していたし、(15)南フランスの地方国王役人（セネシャルやヴィギエ）もその意向に沿って、異端審問官に「世俗の腕」を提供した。この協働体制は次のフィリップ三世（在位一二七〇～八五）のもとでも原則として引き継がれたといってよい。

この体制が大きく揺らぐことになるのは、フィリップ四世の時代（在位一二八五～一三一四）である。この国王のもとでかのアナーニ事件（一三〇三年）が勃発したこと、そして国王政府により、王国内のテンプル騎士団員（教皇直属だった）に対する一斉逮捕が行われたこと（一三〇七年）を想起するならば、異端審問においても両権の軋轢が起こるのはそれほど驚くには当たらないかもしれない。しかし、動揺は一四世紀に入って突然起こったのではなく、一二八〇年代半ばから徐々に地方レベルで始まりつつあった。

一二八五年には、カルカッソンヌのコンシュラが同市のドミニコ会異端審問官ジャン・ガランに対して抗議状を提出している。それによると、ジャン・ガランが建設した牢獄では容疑者と有罪者たちが光の射さない暗黒のなか鎖につながれ、糞尿まみれの悲惨極まる状況に喘いでいる。しかも執拗な拷問のせいで四肢を損ない、体の自由を失ってしまう者があとを絶たない。なにより許しがたいことに、こうした拷問のせいで無実の者までが架空の罪の自白をさせられ、さらには同じく無辜の他人を告発するよう強制されていると。(16)この抗議が注目されるのは、単に市政の指導者たちから異端審問官に対して正式に異議申し立てがなされたからというだけでなく、おそらくこれが、王権が異端審問に抑制をかけるひとつの出発点になったと思われるからである。このとき国王が改革監察吏 enquêteur-réformateur を派遣した事実が知られるとともに、少し間をおいて、一二九一年以降、カッソンヌ・セネシャルに対し複数回、異端審問官の指令があっても異端容疑者を逮捕しないように、あるいは引き渡し要請に応じないようにとの命令を送っている。(17)

一二九〇年代後半になってもカルカッソンヌの騒擾は続いていたが、一二九九年には異端審問官とカルカッソンヌのコンシュラとの間に和約が成立することで、事態はいったんは終息したかに見えた(18)。しかし、南フランスの都市民による王権を巻き込んだ反異端審問闘争はこれで幕を下ろしたのではなく、ベルナール・デリシユー事件によっていっそう烈しさと広がりを増して再燃することになるのである。それは、何人かの新しい人物の（再）登場に負うところが大きい。すなわち、一人のフランチェスコ会士（ベルナール・デリシユー）、一人の改革監察吏、そしてもちろん国王フィリップ四世その人である。なお「帝国」にまつわる問題は、とくに国王について言及する際に、再び取り上げることにしたい。

## 3　ベルナール・デリシユー事件

### (1)　もう一人の羊飼い＝ベルナール・デリシユー

以下に紹介する一連の出来事を「ベルナール・デリシユー事件」と呼ぶのは、一三一九年に教皇ヨハネス二二世の命を受けて、このフランチェスコ会士の異端幇助・国王反逆罪・教皇殺害・聖霊派異端の嫌疑を審理した特別法廷の裁判記録が、十数年から二十年以上過去に遡る反異端審問闘争についてのもっとも詳細な史料をなしており(19)、そこでは彼こそがその中心人物と見なされているからである。

これまで何人かの歴史家が主にこの記録に依拠して、南フランス諸都市による反異端審問闘争の事実経過とベルナールの担った主導的役割を再構成しようとしてきた。モノグラフとして、一九世紀後半のB・オレオーに始まり、M・ド・ドミトレウスキー、J-L・ビジェ、A・フリードランダー、そして二一世紀のS・オウシーにいたるまでの著作を挙げることができるが、それらは多かれ少なかれベルナールを、その卓抜な雄弁を武器として都市民らの反抗を陰に陽に導くとともに、他方で改革監察吏を焚きつけ、ついには国王までをも動かした反異端審問のリーダーと見なしてきた。[20]一人の尋常ならざる熱情に燃えた反異端審問の闘士、たしかにそれが裁判記録から浮かび上がってくるベルナール像ではある。しかし、そうした先行研究の主張には見過ごせない問題点があるといわなくてはならない。なぜなら、特別法廷でのベルナールへの尋問には二度の拷問が用いられたからであり、[21]またすべての証人に対する尋問も、闘争におけるベルナールの主導的役割を最初から前提してなされたものにほかならないからである。もちろん、別のいくつかの史料からベルナールが一連の事件に深く関与したことは間違いないのだが、彼自身は自分が首謀者であるという点については、一貫して否定的供述を続けた。

つまり問題は、われわれがある種の官憲によって残された記録から出発しなくてはならない、という点である。したがってここでは、ベルナール・デリシユーがはたして反異端審問闘争においてどれほど主導的役割を発揮したかは問わない。むしろこの史料から拾い上げたいのは、それまでにはないタイプの反異端闘争の体現者としてのベルナール像である。これは、ベルナールに反異端闘争の首謀者としての責任を負わせようとする官憲の追及の言述と、それを否認しつつも、異端審問の根本的あり方を独特の信仰上の視座から攻撃することをやめないベルナール自身の抵抗の言述の、その双方が交わるところに結ばれるひとつの像だといってよい。われわれが明らかにしたいのはまさにこの像であり、それは、策謀家というよりも、一人の闘う司牧者としての像である。

ベルナールと異端審問との最初のかかわりは、カルカッソンヌの富裕な一市民カステル・ファーブルをめぐる、異端審問官ニコラ・ダブヴィルとの対決に始まる。一三〇〇年、カステル・ファーブルが死に際にカタリ派の救慰礼consolamentumを受けたという証言を過去の審問記録に見つけたこの異端審問官は、死後審問を開始しようと、彼の遺体が埋葬されていたカルカッソンヌのフランチェスコ会修道院にやってきたのである。このとき、フランチェスコ会を代表してニコラに相対したのがベルナール・デリシユーであった。

後日、自分たちに弁明の機会すら与えようとしないニコラ・ダブヴィルに対して、ベルナールは、異端審問官宿舎の扉に抗議文を貼り付けるという思い切った示威行動に出る。この抗議文は、先に触れたベルナール自身の裁判資料とは関係のないもので、ベルナールの異端審問に対する抗議活動がたしかに事実であったことを裏付けると同時に、その始まりを告げる史料といえる。

この抗議文のなかでベルナール・デリシユーはニコラ・ダブヴィルに対し、以下のような反論を提示している。カステル・ファーブルは正統なカトリック信者であり、フランチェスコ会の僧院内で六人の会士たちに看取られて死んだのであって、死ぬ間際にカタリ派に入信したなどという事実はない。その死後も、彼のカトリック信仰について忌まわしい疑いが立ったことはない。彼は生前も、聖なるローマ教会の説く真正のカトリック信仰を保持していることを何度も告白し、それを慈善の業を通じて、すなわち多くのキリストの貧者、つまり後見下にある子供たち、寡婦、孤児らへの施し、またドミニコ会士、フランチェスコ会士、およびその他の貧しき修道士たちへの援助を通じて明白に証明してきた。そして死期が迫ってからは、何度も教区司祭とフランチェスコ会士に己の罪を告解し、真正なる聖体を拝領し、公にカトリックの信条を告白したのだと。[22]

注目されるのは、ベルナール・デリシユーがカステル・ファーブルの正統信仰を裏書きするこうした証拠を次々挙げながら、その度に、「いま述べたことは、ナルボンヌ大司教管区内では、公の声と評判 vox et famapublica に属することだ」といった文言を執拗に繰り返している点である。これは明らかに、まさに「公の評判」に依拠して進められる異端審問の手続きへの対抗を意識した反駁にほかならない。その一方で、ニコラ・ダブヴィルの頼りとする審問調書の記載は、「悪しき評判の対象となっている疑惑の書冊から引き出された証言」と断じている。つまり、同じ「公の評判」でも、異端審問記録はそれ自体が「悪しき」評判の立つような根拠なき風聞の集成にほかならず、それに対して、カステル・ファーブルにまつわる正統信仰の評判は真正で、充分な証拠に基づいているというのがベルナールの主張だといってよいであろう。このように、ベルナールの最初の異端審問攻撃は敵の制度的基盤を見事に突くものであった。[23]

さらにいえば、ベルナールの抗弁は、一人の市民に死後の安寧を託されたフランチェスコ会の一員の立場からのそれでもある。異端のまま死んだカステル・ファーブルの遺骸を掘り起し、炎に委ねようとする異端審問官相手に、この市民の臨終と埋葬にかかわってその魂の救いに責任を負ったはずの司牧者が真っ向から対決したのである。異端審問官は、その自己理解においては異端者の魂を預かる司牧者にほかならなかったから、[24]ベルナールは、「悪しき」羊飼いに「善き」羊飼いとして対峙したともいえるだろう。ここにベルナール・デリシユーの闘いの特異性がある。なお、この事件のその後であるが、結局、ベルナール・デリシユーがこの件を教皇庁に上訴したこともあり、ニコラ・ダブヴィルは所期の目的を遂げることはなかった。

次にベルナールが反異端審問運動の渦中に姿を現すのは、一三〇一年のことである。パミエ司教ベルナール・セセに国王反逆罪の疑惑が持ち上がり、フィリップ四世が改革監察吏として、アミアン教会守護の騎士ジャン・ド・ピキニーとリジウー司教座の助祭長リシャール・ルヌヴーをラングドックに派遣したのが大きなきっかけであった。[25]当時、カルカッソンヌのドミニコ会士による異端審問だけでなく、アルビ司教ベルナール・ド・カスタネによる異端審問が両市の市民たちの怨嗟の的となっていたのだが、[26]おそらくはベルナール・デリシユーを介して、市民たちは改革監察吏に彼らの惨状を訴え出たのであった。（改革）監察吏とは、そもそも一二四七年にルイ九世が王領役人の不正に対する住民の訴えを聴取し、賠償を含む是正措置を行うために派遣したことに始まる一種の臨時行政職だが、この頃には、右に見たように、それ以外の目的によっても活用されるようになっていた。[27]両市の住民とベルナール・デリシユーはその機会を捉えたのである。

はたして、彼らの訴えは改革監察吏の心を動かすのに成功する。その年の秋、北フランスのサンリスに滞在していた国王のもとに、ドミニコ会士フルク・ド・サン・ジョルジュとアルビ司教による異端審問の濫用を訴えるカルカッソンヌとアルビの代表団が、ジャン・ド・ピキニーおよびベルナール・デリシユーにともなわれて派遣されてきたのである。ベルナールが後の自身の審問時に供述しているところでは、そのとき彼は国王に次のように訴えたという。両市の住民のうちにギヨーム・パジェとベルナール・コストなるカタリ派の完徳者を信奉し、入信儀礼を受けた者が多数いるとして、投獄・拷問を使った異端追及が行われている。だがそう告発するのならば、まずこの二人の実は存在すら怪しい完徳者をまず捕らえるべきではないか。それなのに、あろうことか、異端審問官たちはそうした点をまったく顧みることなく、根拠のない証言を頼りに王国の住民を苦しめていると。[28] 国王はこの訴えを信じると同時に、遠からず自らラングドックに足を運ぶことを約束する。

実は、サンリスにはフルク・ド・サン・ジョルジュとニコラ・ダブヴィルも後を追うように国王の謁見を求めにやってきていたのだが、ベルナール・デリシユーらの訴えに怒り心頭に発していたフィリップ四世は彼らの声にまったく耳を貸さなかったという。[29]

その年の冬には、国王はさっそく具体的な行動に出る。パリのドミニコ会に対して、フルク・ド・サン・ジョルジュの異端審問官の職を解くように要請したのである。[30] この要請は次の年の春になって受け入れられる結果となり、別のドミニコ会士が後任に就くことになった。他方、アルビ司教ベルナール・ド・カスタネは国王から二〇〇〇リーヴルの罰金を科されて、司教座に付随する世俗財産を一時差し押さえられることになり、[31] この措置によって、アルビでの司教およびドミニコ会士による異端審問は事実上停止に追い込まれた。

さて、国王フィリップ四世は先の約言通り、一三〇三〜〇四年の冬にラングドックを巡幸した。このときも、ベルナール・デリシユーは国王に次のように訴えたという。もし使徒のペテロとパウロが今日生きており、彼らに異端の完徳者を崇拝したという容疑がかけられ、ラングドックの多くの住民に対するのと同じ異端審問官による追及が向けられたとしたら、彼らとて到底身を守る術はあるまい。もし使徒たちが異端審問官たちのいう異端者の素性を尋ねて、異端審問官が何も答えられないとしても、やはり異端擁護者として有罪とならずにはすむまい、と。[32] つまり、異端審問官のやりかたは聖なる使徒すら断罪せずにはおかないもので、ラングドックの住民のこの世とあの世の命は、こんな途方もない暴虐に晒されているると告発したのである。

だが、一三一九年の拷問をともなう取り調べのなかで、ベルナールの反抗の言述は終始先鋭的だったわけではない。

先に言及した一二九九年のカルカッソンヌのコンシュラと異端審問官との和解について、カルカッソンヌの住民を窮地に陥れる罠が含まれていたことをベルナールは住民らに訴える説教をしている。第三者の証言ではそのとき彼は、緑豊かな土地に平穏に暮らしていた仔羊たちがあるとき以来肉屋によって一頭また一頭とさらわれるような災厄に見舞われたが、しかし仔羊たちはあるとき自分を守るための角が生えていることに気づいたという譬え話をしたという。もちろん、仔羊はカルカッソンヌの市民を、肉屋は異端審問官を指している。異端審問官は仔羊を守るべき羊飼いと称しているが、その実の正体は血に飢えた屠殺者にほかならず、市民たちはこの敵に対していまこそ自ら立ち上がる時だというのである。[33]この譬えは、異端審問官を悪しき偽の羊飼いと告発してきたベルナールにもっとも相応しいものといえるが、彼はこうした反乱教唆のごとき、それゆえ自らを反異端運動の首謀者と認めるに等しき説教をしたという事実は認めなかった。[34]

しかし、特別法廷の裁判官たちおよび証人たちがベルナールのなかに、ベルナール自身と同様に、異端審問官と対決する「もう一人の羊飼い」の姿を認めたのは事実だろう。これこそが、追及の言述と反抗の言述に共通する反異端審問の闘士像であった。どちらのベルナールも、「善き」羊飼いの立場から「悪しき」羊飼いを攻撃するのである。

### （2）　もう一人の国王役人＝改革監察吏

南フランスの都市抗議団に協力した二人の改革監察吏のうち、表立った活動を見せたのは、騎士ジャン・ド・ピキニーの方であった。彼はベルナール・デリシユーとカルカッソンヌおよびアルビの抗議団をサンリスの国王に引き合わせたほか、一三〇三年にはいっそう決定的な役割を演じる。国王が異端審問官フルク・ド・サン・ジョルジュの解任を求めたとの知らせに意を強くした市民たちが、カルカッソンヌの異端審問監獄に囚われた同胞たちの解放に動き出したそのとき、武器をもって獄舎に迫った市民たちの前に現れ、一同を代表するかたちで、囚人たちの解放を要求したのである。そして、要求を拒むドミニコ会士らに半ば強引に獄を開かせ、解放した囚人たちを町の国王の獄舎へと移管したのである。[35]

彼ともう一人の改革監察吏リシャール・ルヌヴーは、アルビの司教と同市のドミニコ会士による異端審問からの解放者として、市民たちに記念されることになる。アルビのドミニコ会修道院の門前の市壁に修道士たちが描いていた聖ドミニコと聖ピエール（ピエトロ・ディ・ヴェローナ。異端に殺されたイタリアのドミニコ会士）の肖像画を市民たちは搔き消し、代わりに、アルビとカストルのそれぞれ一名の執政と肩を並べる形で、二人の改革監察吏の肖像をその上に描き直したのである。[36]

ところで、ジャン・ド・ピキニーは監獄解放の直後、異端審問官ジョフロワ・ダブリによって破門宣告を受ける。彼は教皇庁への上訴を試みるが、時まさにアナーニ事件直後の混乱時であった。教皇庁への上訴には、枢機卿などに対する一種のロビー活動に金銭が必要であり、ジャン・ド・ピキニーはトゥールーズ、カルカッソンヌ、アルビ、コルド、パミエ等、異端審問の惨禍に苦しんだラングドックの諸都市に援助を求める書簡を送っている。そのなかで彼は、ジョフロワ・ダブリをはじめとするドミニコ会異端審問官たちを羊の衣を被った狼と呼び、真実を語る説教者どころか神の法と疑いもない真実を反古にする輩と非難して、次のように述べている。彼らは自分を異端幇助者、異端審問の妨害者として破門したが、至高の裁き手たる主がご存じのようにそんな事実はなく、むしろ自分は悪中の悪に対して、神の意思に適うように真実を白日のもとに晒し、虚偽と奸計を葬ったのである。さらにそれは、汝らの国の改革を国王より託されて精勤を尽くしたがゆえのことであって、私利私欲から出たものではなく、汝らの各々そして全体の利益のための行為であった。それゆえ不正に苦しむ自分に同情し、信仰の武器と真実の円盾を取って立ち上がってほしいと。[37]

この書簡で目を惹くのは、ひとつには、ジャン・ド・ピキニーが異端審問官を神の法の番人どころかその侵犯者であり、その悪を暴いた自分を神の意思の体現者と位置づけている点である。これはあきらかにベルナール・デリシユーのものと類似する言述といえる。第二は、そのことが同時に、国王から命じられた改革監察吏としての使命とも重なると述べている点である。悪しき異端審問官と闘うことは、国王の意図する王国と臣民の共通善の実現にも寄与することだというのである。しかも、ジャン・ド・ピキニーはそもそも別の任務を帯びてラングドックに派遣されたのであり、諸都市からの訴えにより動いたのは彼自身の判断によるものだった。彼のような、神の法の濫用の阻止を王国の改革の一環と見なす改革監察吏の出現が、つまり、単なる国王役人以上の人物の出現が、この時期の反異端審問の運動を本格的なものにしたのである。

### (3)　もう一人の皇帝＝フランス国王

ベルナール・デリシユー事件が反異端審問のエピソードとして歴史上大きな意味を持つのは、これまで述べたように、異端審問官に対抗するもう一人の羊飼いたるフランチェスコ会士、そして、もう一人の国王役人たる改革監察吏が率先してそれに加担したからにほかならない。そして、このエピソードの最後のピースが国王本人である。

ルイ九世時代以来、カペー王権が異端審問官に「世俗の腕」として物理的強制力を提供するという協働体制が機能してきたこと、そしてそれが、アルビジョワ十字軍同様、フランス王国の「帝国」的構造の所産であること、しかしながら、この協働体制がすでに一三世紀末にわずかに動揺しつつあったことについてはすでに示したとおりであり、ベルナール・デリシユー事件はその小さな揺れを激震に変えるものだったといえる。フィリップ四世は先述の一三〇一年冬のフルク・ド・サン・ジョルジュ解任要求に続き、一三〇二年の夏には、アルビ司教区に対するかつてのルイ九世の王令を変更する決断をする。ルイ九世は、異端容疑のため教会法廷からの召喚に応じず、破門されて一年経過した者を異端共犯者と見なす教会会議決定に世俗の腕による協力（逮捕・処罰）を命じていたが、それを撤回したのである。[38]

さらにフィリップ四世の姿勢をよく物語るのは、フルク・ド・サン・ジョルジュ解任要求と並行して、トゥールーズ・セネシャルらに送られた命令書の内容である。国王曰く、この異端審問官はカトリックの信仰を防衛すると称して、「余の忠実なる臣民たち」に対する忌まわしき犯罪行為に手を染めている。神の法の限界を踏み越えて、前代未聞の逮捕・拷問によって、彼らにキリストを否認したという偽りの自白を強要している、それゆえ、その地の司教が同意を与えぬ限りは、セネシャルは異端審問官からの引渡し要請に応えてはならないと(39)。

この書簡の言述と解任要求に見られる国王の行動は、先のジャン・ド・ピキニーのそれにこだまを返すものだといってよい。すなわち、異端審問官の職権濫用や横暴を喰い止めるのは国王たる者の務めである。それは何より被害者が彼の臣民だからであり、国王は臣民の救済（この世の救済でもあり、あの世の救済でもある(40)）のためならば教権をすら是正する権限を持ちうる。これは、これまでには見られなかった新しい王政理念の言述であるといってよい。一言でいえば、フランス国王による「皇帝」理念の表明である。この時期、「国王はその王国における皇帝なり」という法諺が定着しつつあったが、通常これは、王国内では国王は神聖ローマ皇帝という上位者の介入を許さない至上の世俗権威者であるという、対外的権威主張の文言だと見なされている。だがこの法諺中の「皇帝」を、神の代理人として臣民を天上のイェルサレムへ導くこの世の統治者という伝統的意味にも解することはできないだろうか。悪しき異端審問によるこの世とあの世の命の断罪から臣民を救い出すという国王の使命は、彼が「もう一人のローマ皇帝」を自認してこそよく担いうるものだからである(41)。

こうしてわれわれは、ジャン・ド・ピキニーを間に挟んで、ベルナール・デリシユーからフィリップ四世へとつながる反異端審問の言述と行動の一本の線を引くことができる。

＊

しかし、国王の異端審問攻撃への合流は、ベルナール・デリシユーやラングドック諸都市が望むような、ドミニコ会士の排除、あるいは異端審問制度の廃止にまでは行きつかなかった。ほどなく一三〇三〜〇四年の国王によるラングドック巡幸によってもそのような成果が得られなかった諸都市は、ひそかにマジョルカ王の息子フェランをラングドックの王として推戴するという謀反計画を進めたのではないかとの疑惑がパリに舞い込んだ。ベルナール・デリシユーこその首謀者ではないかというのが、後の特別法廷での告発事由のひとつであった。しかし、謀反計画の有無も含め、その真偽はわからない。しかし、王権が計画を事実と受け止めたのはたしかで、一三〇四年秋にはリムーの住民四〇人が絞首刑に処せられているし、翌年秋にもカルカッソンヌ・ブール（新町）の執政たちが同じ運命に遭っている。[42] そして国王は、一三〇四年一月にはラングドックの異端審問による混乱は去ったとして、セネシャルらに対して異端審問官への協力を再開するよう命令を発している。[43]

その一方、ベルナール・デリシユーに対しても、教皇ベネディクトゥス一一世からフランチェスコ会アキテーヌ管区長宛てに逮捕命令が発せられたが、教皇の時ならぬ死去により、追及は棚上げとなってしまう（これが後に魔術による教皇殺害の疑惑を招いた[44]）。ベルナールの命運が尽きたのは、ラングドックのフランチェスコ会聖霊派の擁護者としての疑惑により、それから十数年後、ヨハンネス二二世により逮捕命令が下されたことによる。一三一九年一二月の特別法廷による最終判決では、フランチェスコ会聖霊派にかかわる訴件は取り下げられ、また教皇殺害についても無罪とされたが、異端幇助と国王反逆について有罪とされ、彼は終身投獄の贖罪を言い渡された。[45]

こうして、「もう一人の羊飼い」と「もう一人の国王役人」の登場が「もう一人の皇帝」と結びついたこの反異端審問の事件は奇妙な終わりを迎えた。とはいえ、この事件が、「帝国」的構造の枠内で展開していた異端審問における聖俗の協働体制を大きく揺るがしたことは疑いない。つまるところ、伝統的な意味での「（ローマ）帝国」（本書で用いている分析概念としての「帝国」ではなく）の復活、臣民の救済を自己の使命とする「皇帝」としてのフランス国王理念の登場が、その構造に深いくさびを打ち込んだのである。

しかし、歴史の本当の皮肉は、この皇帝理念が異端審問そのものに終止符を打つのではなく、逆にそれを大々的に活用する役割をすぐにも担ったことである。教皇ボニファティウス八世の死後審問（一三〇三～一一年）、そしてテンプル騎士団訴訟がまさにそれにあたる（一三〇七～一四年）。前者においては、国王顧問官ギョーム・ノガレがボニフアティウスによる悪魔降霊術の疑惑を訴えて、死後審問を教皇庁に開始させた(46)。後者では、騎士団員に対する偶像崇拝・男色・悪魔崇拝の告発を根拠に、フィリップ四世政府は王国内の団員を秘密作戦により一斉逮捕し、時の教皇に異端審問の実施を強要した(47)。これらの事件の背後には、もし異端信仰が悪魔崇拝と結びついて高度な秘儀により繰り広げられているのならば、それは聖界の頂点に君臨する教皇や秘密結社的な聖職者集団によってなされていても不思議ではなく、この恐るべき陰謀を告発できるのは、「もう一人の皇帝たる」国王しかいないという思想が控えていた。これらの事件においてフィリップ四世とその顧問官たちが王権にどれだけ都合よく異端審問を政治利用したとしても、それは、一三世紀後半までの聖俗の協働関係が構造的に大きく動揺するという歴史的前提があってはじめて可能となったことといってよい。フィリップ四世王権は結局のところ、異端審問において王国の「帝国」的構造を瓦解させたというのではなく、それを教権に刃を向けるように逆利用したのである(48)。



**注**

（1）本章は王権が深くかかわったことにより生じた異端審問の動揺を扱うものであるが、異端審問自体が危機に晒されたのは、これがはじめてというわけではない。一二三三年以降の数年間はとくにトゥールーズ市民からの反発が極めて激しかったし、また一二四〇年代末から数年間は、教皇インノケンティウス四世とドミニコ会異端審問官の対立により、司教による活動をのぞいて、ラングドックでの異端審問は事実上先の見えない停止状態に追い込まれるということがあった。前者については、ギョーム・ペリッソンが当事者の立場から記録を残している。Guillaume Pelhisson, *Chronique (1229–1244) suivie du récit des troubles à Albi*, J. Duvernoy (éd.), Paris, 1994. また後者については、以下を参照されたい。Y. Dossat, *Les crises de l'inquisition toulousaine au XIIIe siècle (1233–1273)*, Bordeaux, 1959, pp. 173–188.

（2）事件の経緯については、以下の邦語文献がある。渡邊昌美『異端者の群れ』新人物往来社、一九六九年、一五九〜一六二頁。現在のところ、もっとも詳細な叙述は以下のM・ロックベールのものである。M. Roquebert, *L'épopée cathare*, t. 1, *L'invasion 1198–1212*, Paris, 2006 (1970); t. 2, *Muret ou la dépossession 1213–1216*, Paris, 2006 (1977); t. 3, *Le lys et la croix, 1216–1229*, Paris, 2007 (1986).

（3）*Patrologia Latina*, J. P. Migne (éd.), t. 215, Paris, 1855, cc. 361–362, 526–528, 1246–1247, 1470–1471.

（4）*Ibid.* 異端を主の園を荒らす仔羊に譬える伝統はシトー会に発するものである。B. M. Kienzle, *Cistercians, Heresy and Crusade in Occitania, 1145–1229: Preaching in the Lord's Vineyard,*

Woodbridge, 2001.

（5）だが、同時に国王は北フランスの騎士たちの参戦に対して許可を与えてもいる。Pierre des Vaux-de-Cernay, *Petri Vallium Sarnaii Monachi Hystoria Albigensis*, P. Guébin et E. Lyon (éd.), t. 1, Paris, 1926, pp. 72-74.

（6）*Histoire générale de Languedoc*, Dom J. Vaissète et als (éd.), t. 8, Toulouse, 1879, cc. 557-559.

（7）Pierre des Vaux-de-Cernay, *op. cit.*, t. 2, Paris, 1930, pp. 109-110.

（8）王太子ルイ（ルイ八世）のアルビジョワ十字軍への関与については、以下を参照。Ch. Petit-Dutaillis, *Étude sur la vie et la règne de Louis VIII*, Paris, 1894, pp. 184-202.

（9）Roquebert, *L'épopée cathare*, t. 2, *Muret ou la dépossession 1213-1216*, p. 375.

（10）*Histoire générale de Languedoc*, t. 8, c. 793.

（11）*Ibid.*, cc. 879-893.

（12）藪本将典「『友愛 amité』と『名誉 honneur』――パリ和約（一二二九年）をめぐる紛争処理の構造（一）」『法学研究』八五―一〇、二〇一二年、三三～八二頁。カルカッソンヌ・ベジエ副伯だったトランカヴェル家とトゥールーズ伯家の運命の違いは、レモン七世がパリで公の贖罪を行ったことも関係していよう。封建時代の公の贖罪は、こうした場合では、政治的な降伏儀礼の意味も有していたからである。

（13）H. Ch. Lea, *A History of the Inquisition of the Middle Ages*, Vol. 1, Philadelphia, 1887, pp. 513-514.

（14）*Ibid.*, p. 514.

（15）J・ル・ゴフ著、岡崎敦ほか訳『聖王ルイ』新評論、二〇〇一年、九九五頁。

（16）*Le procès de Bernard Délicieux 1319*, J. Duvernoy (trad.), Toulouse, 2001, p. 8.

（17）*Histoire générale de Languedoc*, t. 10, Toulouse, 1885, cc. 273-275.

（18）*Ibid.*, cc. 278-281.

（19）*Processus Bernardi Delitiosi: The Trial of Fr. Bernard Délicieux, 3 September - 8 December 1319*, A. Friedlander (ed.), Philadelphia, 1996.

（20）J.-B. Hauréau, *Bernard Délicieux et l'Inquisition albigeoise (1300-1320)*, Paris, 1877; M. de Dmitrewski, "Fr. Bernard Délicieux, O.F.M. Sa lutte contre l'Inquisition de Carcassone et d'Albi, son procès, 1297-1319", *Archivum Franciscanum Historicum*, 17, 1924, pp. 183-218, 313-337, 457-488; 18, 1925, pp. 3-32; J.-L. Biget, "Autour de Bernard Délicieux: franciscanisme et sociéteen Languedoc entre 1295 et 1330", *Revue d'histoire de l'Église de France*, 70, 1984, pp. 75-93; A. Friedlander, *The Hammer of the Inquisitors: Brother Bernard Délicieux and the Struggle against the Inquisition in Fourteenth-Century France*, Leiden, 2000; S. O'Shea, *The Friar of Carcassone: The Revolt against the Inquisition in the Last Days of the Cathars*, New York, 2011.

（21）*Processus Bernardi Delitiosi*, pp. 1421-143.

（22）Hauréau, *op. cit.*, pièces justificatives, pp. 167-175.

（23）ベルナールは後の特別法廷の審問でも、自分にかけられた容疑はラングドックの諸都市では「公の評判」に属することかとの問いに、「私に対してはそのような噂も評判もない、むしろ悪評は異端審問官に対して、そして尋問項目に挙がっていた事柄のなかの彼らの行いに対して流れていたのだ」と反論している。*Processus Bernardi Delitiosi*, p. 177.

(24) 異端審問が、異端に対する特別な形態の司牧であったことは以下の拙論で論じている。轟木広太郎「羊飼いとしての異端審問官――一三・一四世紀の南フランス」『洛北史学』一七、二〇一五年、四三～六七頁。

(25) ベルナール・セセ事件については、以下を参照のこと。J. Favier, *Philippe le Bel*, Paris, 1998 (1978), pp. 318-328.

(26) *Processus Bernardi Delitiosi*, pp. 96-97; Bernard Gui, *De fundatione et prioribus conventuum provinciarum Tolosanae et Provinciae Ordinis Praedicatorum*, P. A. Amargier (éd.), Rome, 1961, pp. 200-201.

(27) フィリップ四世直後の時代の改革監察吏を扱ったものとして以下がある。O. Canteaut, "Le juge et le financier. les enquêteurs-réformateurs des derniers Capétiens (1314-1328)", dans C. Gauvard (éd.), *L'enquête au Moyen Âge*, Rome, 2008, pp. 269-318.

(28) *Processus Bernardi Delitiosi*, p. 160.

(29) *Ibid.*, p. 162.

(30) *Histoire générale de Languedoc*, t. 10, cc. 382-384.

(31) *Ibid.*, cc. 395-396. 二〇〇〇リーヴルという罰金額はアルビの執政だったアルノー・ガルシアの供述による。*Processus Bernardi Delitiosi*, pp. 116-117.

(32) *Ibid.*, p. 174.

(33) *Ibid.*, pp. 78-79.

(34) *Ibid.*, pp. 171-172

(35) *Ibid.*, pp. 96-97; Gui, *op. cit.*, p. 201.

(36) *Ibid.*, p. 203.

(37) Hauréau, *op. cit.*, pièces justificatives, pp. 187-191.

(38) *Histoire générale de Languedoc*, t. 10, cc. 385-386.

(39) *Ibid.*, cc. 379-381.

(40) 異端に対する最終処罰である火刑は地獄の火を先取りするものだったから。

(41) フィリップ四世王権を反教会、国家の世俗化を推進した王権と見なすのではなく、教会の改革を国家統治に組み込もうとした王権として捉える見解についてはJ・ストレイヤーの著作が示唆的である。J. R. Strayer, *The Reign of Philip the Fair*, Princeton, 1980, pp. 237-313.

(42) ベルナール・ギーによる。Gui, *op. cit.*, pp. 104-105. しかし、A・フリードランダーはリムーの処刑は、ほかの記録との照合などから、別の理由（国王役人に対する攻撃を含む市内騒擾）によるものと見ている。Friedlander, *The Hammer of the Inquisitors*, pp. 212-219.

(43) *Histoire générale de Languedoc*, t. 10, cc. 428-431.

(44) Friedlander, *The Hammer of the Inquisitors*, pp. 219-220.

(45) *Processus Bernardi Delitiosi*, pp. 204-214. ベルナール・デリシューは国王反逆罪でも有罪とされたが、国王役人には引き渡されず、異端（幇助）者として終身投獄の贖罪を言い渡されている。教皇はこの事件をあくまで教権に属する問題として扱う姿勢を貫いたということができる。王権は「世俗の腕」への引き渡しを求めたが、それは拒否された。*Processus Bernardi Delitiosi*, pp. 214-219.

(46) 本章の内容との関係では、以下の文献が重要である。N・コーン『魔女狩りの社会史――ヨーロッパの内なる悪霊』岩波書店、一九八三年、二四三～二五〇頁。

(47)　邦語文献として以下がある。橋口倫介『十字軍騎士団』講談社学術文庫、一九九四年(『騎士団』近藤出版社、一九七一年)二四五～二九五頁。やはり、本章の内容との関連では、とくにN・コーン の著を参照されたい。N・コーン『魔女狩りの社会史』一〇〇～一三一頁。

(48)　本章とは異なる歴史の道筋として、一二世紀末、インノケンティウス三世の教令において異端定義に法的概念としての大逆罪が適用されるにいたるまでの経緯をまとめたものとして以下がある。印出忠夫「異端禁圧から大逆罪へ――教令『ヴェルゲンティス・イン・セニウム』(一一九九年)の成立まで」甚野尚志・踊共二編著『中近世ヨーロッパの宗教と政治――キリスト教世界の統一性と多元性』ミネルヴァ書房、二〇一四年、九〇～一一一頁。とくにこの論文の最後の部分では、大逆罪の概念が、カトリック信仰の守護者を自任する皇帝権や王権にとって、一三世紀以降、異端審問への積極的関与を可能にする根拠となったという、本章の主張とも密接にかかわる論点が提示されている。

# 第12章　アキテーヌ地方におけるプランタジネット家空間の統治構造
## ——教会政策の分析から——

小野賢一

かつてヨーロッパ中世史研究では、一国史観に基づく国制史的アプローチが主流であった。それゆえ、初期プランタジネットやベケット事件はイングランド国制史の問題として扱われる傾向が見受けられた。文化史と国制史の交錯するところが本章の対象であり、教会史の関係史への適用、すなわちアキテーヌ地方における初期アンジュー伯＝プランタジネット家が支配する空間の統治構造を教会とのかかわり合いから解明することが本章の目標である。

初期アンジュー伯＝プランタジネット家空間の統治構造を考えるに際して、映画『冬のライオン』に代表されるこの家系のイメージを如何に払拭するかが第一の課題となる。すでにこの家系は強固なイメージを確立しており、そのため国制の問題が結局は君主の人格の問題に還元されてしまう可能性がある。そこで本章では人格的アプローチは排除し、在俗教会政策と律修教会政策の比較検討という方法でこの空間の統治構造の一端を解明したい。

### 1　ふたつの普遍的権威の対立とイングランド

一〇四六年以来、教皇庁の内紛解決のために介入した神聖ローマ帝国皇帝の統制のもとに教皇権は置かれていたが、一〇七五年に教皇グレゴリウス七世（在位一〇七三〜八五）は『ディクタトゥス・パーパエ』と呼ばれる命題集を編纂し、教皇権の強化を企てた。この命題集の理念に従わない聖職者は、教皇から聖務停止、罷免、破門の命令を受けた。この教皇は一〇七七年五月に書簡で教皇特使ユーグ・ド・ディに俗人による聖職叙任の慣行を取り締まるよう命じた。オータン教会会議（一〇七七年九月）とポワティエ教会会議（一〇七八年一月）でこの方針は明示され、ランス大司教、ブールジュ大司教、ボルドー大司教、サンス大司教、シャロン司教らフランス聖界の最高位の者たちが破門の宣告を受けた。またシャルトル司教は罷免され、トゥール大司教、サンリス司教、オーセール司教も有罪とされた。聖職叙任権闘争が如何に激烈であったか理解されよう。そして、西ヨーロッパ全域に普遍的な支配権を浸透させようとする皇帝権と教皇権が激突し、カノッサ事件（一〇七七年）が起きた(1)。

だが、イングランドに対して教皇権は妥協案を模索し続けた。一〇七〇年にカンタベリ大司教に就任したランフランクは、ウィリアム征服王と協調する路線を採用し、対立を回避した。一一世紀後半にイングランドで教皇権と地域諸権力（王侯伯など）の双方を調停するのに都合のよい、司教権を教権と俗権に分割する理論が形成された。北イタリア出身でノルマンディ地方のル・ベック修道院長からイングランドのカンタベリ大司教に転じたランフランクの学統で解決策が見出されたのは偶然ではない。教皇権はイングランド国王と妥協する方策を模索していたからである。ル・ベック修道院でランフランクの指導のもとでこの理論を学び、シャルトル司教に就任したイヴォ、さらにイヴォの指導を受け、この理論を完成させたフルーリのユーグへと学統は続いた。

イングランドの叙任権闘争は、イングランド国王ヘンリ一世期の一一〇五年八月にロンドンにおいて開始された。一一〇七年、カンタベリ大司教アンセルムとヘンリ一世の対立にシャルトル司教イヴォが介入し、ノルマンディのル・ベック修道院で妥協が成立する。このとき適用されたのがフルーリのユーグの理論である。この妥協により司教は国王や俗人から指輪と杖による叙任を受けることが禁止され、俗権は国王から授与されることが確定した。イングランド国王のもと、アングロ・ノルマン王国において叙任権闘争解決のモデルが形成され、一二世紀ルネサンスの時代の新しい政治理論を開花させた。この理論は空理空論ではなく、地域諸権力と教皇権がランフランクの学統を介してコミュニケーションをとるなかで醸成され、西ヨーロッパ世界全域で実際に適用されたという点を看過すべきではない。

ユーグの理論の骨子は、司教選任者に対して王から俗権の叙任が実行されるとともに、大司教からは指輪と杖によって教権（司牧権）が授与されなければならないというものである。一一二二年九月二三日にウォルムスで締結された「ウォルムス協約」が指輪と杖による儀式を聖職者の司牧権の象徴と見なすのは、このユーグの理論を取り入れたからであろう。ランフランク、イヴォ、ユーグの学統を辿るならば、ドイツの神聖ローマ皇帝との協調よりもむしろ、イングランド国王との協調をめざして、聖俗の調停理論は形成されたということが理解されよう。

当時のカペー朝フランス王権はイル・ド・フランス周辺のみを支配する弱小勢力であったが、フランス王国内の諸侯も、カペーにとって代わり、普遍的権威を有する神聖ローマ皇帝に立ち向かうには、やや力不足であった。そのような情勢で教皇権にとって頼るべき存在が現れた。一一五四年に成立したアンジュー伯＝プランタジネット家である。同年、唯一のイングランド人教皇ハドリアヌス四世が即位したのも偶然ではなく、今後教会にとって組むべき相手としてのアンジュー伯＝プランタジネット家空間の成立が同教皇の選出に影響を与えたのだろう。ドイツの強力な皇帝フリードリッヒ・バルバロッサ（在位一一五二～九〇）がウィクトル四世（在位一一五九～六四）、パスカリス三世（在位一一六四～六八）、カリクストゥス三世（在位一一六八～七八）ら対立教皇を立てた際に、教皇アレクサンデル三世（在位一一五九～八一）がシスマを乗り切ることができたのは、アンジュー伯領を拠点としてイングランドから西南フランスにかけて領地を広げ、西欧最大の勢力として頭角を現したアンジュー伯＝プランタジネット家の君主ヘンリ二世が、アレクサンデル三世を正式な教皇と認め、支持したからである(2)。

## 2　初期アンジュー伯＝プランタジネット家空間の編成

アンジュー伯の息子アンリ（後のヘンリ二世）は、一一五一年に父ジョフロワからアンジュー伯位を継承した。続いて一一五二年にフランス王ルイ七世と離婚したアキテーヌ公領の相続者アリエノールと結婚することでアキテーヌ公位を獲得した。これらの相続財産に、一一五四年に母方の相続財産のイングランドとノルマンディで構成されるアングロ＝ノルマン王国を加え、ル＝パトゥーレルのいうアンジュー＝プランタジネット・ドミニオンズが成立した。(3) ル＝パトゥーレルは、ヘンリ二世の支配領域を、アンジュー伯領、アングロ＝ノルマン王国、アキテーヌ公領の三つのドミニオン（単数）から成るドミニオンズ（複数）と捉えた。各ドミニオン（単数）は封建的宗主権をもって個別に支配されたため、これらドミニオンズ（複数）についてはイングランド王権を頂点とするレーン関係の集積と捉える単純な見方はできないことを明らかにした。

アンジュー伯＝プランタジネット家と教会の関係については、イングランド史の文脈のなかでの研究は豊富だが、ヨーロッパ大陸、とくにアキテーヌ地方について十分に調査されていない。国制史のドミニオンの区分と在俗教会の管区の状況は概ね対応している。アキテーヌ地方はアンジュー伯＝プランタジネット家の在俗教会政策（司教座政策）がもっとも大きな困難に直面した地域である。(4) 他方、アンジュー伯＝プランタジネット家によるアキテーヌの律修教会政策（修道院・律修参事会政策）は首尾よく進められた。(5) ドミニオンズ全体の律修教会の拠点もアキテーヌに存在した。アンジュー伯＝プランタジネット家による統治については、国制史、政治史の文脈のなかで理解する試みが、これまで進められてきたが、(6) 教会の統治構造については看過されてきたように思われる。かつてフランスの学界において、とりわけ文化史および教会史の側から一国史観で理解することができないこの複合領域を捉えるために、「空間（espace）」（もしくは「圏」）という概念が提唱された。(7) 本章はその試みを継承し、アンジュー伯＝プランタジネット家のこの複合領域を、教会に覆われた空間（espace）という観点から考察したい。

## 3　ベケット事件と在俗教会の騒乱

### (1) カンタベリからアキテーヌへの騒乱の広がり

イングランド国制史の文脈のなかで考察されることが多いカンタベリ大司教トマス・ベケット暗殺事件をヨーロッパの関係史のなかに位置づけたい。

一一〇七年にロンドン協約でアンセルムとヘンリ一世の妥協が成立した後もイングランド国王は教会法よりも世俗慣習法を優先し続けた。教会法と世俗慣習法の優位性が逆転するのは、一一七〇年におけるベケット事件以後のことであろう。一一六三年のクラレンドン会議で教権と俗権の関係が議題とされ、一一六四年にイングランドの慣習を成文化したクラレンドン法が編纂された。その内容は、教会法に対するコモンローの優越、教権に対する王権の優越、国王の司教叙任権、罪を犯した聖職者を世俗法廷で裁く権利、教皇庁への上訴の禁止などである[8]。これらの規定はグレゴリウス改革以後の教皇庁の方針に反する内容であった。規定のなかでもとくに罪を犯した聖職者を世俗法廷で裁くことは、教会の自由を侵害することにつながったため、ヘンリ二世に対して、カンタベリ大司教トマス・ベケットは譲歩することができなかった[9]。一二世紀ルネサンスの精神のひとつに大学の自治が挙げられるが、それは俗権からの教会の自由を基盤としてはじめて成立するものであった。その点からもベケット事件をイングランド国内だけにとどまる問題と考えることはできない。

一一六四年のウェールズ遠征のための税の臨時徴収問題や一一七〇年六月ヘンリ二世の次男ヘンリの戴冠式を、大司教トマスの不在中に行ったことなどからヘンリ二世とトマスの対立は深まった。同年一一月にローマから戻ったトマスは、ヘンリ二世に協力する司教らを破門した。ヘンリ二世は怒り、一一七〇年一二月二九日に四名の騎士はトマスをカンタベリ大司教座聖堂内部で暗殺する。この衝撃的事件に驚いた教皇庁はトマスの死を殉教と認定し、一一七三年にトマスを列聖した。トマス崇敬の西欧全域への拡大によってヘンリ二世は劣勢となり、一一七四年トマスの墓前で贖罪した。一一七六年にヘンリ二世は教皇アレクサンデル三世とアヴランシュ協定を結び、森林法にかんする罪を例外として聖職者特権を認めざるを得なかった。

イングランドのカンタベリ大司教座に限らず、在俗教会に対するアンジュー伯＝プランタジネット家の暴力はすさまじいものであった[10]。とくにアキテーヌは騒乱の渦に巻き込まれた[11]。一一六二年から一一八二年にポワティエ司教を務めたジャン・ベルマンは、その暴力の犠牲者の一人であった。一一六二年に彼はあやうく毒殺されるところであった。この事件はソールズベリのジョンも関心を寄せており、西ヨーロッパ中でうわさとなっていた様子がうかがえる。ポワティエ司教アデマール・ド・ペイラは、一一九八年ローマからの帰途襲撃され、毒殺される。一一七八年セブラン・シャボーはヘンリ二世の同意なしにリモージュ司教座聖堂参事会によってリモージュ司教区内のサン・イリエ教会においてリモージュ司教として選出され、同司教区のソリニャック教会で正式に就任する。ヘンリ二世はこの選出に怒り、聖堂参事会員を追放した。宿舎やブドウ畑の破壊などの脅迫を受けたセブランは、亡命生活を余儀なくされた。一二〇二年リモージュ司教ジャン・ド・ベイラックもヘンリの息子ジョン欠地王の脅威により亡命生活を強いられる。

### （2）　在俗教会全体の騒乱

これらの出来事を個別に観察し、アンジュー伯＝プランタジネット家を教会の虐待者に仕立て上げ、君主の人格論、家系の気質論に還元することは容易である。しかしながら、これらの出来事はそれぞれ個別の事象として捉えるのではなく、在俗教会全体にかかわる同種同根の問題と見なすべきである。司教に対する暴力事件は、在俗教会に対する自由の侵害の問題であり、ベケット事件と一連のつながりを持つからである。ポワティエ司教ジャン・ベルマンは、かつてトマス・ベケットの書記であり、その薫陶を受けていた。ゆえにトマス・ベケットの側に立ち、ヘンリ二世と対立することとなる。[12] ポワティエやリモージュでトマス崇敬が盛んであったのは、人的紐帯で在俗教会が結ばれていたからである。[13] この崇敬は在俗教会の立場を高めるものであった。リモージュではエマイユ装飾が施されたトマスの聖遺物箱が製作され、司教座をあげてトマス崇敬が行われた。ベケット事件は、イングランド国内のみならず、西ヨーロッパの在俗教会全体がかかえる問題を象徴する事件であり、イングランド以外の地域の在俗教会の一連の騒乱と強く結びついていたのである。

ベケット事件をはじめ、司教に対する数々の暴力事件を総括するならば、アンジュー伯＝プランタジネット家による在俗教会を統治する能力の欠如を指摘しうる。イングランド以外の地域でアンジュー伯＝プランタジネット家は、レガリアを主張できる立場になかった。[14] とくにアキテーヌにおいて在俗教会政策は完全な行き詰まりを示していた。

## 4　初期アンジュー伯＝プランタジネット家と律修教会

### （1）　一二世紀の信仰の革新とプランタジネット家空間

コンスタブルは、かつてハスキンズが一二世紀ルネサンス論で叙述したスコラ的学知に加えて、それと並立して、修道院的学知がこの世紀に発展することを指摘したルクレールの業績を踏まえたうえで、一二世紀という時代を宗教文化史上の転換期として捉えた。[15] 歴史学だけでなく、神学でも一二世紀はキリスト教世界の転換期として捉えられている。シュニュの「福音的生活の交差路の修道士、聖職者、俗人」[16] と「一二世紀の神学」[17] は教会史研究者の一二世紀のキリスト教世界に対する認識を刷新するものであった。教皇権と直接かかわらない地方教会の活動の豊かさが明らかにされたからである。つまり教皇権と世俗君主の間にいた修道士、律修参事会員、俗人、隠修士、女性などが主体的にかかわった中間団体の豊穣な営みが照らし出された。ヴィケールも、一二世紀という時代に特別な重要性を付与する。「使徒的生活の実践」「原始教会の復興」の名のもとに、実際はまったく新しい律修参事会の活動が開始されたという。[18] バイナムは、ハーバード大学に博士論文「一二世紀律修参事会員の霊性」を提出し、その成果を公刊し、その後も自身のフェミニズム史学の出発点としてその研究を位置づける。[19] ミリスも「一二世紀の隠修士と律修参事会員」を発表し、一二世紀を隠修士と律修参事会員の台頭する新しい霊性の時代と見なす。[20] ブルックは、「修道士と聖堂参事会員——一二世紀の信仰生活の諸形態」を発表しヴィケール、バイナム、ミリスの主張を敷衍する。[21] 上述の著作すべてに共通するのは、教会ヒエラルキーの支柱たる在俗教会ではなく、俗人や隠修士など教会制度上マージナルな存在と見なされてきた人々を一二世紀という時代の主役として叙述する点である。

これらのマージナルな人々の宗教運動は、「キリストの貧者（パウペレス・クリスティ pauperes Christi）」、「使徒的生活（ウィタ・アポストリカ vita apostolica）」、「共住生活（ウィタ・コンムニス vita communis）」をスローガンに掲げ、アンジュー伯＝プランタジネット家空間でとくに広がった。[22] 隠修士運動は近年中世盛期の律修教会の改革運動のなかでもっとも大きな衝撃を与えたものとして位置づけられているが、[23] その運動がもっとも盛んであったのはアキテーヌ地方を中心とするアンジュー伯＝プランタジネット家空間であった。とくに隠修生活のチャンピオンとも呼ばれるグランモン修道院の活動はよく知られている。また女性に対する司牧で名高いフォントヴロー律修参事会の支院はアンジューからアキテーヌにかけて、すなわちアンジュー伯＝プランタジネット家空間に広がっていた。

### (2)　初期プランタジネット家の律修教会政策

ヘンリ二世とグランモン修道院は緊密な関係を築いた。初期アンジュー伯＝プランタジネット家空間を覆うグランモンのネットワークが形成されたのは、ヘンリ二世とグランモンの相互依存による。[24] グランモンはヘンリ二世の保護を求め、財政的支援を得た。グランモンは同修道院年代記のなかでヘンリ二世を賞賛し続けた。ヘンリ二世は息子リチャードの意向によりフォントヴローに埋葬されたが、生前自分の墓所としてグランモンを指定するほどグランモン創健者エチエンヌ・ド・ミュレを崇敬していた。エチエンヌは一一八九年に列聖されるが、列聖申請を熱烈に後押ししたのはヘンリ二世であった。教皇権はヘンリ二世の熱意に押されて列聖を行ったのである。アンジュー伯＝プランタジネット家空間に叢生するグランモンは、騒乱が続く在俗教会と異なり、ヘンリ二世と友好関係を維持した。[25]つまり、いかに在俗教会が混乱しようとも、動じない強力なネットワークをヘンリ二世は保持していたのである。

だが、ヘンリ二世が保護を強化したのは、一一七〇年のベケット事件以後である点は注目に値する。[26]在俗教会の騒乱に手を焼いたヘンリ二世は、強力なネットワークを有する律修教会に目を向け、修道院政策を推進したのである。グランモン修道院長ピエール・ベルナール（在位一一六三～七〇）は、ヘンリ二世とフィリップ・オーギュストを仲裁した。[27]教皇アレクサンデル三世は、ヘンリ二世とトマス・ベケットの仲裁にこのグランモン修道院長を用いた。[28]在俗教会が騒乱状態のときにヘンリ二世の切り札となるのがグランモンであった。神聖ローマ皇帝フリードリヒ・バルバロッサのたてた対立教皇のせいでシスマに悩まされていた教皇にとってもアンジュー伯＝プランタジネット家を味方につける上でグランモンは必要不可欠な存在であった。ピエール・ベルナールの後継者ギヨーム・ド・トレニャックもヘンリ二世のために仲裁者として活躍した。マルシュ伯オドベールや若ヘンリと父ヘンリ二世との仲裁もグランモン修道院長が行った。[29]一一七八年に勃発したリモージュ司教セブラン・シャボーの反乱が一一八一年に収束したのもグランモン修道院の仲裁による。ヘンリ二世は、もっとも厳格な生活態度の実践で知られる隠修生活のチャンピオンの威光を用いて、紛争解決を図ったのである。

ヘンリ二世の息子リチャード獅子心王も、父王にならってグランモンを保護した。[30]だがリチャードのアンジュー伯＝プランタジネット家空間を連結するネットワークはそれだけではなかった。母アリエノールが熱烈に保護していたフォントヴロー律修参事会[31]のネットワークを活用することができた。近年、聖堂参事会改革運動における「隠修生活(une vie érémitique)」の影響の大きさが指摘されているが、[32]フォントヴロー律修参事会はその典型的な事例である。母子二世代にわたって培われた信頼関係はリチャードの財産となった。リチャードは信仰心の篤い女性からも支持を得ていたのではないだろうか。フォントヴローこそが、これまで男性優位のなかで締め出されていた女性の信仰を正面から受けとめる施設であったからだ(33)。在俗教会が騒乱状態にあるにもかかわらず、リチャードの十字軍遠征時、捕縛された時期にさえアンジュー伯＝プランタジネット家空間は安定性を保持した。その安定性の一端について獅子心王と律修教会の緊密な関係から説明しうる。新興の新奇な宗教施設をヘンリ二世、リチャードは好んだが、それには理由があった。上述のコンスタブル、シュニュ、ヴィケール、バイナム、ミリス、ブルックらが明らかにしたような一二世紀の革新的なムーヴメントを取り込むことで、活動的かつ教会制度上マージナルな人々の助力を得て在俗教会のヒエラルキーや司教管区の枠を超えて、広大なアンジュー伯＝プランタジネット家空間を横に連結し、統治しようと目論んだのであろう。

ジョン欠地王の数々の失態を彼の人格に結びつける論調は理解できるものである。だが、大聖堂における大司教殺害事件を引き起こしたヘンリ二世や十字軍遠征や身代金の支払いで莫大な出費を教会に強いたリチャードの人格も問われるべきであろう。なぜジョンだけが、という疑問が生じる。初期アンジュー伯＝プランタジネット家諸君主は、在俗教会政策に失敗した。だがヘンリ二世はグランモン修道院、その息子のリチャード獅子心王は母方のフォントヴロー律修参事会および父方の遺産のグランモン修道院と緊密な信頼関係を構築した。ジョンだけが、律修教会と緊密な信頼関係を構築することができなかった。それゆえ、在俗教会や教皇権と対立したときに、広大なアンジュー伯＝プランタジネット家空間を在俗教会の枠を超えて恒常的につなぐ律修教会のネットワークを活用することができなかった。緊密な関係を律修教会との間に築かず、有力な仲裁者を持つことができなかったジョンは、フィリップ・オーギュストとの紛争の仲裁を直接教皇に依頼するほかなかった。代償は高くついた。ジョンはイングランド全体を教皇インノケンティウス三世に寄進することとなった。初期アンジュー伯＝プランタジネット家空間の崩壊はジョンの人格の問題ではなく、政策の失敗が原因なのである。

一司教座政策は、ヘンリ二世、リチャード獅子心王、ジョン欠地王の誰も首尾よくすすめることができなかった。

方で修道院・律修参事会政策は、それぞれの独自性が見受けられた。ヘンリ二世は、リモージュ司教管区所在の隠修系グランモン修道院中心に、その政策を推進した。リチャード獅子心王は、母アリエノールと母子二代で築き上げたフォントヴロー律修参事会のネットワークと父ヘンリ二世の遺産のグランモンのネットワークの両方を駆使し、在俗教会の統治がもっとも困難なアキテーヌを中心に初期アンジュー伯＝プランタジネット家空間を連結することができた。その治世の開始時から、複数の司教管区をつなぐ宗教組織網を手に入れ、活用できた点は大きい。自力でネットワークを作り上げたヘンリ二世や父母から継承したリチャードと違って、ジョンは最後まで、ネットワークに十分にアクセスできず、修道院・律修参事会政策に失敗した。統治の成否は、人格の問題ではなく、政策の問題なのである。

＊

アキテーヌ地方の初期アンジュー伯＝プランタジネット家空間の統治構造は、全ヨーロッパ規模のベケット事件をはじめとする在俗教会の騒乱にもかかわらず、ヘンリ二世期とリチャード期には安定した律修教会のネットワークによって補強されていた。彼らの統治期においては、表面上アンジュー伯＝プランタジネット家の君主と教皇権が対立しているように見える場合でさえ、グランモンやフォントヴローを介して紛争解決が模索されていたのである。教皇権や在俗教会との交渉の窓口は律修教会を通して常に開かれていたといってよい。

アキテーヌ地方のプランタジネット家空間の統治構造は複雑で捉えどころがないように思われるかもしれない。だが、律修教会という媒介物を通して見ることによって、従来の国制史的アプローチでは十分に考察することができなかった中世盛期のヨーロッパに於ける領邦の統治構造についてのひとつの典型的なモデルケースをこの地方はわれわれに提供する。

初期アンジュー伯＝プランタジネット家と教会の関係を考察することは、聖俗のかかわりの上に成立した当時の社会の実態を明らかにするとともに、一国史の集積になりがちな従来の国制史的理解を全ヨーロッパの関係史として捉え返す一助となるだろう。

**注**

（1）聖俗の関係については、以下の文献を参照した。A. Fliche, *La réforme grégorienne et la reconquête chrétienne*, (L'Histoire de L'Eglise depuis les origines jusqu'à nos jours, (dir.) A. Fliche et V. Martin), t. VIII, Paris, 1940; A. Fliche, *Querelle des Investitures*, Paris, 1946. オーギュスト・フリッシュ著、野口洋二訳『叙任権闘争』創文社、一九七二年。A. Fliche, *La Réforme Grégorienne*, I. La Formation des Idées Grégoriennes; II. Grégoire VII; III. L'Opposition Antigrégorienne, 3 Vol., Louvain-Paris, 1924-1937; A. Vauchez (dir.), Apogée de la papauté et expansion de la chrétienté (1054-1274), (*Histoire du christianisme des origines à nos jours* sous la direction de Jean-Marie Mayeur, Charles et Luce Pieyri, André Vauchez, Marc Verard), tome V, Paris, 1993.

（2）M. Soria-Audebert, "La propagande pontificale au temps des schismes. Alexandre III à la reconquête de l'unité de l'Église (1159-1177)", dans M. Aurell (dir.), *Convaincre et persuader: propagande et communication aux XIIe et XIIIe siècles*, Poitiers, 2007, pp. 349-381.

（3）J. Le Patourel, "The Plantagenet Dominions", *History*, Vol. 50, 1965, pp. 289-308.

（4）O. Pontal, "Les évêques dans le monde Plantagenêt", dans *Cahiers de civilisation médiévale*, XXIX, 1986, pp. 129-137.

（5）P.-R. Gaussin, "Y a-t-il eu une politique monastique des Plantagenêt?", dans *Cahiers de civilisation médiévale*, XXIX, 1986, pp. 83-94.

（6）J. Boussard, *Le Gouvernement d'Henri II Plantagenêt*, Paris, 1956; F. Madeline, *Les Plantagenêts et leur empire: construire un territoire politique*, Rennes, 2014.

（7）R.-H. Bautier, "Conclusions. 'Empire Plantagenêt' ou 'espace Plantagenêt'. Y eut-il une civilisation du monde Plantagenêt?", dans *Cahiers de civilisation médiévale*, XXIX, 1986, pp. 139-147.

（8）佐藤伊久男「カンタベリ大司教トマス＝ベケットの闘い——一一〜一二世紀の国制と教会の一側面」『西洋史研究』新輯　第一三号、一九八四年、一〜五頁参照。

（9）苑田亜矢「ベケット論争と二重処罰禁止原則」『法制史研究』六一、二〇一一年、一一七〜一五〇頁は、ベケットが二重処罰禁止原則について言及していなかったという事実を明らかにする。この点から考えても、聖職者特権よりも「教会の自由」が大きな問題を惹起していたように思われる。

（10）M. Soria-Audebert, *La crosse brisée. Des évêques agressés dans une église en conflits, (royaume de France, fin Xe - début XIIIe siècle)*, (Culture et société médiévales, Vol. 6), Turnhout, 2005.

（11）M. Soria-Audebert, "Violences anti-épiscopales et stratégie politique. Les victimes des Plantagenêt dans l'Aquitaine du XIIe siècle", *Revue historique du Centre-Ouest*, t. II, 2003, pp. 371-385; M.

Soria-Audebert, "Un évêché agité: les violences anti-épiscopales dans le diocèse de Limoges, XIe–XIIe siècles", dans *Bulletin de la Société des Antiquaires de l'Ouest*, 5ème série, t. XV, Poitiers, 2003, pp. 163-180.

(12) J. Peltzer, "Les évêques de l'empire Plantagenêt et les rois angevins: un tour d'horizon", dans (éds.) *Plantagenêts et Capétiens: confrontations et héritages*, Martin Aurell et Noël-Yves Tonnerre, Turnhout, 2006, pp. 461-484.

(13) E. Bozoky, "Le culte des saints et des reliques dans la politique d'Henri II et de Richard Coeur de Lion", dans *La cour Plantagenêt (1154-1204), Aces du colloque international, Thouars, 30 avril — 2 mai 1999*, (éd.) M. Aurell, Poitiers, pp. 277-291.

(14) R. V. Turner, "Richard Lionheart and the Episcopate in His French Domains", *French Historical Studies*, Vol. 21, No. 4, 1998, pp. 517-542.

(15) Giles Constable, *The Reformation of the Twelfth Century*, Cambridge, 1996. 邦訳は、G・コンスタブル著、高山博監訳、小澤実・図師宣忠・橋川裕之・村上司樹訳『十二世紀宗教改革』慶應義塾大学出版会、二〇一四年。

(16) M.-D. Chenu, "Moines, clercs et laïcs au carrefour de la vie évangélique (XIIe siècle)", dans *Revue d'Histoire ecclésiastique*, 49, 1954, pp. 59-89.

(17) M.-D. Chenu, *La théologie au douzième siècle*, (Études de philosophie médiévale, XLV), Paris, 1957.

(18) M.-H. Vicaire, *L'imitation des apôtres. Moines, chanoines et mendiants IVe-XIIIe siècles*, Paris, 1963; M.-H.ヴィケール著、朝倉文市監訳、渡辺隆司・梅津教孝訳『中世修道院の世界——使徒の模倣者たち』八坂書房、二〇〇四年。

(19) C. W. Bynum, "The spirituality of regular canons in the twelfth century: a new approach", *Medievalia et Humanistica*, 4, 1973, pp. 3-24.

(20) L. Milis, "Ermites et chanoines réguliers au XIIe siècle", dans *Cahiers de Civilisation médiévale*, XXII, 1979, pp. 39-80.

(21) C. Brooke, "Monk and Canon: Some Patterns in the religious Life of the twelfth Century-Monks, Hermits and the ascetic Tradition", Papers read at the 1984 Summer Meeting and the 1985 Winter Meeting of the Ecclesiastical History Society, dans W. J. Sheils (éd.), *Studies in Church History*, 22, 1985, pp. 109-129.

(22) J-H. Foulon, "Les ermites dans l'ouest de la France. Les sources, bilan et perspectives", dans A. Vauchez (dir.), *Ermites de France et d'Italie (XIe-XVe siècle)*, Ecole Française de Rome, Rome, 2003, pp. 81-113.

(23) P. Bertrand, B. Dumézil, X. Hélary, S. Joye, C. Mériaux et I. Rose, *Pouvoirs, Église et Société dans les royaumes de France, Bourgogne et Germanie (888-v. 1110)*, Paris, 2008, p. 161.

(24) E. Hallam, "Henry II, Richard I, and the Order of Grandmont", *Journal of Medieval History*, 1975, pp. 165-186; M. Larigauderie-Beijeaud, "Politique grandmontaine des Plantagenêts", dans *Bulletin de la Société archéologique et historique du Limousin*, t. CXXXII, 2004, pp. 25-41.

(25) Gaussin, *op. cit.*, p. 90.

(26) R. Foreville, "Tradition et renouvellement du monachisme dans

l'espace Plantagenêt au XIIe s", dans *Cahiers de civilisation médiévale*, XXIX, 1986, pp. 61-73. とくに pp. 68-72.

(27) Gaussin, *op. cit.*, p. 90.

(28) *Ibid.*

(29) *Ibid.*

(30) *Ibid.*

(31) J-M. Bienvenu, "Aliénor d'Aquitaine et Fontevraud", dans *Cahiers de civilisation médiévale*, XXIX, 1986, pp. 15-27.

(32) M. Soria-Audebert et C. Treffort, *Pouvoirs, Eglise, société: Conflits d'intérêts et convergence sacrée* (*IXe-XIe siècle*), Rennes, 2009, pp. 184-185.

(33) J. Dalarun, *L'impossible sainteté*, Paris, 1985.

＊本章は、ＪＳＰＳ科研費（課題番号１５Ｋ０２９６０）の助成を受けたものである。

# 第13章　リチャード・オヴ・コーンウォールのドイツ王位
## ――一二五七年の二重選挙をめぐって――

朝治啓三

マシュー・パリスによれば一二五六年一二月のクリスマス・パーラメントにおいて、ドイツからの使者がウェストミンスタにおいて、国王や王弟、諸侯の前で次のような報告と依頼を行った。コーンウォール伯リチャードが、ドイツ諸侯の一致した意見によりドイツ国王（ローマ人の王）に選出されたので、受諾するか否かの回答を戴きたいと。[1]これに対してリチャードはしばらく考えたのち、受諾する旨回答したという。[2]

しかし実際の国王選挙はまだ行われてはおらず、翌年一月一三日にフランクフルトに参集したのはトリーア大司教とザクセン公、ケルン大司教とファルツ宮中伯であった。前二者は市内に先に入って市門を閉じて立て籠もり、後から来た後二者を市内に入れなかった。ケルン大司教は市門の外で選挙を行い、ケルン大司教がマインツ大司教から代理投票の依頼を受けていると称して、後二者とマインツ大司教の賛成で選挙は完了したと宣言した。ヒルパートはこの過程を問題にし、選出は「一致した意見 unanimi consensu」ではなかったとみなして、クリスマス・パーラメントでのドイツからの使者の選出報告は、ヘンリとリチャードが設定した茶番劇であったと断じた。ヒルパートは、シチリア十字軍への諸侯の同意を取り付けたいヘンリがリチャードの協力を得て、わざわざ諸侯の面前でリチャードのドイツ王選出を演出したと判断するのである。[3]グローテンもヒルパートの指摘に同意している。[4]他方ヴァイラーはヒルパート説を批判し、茶番劇ではなかったと判断する(5)（この問題については後述する）。

本章では、イングランド王の弟であるコーンウォール伯が、ドイツ諸侯によって、とくにケルン大司教が主導権を取る形で一二五七年にドイツ国王へと選出されることの、歴史的意義を解明しようとする。上記の選挙ののち四月一日に、トリーア大司教は単独でカスティーリャ王アルフォンソ一〇世をドイツ王に選出し、フランス王ルイ九世やローマ教皇もこれを支持した。世にいう二重選挙である。ボヘミア王オトカール二世はどちらの選挙にも参加しなかったが、最初はリチャードの肩を持ち、後にはアルフォンソに賛成したといわれている。七人の選挙侯が一堂に会しての選挙はなかった。この選挙がドイツだけの政治問題でなかったことは、上記の経過を見れば明らかである。イングランド王国と神聖ローマ帝国との「外交」問題で済まされる問題ではなかった。ロンドン商人とケルン商人との「経済的」つながりで説明しきれる問題でもない。

マシュー・パリスが、国王選挙が済んでいないにもかかわらず、あたかも選挙後の結果をもたらしたかのような使者のエピソードを叙述した意図は何なのか。ヘンリ三世はリチャードのドイツ王への即位を、自己の二男エドマンドのシチリア王位獲得とどのように結び付けていたのか。ヘンリの一連のヨーロッパ政策を、イングランド国王としての「外交」問題とみなしてよいのか。一二五七年には、ヘンリはのちのパリ条約（一二五九年）の内容を決めるための会談を、ルイ九世との間で始めている(6)。本章では、これらすべてに回答を見出すことは困難であると判断して、リチャードのドイツ国王選出にかんする先行研究を踏まえた上で、従来とは異なる視点から未解決の課題の解明の糸口を探ろうとする。

## 1　選出の過程

一二五六年一月二八日、対立国王ウィリアム・オヴ・ホラントが、フリジアでの戦争で戦死した(7)。一二四五年にリヨン公会議で、教皇インノケンティウス四世が皇帝フリードリヒ二世を破門・廃位する宣言を行ったのち、対立するドイツ王として翌年ヘンリ（ハインリヒ）・ラスペ（テューリンゲン伯）をドイツ諸侯たちに選出させた[8]が、王はその翌年に戦死した。ケルン大司教が主導権を握って国王選挙を行い、ホラント伯ウィリアム（ヴィルヘルム）を選出した[9]。この時点ではフリードリヒ二世は健在なので、二人のドイツ王が対立することになり、ウィリアムを対立国王と呼ぶことにする。両勢力の間には戦闘もあり形勢は安定しなかった。一二五〇年一二月フリードリヒが亡くなると、その子シチリア王のコンラート四世がドイツ王を称するが、教皇は認めず帝位も与えられなかった。一二五四年に彼が病没するとシュタウフェン家のドイツ国王はいなくなり、ウィリアムが事実上単独のドイツ王となる。コンラート四世の子コンラディンはまだ二歳で、バイエルン公ルートヴィヒの後見下にあった。この状況でウィリアムが急死したので、国王として有効な働きのできる人材がドイツ諸侯から求められた。

　ウィリアム戦死の知らせは一二五六年二月初めにはイングランドに届いていた。ウィリアムの親戚で、フランドル伯の娘マルグリットの最初の結婚で生まれた子のジョン・ド・アヴェニンスが、二月五日にイングランド、ウッドストックで、リチャード・オヴ・コーンウォールの助言によりヘンリから二〇〇ポンドを贈与されているからである[10]。この時点ではジョンがリチャードを後継ドイツ王に推薦する資格はないから、知らせが届いただけで、ヘンリは感謝の意を示したことになる[11]。ジョンとヘンリの接触はそれ以前からあり、一二五四年にウィリアム王が上記のマルグリットとフランドルの領有をめぐって争って、フランス王の介入によって敗れたとき、ヘンリに援助を求めるためにジョンを派遣していたから[12]、最初の知らせがジョンによってもたらされたことは不自然ではない。

　その後、イングランド宮廷がドイツ王選出にかんして公式の意思を示すのは、同年三月二七日、ヘンリがシチリア問題でローマ教皇庁へ派遣していた使者のボンクェルに宛てて、「ローマ教会に献身的な人がドイツ国王に選出されるように」計らうよう枢機卿らに働きかける指示を出したときである[13]。しかしこの文書にはリチャードの名はない[14]。六月一一日に教皇アレクサンデル四世はヘンリからの使節の要望により、イングランドへ使節ダイアを派遣したが、そこにもリチャードの名はない[15]。翌六月一二日、ヘンリはグロスタ伯リチャード、ロバート・ワラン、ジョン・マンセルを調査のためドイツへ派遣する[16]。先行研究ではこの時点でヘンリが弟リチャードをドイツ王候補にする意志が決まったとみなされている[17]。その後ヘンリによるドイツ王位獲得のための活動にかんする情報はしばらく途絶え、次に公文書に表れるのは一一月である。

しかしこの間、ドイツでは国王候補の選択をめぐって活発な諸侯の動きが見られた。三月一二日にはライン地方の諸侯がマインツで集会を開いた。シュタウフェン家の遺児コンラディンの後見人となったバイエルン公でかつファルツ伯であるルートヴィッヒは、六月二三日にフランクフルトで諸侯集会を開催する呼びかけをした。八月五日にはザクセン公アルベルト、ブランズウィック伯アルベルト、ブランデンブルク辺境伯ヨハンとその弟オットーが、ヴォルミールシュタットで会合を開いた。このとき彼らは九月八日にフランクフルトで、オットーを選出するための選挙を行おうとした。同意を求められたライン地方の諸侯は、逆に八月一五日ヴュルツブルクでの集会を提案した。結局いずれの集会も開かれなかった[18]。ケルン大司教は七月一七日から八月一〇日までボヘミアへ出向き国王オトカール二世との会談を試みた。帰途ブランズウィックに立ち寄り、一二五六年一月以来そこで囚われているマインツ大司教に会った[19]。ドイツ諸侯は党派に分かれて対立し、国王候補を集約できなかった。

一方、カスティーリャ王アルフォンソ一〇世は、一二五四年のコンラートの死後、ラスペより早く皇帝位継承を表明していたが、一二五六年三月一八日、ピサ市とソリア Soria 合意を締結し、その中で、ピサは彼をローマ王かつ皇帝として認証すると言及している[20]。教皇とも交渉し、皇帝位主張と、モロッコ行十字軍の提案に対して好意的回答を得た。カペー家のフランス王ルイ九世はアルフォンソに協力し、五月に使節ガルシアを受け入れた。ガルシアはドイツ諸侯にも接近し、八月五日から九月八日の間、ザクセン公、ブランデンブルク伯と会い、トリーア大司教からも支持を得た[21]。オトカールはこの時点ではアルフォンソを支持すると述べていた[22]。ドイツ諸侯だけでなく、フランス王、カスティーリャ王、アラゴン王、ボヘミア王、イタリア、フランスの諸都市、教皇が国王候補をめぐってさまざまな思惑をもって対処し、国王選出は流動的な状況であった[23]。

ウィリアム王の死をイングランド宮廷に最初に伝えたと言われるフランドルのジョン・ド・アヴェンスは、一二五六年一〇月にもイングランドを訪れている[24]。一一月二五、二六日に彼は、親戚のカンブレー司教ニコラウスとともにバイエルン公でファルツ伯でもあるルートヴィッヒと、リチャードのドイツ王選出について会談した。ジョンはヘンリ三世の代弁者としてルートヴィッヒに対して、彼とイングランド王の娘との結婚を提案し、その嫁資として一万二〇〇〇マルクを送ると提案した[25]。この時点ではヘンリには未婚の娘はいなかったのだが。ルートヴィッヒにとっての重要課題は後見下に居るコンラディンのシチリア王位を維持するという約束を、リチャードから取り付けることであった。ジョンはこの交渉をまとめ、二六日にバカラックで契約を成立させた[26]。ジョンは一二月一五日ケルン大司教ともリチャード選出について合意した[27]。リチャードからマインツ大司教ゲルハルトに八〇〇〇マルク、ブラウンシュヴァイク伯に五〇〇〇マルクを支払う約束ができたと年代記ワイクス *Wykes* は伝える。トリーア大司教は金銭交渉をしなかったと、デナム＝ヤングは推測している[28]。

ジョンの部下は一二月一八日に来英して、ギルフォードでヘンリから贈与を受けた[29]。その後、クリスマスにロンドンへイングランド諸侯が参集した際、一二月二六日ドイツからの使者が[30]、リチャードがドイツ王に選出されたと報告した[31]。リチャードはためらった後、「全員一致で選出された」ことから、受諾したとマシュー・パリスは伝える。このエピソードを伝えるのがマシュー・パリスだけであることから、ヒルパートは作り話ではないかと疑う。実際の選挙はまだ行われておらず、ドイツ諸侯の全体集会は開かれていないから、全員一致でということはありえないとする。グローテンもこの意見に同意する。しかしヴァイラーは、事実の可能性があると見なす[32]。ヴァイラーによれば、当時はまだ七選挙侯という制度はできておらず、ドイツ諸侯が候補者として承認するか否かが選出の必要条件であったという。ヒルパートは、リチャードはヘンリのシチリア王位獲得計画に協力するため、諸侯の集まるクリスマスに芝居を演じたとみなす。これに対して、ヴァイラーは、イングランド諸侯はその芝居に騙されて、シチリア王位獲得計画に賛成したのかといえば、それは事実に反するとみなす。証拠となる史料が乏しいので確たることは言えないが、ヴァイラー説が妥当であると思える。

国王選出にかんする有権者規定や決議規則ができていない段階なので、「選挙」はケルン大司教の党派内での選出でも、「全員一致」と称することは可能である。選挙期日や会場を決定するルールが定まっていない（前記のように、さまざまな党派が三月以来選挙のための集会を予定していたが、どれも開かれなかった）。したがっていつ選出されたかを客観的に決めることはできない。一二五七年一月一三日フランクフルトでの選挙は、一種の儀式と見なされ得る。オトカールが後から誰の選出に賛成しても、先の結果に影響し得ない。ちなみにマインツ大司教は一二五七年四月に一人でアルフォンソを選出したと言明している。

それ以外にもヒルパートの解釈には問題が残る。ヘンリとリチャードのドイツ王位獲得計画において、彼は両者の協力関係を強調するが、果たして両者の方針は一致していたのか、という論点である。以下本章ではこの点を掘り下げてみる。

## 2　ドイツ王位獲得をめぐるヘンリとリチャードの違い

一二五〇年以後ヘンリ三世がシチリア王位を獲得しようとさまざまな方面に働きかけ、イングランド内で資金を調達し、カスティーリャ王やローマ教皇の支持を得ようとしたことはよく知られているが、ドイツ王位獲得についてのヘンリの計画はどのような内容であったのだろうか。一二五〇年一二月にフリードリヒ二世が亡くなった後、その息子コンラートはバイエルン公の娘と結婚していたが戴冠できず、皇帝になれなかった。教皇インノケンティウス四世はドイツ国王としてテューリンゲン伯ハインリヒ・ラスペを選出させ、シュタウフェン家からシチリアを取り上げようとした。しかし軍事力を持たない教皇が直接シチリアを統治することはできず、シチリアを封土として世俗権力者に下封する策がとられ、紆余曲折の後、一二五三年一二月教皇公証人アルベルトが、プランタジネット家にシチリアを下封する権限を委ねられた。(33) ヴァイラーの推測ではその条件は、のちにシャルル・ダンジューがシチリアを委ねられるときのものと類似していただろうという。すなわち将来皇帝にはならぬこと、一〇〇〇金オンスを支払い、アプーリアの教皇施設のために一万オンスを、また教皇庁保護のための騎士五〇人分二〇〇〇金オンスを毎年支払うことなどである。(34) これはすなわちシチリアを教皇の封土とするものにほかならない。ヘンリ三世がこの条件を受け入れたので、アルベルトは一二五四年三月にヘンリの次子エドマンドにシチリア王位を確認し、シチリアをシュタウフェン家から取り上げるための軍事遠征（すなわちシチリア十字軍）を始めるように命じた。(35) その結果ヘンリは教皇から準備資金一〇万リーブルの支払いを約束され（これはのちに撤回される）、彼が一二五〇年三月に為していた聖地行十字軍宣誓の行先をアプーリアへと変更する可能性を示唆された。(36) しかしシチリア十字軍を実現するには、イングランドで課税して大量の資金を調達しなければならず、そのためには諸侯の同意取り付けが必要であり、これが契機となっていわゆるバロンの反乱が生じたことはよく知られている。それだけではない。軍事力を十字軍へともたらすためには、カペー家との長年にわたる旧アンジュー帝国領土回復問題の決着、ガスコーニュ領有権をめぐるカスティーリャ王家との紛争の決着などが、つけられねばならなかった。

ヘンリがこれほど大きな負担を引き受けてでもシチリア王位に賭けた理由は何か。年代記ではヘンリが教皇に騙されて、対皇帝戦略に利用されたとの非難が見られる。(37) 他方ヴァイラーは、獲得しようとしたシチリア王位の収入の大きさが魅力だったのではとの仮説を述べている。(38) マシュー・パリスに拠れば、フリードリヒ二世のシチリアでの遺産は、聖職禄割り当て分だけでも一二万金オンスと言われている。(39) ヘンリは一二三六年プロヴァンス伯娘と結婚したときから、地中海への進出を目論んでいたように見える。エレアノールの親戚をイングランド宮廷で厚遇し、ピータ・オヴ・サヴォイを通じて教皇庁との絆を保ち、カスティーリャ王のアフリカ十字軍への援助を約束したのも、地中海貿易の富への接近策の一部とみなせる。(40)

教皇が世俗権力者にシチリアをシュタウフェン家から奪い取らせようとしたのは、前記のようにそこを封土として、封臣から封主への奉仕、具体的には上納金を納めさせることが目的であったといえる。シュタウフェン家がフリードリヒの幼児期に母コンスタンツェから封土として寄託されていたにもかかわらず、フリードリヒが上納を滞らせたことが、教皇の対シュタウフェン家非難の原因であろう。

一二五四年の段階ではドイツ王位の件は表面化していない。しかしすでにヘンリは教皇によって、反シュタウフェン家運動へと駆り出されていた。インノケンティウス四世はシチリアにおけるエドマンド王位を確認し、その政治顧問としてシュタウフェン家を分裂させる人事を行った[41]。また一二五四年に亡くなったコンラート四世の異母兄弟マンフレートによる対教皇軍事的巻き返しに遭って、プランタジネット家は反シュタウフェン家勢力とみなされていた。インノケンティウスが一二月に亡くなり、次のアレクサンデル四世は傭兵による対マンフレート戦争で敗北し、一二五五年ヘンリの十字軍をシチリア行きへと変更した[42]。一二五五年一〇月ボローニャ司教がイングランドに来て、エドマンドのシチリア王位を再確認した[43]。アプーリアあるいはシチリア行きを実現するためには、イングランド軍を海路あるいは陸路で南イタリアへ派遣しなければならず、そのためにはフランス王国内を通過するか、あるいは南フランスの港を経由する必要がある。その許可をルイ九世に求めたが、拒否された[44]。さらにアルプスを越えるにはサヴォワを通過する必要があるが、一二五五年一一月にサヴォワ伯トマスがアスティとトリノ市民に反抗され投獄された[45]。ベイリによればこれにはシャルル・ダンジュー派の根回しがあったという[46]。トマスは一二三七年フランドル伯の娘と結婚して伯を称していた。トマスの兄弟はヘンリに招かれてイングランド宮廷で厚遇され、ボニファティウスはカンタベリ大司教になっており、ピータ・オヴ・サヴォイは教皇庁との交渉役であったからトマスの救援に向かった。またサヴォワは帝国領であり、フランドルの領有権はカペー家とシュタウフェン家の係争の種でもあった。こうしてヘンリは帝国やドイツの問題にかかわらざるを得なくなった。一二五六年一月一日の時点ではドイツ王ウィリアム・オヴ・ホラントは健在なので、ヘンリがドイツ王位をめざす可能性はない。しかし一月二八日ウィリアムが戦死すると、状況が変わった。

二月五日にこの知らせをもたらしたジョン・ド・アヴェンスはフランドル伯娘マルグリットの子であるが、夫の死後ダンピエール家のギヨームと再婚した母から、先の結婚が血縁上の理由で無効であり、その結婚から生まれた子であるジョンとその兄弟は被嫡出子であり、相続権がないとして教皇庁に一二四九年に提訴されていた。インノケンティウス四世が一二五一年にこれを認めたため、ジョン兄弟は一二五二年にドイツ王ウィリアムに救済を願い出た。ウィリアムはフランドルを帝国封としてマルグリットから没収し、ジョンに下封した。マルグリットはフランス宮廷を頼り、ルイ九世の弟シャルルは（留守の兄に代わって）、一二五三年カペー家フランス王からの封土としてフランドルをマルグリットに下封した。そこでジョンは是正を求めて、プランタジネット家イングランド王ヘンリを頼ることになった(47)。

その後のヘンリとドイツとのかかわりは、前節で見た通り限られている。三月に教皇庁へ派遣していたボンクェル宛に「ドイツ王に選出されるように」との指令を出したのち、六月にグロスタ伯らを実情視察のためにドイツに派遣したことしか伝わっていない。一二月一八日にジョンは部下を通してギルフォードでヘンリから贈与を受け、クリスマス集会でドイツからの使者が、リチャードのドイツ王選出を伝えることになる。ヘンリとドイツ王ハインリヒ・ラスペやウィリアム・オヴ・ホラントとの書簡や使者の交換は、*Diplamtic Documents* には見当たらない。ドイツ諸侯との書簡や使者の交換はヴァイラーによれば、ブランシュヴァイク公、ブラバント公との例が見られるなどである(48)。ケルン大司教との接触は一二五〇年以後一度消える。これらの状況から見て、ヘンリにプランタジネット家がドイツ王位を獲得するという綿密な計画があったとは思えない。シチリア王位のためにドイツ王位獲得が有利に作用するという、ヒルパートの説には根拠が乏しい。

他方リチャードがドイツ王位に就いたという事実は何を意味するのだろうか。リチャードのドイツ王位問題の歴史的意義を考察する。

リチャードがフランクフルトで一二五七年一月一三日に、ケルン大司教とファルツ伯とマインツ大司教の支持によってドイツ国王に選出されたとき、市内に居て彼らに同調しなかったトリーア大司教とザクセン公は、しかし選出に反対する行動はとらなかった[49]。その後一月三一日にリチャードのもとへ、ボヘミア王オトカールがリチャードを支持する旨の知らせが届いた[50]。その後三月一八日にはロンドンでのパーラメントでグロスタ伯とジョン・マンセルが国王選出についてのドイツでの状況を報告した。その後ケルン大司教はじめドイツの諸侯が来英し、リチャードに忠誠を誓った。リチャード一行は多数の騎士をともない、イングランドから大陸へと渡り、アーヘンでケルン大司教によって五月一七日ドイツ王として戴冠した。ここまでの行動にはリチャードの主導権は見えない。

ドイツ王となってからの彼の業績を検討する。史料は発給した証書類、年代記などに記された書簡類のほか、発行した鋳貨や建造した建物類、寄進文書などであるが、ここでは、この課題に取り組んだ先行研究を紹介する[51]。シュワブによれば原本が現存している証書類は一七〇通あり、受け手は貴族、都市、個人、共同体、聖界団体などのほかは、ヘンリ三世やイングランド貴族にも宛てられた。内容は既得権を確認するもの、諸侯間の対立を仲裁するもの、進行中の訴訟などへの言及などが主たるものである。ドイツ以外への証書や書簡の発給もある。一二五八年五月にカペー家ルイ九世、プランタジネット家ヘンリ三世、そしてドイツ王リチャードの三者間の平和取り決めに関する会合を呼びかけた書簡や、フランドル女伯マルグリット宛て書簡、ドイツ騎士団宛て書簡などもある。国王証書部は十分に機能していたというのがシュワブの結論である[52]。リチャードが発行したコインについてウェバーは、三種を確認した。肩書は「ローマ人の王」である。ほかにリチャードの名を冠しているが、ウィリアムが先王フリードリヒ二世のダイスを使って発行したコインに、後からリチャードの名を打った可能性があるコインもあるという。ノイゲバウアーによれば、リチャードのドイツ内の巡行経路が同定され得るという。それによればラインラントが殆どであり、東欧へは出向いていない[53]。ヴァイラーによれば、彼の選出に反対した諸侯への贈与と、諸侯や都市間の紛争解決のための努力が読み取れるという[54]。所領の安堵、諸侯領を皇帝保護下での権利として追認した。リチャード名で発給された特許状の効力が有効であったという研究もある(55)。一二六一年にはローマ市のセナトール Senator に選出された(56)。リチャード自身のローマ訪問の計画もあったが、これはヘンリがシチリア問題に利用するための策であろう。しかし実現しなかった。シュタウフェン家のコンラディンがシュワーベン領を要求し、一二六二年教皇はコンラディンを対立王にする計画であったとも言われるが、五月ウルムでの国会ではリチャードが反対し、ブラバント公がリチャードを支持して、コンラディンの要求は却下され、コンラディンは一二六九年八月に死んだ(57)。リチャードはかつて彼の選出に対抗した諸侯を含めて、ドイツ聖俗諸侯の臣従を確保し、ドイツ諸都市へ証書を発給し特権を再確認してその臣従を獲得した。教皇からドイツ王として承認され、カペー家やプランタジネット家とは、親戚としてではなくドイツ王として書簡を発行した。

すでに二番目の妻と死別していたリチャードは六九年にドイツ諸侯の娘ファルケンブルクのベアトリスと結婚した。その年、フリードリヒ二世以来となるラントフリーデをウォルムス国会で再発行した(58)。これらの国王としての業績を見ると、彼は皇帝が従来果たしていたのと同じ政策をとっていることが理解できる。諸侯もそれを認めて彼に臣従し、国会で彼の課税案を承認した(59)。イングランドでの国内政治の調停のためしばしば帰英したが、その間に彼に対する反乱が生じた事例もなく、一二七二年に天寿を全うした。

コーンウォール伯としては富裕であったと言われるが、ドイツのためにそれを投資することになった。マシュー・パリスはその点を批判するが、ドイツ諸侯からの臣従を受けて国王に就任した点は肯定している(60)。イングランド王の弟としてではなく、ドイツ王として自立した支配を実現したと言ってよいだろう（ロンドンでのドイツ商人の保護についてヘンリと交渉した）。この側面とは別にリチャードにはヘンリとは異なる、ドイツ政治が西欧全体に果たす役割についての独自のプランがあって、ヘンリのシチリア王位獲得計画が、教皇の再確認によって一二六二年に最終的に消えてからも、ドイツ王としてさまざまな務めを果たした。リチャードがドイツ国王として西欧世界の中で何を果たすべきと考えていたのかを次に考察する。

## 3　中世西欧の帝国的権力構造のなかのドイツ王権の役割

リチャードがドイツ王に選出された一二五七年一月の一年前に、英仏間に平和条約の交渉が始まっていた[61]。ヘンリ三世が一月二〇日にルイ九世に対して、平和条約 articuli treugarum inter Reges Angliae & Franciae を結ぶために、ピータ・ド・モンフォールを派遣する。彼にはシモン・ド・モンフォールとピータ・オヴ・サヴォイと協議して条約内容を決めるようにという内容の書簡を送った。さらにこの条約を締結する権限をジョン・マンセルに与えたことを、五日後にイングランド臣民に対して公表した。さらに一月三〇日には同じジョンにカスティーリャ王アルフォンソ一〇世との、アフリカ行十字軍への協力についての交渉の権限を与えた[62]。

前述のように一二五五年一一月にサヴォワ伯トマスがアスティやトリノ市の市民によって投獄され、ヘンリはその救済のためにカンタベリ大司教を派遣した[63]。市民に反乱を示唆したのはルイの弟シャルル・ダンジューであったとベイリは伝えている[64]。シチリアへ十字軍を派遣する約束をしたヘンリは、フランスとサヴォワを通過する許可をルイから得る必要があった。ヘンリのシチリアへの十字軍派遣という課題は、ルイとの紛争の契機となっただけではない。かねてからの北仏の旧領回復問題の決着を迫るルイに対して、ヘンリから返答することが求められていた。ルイがフランス諸侯会議 generalissimum tenuit parlamentum を一二五六年二月初めに開催したので、ヘンリはその機会にジョン・マンセルを派遣したのである。

ルイはドイツ王位を狙うリチャードのライバルであるカスティーリャ王を支持していたから、ヘンリのシチリア行きのためのフランス内通過を認めなかった。この時点でのドイツ王ウィリアムがカペー家との連携よりも、プランタジネット家支持に回れば、ヘンリは従来の対カペー家交渉方針を変えることができる可能性が出てきた。すなわち、シュタウフェン家とカペー家間に結ばれていた平和条約（一二二三年のカターニャ条約）を崩すことができ、新たにカペー家とプランタジネット家間の平和条約を締結することによって、シチリア行き十字軍を実現できるという可能性である。そのためにはドイツ王（ホラント伯）の協力が必要である。一二五五年二月にウィリアムはヘンリの援助を請うており、その際はヘンリが断っていた(65)。一二五六年二月五日に、ジョン・ド・アヴェンスがウィリアム王の死をヘンリに伝えに来たのは、ヘンリにとってはこの上ない幸運に思えたであろう(66)。もしプランタジネット家の誰かあるいはそれに近い人物に、ドイツ王位が与えられれば、上記の目論見が実現する可能性がある。ヘンリにとってはドイツ王は西欧世界の核ではなく、またイングランド王の上級領主でもなく、プランタジネット家と対等の交渉相手である。

ルイはプランタジネット家がドイツ王やフランドル伯と提携することによる、カペー家の孤立を認識したであろう。一二五六年六月一六日には、以前から闘争を繰り返していたフランス人とドイツ人そしてフランドル人との間で、紛争解決の条約が結ばれた(67)。ヘンリが、シチリア十字軍を実現するためにルイの同意を取り付けるには、ジョン王時代以来の障害になっている北仏の旧領回復問題で、妥協することが日程に上ったのはこのときであろう。ヘンリは六月一二日、ドイツ諸侯の実情調査のためグロスタ伯らを派遣した(68)。彼はシチリア十字軍のために、ドイツ王位問題を利用し、北仏旧領回復を放棄する方針をこのとき覚悟したであろう。その後、一二月にはリチャードのドイツ王選出がヘンリに伝えられ、一二五七年五月にはリチャードは戴冠した。一二五七年にはルイとヘンリとの交渉が本格化し、一二五八年五月にはほぼ内容が固まったが、イングランドでの諸侯による国政改革運動で、ヘンリが実権を失っていたため締結は延期され、漸く一二五九年一一月にヘンリが渡仏し、一二月にレスタ伯夫妻が批准して成立した。そこにはプランタジネット家が北仏旧領回復を放棄し、アキテーヌ公としてのヘンリがフランス王ルイに臣従するという条項が嵌めこまれている。ヘンリはカペー家とフランス領有を競うライバルになるのではなく、フランス王国内一地域の領有者になった。

一二五七年五月にドイツ王となったリチャードは、一二五八年一一月にはカンブレーでの英独仏の三王による会談開催を提案した。[69] これは実現しなかったが、一二五九年一二月には、プランタジネット家とカペー家との間にパリ条約が結ばれた。この条約締結の際に、ルイがヘンリの一族に求めた北仏領放棄について、将来の回復請求権を放棄した。[70] ドイツ王にはなったがリチャードはドイツにはさしたる領地を持たない。彼がパリ条約締結の際、フランスの旧アンジュー家領にかんする将来の領有権を放棄したことは、先の三王会談提案と合わせて考えると、ドイツ王位を領地獲得の手段とみなさず、英独仏間の平和維持の提案者とみなしていたのではないかと思える。パリ条約が、一二九四年のガスコーニュ戦争に至るまでの約三五年間の平和を実現したことの意義は、すでに先行研究により言及されている。[71] ヘンリが構想したプランタジネット帝国（プランタジネット家当主がイングランド、ガスコーニュ、シチリアなどを領有し、ドイツ王と提携するという構想）は実現しなかった。これに対して、リチャードのドイツ王就任はふたつの効果をもたらした。彼がドイツ王としてドイツ諸侯や都市のために努めた成果がそのひとつである。[72] もうひとつは英独仏の権力者間の関係、西欧世界の権力構造を平和裡に維持するという構想における核のひとつとしての役割を果たした点である。世俗権力と教皇との協力関係も踏まえており、西欧カトリック世界の平和維持活動である。ヘンリとリチャードのドイツ王位にかける構想は、異なっていた。

*

本章では、イングランド国王の弟が、西欧全体の帝国的権力構造の中核となる権力保持者として機能したことを説明した。しかし次の課題には触れることができなかった。(1)アルフォンソの「西欧帝国計画」とリチャードの「西欧帝国計画」。(2)一二五九年パリ条約のアンジュー帝国史の中での意義、とくにヘンリ段階とエドワード段階の差について。(3)カトリック世界の要としての教皇の役割（従来説の反シュタウフェン家勢力という理解は政治史であって国制史ではない）。(4)西欧全体にとっての対外関係（モンゴル、イスラム）と十字軍（ヨーロッパの対外発展としてではなく、勢力圏の確定）の歴史的意義。これらの課題の解明には別稿が必要である。

注

（1） Matthew Paris, *Chronica Majora*, v, p. 601 (H.R. Luard, Rolls Series, 1880).（以下 *CM*）. "Anno Domini XCCLVII, qui est annus domini regis Henrici tertii quadragesimus primus, fuit idem dominus rex Londoniis ad Natale Domini; ubi venerunt ad dominum regem, qui multos simul cum comite Ricardo ibi magnates congregaverat, quidam de primatibus Alemanniae, nuntiantes omnibus qui ibi fuerant, quod unanimi consensu comitem Ricardum in regem Alemanniae rite elegant. Et ipsum in suum regem et dominum postularunt, dummodo in eorum voluntatem consentire voluisset comes memoratus. Archiepiscopus autem Coloniensis, sacri imperii prothocancellarius, et quidam alii magnates Alemanniae literas suas super hoc testimoniales et ratihabitionem per eosdem solempnes nuntios illuc unanimiter destiarunt, asserentes, quod nunquam aliquis sine aliquo contradictionis ita mere, ita unaniniter, electus illam extitisset dignitatem".

（2） *CM*, v, p. 602. "Et ego Dei confisus misericordia, licet insufficiens et indignus, hoc onus et honorem, mihi, ut spero, divinitus oblatum, gratanter suscipio, ne pusilllanimis dicar et meticulosus".

（3） Hans-Eberhard Hilpert, "Richard of Cornwall's Candidature for the German Throne and the Christmas Parliament at Westminster", *Journal of Medieval History*,（以下 *JMH*）6, 1980, pp. 185-198, esp., p. 195. このときの集会はマシュー・パリスでは、パーラメントとは記されていない。「パーラメント」はヒルパートの用語法による。

（4） Manfred Groten, "Mitravit me et ego eum coronabo- Konrad von Hochstaden und die Wahl Richards von Cornwall", A. Neugebauer, *Richard von Cornwall, Römisch-deutsches Königtum in nachstaufischer Zeit*, Kaiseslautern, 2010, pp. 25-54. esp., p. 50.

（5） B. Weiler, "Matthew Paris, Richard of Cornwall's candidacy for the German throne and the Sicilian Business", *JMH*, 26-1, 2012, pp. 71-92, esp., p. 75.

（6） F.M. Powicke, *King Henry III and the Lord Edward*, Oxford, 1947, pp. 247-248. なおこれは、教皇アレクサンデル四世からの対フランス和解の提案に基づくと見なされている。*Foedera*, Record Commission, 1816, I, i, p. 355.

（7） Böhmer, *Regesta Imperii*, v, p. 990, Innsbruk, 1881 (G. Olms, 1971)

（8） *Gestorum Treverorum Continuatio V, zum Jahr 1246*, (*MGH*, SS XXIV, S. 410, Z. 42-S. 411, Z. 4); Innozenz IV. an die deutschen Fürsten, 21 April, 1246 (*MGH, Const.*, II, Nr. 346, S. 454); *Historische Texte Mittelalter, Die deutsche Königswahl im 13. Jahrhundert*, Heft 1, Göttingen, 1968, S. 68-70.

（9） *Gestorum Treverorum Continuatio V, zum Jahr 1247*, (*MGH*, SS, XXIV, S. 411, Z. 34-40); Innozenz IV. an den Rektor von S. Maria in Cosmedin, Oktober 1247, (*MGH, Const.* II, Nr. 352, S. 459-461); *Historische Texte Mittelalter*, Heft 1, S. 70-72.

（10） *Calendar of Patent Rolls, 1247-58*, p. 461.（以下 *CPR*）

（11） デナム＝ヤングはこのときリチャードに王位が提供されたと述べるが根拠は示されていない。N. Denholm-Young, *Richard of Cornwall*, 1947, Oxford, p. 86.

（12） C.C. Bayley, "Diplomatic preliminaries of the Double election,

1257", *English Historical Review*, 1947, p. 466.（以下 *EHR*）その後も両者の接触がある。一二五四年一二月、*CPR, 1247-58*, pp. 386-388; *1258-66*, pp. 8, 22, 34, 46. ウィリアムとヘンリの接触は、*Chronica Majora*, v, p. 493; *CPR, 1247-58*, p. 401.

(13) *Close Rolls, 1254-56*, p. 408.（以下 *CR*）教皇アレクサンデルはこの時ドイツへ使者を派遣した。*Foedera*, Rec. Com., I, p. 337; Shirley, *Royal Letters*, II, pp. 114-116. Bonquer がローマへ派遣されたのは二月二〇日である。*CPR, 1247-58*, p. 463.

(14) ヒルパートは三月末にはリチャードが候補に固まるとみている。Hilpert, Candidatuer, *JMH*, 6, p. 187. パウイクも、ヘンリが三月時点でリチャードを候補にすると考えていたとみなしている。Powicke, *op. cit.*, pp. 243, 371-372.

(15) *Foedera*, Hague, 1745, I, ii, p. 15.

(16) *CPR, 1247-58*, p. 481.

(17) Hilpert, *op. cit.*, p. 188; *Foedera*, Hague, I, ii, p. 15; Rec. p. 337. しかし派遣されたグロスタ伯らの行程や会合、報告についての情報は一切残ってはいない。J. Kempf, *Geschichte des deutschen Reiches während des grossen Interregnums 1245-1273*, Würzburg, 1893, pp. 197-198 に拠れば、ジョン・ド・アヴェンスが一〇月にイングランドを訪れた、とヒルパートは報告している。Hilpert, *op. cit.*, p. 189. グロスタ伯らが帰英したのは七月一二日。*CPR, 1247-58*, p. 486.

(18) Bayley, *op. cit.*, pp. 468; *MGH, Const.*, ii, s. 586; SS, xvii, s. 59.

(19) Bayley, *op. cit.*, pp. 469, 483. このプラハ行にはバイエルン伯も同行したので、ベイリは伯がコンラディンの候補者化を断念したうえでのことであろうと推測している。グローテンはケルン大司教コンラートのプラハ訪問の意図が、オトカールの候補者化にあったとみなしている。M. Groten, "Mitravit me, et eum cornabo-Konrad von Hochstaden und Wahl Richards von Cornwall", A. Neugebauer, *Richard von Cornwall*, 2010, Kaiserslauterun, p. 40.

(20) J. F. Böhmer, *Regesta Imperii*, v, ii, 5488; *MGH, Const.*, ii, S. 498; Bayley, *op. cit.*, pp. 475-476, 483. シャルル・ダンジューと戦って敗れたマルセイユ市はピサとの同盟の仲介をアルフォンスに依頼し、彼を皇帝として言及した。*MGH, op. cit.*, SS, xxvi, S. 641-643; *Regesta Imperium*, v, ii, 5488.

(21) Bayley, *op. cit.*, pp. 477, 479, 483; *MGH, Const.*, ii, S. 497, 498; Böhmer, *Regesta*, v, ii, 5488a; Groten, *op. cit.*, S. 43. アルフォンソの立候補については別稿に譲る。

(22) Bayley, *op. cit.*, p. 480; *MGH., Const.*, ii, S. 529.

(23) Groten, *op. cit.*, S. 29-34 にはこの間の事情が詳しく述べられている。

(24) 注17参照。Bayley, *op. cit.*, p. 483. ジョンは九月二四日の条約でルイ九世から、シャルル・ダンジューの封臣としてエノーを安堵されたが、ナミュールを奪取されたため、これを回復するためにヘンリ三世を頼ってイングランドへ向かったと言われる。*Ibid.*, p. 469, n. 5; *Tresor des Chartes*, iii, 320ff.

(25) *MGH, Const.*, ii, s. 380; Groten, *op. cit.*, S. 46.

(26) Groten, *op. cit.*, S. 46; Bayley., *op. cit.*, p. 483; Hilpert, *op. cit.*, p. 189; *MGH, Const.*, ii, s. 377-382.

(27) Groten, *op. cit.*, S. 48; *MGH, Const.*, ii, s. 383. グローテンはケルン大司教は、必ずしもリチャード支持者ではなかったが、ドイツ王としてケルン大司教のライン地方における権力に敵対しないという条項を付けた。この際、リチャードが多額の金銭を支払う約束をしたことが、*Wykes*によって伝えられている。

（28）*Wykes*, Rolls Series, *Ann. Mon.*, iv, p. 113; Denholm-Young, *op. cit.*, p. 88.

（29）*CR, 1256-59*, p. 17; *Ca. Lib. Rolls, 1251-60*, p. 347.（以下 *CLR*）

（30）Walram, count of Jülich, Friedrich von Sleida, magister Theodorich from Bonn.

（31）Matthew Paris, *CM*, v, pp. 602-3.

（32）Hilpert, *op. cit.*, pp. 191-4; Groten, *op. cit.*, s. 50; B. Weiler, "Richard of Cornwall's candidacy for the German throne and the Sicilian Business", *JMH*, 26-1, 2012, p. 75.

（33）*Epistulae Saeculi XIII*, iii, no. 446; B. Weiler, *Henry III of England and the Staufen Empire, 1216-1272*, Woodbridge, 2006, p. 148.

（34）*Registres Innocent IV*, no. 6819; J. Dunbabin, *Charles I of Anjou*, London, 1998, pp. 4-5, 131-133.

（35）Weiler, *Henry III of England*, p. 149.

（36）*CPR, 1247-58*, p. 364; *Foedera*, Hague, I, i, pp. 297, 301-304.

（37）*CM*, v, pp. 456, 500.

（38）Weiler, *Henry III*, p. 153.

（39）*CM*, v, 216.

（40）Weiler, *Henry III*, p. 147.

（41）*Foedera*, Rec., I, i, p. 311.

（42）*Ibid.*, p. 308.

（43）*Annals of Burton*, *Ann. Mon.*, I, pp. 348-349.

（44）Bayley, *op. cit.*, p. 477; *CM*, v, p. 547.

（45）*CM*, v, pp. 564-565; P. Chaplais (ed.), *Diplomatic Documents*, 1964, no. 281.

（46）Bayley, *op. cit.*, p. 465, n. 1; *CR, 1254-56*, pp. 384, 406. ヘンリは救済のための軍を派遣し、その費用を王妃も賄った。

（47）H. S. Lucas, "John de Avesnes and Richard of Cornwall", *Speculum*, 23-1, 1948, pp. 81-101; *CPR, 1247-58*, pp. 386-388; *CM*, v, p. 493.

（48）Weiler, *Henry III*, p. 123. 一二五五年八月ヘンリからドイツへ使者派遣、一一月ルクセンブルク公とリムブルク伯が来英。*CLR, 1251-60*, pp. 228, 244, 253; *CM*, v, p. 437.

（49）*MGH, Const.*, ii, no. 484; Groten, *op. cit.*, S. 52-53. トリーア大司教はこの後、五月にリチャード一行がケルンに近づくのを、武力で阻止しようとしたと年代記は伝えている。

（50）*MGH, Const.*, ii, no. 385; *CM*, vi, pp. 341-342; *Ann. Burt.*, *Ann. Mon.*, pp. 391-392.

（51）主たる史料は、F. Böhmer, J. Ficker, E. Wikelmann (eds.), *Regesta Imperii*, v, Insbruck, 1881-1901, Internet edition: http://ri-regesten.adwmainz.de（2016/12/19アクセス）. L. Weiland (ed.), *Constitutiones et Acta publica imperatorum et regum, II, 1198-1272, MGH, Legum Secto*, iv, Hanover, 1896. 先行研究としては次を参照した。I. Schwab, "The Charter of Richard of Corwall for the Empire", *The Thirteenth Century England*, 12, 2007, pp. 183-191; A. Neugebauer (ed.), *Richard von Cornwall, Römisch-deutsches Kichtum in nachstaufischer Zeit*, Kaiserslauterun, 2010; F. P. Weber, "Richard, Earl of Cornwall, and his coins as King of the Romans, 1257-1271", *Numismatic Chronicle*, XIII, third ser., London, 1893, pp. 272-281.

（52）Schwab, "The Charter", p. 191.

（53）A. Neugebauer, "Richard von Cornwall, ein Engländer am Rhein, ein König ohne Bedeutung?", *Richard von Cornwall*, Kaiserlauterun, 2010, pp. 19-23.

（54）Weiler, *Henry III*, pp. 174-176; *MGH*, SS, xvii, S. 56-60. 特許状の立会人は前王ウィリアム時代の王支持者たちが名前を連ねる。*Cal. Chater Rolls*, 1257-1300, pp. 24-25; *CR, 1259-61*, 399; *CPR, 1258-66*, p. 496. シュタウフェン家支持者にも恩顧を配分した。

（55）Weiler, *Henry III*, pp. 177-178.

（56）K. Hempe, "Ungereckte Briefe zur Geschichte König Richard von Cornwall aus der Stammlung Richards von Pofi", *Neues Archiv der Gesellschft für altere deutsche Geschichtsforschung*, xxx, 1905, pp. 673-690; F. R. Lewis, "The Election of Richard of Cornwall as Senator of Rome in 1261", *EHR*, 52, no. 208, 1937, pp. 657-662. 親プランタジネット家派枢機卿への買収が功を奏したといわれるが、教皇領の安堵が重要な条件であった。Weiler, *Henry III*, p. 182.

（57）Weiler, *Henry III*, p. 186.

（58）B. Weiler, "Image and Reality in Richard of Cornwall's German Career", *EHR*, 113, 1998, pp. 1120-1121, 1125.

（59）Weiler, *Henry III*, p. 189.

（60）Weiler, "Image", p. 81.

（61）*CPR, 1247-58*, pp. 458, 460; *Foedera*, Rec., I, i, p. 335.

（62）*CR, 1254-56*, pp. 389-391. カスティーリャ王からヘンリのもとへ派遣された使者ガルシアGarcia Martiniは六月一二日にドーバーから去り、代わりに別の使者フェルナンドが九月一四日イングランドに来た。*CR, 1254-56*, pp. 318, 360.

（63）*CM*, v, pp. 548-549; *CR, 1254-56*, pp. 384, 406.

（64）Bayley, *op. cit.*, p. 477.

（65）*CM*, v, p. 493.

（66）*CPR, 1247-58*, p. 461.

（67）*CM*, v, pp. 537, 561. これはフランドル女伯マルグリットとジョン・ド・アヴェンスとのフランドルとエノーをめぐる戦闘の休戦協定を指す。H. S. Lucas, "John de Avesnes and Richard of Cornwall", *Speculum*, 23-1, 1948, pp. 94-95. ウィリアム王はこの時点では死んでいるので、国王間の協定ではない。ルイはジョンとマーガレットの仲介をして、両者が休戦協定を結んだことを、五六年九月二四日に公開した。

（68）*Foedera*, Rec., I, i, p. 337; *CPR, 1247-58*, p. 481.

（69）*CM*, v, pp. 720-721.

（70）*Acta Imperii inedicta*, No. 564.

（71）Weiler, *Henry III*, pp. 201-203; 加藤玄「一二五九年パリ条約とその結果」朝治啓三・渡辺節夫・加藤玄編著『中世英仏関係史　一〇六六～一五〇〇——ノルマン征服から百年戦争終結まで』創元社、二〇一二年、七四頁。

（72）L. Scales, *The Shaping of German Identity*, Cambridge, 2012, ch. 3.

＊本章は、科学研究費補助金基盤研究Ｂ「中・近世西欧における書簡とコミュニケーション——行政・法・宗教そして社会」１５Ｈ３２５６による分担研究の成果の一部である。

# 第14章　「国際関係」のなかでのシャンパーニュ伯とフランス中世王権

――一一六〇年頃～一二七〇年頃――

渡辺節夫

西欧の中世社会は基本的に貴族＝領主制社会である。その最上層をなすのは諸侯層であり、彼らは近隣の中小の貴族層をまとめ上げ、一定の支配領域を構成するようになる。これがいわゆる〝領域的諸侯領 principauté territoriale の形成〟であり、フランスではその画期は一二世紀中葉に置かれる。

一般に中世の〝王〟は諸侯層の出身であり、彼らは宗教的な権威によって聖性を授けられ、別格の超越的な存在とみなされる。彼らの支配領域は全体として極めて流動的であり、その旧諸侯領（家領）がその権力の核・基盤となっている。彼らは実力的には諸侯層のなかの〝同等者中の第一人者 primus inter pares〟に過ぎない。諸侯層が〝同輩 pares, pairs〟と呼ばれる所以である。しかし、王は超越的存在として、諸侯層、さらには貴族層全般の地域的利害の調整のために不可欠の存在であり、そこに、その存在意味がある。

また、一定地点の王が遠隔地の所領にかんしてほかの王の封臣である、例えばイングランド王がノルマンディ公領、アンジュー伯領にかんしてフランス王の封臣である、あるいはナヴァーラ王がシャンパーニュ伯領にかんしてフランス王の封臣である、という事実は、彼らは諸侯の資格で、その部分（所領）にかんする限り近隣の王に従属することを意味しており、まず王権の側からではなく、諸侯領を基礎単位として権力の全体的な編成をみることの妥当性を示している。

やがて地域的権力の核としての王権が拡大・強化されていくと諸侯層の従属関係、相互の依存関係が強まり、一定の諸侯層（バロン層）とその支配領域を包括するものとしての〝王国 regnum〟の輪郭が現れ始める。その場合、その王国の王位を担う家系（王家・王朝）は必ずしも永続的なものではなく、担い手の交代はしばしば起こるが、今やそれは王国領域の維持・存続と矛盾しない。

王権と個々の諸侯を結びつけている紐帯は基本的にレーン関係（封の授受にともなう誠実関係）と血縁・姻縁関係である。西欧の主従関係は対等性、双務的性格が強く、それだけ不安定であり、永続性に乏しい。血縁・姻縁関係もさほど安定的なものではないが、少なくとも一時的ではあれ、人的関係を固定する役割を果たしている。

中世においては両関係とも契約的、誓約的、神的性格を持っており、その意味で教会権力、とりわけローマ教皇権が関与する度合いが大きい。その点でローマ教皇権は普遍的かつ超越的である。神聖ローマ皇帝権も超越的であるがそれは理念的なものに止まり、実質的には高次の具体的な調整的機能は果たしていない。ただしドイツ王のみが一九世紀初頭まで一貫して西側のカトリック世界の唯一の皇帝を名乗り続けたのは事実であり、現実には対内的な意味が大きいと思われるが、その全ヨーロッパ的意味も検討する必要がある。

以上の前提に立って、本章ではシャンパーニュ伯・伯領を対象にして、一二世紀中葉の〝領域的諸侯領の形成〟以降、一三世紀の第一・四半期の〝封建王制の確立〟を経由して、一三世紀の後半に至るほぼ一〇〇年間における王権との具体的な関係を通して、諸侯層がその領域支配の稠密化を図る一方で王権への従属化を深めていくプロセスを、フランスにおける地域史研究の成果に依拠しつつ、検討することとしたい。

## 1　アンリ一世期（一一五二〜八一年）の対外関係

一一五九年九月にハドリアヌス四世がアナーニで没するとシスマが再燃した。ハドリアヌスの遺志を継いだ枢機卿団の多数派がシエナの枢機卿ロランド・ボンディネッリをアレクサンデル三世（在位一一五九〜八一）として直ちに擁立したのに対し、フリードリヒ一世は、「ローマの司教は神聖ローマ皇帝権に従属する」として、ローマの枢機卿のひとりオクタヴィアヌスをヴィクトル四世（在位一一五九〜六四）の名で指名した。神聖ローマ皇帝と対抗関係にあったフランス王ルイ七世は一一六二年四月、ローマを追われたアレクサンデル三世を迎え入れた。

このシスマはすでに一一六〇年にボーヴェの公会議で議題とされたが、フリードリヒ一世はルイ七世に対して、両教皇間での仲裁の会議の設定を呼びかけた。会議の段取りを協議するための格好の人物としてシャンパーニュ伯アンリ一世が選ばれた。ルイ七世は封臣であり親族でもある彼を信頼していた。すなわち、伯アンリは同王の娘マリーの夫（一一六四年結婚）であり、伯アンリの姉妹アデールは同王の后（一一六〇年結婚）であり、伯アンリの兄弟ブロワ伯ティボー五世は一一五四年以来同王の家令を務め、王女アリクスと結婚（一一六五年頃）していた。他方で、伯アンリの母マティルド・ド・カランティがローマの有力貴族フランジパニ家と姻戚関係にあることから、フリードリヒ一世は伯アンリがヴィクトル四世の側に加担することを期待したのである。(1) ロンバルディアでの会見を通じてアンリとフリードリヒは会議を一一六二年八月二九日に王国と帝国の境界に位置するローヌ沿いのサン・ジャン・ド・ローヌで開催することで合意した。

この交渉が失敗に終わった場合には伯アンリは身をフリードリヒに委ね、フランス王から得ている封にかんしてオマージュを呈さなければならないこととなった。ロレーヌの境界地帯の封については同伯の権利は不明確であり、近隣の領主たち、とりわけバール・ル・デュク伯の攻撃に晒されていた。アンリにとっては封に対する明確な権利を確

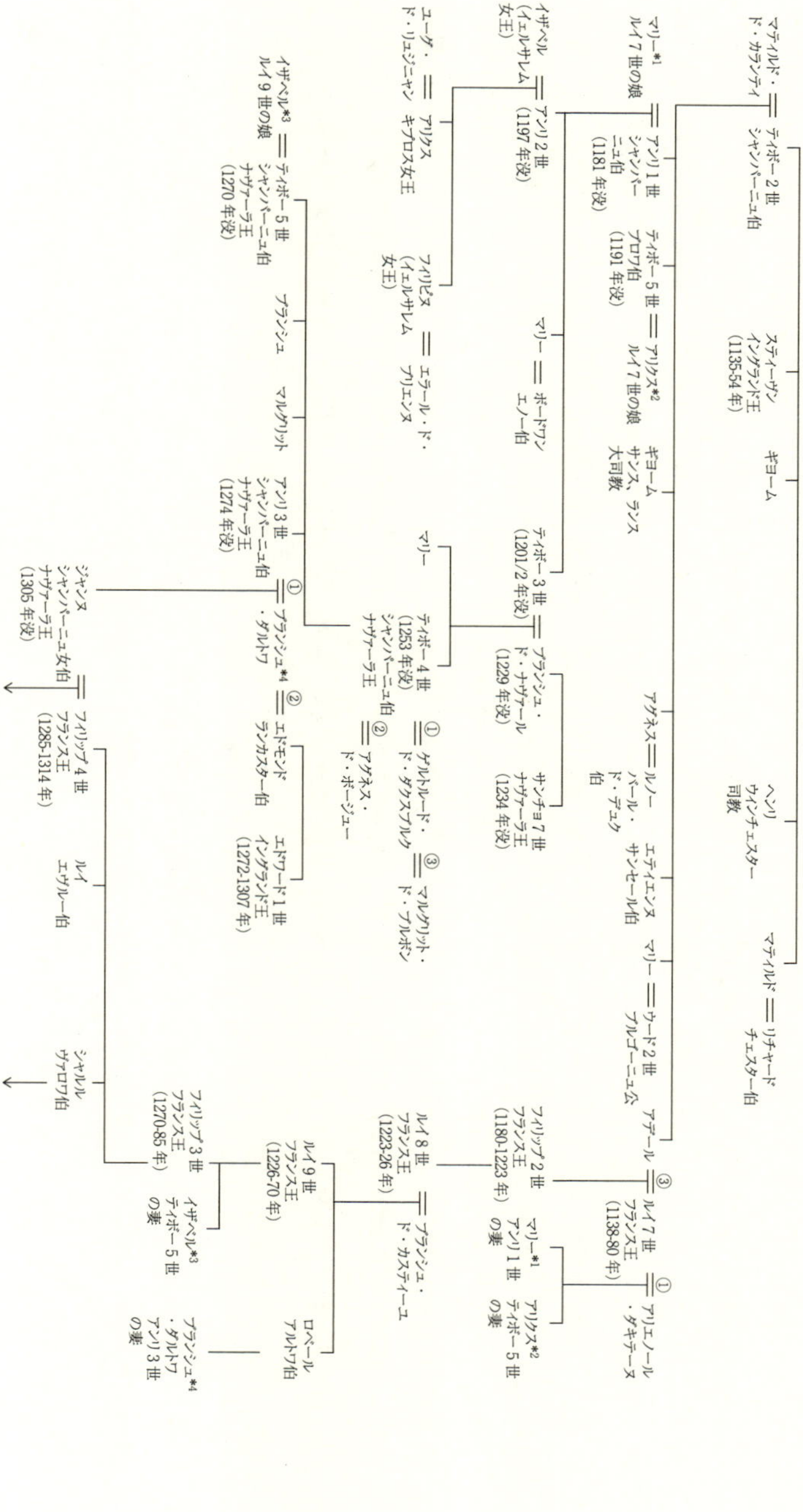


図14-1 シャンパーニュ伯家の系図

注：*1—*1，*2—*2…は同一人物を示す。①，②，③，④は結婚の順を示す。
出所：筆者作成。

保し、フリードリヒにとっては防衛能力のある封臣を得ることが課題であった。[2] 一一六〇～八〇年代にはフリードリヒの権力がフランス王権に対して優勢であり、ムーズ川の国境画定においては彼が主導権を握っていた。[3]

しかし、アレクサンデル三世はサン・ジャン・ド・ローヌへの招請を拒否し、両君主が同地で会見することも実現しなかった。上記の取り決めに従って、アンリは境界地帯のいくつかの城にかんしてフリードリヒにオマージュを呈することとなり、シャンパーニュ伯領東部の境界地帯を強化することができた。伯アンリは自己の伯領の半分を帝国からの移動封とすることにより、フリードリヒの側に誠実関係を移動させることをためらわなかったとされる。[4] しかし伯アンリの皇帝へのオマージュ呈示がフランス王との間に不和をもたらしたわけではない。アンリは一一六三年にはルイ七世とともにシャロンに姿を現し、フリードリヒの意を受けて、自身の姉妹マリーの夫ウード二世の死にともなうブルゴーニュ公領をめぐる王ルイとの間での仲裁者の役割を果たしている。[5]

フリードリヒが対立教皇をたてようとしていた頃、王ヘンリ二世はイングランド教会をその支配下に置こうとして、一一六二年に尚書部長官トマス・ベケットをカンタベリーの首位司教に任命した。一一六四年一月には西南部イングランドで開かれた封建集会に基づいて一六箇条からなる国家教会制の概要である「クラレンドン法 Constitution of Clarendon」が公布され、(1)国王の司教叙任権、(2)罪を犯した聖職者の俗人法廷での裁判、(3)教皇庁への上訴の禁止などが規定された。[6] もっとも激しく争われたのは国王裁判所と教会裁判所の管轄区分を定めた諸規定であった。この規定をめぐって同年一一月には王との対立が極度に高まり、身の危険を感じたトマス・ベケットはフランスに亡命した。ルイ七世はイングランド王の要請に反して、彼を匿った。教会権力に対してイングランド王とドイツ皇帝は同じ側に立つこととなった。フリードリヒがドイツの高位聖職者をヴュルツブルクに召集した公会議（一一六五年五月）に派遣された王ヘンリ二世の特使は、対立教皇としてヴィクトル四世を継いだパスカリス三世（在位一一六四～六八）に臣従の礼を呈しているのである。

以上の経緯により、ルイ七世は教会の権利をめぐりドイツ皇帝・イングランド王と対立的な立場に立つこととなった。一一六三年にはフリードリヒは伯アンリに書簡を送り、彼を味方に取り込もうと図るが、彼はルイ七世に対する誠実を堅持し、アレクサンデル三世の側に傾いていた。また同伯は、トマス・ベケットがポンテニー修道院に到来した際には彼に深い敬意を示している。この点にかんしてアレクサンデル三世は同伯に対して感謝の意を込めた書簡を送っている。[7]

一一六七~六八年、伯アンリは使者をフリードリヒ一世のもとに派遣し、ルイ七世の息フィリップ（二歳、一一六五年生）とフリードリヒの娘ゾフィー（六歳、一一六一年生）の結婚を画策するが、これは完全に失敗に終わった。[8]その後、一一七一~七二年、ルイとフリードリヒのヴォークレールでの会見では双方の領土からブラバント人の傭兵を排除する取り決めがなされており、伯アンリは王ルイの名でその遵守を誓約している。

他方で、ルイ七世は対英外交交渉において伯アンリの敏腕を活用しようとした。同伯とイングランドの関係は深く、アングロ・ノルマン王朝の最後の王スティーヴン（在位一一三五~五四）は同伯の父方の叔父に当たり、同伯の妻マリーは単にルイ七世の娘というだけでなく、彼女はアリエノール・ダキテーヌの娘（一一三八年生）でもあり、ポワティエの宮廷に戻ったアリエノールをしばしば訪れ、薫陶を受けていたのである。

伯アンリは教皇庁から仲介者として指名され、一一六九年、モンミライユにおけるルイ七世とヘンリ二世の会見を設定した。そこで、ヘンリ二世とともに三人の若き王子たち（若王ヘンリ、リチャード、ジェフリ）はそれぞれ分与された大陸側の封に対してルイ七世にオマージュを呈した。

一一六九~七〇年にヘンリ二世は和解を試み、トマス・ベケットもモンミライユに赴き、問題を王の法廷に委ねることを受け入れたが、突如交渉を打ち切った。フランス王は若王ヘンリと結婚した（一一七〇年頃）娘のマルグリットの戴冠はトマス・ベケットからなされるよう強く求めた。一一七〇年、フレテヴァルで新たに会見が行われ、トマス・ベケットはヘンリ二世に対し、新たにその息の戴冠を主宰することを約束した。[9]しかしトマス・ベケットはカンタベリーに戻って四ヶ月後、一一七〇年一二月に四名の騎士に暗殺された。

一一七二年三月、ヘンリ二世はアヴランシュの聖堂において厳粛に悔悛し、クラレンドン法の破棄を誓約するまで、聖務停止のもとに置かれた（政教条約）。[10] 彼はローマで赦免を受け、フランス王と和解した。一一七三年三月、若王ヘンリ（一一五五年生）は父ヘンリ二世の監視から脱し、フランス王は彼を受け入れ、イングランド王に認定した。同年、ルイ七世は若王ヘンリのために国王印璽を作成し、若王ヘンリ（一一八三年没）による王国領有の支援をみずから誓約した。そこには、シャンパーニュ伯アンリ一世とその兄弟ブロワ伯ティボー五世も参席している。[11]

## 2　アンリ二世期（一一八一〜九七年）の東部境界政策

フィリップ二世の聖別（一一七九年一一月）には、ランス大司教ギヨームが司式したものの、その兄弟アンリ一世に加えて、ブロワ伯ティボー五世、サンセール伯エティエンヌらシャンパーニュ伯家の主要メンバーが欠席しているのが目を引くが、その背後にはフランス王権をめぐるシャンパーニュ伯家とエノー（フランドル）伯家との対抗関係が横たわっている。[12] 事実、王フィリップの即位（一一八〇年九月）当初は母后アデールの出身家系であるシャンパーニュ伯家と后イザベルの出身家系であるエノー（フランドル）伯家との間でフィリップ（一一六五年八月生）の後見権をめぐる争いが生じており、イングランド王ヘンリ二世が仲裁している。[13] そもそも、伯アンリ一世との誓約では、イザベルは後継伯アンリ二世と結婚することになっていたが、突如エノー伯ボードワン五世は、彼女をフランス王フィリップ二世と結婚させること（一一八〇年四月）に変更したのであった。

伯アンリ一世は一一八一年三月に没し、長子アンリ二世（一一六六年七月生）の未丁年期（一一八一〜八七年）と十字軍遠征中（一一九〇〜九七年）は、寡婦の女伯マリー（一一九八年没）が摂政を務めた。侵略的で強力なフランス王フィリップ二世に対して、一一八七年七月に丁年に達したシャンパーニュ伯アンリ二世は父親同様、帝国の中に確たる後ろ盾を得ようとした。彼は母マリーがエノー伯と締結したイザベルの姉妹ヨランドとの結婚契約を破棄し、ナミュール・リュクサンブール伯アンリ一世（一一三九～九〇年）からの結婚の提案を受け入れることとした。ナミュール伯は娘をもっていたが、姉妹アリクスの息、エノー伯ボードワン五世（一一七一～九五年）に対抗しうる結婚相手を見つけることが不可欠であった。ナミュール伯はエノー伯に対し、この娘の出生を予期せずに、以前に相続を約束してしまっていた(14)。

エノー伯はナミュール伯の主君皇帝フリードリヒ一世に仲裁を求めた（一一八七年五月）。フリードリヒには特別な厚意をアンリ二世に寄せる必要はなく、エノー伯に有利な裁定を下した。一一八七年五月、フリードリヒはエノー伯の使者に対して「ナミュール伯は封を私から得ており、その死後はそれらの封はエノー伯にのみ賦与されるべきであり、ナミュール伯の自主地も一フランス人（アンリ二世）が所有することは認められない」と述べている(15)。

この裁定にもかかわらず、一一八七年七月、丁年に達したアンリ二世はナミュールに赴き、まだ一歳のエルメンセンドを娶ることを誓約した。ナミュール伯の側では臣下の騎士たちやブルジョワたちにアンリ二世を主君と認めることを誓約させた。これを知ったエノー伯は直ちにナミュールに赴き、同伯に対しては相続にかんする取り決め、シャンパーニュ伯に対しては娘ヨランドとの婚約の履行を迫り、同年八月にはヴォルムスの皇帝に対して上記の裁定の更新を求めた。

フランス王は一一八七年一二月にムーズ沿いのイヴォワで皇帝フリードリヒと会見した。ナミュール伯領の問題では、フランス王フィリップもエノー伯側に加担することを宣言した。同王にとっては、対イングランド戦争における皇帝の中立を得ることが重要であった(16)。また、フィリップの后イザベルがエノー（フランドル）伯ボードワン五世の娘であることも影響していることはいうまでもない。

ナミュール伯は両君主の一体化した意志に抵抗する力は持たなかった。そして、エノー伯がナミュール伯領内で裁判権や治安維持権を侵害したため、ナミュール伯はシャンパーニュ伯に対して侵略者の排除を求めたが、シャンパーニュ伯はこの要請に応えなかった。彼は封臣としてフランス王の軍隊に対する義務があり、一一八八年の春以来、王が宣言していたイングランド王に対する戦争に引き込まれていたからである[17]。

ノルマンディ南部のボンムランの和睦交渉（一一八八年一一月）ではヘンリ二世は、受け入れがたい和平の条件を突きつけるフランス王フィリップと王太子リチャード（一一五七年生）と相対した。リチャードはアキテーヌを含む大陸側のすべての所領に関してフィリップに対して臣従礼を捧げ、封建的忠誠を誓っていた[18]。両者はアンジェ、トゥール、ル・マンなど西部フランスの主要都市を相次いで占領した。力尽きたヘンリ二世は一一八九年七月初頭トゥーレーヌのコロンビエで降伏し、間もなくシノン城で没した。その死とともに英仏間の和平が実現した。しかし、この戦いで王フィリップが得たものはベリー地方の一部に過ぎなかった。

一一九〇年、伯アンリ二世は十字軍に旅立った。彼のナミュール伯領に対する企ては放棄され、エルメンセンドとの婚姻も破棄され、一一九二年に彼はイェルサレム王国の女子相続人イザベルと結婚し、後掲の二人の娘、アリクスとフィリピヌを残して一一九七年に没している。他方、ナミュール伯領はエノー伯ボードワン五世に帰属し（一一九〇年）、エルメンセンドは父伯アンリ（一一九〇年没）からリュサンブール伯領、ラ・ロッシュ、デュルビーを継承し、それらをバール・ル・デュク伯ティボー一世（一二一四年没）に、次いでアルロンの辺境伯ヴェルラン四世（一二二六年没）にもたらし、一二四七年に没した[19]。

## 3　ティボー三世没（一二〇一年）後の伯領継承問題

### （1）　ブランシュ・ド・ナヴァールの摂政期（一二〇一～一二二二年）

アンリ二世（一一九七年没）の弟ティボー三世は一一九九年に結婚したが、十字軍遠征中の一二〇一年五月に没し、あとに二一歳の若き寡婦、ブランシュが残された。子供たちの将来に不安を感じた彼女はサンスのフランス王の移動宮廷に赴き、その保護と子供たちによるシャンパーニュとブリの封の継承を確保すべく、王にオマージュを呈した[20]。

彼女は、王とシャンパーニュのバロンたちの同意を得ずに、再婚しないこと、娘を結婚させないことを誓約し、男子が生まれた場合には、王の保護下に置くことを余儀なくされた。伯領の主要な封臣たちはこの誓約の保証人となり、彼女はその保証として、セーヌ沿いの戦略上の拠点、ブレとモントローの城を、年五〇〇リーブルの維持費とともに、二〇年間の期限付きで王に引き渡した。(21)

ブランシュは男子を出産し、ティボーと名付けた。その血筋の合法性、相続権を疑問視する人々もおり、ブランシュは補助的な保護を教皇インノケンティウス三世に求めた。しかし、彼女は大多数の王国の有力者に倣って、権力を拡大しつつあった王フィリップの背後に身を寄せた。(22)例えば教皇からの英仏間の和平提案をフランス王が拒否した際には、彼女はそれに同調する態度を示している。

一二〇九年七月の合意により、ブランシュは、王フィリップから、⑴息ティボー（四世）が二一歳になり次第、父伯が死の時点で王から保有していたすべての封にかんして、オマージュを受け取り、⑵彼が未丁年の間はこれらの封にかんするあらゆる異議申し立てを延引する約束を取り付けた。彼を直ちに王宮に送り込み、新たな補償金として一万五〇〇〇リーブルを支払うことが条件であった。(23)この取り決めについては、ルイ（八世）が父王による実行の保証人となっており、教皇もそれを確認している。

降って、一二一三年には、丁年に達するまでは王はティボーからオマージュを受ける義務はないことが確認され、ブランシュは伯領の主要地点モー、ラニー、プロヴァン、クーロミエを城塞化しないことを王に約束し、ブランシュには保証金として二万リーブルが求められた。ブランシュの封臣たちがこの取り決めの履行の保証人となり、不履行の場合には王フィリップは「ブランシュからの受封地のみならず、（彼らの）すべての所有地 omnes terrae et feoda mea que teneo de dicta comitissa」も差し押さえることができるとされている。(24)一二一三年、ブランシュは夫のティボー三世によるシャンパーニュ伯領の継承を認めた伯アンリ二世の遺言の調査を教皇特使に求めている。一二一五年にはフランスの同輩法廷はティボー三世による伯領の領有を認める判決を下している。

他方で、ブランシュは執事をパレスティナに派遣し、アンリ二世の長女アリクスとキプロスの王ユーグ・ド・リュジニャンとの結婚を実現させ（一二〇八年）、次女のフィリピヌを少なくとも一二一〇年まで東方に引きとどめることを取り決めさせた。しかし、一二一〇年に新たな事態が生じた。モンフェラ伯コンラート一世（一一九二年、イェルサレム王）の娘で同王国の女子相続人のマリーが結婚年齢に達したのである。王フィリップはすでに第五回十字軍で名声を馳せていたブリエンヌ伯エラール二世の三男ジャンを結婚相手に指名した。

一二一〇年一〇月、ジャン・ド・ブリエンヌはマリーと結婚し、イェルサレムの王となり、妻の異父姉妹フィリピヌの未来はジャン（一二三七年没）が監督することとなった。彼女の求婚者は第三回十字軍で勇名を轟かせたアンドレ・ド・ラムリュプト（一一八九年没）の息、エラール・ド・ブリエンヌであり、彼はジャンの従兄弟であった。女伯ブランシュの要請を受けて、インノケンティウス三世は一二一三年一二月、調査に基づき、エラールとフィリピヌの近親関係ゆえに、この結婚を禁じ、それに手を貸した者を破門に処すよう命じた書簡をイェルサレムの主教とティール（ティルス）の大司教に送付した。(25)にもかかわらず、一二一五年、両者は結婚し、直ちにフランスに向けて出発した。

王フィリップの王宮から未丁年のティボーがブランシュのもとに戻されたのは一二一四年二月二日であるが、新たに二万リーブルの支払いが求められた。同年七月のブーヴィーヌの戦いの直後、八月には王フィリップに対してティボーによる誠実宣誓がなされ、封臣たちも、アンリ二世の娘たち（アリクスとフィリピヌ）の企てに対して彼を支持することを誓約した。(26)

また、フランドルでのイングランド軍との交戦（一二一四年）に際しては、ブランシュは王の求めに応じて強力な割り当て兵を派遣し、軍司令長官オダール・ドルネイのもとに若きティボーを委ねた。これは、シャンパーニュの継承における彼の諸権利を顕示するためのものであった。

一二一六年初頭、本国に戻るとエラールはすぐに女伯ブランシュに対して宣戦を布告した。封臣関係による義務、親族関係を活用し、彼はシャンパーニュ・ブルゴーニュ地域の領主たちを味方につけ、また、シャンパーニュ内の彼の所領の一部を移譲することにより、有力諸侯たるロレーヌ公ティエボー一世の同盟も得た。この人物はギベリン党に属し、シュタウフェンの皇帝フリードリヒ二世への復讐を狙うヴェルフェンの当主で国王オットー四世(在位一一九八~一二一五)の甥、オットー・フォン・ブラウンシュヴァイクの強固な支持者であった。[27] シュタウフェン=カペー、ヴェルフェン=プランタジネットという対抗的な同盟関係は一一八七年から一二三二年まで一貫しており、[28] これがシャンパーニュ伯家とロレーヌ公家の対抗関係の背景をなしていたと考えられる。

一二一七年三月フランス王の法廷はエラールに被害の弁済を強要した。彼がこれを無視したため、ローマの法廷が介入し、ブランシュとその息ティボーの物件所有を妨げる者を破門に処すよう求めた。ラングル、オーセール、トロワの各司教は反ブランシュ側の領主たちと親族関係、利害関係にあり、教皇特使の厳命に従うことを拒否した。[29] しかし、教皇ホノリウス三世が一二一八年二月、自らエラール、フィリピヌとその同盟者二五名に破門を宣告したため、休戦協定が成立した。

これを機にブランシュはエラールの同盟者、ロレーヌ公ティエボー一世の脅威を取り除く道を選んだ。同公が皇帝フリードリヒ二世に対して反乱を起こし、ナンシー近郊のアマンスの居城を攻囲されると、ブランシュは挙兵し、その封主にあたる皇帝に支援を求めた。彼女は都市ナンシーを急襲した。一二一八年六月、増援部隊が到着するとロレーヌ公は敗北を悟り、城を出てフリードリヒの脚下に身を投じ、[30] アマンスの城にかんしてシャンパーニュ伯の優先的封臣であることを認めた。ブランシュとティボーは直ちにシャンパーニュに引き返し、エラールと同盟者たちを降伏させた。

一二二一年一一月二日に締結された和平によりエラールとフィリピヌはシャンパーニュとブリ両伯領に対するすべての主張を放棄した。その見返りにブランシュとティボーは同輩法廷(一二一七年三月)、教皇勅書(一二二〇年一〇月)に基づく賠償要求を放棄し、[31] 没収した封を彼らに返還し、フィリピヌのために四〇〇〇リーブルの資金を供与し、一二〇〇リーブルの年ラント（定期金）を設定した。かくして、ブランシュの摂政期全体（一二〇一～一二二年）を占めていた抗争は基本的に終結した。降ってブランシュが没する一二二九年には、伯ティボー四世はエラールとフィリピヌにテュルニーの封と二〇〇リーブルのラントを賦与し、彼らに対してはヴェニジーとラムリュプトの城の明け渡しを求め、エラール自身が同伯に優先的オマージュを呈している。ここには両当事者間での誠実関係の確立を認めることができる。(32)

## (2)　ティボー四世期（一二二二～五三年）の対外・対内政策

ティボー四世は一二二〇年五月、上述のブランシュに敗北を喫したロレーヌ公ティエボー一世の若き寡婦ゲルトルードと結婚している。彼女の再婚は封主たる皇帝フリードリヒ二世の了承を得ずになされたため、彼からの授封地へのシャンパーニュ伯権力の拡大に対して皇帝は教皇ホノリウス三世宛書簡（一二二〇年七月）において不満を述べている。この結婚は二年後に近親婚として教会の権威により無効とされ、同年にティボーは離婚し、翌年初頭、后イザベルの姪アグネス・ド・ボージューと再婚している。

ティボー四世は一二二一年二月、伯として自立化するに先立って、優先的封主 dominus ligius たる王フィリップに対して誠実な奉仕提供を約しているが、⑴奉仕懈怠の場合には王の法廷が然るべき手続きに従って正当な判決を下すこと、⑵判決に基づき不正が正されるまで、伯の保有（受封）物権は差し押さえられること、⑶王と伯との間での取り決めにかんして（保証人として）誓約した伯の家臣たちは王の側を支持すること、が記されている。(33)

一二二二年五月に丁年に達したティボー四世のもとで、シャンパーニュの歴史にとってもっとも良き日々が現出した。「シャンパーニュとブリの宮内伯 comte palatin de Champagne et de Brie: comes Campaniae et Briae palatinus」という称号を帯びた最初の伯、ティボー四世はその印璽の裏面に初めてシャンパーニュ人の戦時の雄叫び「もっとも勇敢なる者は突撃せよ Passe avant le melhor」を刻んだ。降って一二三四年、母ブランシュの兄弟ナヴァーラ王サンチョ七世が没すると、ティボー四世がテオバルド一世としてナヴァーラ王位を継承することとなった。[34]

伯ティボーはナヴァーラ滞在中は、七名の代行権者にアンリ二世の長女アリクスとの相続問題の交渉に当たらせた。[35] 結局、彼女がシャンパーニュにかんして要求した諸権利を伯が買い取ることで合意した。アリクスには実に現金四万リーブル（一二三四年一一月）と二万リーブルのラント（一二三五年四月）が支払われることとなった。この四万リーブルはフランス王が用立てることとなり、その代償としてティボー四世はブロワ、シャルトル、サンセール、シャトーダンの諸伯領・副伯領（移動封）を王に移譲することとなった。[36] それに先立って各伯から王にオマージュが呈され、ラントにかんしては対象物件が明確に設定された。ティボーからこれらの譲与がなされた後、アリクスの権利放棄が王と同輩たちによって確認された。[37] この譲与はアリクスの伯領相続への関心をそらすだけでなく、これらの所領をシャンパーニュ伯領から切り離すことにより王にとって脅威を軽減することになった。

他方で、ティボー四世はシャンパーニュの領域的一体性の構築をめざした。即位早々、彼はバール・シュール・セーヌの小伯領をその支配下に組み込み、モレーム修道院との共同領主契約（パリアージュ）によりエソワを取得し、ブルゴーニュ境界地帯での所領取得を補完することができた。東部の神聖ローマ帝国の境界地帯ではヴォークレールからブルモンに至るムーズ沿いの城の連鎖を、モンティニーの城の取得により、ラングルの高台の裾にまで延長した。さらに北部ではシャトリス修道院との合意に基づき、アルゴンヌのバロワとの境界、パサヴォンに城を建てた。西部では、ヌイイ・サン・フロンからナンジにかけて広大な森林部分の開発を進め、王領地との境界線を画定した。[38] また、ティボー四世は一二三九年までバール・シュール・セーヌ小伯領、モンティニー、ノジャンの所領にかんしてラングル司教の封臣となっている。[39] 同年には教皇グレゴリウス九世（在位一二二七〜四一）の示唆を受けて、ティボー四世はピエール・モークレール、ブルゴーニュ公、バール・ル・デュク伯とともに「諸侯の十字軍」を率いてマルセイユから出帆している。

伯領の一体化と凝集化への配慮は彼の統治、裁判、通貨政策に看て取ることができる。王国の統治システムに倣って、彼はプレヴォの上にバイイを配した。プレヴォの数は一二五〇年頃には四〇名に達した。バイイは、プレヴォの統治と裁判を統制するという一時的な任務を帯びていたが、ティボー四世は統治居館をともなう管轄区域をバイイに割り当てた。当初バイイ管区は一〇以上あったが、彼の治世末期までにショーモン、ヴィトリ、セザンヌ、モー、プロヴァン、トロワの六つに絞られた。プレヴォたちは職務を請負の形で担い、バイイたちは俸給を得て、プレヴォたちよりも裁判、財政面において公正な統治を保証した。

やがて、伯の宮廷から特化された裁判法廷が分離し、バイイ法廷の判決に不服な場合は、そこに訴件を上訴の形で持ち込むことができた。ほぼ同時期にルイ九世がパリに確立したパルルマン curia in parlamento に倣ってこの法廷はトロワに設置され、その会期を示すために〝ジュール・ド・トロワ〟と呼ばれた[40]。その存在が確認できるのは一二五〇年以降である。

通貨の領域ではアンリ一世以来の、伯のドゥニエ貨を伯領の統一的な通貨とするための戦いが続けられた。ティボー四世の初期（一二二五年）、モー司教は新たな造幣は四ヶ月前に予告することを認めざるを得なかった[41]。また、同伯は、大司教を介してランスの造幣所に手を付けようとするが失敗し、基本的に古い通貨を新しい通貨に替えるだけで満足した[42]。プロヴァン貨がシャロン貨を急速に駆逐するが、伯は王国のトゥール・ドゥニエ貨に従って、その貴金属の含有量を引き下げた。

## 4　ティボー五世期（一二五三〜七〇年）とフランス王権

ティボー四世が一二五三年七月パンペルーナ（パンペローヌ Pampelone）の王宮で没したとき、寡婦のマルグリット・ド・ブルボン（一二三二年結婚）のもとには年少の子供たちが残された。一二三五年にプロヴァンで生まれた長子ティボー（五世）が直ちに父伯の相続人に指名され、彼が丁年に達する一二五六年までマルグリット（一二五六年没）

が摂政役を担うことになった。

この摂政期に彼女はナヴァーラでは、ティボー四世の死に乗じて新たな特権（fueros）を得ようとする富裕民たちricos hombres の要求とカスティーリア王位の継承者アルフォンソ一〇世（在位一二五二～八四）の脅威に直面した。同王に対抗すべく、マルグリットはアラゴン王ハイメ一世（在位一二一三～七六）の支持を求め、息ティボーとアラゴンの王女との結婚が目論まれた。ナヴァーラの領主たちに対しては、彼女は摂政の顧問会に彼らを加えることでその要求を満たした。(43)

早くも一二五三年一一月にはマルグリットは息の聖別を挙行させた。彼はナヴァーラの形式に従って大盾の上に立ち上がり、フランス王に倣って聖油で塗油された。この聖別が急遽行われたことには歴史的経緯がある。それはティボー四世の先妻アグネス・ド・ボージューの娘ブランシュとブルターニュ伯ジャンの結婚（一二三六年）の際の約束に遡る。当時、ティボー四世はジャンの父でルイ六世の曽孫に当たるピエール・モークレールと和議を結び、反フランス王権の連携の必要に迫られており、ナヴァーラの継承を彼らに委ねる方向で動いていたのである。ブルターニュ公の女子相続人アリクスとの結婚（一二一三年）により公位を得たピエールは彼女との死別（一二二一年）後フランドル女伯ジャンヌとの結婚を企てるが、(44)ルイ九世の摂政（一二二六～三六年）ブランシュ・ド・カスティーユに阻まれたため、ヘンリ三世と同盟を結び反旗を翻した。他方、ティボー四世は上述の従姉妹アリクスへの支払いのためにルイ九世が用立てた四万リーブルの払い戻しにより、諸伯領の回復を求めたが聞き入れられず、ピエールと反王権同盟を結ぶこととなり、王の同意を得ずに娘のブランシュをジャンと結婚させたのである。(45)

ところで、上記のティボー五世の聖別はナヴァーラ王位に対する異母姉妹ブランシュと夫ジャンの相続権を否定するものだったので、一二五四年、ルイ九世が聖地から戻ると、彼らはシャンパーニュとブリの伯領にかんして同ブランシュから王がオマージュを受けるよう懇請した。王はこの件をパルルマンの法廷に委ねた。まさに、この会期の際にマルグリットは息とアラゴン王の娘との結婚を諦め、ルイ九世の長女イザベルとの結婚を求めることとなった。この結婚はシャンパーニュの諸侯領を王冠に近づけ、シャンパーニュとブルターニュの統合を回避するもので、フランス王にとっては極めて好都合なものであった。ティボーと母マルグリットはブランシュとジャンに対し要求撤回の代償として三〇〇〇リーブルのラントを設定した。この取り決めは一二五四年一二月、ルイ九世により確認されている[46]。

数ヶ月後、一二五五年四月にティボー五世とルイ九世の長女イザベルとの結婚式が王の顧問官、ルーアン大司教ウード・リゴの司式により、ムランで盛大に催され、婚資として一万リーブルが与えられた。同年にはティボー五世の姉妹マルグリットもロレーヌ公フェリ三世と結婚している。フェリ三世は寡婦資産としてヌフシャトー、シャトノワ、ナンシーの諸城を用意した[47]。

ここで、帝国の封であるブルゴーニュ伯領の帰属に触れておく必要がある。即位間もなく、ティボー五世は、ブルゴーニュ伯ウジェーヌ・ド・メラニから一万五〇〇〇リーブルの借款の抵当として同伯領からの収益の移譲を受けた。また、有力なリュクセイユ修道院は、その所領をシャンパーニュ伯の保護下に置き、ティボー五世と共同領主の契約を結んだ。一二五八年、同伯は同修道院の収益の半分を確保し、ヴォージュ地方を横断するルート上に戦略上重要な拠点を確保した[48]。

もうひとつの問題はロレーヌとの境界地帯、リニー・アン・バロワにかんするものである。同城はパリに発し、ヴォージュの北部を通りストラスブールに達するルート上の要衝である。リュクサンブール伯の財政危機に乗じて、一二六五年シャンパーニュ伯は高額のラントを条件に、リュクサンブール伯がバール・ル・デュク伯に負っていた封臣としての権利を買収した。しかし、バール・ル・デュク伯ティエボー二世はシャンパーニュ伯によるこの買収は自己の権利を侵害するものと見なし、リュクサンブール伯アンリ五世に対して戦争を宣言した[49]。

シャンパーニュ伯の封臣たちが個別に発した証書（一二六七年一〇月二七日）は、(1)シャンパーニュ伯ティボー五世はフランス王に対する一万リーブルの支払いを条件に、この諸侯間の相論解決の保証人となること、(2)紛争が解決しなかった場合には、シャンパーニュ伯が損害を蒙らないよう、本来は一方の当事者であるリュクサンブール伯がその弁済に努めるべきであるが、それが不可能な場合はシャンパーニュ伯の封臣が肩代わりする、というものである。ここでシャンパーニュ伯が相論解決の保証人となっているのは単に王国の安定的な統治を王とともに担う有力諸侯の一員としてではなく、同伯が封の授受関係をめぐるこの相論の原因となっていることと大きく関係している。[50]

この紛争の当事者双方で同盟が結ばれた。リュクサンブール伯の側にはティボー五世とその義兄弟ロレーヌ公フェリ三世が、バール・ル・デュク伯の側にはメッス司教とフランドル伯ギー・ド・ダンピエールが付いた。イングランド王との争いのためにナヴァーラに留め置かれたティボー五世の不在を利してバール・ル・デュク伯はリニーに進入し、同城を占領し、リュクサンブール伯は捕らえられ、ムゾン城に幽閉された。

これに対し一二六七年ナヴァーラから帰還したティボー五世がバロワに侵攻した際、ルイ九世が介入し、ティボーから武力による権利の行使を諦め、同王の仲裁を受けることを取り付けた。[51] 王の宣言により、リニーは封としてリュクサンブール伯の息に賦与され、彼はシャンパーニュ伯を主君に指名し、バール・ル・デュク伯は失った権利と引き換えに多額の金銭的な賠償で満足した。

フランス王は、リュクセイユ修道院問題ではティボー五世に有利な形で裁断を下し、リニーの城の授封地化では彼に助力を与えることで、帝国との境界を強化した。また、王は女婿ティボーの伯領を王のアパナージュ（親王領）と見なした。同伯領を王の命令のもとに置くというルイ九世の意思はとくに裁判と通貨の面に明瞭に現れている。同王は王国全体の事柄にかんして神から指名された保護者を自認し、シャンパーニュ伯の裁判権に介入することをためらわなかった。[52]

ルイ九世は王の象徴としての通貨にかんして、一二六二年には勅令を発し、(1)王領地内では王の貨幣、トゥールとパリのドゥニエ貨以外の貨幣は流通させないこと、(2)この貨幣は各地の貨幣と競合しつつも、王国全域で受け入れられることを規定している。一二六六年七月の勅令ではグロ銀貨あるいは上質のソリドゥス銀貨が王の工房のみで打造することが規定された。それに続く勅令により、彼はカペー王としてははじめて金貨エキュを発行したが、それは権威を誇示するためのものであった。こうしてプロヴァンのドゥニエ貨は補助的貨幣に格下げされ、一二世紀以来有してきた基準的価値を失うことになる[53]。

王冠の後見のもとで、シャンパーニュはパリの勢力圏に取り込まれていった。パリはフランス王国の権力的中心であり、首都機能を十全に果たした最初の都市であった。ティボー五世は、第七回十字軍への同行を機にルイ九世に近侍するに至った彼自身の家令ジャン・ド・ジョワンヴィル同様、義父たるルイの王宮に頻繁に通い、他の有力封臣同様、首都に居館を取得した。一二六二年、彼はトゥール貨二二〇〇リーブルでパヴェ・サンタンドレ・レザールに用地を買収し、邸宅 Hôtel を建てた[54]。ルイ九世の顧問官にはイル・ド・フランスと並んでシャンパーニュ出身の聖職者、貴族・騎士が多く含まれるが、シャンパーニュ伯の王との〝近接性 Königsnähe〟が影響していることは間違いない[55]。残存する証書から知りうる限りでは、同伯の丁年以降十字軍出征まで（一二五六～七〇年）のフランス滞在期間が八年一ヶ月であるのに対し、ナヴァーラ滞在期間はわずか二年六ヶ月に過ぎない。

ティボー五世はパリのルイ九世の周囲に頻繁に現れるようになり、緊急の場合以外はナヴァーラには足を運ばなくなった。丁年後最初の聖別（一二五八年）以降では、一二六五年から一二六六年にかけてのナヴァーラ滞在がもっとも長いが、それは彼がレスター伯シモン・ド・モンフォールの寡婦アリエノールから買収した（一二六五年一〇月）ビゴール伯領の諸権利をめぐる抗争に巻き込まれたからである[56]。イングランド王ヘンリ三世の息エドワードは封主権を根拠にこの譲与を認めず、軍隊を派遣し、ルルドの要塞を攻囲した。この問題にルイ九世が介入して一二六六年一二月和平を成立させ、ティボーに諸権利を認める裁定を下した。

すでに一二六五年に教皇クレメンス四世の勅書により要請を受けていたティボー五世が、十字軍遠征のためにショーモンを離れたのは一二七〇年の四月中旬で、そこからマルセイユに向かい、七月二日に出帆した。十字軍遠征中の一二七〇年八月二五日にルイ九世は没し、同年の一二月四日にティボー五世も没した。

＊

以上四節にわたり、〝国際関係〟のなかで、フランス王権との関係を主軸としてシャンパーニュ伯の政治的動静を見てきた。対象とする時代は一一六〇年頃から一二七〇年頃までの約一〇〇年間であり、その中心をなすのはフランスでは一三世紀の第一・四半期と目される〝封建王制の確立期〟である。

第一節では一一六〇〜七〇年代のふたつの主要な教会問題、教皇庁のシスマとトマス・ベケット問題が、〈アレクサンデル三世・ルイ七世・トマス＝ベケット〉と〈ヴィクトル四世・フリードリヒ一世・ヘンリ二世〉というふたつのブロックの対抗関係のなかで展開しており、そこに少なからずシャンパーニュ伯アンリ一世がかかわっていたことを示した。具体的には彼は格好の仲裁者としての役割を果たしており、彼はルイ七世との間に一定の距離を保ちつつ、他方でフリードリヒ一世との関係を利用しながら東部地帯での支配権を確立したことが知られる。

第二節はシャンパーニュ伯アンリ二世期（一一八〇頃〜九七年）を対象とするもので、フランス王フィリップ二世の治世初期に当たる。同王の后イザベルはエノー伯家の出身であり、母后アデールはシャンパーニュ伯家の出身であり、フランス王権との関係では後者の同王権に対する影響力が低下しつつある時期に当たる。このような状況のもとでアンリ二世はエノー伯家に対抗すべく、それと対立関係にあり、ドイツ皇帝につながるナミュール＝リュクサンブール伯家への接近を図るため婚姻関係を模索するが、結局失敗し、フランス王権に対する家臣としての位置関係を維持することとなった。

第三節の（1）はシャンパーニュ伯ティボー三世の早世（一二〇一年）にともなう伯領と伯位の継承問題を中心に扱った。女伯ブランシュは摂政期（一二〇一〜二二年）にその義理の姪に当たる伯アンリ二世の娘たちアリクス（一二四六年没）とフィリピヌ（一二五〇年没）＝エラールによるシャンパーニュ伯領と伯位の継承権問題に翻弄されるが、彼女はフランス王権とローマ教皇権に依拠しながら息ティボー四世の伯領・伯位継承を実現することができた。そこではエラールとつながるロレーヌ公とフリードリヒ二世との対立関係もブランシュにとって有利に作用した。しかしこの伯位継承はフランス王権へのシャンパーニュ伯の従属の強化という代償をともなうものであった。（2）はティボー四世の親政期（一二二二〜五三年）を対象とするものである。彼は治世初期にアリクスの相続権要求を決着させたが、フランス王権への従属関係の強化をともなうものであった。それは彼の〝宮内伯 comes palatinus〟という呼称に現れている。他方で、彼は母を通じてナヴァーラ王位を継承するとともに、対内的には統治・裁判・通貨の面で支配圏の稠密化と領域的一体性を実現した。

第四節はティボー五世期（一二五三〜七〇年）を対象とするものである。その初期、摂政の母マルグリットはティボー四世の先妻の娘ブランシュとその夫ブルターニュ伯ジャンの相続権要求を手際よく処理した。ティボー五世はバール・ル・デュク伯＝フランドル伯と対立的なリュクサンブール伯と連携し、フランス王権の助力を得て、支配権を確保することができた。しかしフランス王権への従属化は彼の時代に一層進み、通貨、裁判権の面で王の強い介入を受けた。逆にいうとフランス王権への意識的な近接関係に依拠することによってその伯位と伯領支配を強化したということができる。パリにおける居館の開設はそれを象徴するものである。

以上のように対象とする約一〇〇年間に紆余曲折を経ながらも、フランス王権によるシャンパーニュ伯への支配は着実に強化され、ティボー五世の姪で女子相続人たるジャンヌとフィリップ四世の結婚（一二八四年）によるシャンパーニュ伯領の王権への統合が準備されたということができる。同時にこの過程には上述のごとく、イングランド王権、神聖ローマ皇帝権、ローマ教皇権および周辺の聖俗諸侯権との諸関係が複雑に絡んでいることが銘記されねばならない。

注

本章で取り上げた主要な歴史事象の選択においては、基本的に新旧ふたつのシャンパーニュに関する通史①H.d'Arbois de Jubainville, *Histoire des ducs et comtes de Champagne*, Paris, 1859–69, tomes III, IV および② H. Ehret, "*Passe avant le meilleur*" *ou l'histoire de ces comtes qui ont fait la Champagne*, Troyes, 1989 に依拠した。②はかなりの部分を①に依拠しており、①は関係史料を網羅的に参照した古典的名著であり、言及されている個々の歴史事象の史料的根拠は明確である。したがって本章の注においては史料の典拠を逐一示すことはせず、また①、②については最小限の主要な引用箇所を明示するに留めた。なお、注の WA は渡辺節夫「フランス中世王権の拡大過程と諸侯権力（一一五二—一二七〇）——シャンパーニュ伯関係史料の公刊と注解」［1］『文学部紀要』（青山学院大学）五四号、二〇一三年、［2］『青山史学』三一号、二〇一三年、［3］『青山史学』三三号、二〇一五年所収の刊行史料番号をしめす。

（1）E. Bournazel, *Le gouvernement capétien au XIIe siècle* (*1108–1180*), Limoges, 1975, p. 159.

（2）H. Ehret, "*Passe avant le meilleur*" *ou l'histoire de ces comtes qui ont fait la Champagne*, Troyes, 1989, p. 136.

（3）J.-M. Moeglin, *L'empire et le royaume, entre indifférence et fascination* (*1214–1500*), Villeneuve d'Ascq, 2011, p. 15.

（4）M. Bur, *La formation du comté de Champagne* (*v. 950–v. 1150*), Nancy, 1977, p. 405.

（5）H. d'Arbois de Jubainville, *Histoire des ducs et comtes de Champagne*, Paris, 1859–69, tome III, pp. 63–65.

（6）青山吉信編『世界歴史大系　イギリス史1』山川出版社、一九九一年、二三六～二三七頁。

（7）H. Ehret, "*Passe avant le meilleur*", p. 137.

（8）H. d'Arbois de Jubainville, *Histoire des ducs et comtes de Champagne*, III, pp. 69–71.

（9）H. Ehret, "*Passe avant le meilleur*", p. 138.

（10）朝治啓三・渡辺節夫・加藤玄編著『中世英仏関係史　一〇六六～一五〇〇』創元社、二〇一二年、一八四—一八五頁。

（11）H. Ehret, "*Passe avant le meilleur*", p. 139; Y. Sassier, *Louis VII*, Fayard (Paris), 1991, p. 451.

（12）J. Baldwin, *Philippe Auguste*, Fayard (Paris), 1991, p. 24.

（13）『中世英仏関係史　一〇六六～一五〇〇』、三九頁。

（14）H. Ehret, "*Passe avant le meilleur*", pp. 165–166.

（15）H. d'Arbois de Jubainville, *Histoire des ducs et comtes de Champagne*, IV, pp. 11–12.

（16）H. Ehret, "*Passe avant le meilleur*", p. 166.

（17）*Ibid.*, p. 166.

（18）『中世英仏関係史　一〇六六～一五〇〇』、四〇頁。

（19）H. d'Arbois de Jubainville, *Histoire des ducs et comtes de Champagne*, IV, p. 21.

（20）J. Baldwin, *Philippe Auguste*, p. 257.

（21）M. Crubellier (dir.), *Histoire de la Champagne*, Privat (Toulouse), 1975, p. 130.

（22）J. Baldwin, *Philippe Auguste*, p. 357.

（23）H. Ehret, "*Passe avant le meilleur*", p. 204.

（24）王がブランシュの封臣＝王の陪臣にまでも保証主体を拡大していることが知られる（caution féodale）。しかも陪臣層が個々に保証証書を作成し（一二一三年一二月、Provins, WA-2, WA-3, WA-4）、彼らの受封地のみならず、所有地までもが抵当の対象となっている点は王の陪臣層に対するレーン制的統制権の強さを示すものである。

（25）H. Ehret, "*Passe avant le meilleur*", pp. 204–205, 206.

（26）*Ibid.*, pp. 209-210.

（27）成瀬治ほか編『世界歴史大系　ドイツ史1』山川出版社、一九九七年、二七六頁。H. Ehret, "*Passe avant le meilleur*", p. 210.

（28）J.-M. Moeglin, *L'empire et le royaume*, p. 44.

（29）H. d'Arbois de Jubainville, *Histoire des ducs et comtes de Champagne*, IV, p. 146.

（30）H. Ehret, "*Passe avant le meilleur*", p. 211.

（31）H. d'Arbois de Jubainville, *Histoire des ducs et comtes de Champagne*, IV, p. 184.

（32）*Ibid.*, p. 231.

（33）WA-6. また、各保証人（封臣）は、封主たる伯による奉仕の懈怠の場合には「伯から保有する私のすべての封と所領をともない（cum omnibus feodis et domaniis meis que teneo de eodem comite Teobaldo）、伯に負うのと同等の奉仕を以って王に対して助力を行う」旨の証書を個別に発している（WA-7, 8, 9, 10, 11, 12, 13…一二二一年二月～一二二二年二月）。ここでも伯ティボーからの受封地のみならず彼ら自身の所領も抵当の対象となっており、王権による諸侯の封臣＝陪臣に対する統制権（caution féodale）の拡大が見られる。

（34）H. Ehret, "*Passe avant le meilleur*", p. 251.

（35）M. Crubellier (dir.), *Histoire de la Champagne*, p. 131.

（36）J. Le Goff, *Saint Louis*, Paris, 1996, pp. 111-112.

（37）ラングル司教らがプルヴィリーの修道院長から受け取った、シャンパーニュ伯ティボー四世の印璽を付した一〇通の証書の概略（一二三四年九月二七日付、WA-31）の中に、この件と関係して、①キプロスの女王（アリクス）が受け取った同伯との間での取り決めを含むものが一通、②ブロワ伯、シャルトル伯、シャトーダン副伯、サンセール伯各自が仏王に対してオマージュをなし、シャンパーニュ伯へのオマージュから解放することを命じたもの各一通（計四通）、③キプロスの女王に譲与されるべき土地が譲与される前に同伯が没した場合には、王がそれを彼女に譲与することができることを示した証書一通、④同伯がブロワ、シャルトル、シャトーダン、サンセールの各封を王に売却したことを示すもうひとつの証書、以上計七通が含まれている。

また、アリクスが伯ティボー四世との間での取り決め内容を詳述した証書（一二三四年九月付）を再録し、両者連名で、その確認を王国同輩の一人フランドル女伯ジャンヌに求めた証書（一二三五年四月付）（WA-32）が存在する。アリクスはティボー四世に対してシャンパーニュ・ブリ伯領と付属物権、祖父アンリ一世が有していたあらゆる権利を放棄することを約している。併せて彼女はこの取り決めの与件はすべてルイ九世の臨席の下でなされたものであり、それを確認する開封証書を王が作成し、それを伯の印璽の添付により補強する形で発給することを求めている。なお、彼女はこの取り決め成立から文書作成まで、対象となる物権は誰にも譲与・売却しないとしている。

（38）H. Ehret, "*Passe avant le meilleur*", pp. 251-252.

（39）M. Crubellier (dir.), *Histoire de la Champagne*, p. 132.

（40）H. Ehret, "*Passe avant le meilleur*", p. 252.

（41）G. Sivéry, *Louis VIII*, Fayard（Paris）, 1995, pp. 300-301.

（42）M. Crubellier (dir.), *Histoire de la Champagne*, p. 131.

（43）H. Ehret, "*Passe avant le meilleur*", p. 265.

（44）J. Favier, *Dictionnaire de la France médiévale*, Fayard（Paris）,

1993, p. 758.

(45) M. Poinsignon, *Histoire générale de la Champagne et de la Brie*, t. I, Paris, 1974 (1885), pp. 211-212.

(46) H. d'Arbois de Jubainville, *Histoire des ducs et comtes de Champagne*, IV, p. 357; E. Ehret, "*Passe avant le meilleur*", pp. 265-266.

(47) M. Poinsignon, *Histoire générale de la Champagne*, I, p. 222, n. 1.

(48) H. Ehret, "*Passe avant le meilleur*", p. 268.

(49) *Ibid.*, p. 269.

(50) 中世フランス語で書かれた四通の証書（一二六七年一〇月二七日、Reims, WA-41, 42, 43, 44）は作成主体（伯の個々の封臣）以外は、書式、文面、文言ともほぼ同一である。とくに興味深い点はシャンパーニュ伯の負担の肩代わりをする封臣層が有する物権の位置づけであり、彼らは必要に応じて「彼（シャンパーニュ伯）から私が保有し、用益すべき私の全世襲財産（tout mon heritage de cui je le tiens a tenir et a esploitier）」あるいは「彼から、彼のもとで所領、封地、再受封地として私が保有する私の全世襲財産（tout mon heritage que je tieng de lui et sous lui en domaine, en fié en arrierefié）」を放棄するとしている点である。ここにも王の陪臣層に対する統制権の拡大が示されている。

(51) M. Poinsignon, *Histoire générale de la Champagne*, I, pp. 222-223.; E. Ehret, "*Passe avant le meilleur*", p. 269.

(52) H. Ehret, "*Passe avant le meilleur*", p. 270.

(53) J. Le Goff, *Saint Louis*, Paris, 1996, pp. 245-251. 王の通貨政策にかんする勅令は一二六〇年から一二七〇年にかけて計六回発せられている。

(54) H. d'Arbois de Jubainville, *Histoire des ducs et comtes de Champagne*, IV, p. 388.

(55) E. M. Hallam, *Capetien France (987-1328)*, London, 1980, p. 315.

(56) H. d'Arbois de Jubainville, *Histoire des ducs et comtes de Champagne*, IV, pp. 374-382; J. Favier, *Dictionnaire de la France médiévale*, p. 145.

# 第15章　一五世紀後半の神聖ローマ帝国と西ヨーロッパ

## ――「ブルゴーニュ問題」をめぐって――

田口正樹

おおよそここ二〇年来、ドイツ語圏の中世史学界においては、外交史・対外関係史研究の「ルネサンス」現象が見られる(1)。一般的に言ってそこでは、国家間外交史に尽きない、中世的対外関係史の構築が試みられている(2)。もちろん、中世西洋世界は長く、キリスト教共同体として、いわば「国家以前」の状態にあったと見なされてきた。しかしそれでも、一二五〇年ないし一三〇〇年以後の中世後期史にかんしては、皇帝権と教皇権という普遍的権力の衰退と、それらに対する個別国家の自立・主権国家の方向への成長が語られてきたのであり、その限りで国家単位の歴史理解が視野を規定してきたのである(3)。それに対して、近年の試みは、いくつかの方向でそうした歴史理解を見直し、新しいイメージを探っている。その特徴として、例えば、(1)国内・国外の区別の相対化（王権以外の国内諸勢力の「外交関係」への注目）、(2)君主家門の事情と利害の重視、(3)外交実務・情報伝達および交渉の担い手となった使節と使者にかんする研究、(4)会見・交渉などにおける儀礼とコミュニケーションへの注目、(5)関係の土台としての宮廷文化など文化的要素の考慮、(6)条約化されない非公式な諸関係への注目、(7)対外関係の主観的認識にかんする検討、などを挙げうるであろう。

こうした研究動向を踏まえつつ本章では、「ブルゴーニュ問題」という切り口から、主に一五世紀後半の神聖ローマ帝国と西ヨーロッパの「対外関係」について、いくつかの考察を行いたい。その結果、そこで扱われる「対外関係」そのものにかんして新しい側面が開かれるとともに、「対外関係」の検討を通じて当時の帝国国制の状態についても光が当てられるであろう。そのようにして本章は、各国がそれぞれ「独立して」発展の道筋をたどるかのような一国発展史観を見直し、むしろさまざまなレベルの相互関係に注目して、そこから各国の国制発展を逆照射しようとする「関係史」(4)の一環をなすのである。

本章での「ブルゴーニュ問題」という表現は、帝国（ドイツ）の側から見てフランス王家（ヴァロワ家）出身のブルゴーニュ公をどのように位置づけるかという問題を指して用いられる。皇帝カール四世が築いた統治システムが一四世紀末に崩壊し、それにともなって皇帝権・ドイツ王権が弱体化する中、フランス王族であるブルゴーニュ公の支配が帝国西部に浸透していく。ブルゴーニュ公の急激な勢力拡大と自己主張は、一四六五・六七年の公シャルル（突進公）の統治開始以後ますます加速していった。(5)ブルゴーニュ公をどう扱い、いかに位置づけるかは、当時フランスやイングランドなど西ヨーロッパ諸国だけでなく、帝国にとっても深刻な問題であった。ブルゴーニュ公の支配がフランスと帝国にまたがって広がっていったことを考えれば、この問題は、前述のような意味での外交史・対外関係史の見直しと、それを通じての帝国国制の理解の促進をはかる上でも、よい素材であると思われる。本章では、主にドイツ語圏の諸研究によりつつ、この問題を観察する。まずは、ハイライトのひとつとなった事件の経緯を描写してみよう。

## 1　トリーア、一四七三年

一四七三年秋、皇帝フリードリヒ三世とブルゴーニュ公シャルルはドイツ西部の古都トリーアで会合を持った。(6)会合では、対トルコ戦争問題なども表向きは話し合われたが、皇帝の息子マクシミリアンとシャルルの娘マリアの縁談およびシャルルの王位が、実質的な中心議題であり、このふたつはセットで交渉されたと思われる。

皇帝は、南ドイツからバーゼル・メッツ経由で九月二八日にトリーアに到着した。皇帝の一行には、マインツ大司教アードルフ、トリーア大司教ヨハンという二人の聖界選挙侯、世俗選挙侯であるブランデンブルク辺境伯アルブレヒト・アヒレスの使節であったヘルトニド・フォム・シュタインとルートヴィヒ・フォン・アイプ、バイエルン・ミュンヘン公アルブレヒト、バーデン辺境伯カールとクリストフの親子らが含まれていた。一方シャルルは、途中アーヘンに立ち寄った後、一万五〇〇〇人の軍を引き連れて九月三〇日にトリーアに入る。彼の一行には、ドイツの諸侯・貴族もかなり加わっていた。

シャルルの到着に際しては、皇帝自身がトリーア市外で出迎えて、ともに市内へと進んだ。出迎えた皇帝も豪華な衣装をまとっていたが、しかしシャルルのいでたちはそれ以上で、パール、ルビー、ダイヤモンドなどで飾られた上着を身につけ、金と宝石で華麗に装飾されたマントをはおっていた。また一行の中で、とくにブルゴーニュ砲兵隊の行進は威圧感を与えるものであった。

こうした君主的顕示は、その後もしばらく大々的に続けられた。一〇月二日に、まずシャルルが皇帝によるレセプションに出席したが、翌三日、シャルルは返礼として皇帝を宿舎にしていた聖マクシミン修道院に招いた。一〇月七日に、シャルルは再び皇帝と選挙侯らドイツ側宮廷を、聖マクシミンに招待する。ミサの後は豪華な会食となったが、やはり宝石、貴金属、聖遺物、つづれ織り、合唱隊・楽隊などで、ブルゴーニュ宮廷の富強が顕示された。会食は音楽つきで四時間にわたって続けられ、一八のテーブルで四二の料理が次々に供された。翌八日には、ドイツ側がトーナメントを提供し、ブルゴーニュ側も集団模擬戦の提供で応じた。このように、ブルゴーニュ公による豪華な顕示と大規模な儀式演出が展開されたが、皇帝の方もそのために借金までして、自らの宮廷を飾り演出につとめた。ちなみに、このときにウルリヒ・フッガーが皇帝のために布地を用立てたことが、その後に続くハプスブルク・フッガー関係の始まりであった。

一〇月八日以降、両君主は秘密交渉に入る。交渉に参加したのは、君主本人たちと、君主側近の顧問たち各五人であった。ここで上述のような縁組問題と王位問題が話し合われた。この第一段階の交渉は、一〇月一六日まで続けられた。一〇月一六日から二二日までさらに秘密交渉が持たれたが、この期間についての情報はとくに乏しく、詳しい内容はわからない。当時の皇帝側参加者の間にも、情報不足による苛立ちが広がり、バイエルン・ミュンヘン公アルブレヒトのように、トリーアを立ち去る諸侯も現れた。

一〇月二三日になって、ブルゴーニュ公は公開の場で、以下の四点の解決を要求した。すなわち、(1)サヴォワ公領授封問題、(2)ホラントに対する帝国アハトの解除問題、(3)ライン宮中伯フリードリヒ一世の恩赦問題、(4)シャルルへのヘルレ（ゲルデルン）授封問題である。それに対して、王位問題は公開の場ではシャルルの側から持ち出されなかった。以後一〇月三一日まで、やはり秘密裏に協議が続行された。この間交渉は難航したようで、一〇月二八、三〇日には、シャルルがいったんトリーアから立ち去ろうとする動きを見せるが、それは皇帝が制して、さらに交渉が続けられた。

一一月に入って交渉は進展し、一一月四日にはシャルルに王位を認めるという合意が成立、交渉にあたった両君主の顧問たちは合意文書を作成した。翌五日になって、皇帝はこの件について選挙侯たち、すなわちマインツ大司教、トリーア大司教およびブランデンブルク辺境伯の使節たちに意見を求めたが、選挙侯たちはその場では同意しなかった。さらに一一月六日には、皇帝がシャルルにヘルレを授封する授封儀式が行われた。ただし、シャルルが昼間の公開儀式を嫌ったため、授封は夜間に行われ、またシャルルの封臣としての誓約は小声でなされた。一一月八日、今度はシャルルの方が選挙侯に王位への同意を要求したが、しかし選挙侯たちはやはり同意を与えなかった。

一一月九日から二五日までの、トリーア会合の最後の期間についても、史料の証言は乏しい。しかし、交渉内容は不明ながらも、この間シャルルの国王戴冠の準備が進められていった。戴冠期日として、一四日、一八日、そしてさらに延期されて二一日が設定された。トリーアの大聖堂が戴冠会場として設営準備され、戴冠の際に使われる王冠も用意された。戴冠の執行司教としてはメッツ司教が予定されていた。皇帝とブルゴーニュ公との関係も、一六日頃までは良好なものであった。しかし以後は雲行きが怪しくなる。そして結局、シャルルの戴冠は行われないまま会合は終了し、皇帝は一一月二五日にトリーアを後にした。皇帝は自身の出発について、前日にシャルルに通告したが、しかし別れの儀式もせずに立ち去ったのであった。

この一四七三年のトリーア会合は、近年まで多くの研究者の関心を引いてきた。この事件から出発して、以下で「ブルゴーニュ問題」のいくつかの側面を見ていくことにしたい。

## 2　「ブルゴーニュ問題」の諸相

### (1)　君主間関係と家門

前近世ヨーロッパの政治体の関係史を考えるとき、われわれは、国家間関係というよりは君主間関係という側面を十分に念頭に置く必要がある。その際、君主は個人としてでなく（歴史的・同時代的な）家門の中で存在するという点が考慮されなければならない。家門の利害のための婚姻政策が「対外政策」の重要な部分を占めていたのである。このような性格は、近年のドイツ語圏学界の「対外関係史」研究が強調するところである(7)。一四七三年のトリーア会合で焦点となった、ハプスブルク・ブルゴーニュ両家の縁組問題はまさにその実例であった(8)。

ブルゴーニュ公シャルルの一人娘マリアの結婚は、ヨーロッパ諸君主の関心の的であり、さまざまな縁組が考慮されては消えていった。マリアの結婚相手としては、一八人もの公子たちが考慮の対象にのぼったとされているが、そのリストはブルゴーニュ公がヨーロッパ大に広がる君主世界の有力なアクターであったことを如実に物語っている(9)。

そのなかで、ハプスブルク・ブルゴーニュ両家の縁組の試みは、すでに一四六三年から始まっていた(10)。教皇ピウス二世が皇帝に縁組を勧めたのであったが、その際には対トルコ戦争のための西欧側強化という文脈とともに、後述するブルゴーニュ公の王位問題もすでに考慮されていた。一四六七年にも再度縁組交渉が試みられた。ハプスブルク側では皇帝親子とは別系統のティロール公ジークムントも、スイス盟約者団に対抗するためにブルゴーニュ公からの援助を期待して両家の縁組に積極的で、一四六九年にフリードリヒ三世はジークムントにブルゴーニュ公との交渉権限を与えた。しかしこのときには王位問題にかんする立場の相違もあって縁談は実現せず、シャルルはフランス王の弟ないしロートリンゲン公との縁組を考慮するようになっていた。その後一四七二年になって、ブルゴーニュ公は再び皇帝と婚姻締結交渉を始めるが、すでに見たように一四七三年のトリーア会合でも、この問題は妥結に至らなかったのである。

しかし結局一四七五年には、両家は婚姻締結について合意した。これによってブルゴーニュ公シャルルは、政治的にハプスブルク家の皇帝と組むことを選択したのである[11]。一四七五年一一月一七日付で文書による確認がなされ[12]、一四七六年の五・六月には再確認の上さらに具体的な細部が合意された[13]。結婚式は同年一一月一一日にケルンで挙行されることになり、近親婚にかんする教皇の特免も獲得された。この結婚は、結局一四七七年のシャルルの敗死後に実現し、周知のようにその遺産の大部分をハプスブルク家にもたらすこととなった。そうした形で、「ブルゴーニュ問題」は一定の解決を見たのである。

ブルゴーニュ公シャルルがハプスブルク家との縁組に踏み切った背景には、後述のように一四七四年以後次第に明らかになってきたブルゴーニュの膨張政策の行き詰まりとともに、シャルルとフランス王権との対立が大きな構造的要因として存在していた[14]。フランス国内では、一四六〇年代から諸侯同盟（公益同盟）対国王ルイ一一世の対立が続いていたが、諸侯側の戦線は次第に崩れ、一四七〇年代にはブルゴーニュ公だけが反王権の立場に残っていた。フランス王に対して、シャルルはとりわけヨーク家のイングランド王との同盟で対抗した[15]。シャルル自身の三人目の妻はイングランド王エドワード四世の姉妹マーガレット・オヴ・ヨークであり、シャルルとエドワード四世はそれぞれ相手のもとにあるガーター騎士団と金羊毛騎士団のメンバーにもなっている[16]。しかし一四七五年八月には、エドワード

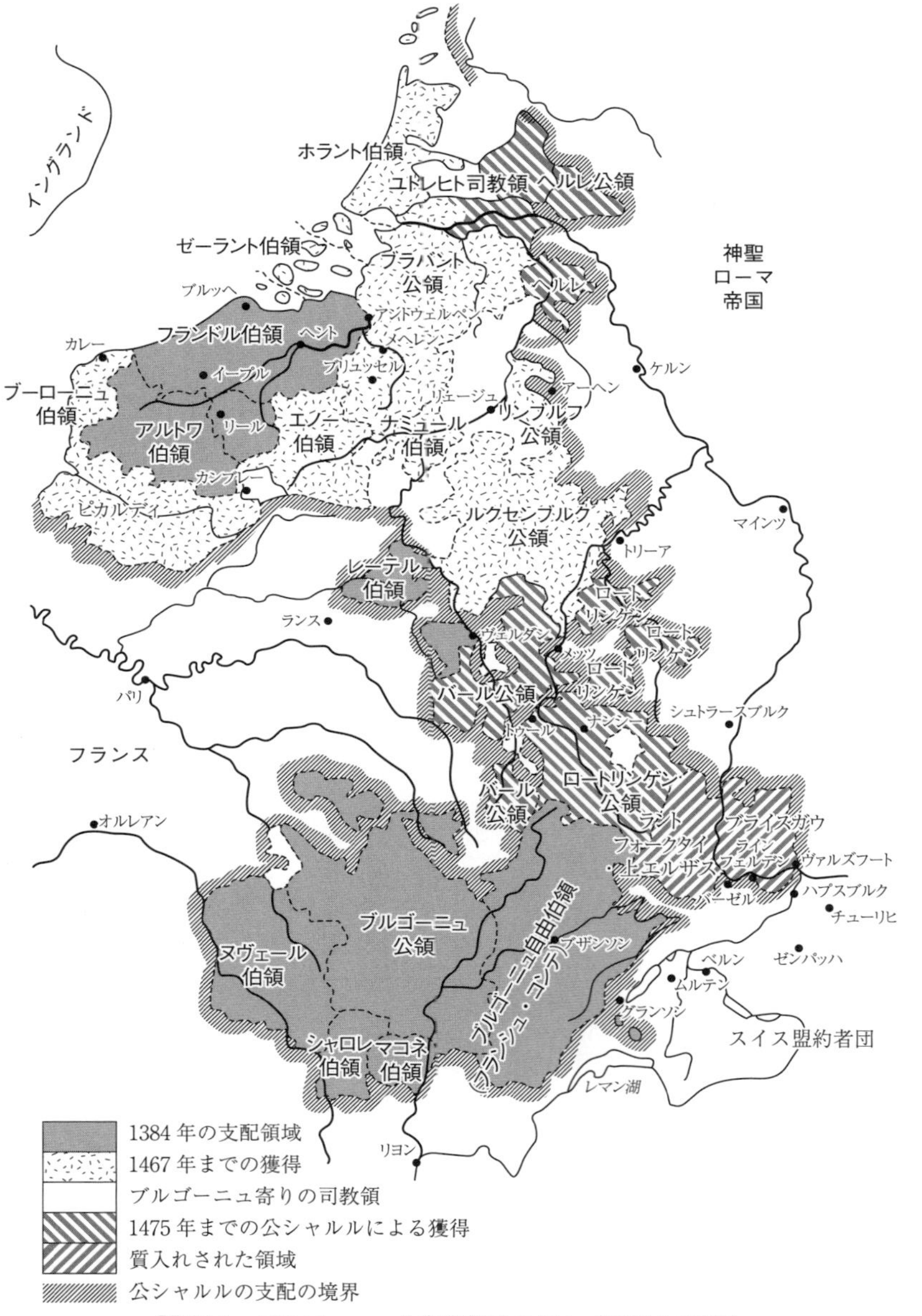


**図 15-1**　ブルゴーニュ公支配領域の拡大（1384-1475年）

出所：Karl-Friedrich Krieger, *Die Habsburger im Mittelalter*, Stuttgart 1994, p. 212 の地図をもとに筆者作成。

四世はルイ一一世とピッキニー条約を結んで対フランス王戦線から離脱してしまう。この成り行きはシャルルの孤立を深め、それだけますますハプスブルク家との縁組を重要なものにした。シャルルは、トリーアで縁組と関連して協議された王位問題について皇帝から何ら確約を得なかったにもかかわらず、結局両家の間の婚姻関係締結を取り決めたのである。

このように、この時期の帝国にとっての「ブルゴーニュ問題」の背後には、ブルゴーニュ公シャルル対フランス王ルイ一一世の対立が恒常的条件として存在しており、それにイングランドのヨーク家がブルゴーニュ公の同盟者としてからむという構図であった。(17) このような意味で、「ブルゴーニュ問題」とその帰結には、中世後期ヨーロッパの「国際関係」が密接にかかわっていたのである。

## (2) 君主間関係と儀式

一四七三年のトリーア会合は、とりわけ最初の一週間に繰り広げられた儀式、そこでのブルゴーニュ公の華麗な自己顕示によって、同時代に強い印象を残した。君主間関係としての中世後期ヨーロッパの「対外関係」において、儀式など広く文化的要素が重要な意味を有しえたことは、近年の諸研究がしばしば指摘するところである。(18)

文化・儀式の場としての宮廷が持つ意味については、やはり近年数多くの研究がある。(19) 宮廷における貴族文化はヨーロッパの外交関係の基礎を形成するものでもあった。(20) ブルゴーニュ公の宮廷は、その規模と文化的発信力によってドイツ西部の諸侯・貴族をも引き付けていた。(21) トリーア会合時のブルゴーニュ公一行にかなりの数のドイツ諸侯・貴族が含まれていたことは、その端的な表れである。(22) ドイツの諸侯・貴族のうちには、クレーフェ公のように、子弟をブルゴーニュ宮廷に送る者も見られた。(23) ブルゴーニュ宮廷の金羊毛騎士団も、ブルゴーニュ公支配下（とくに北部低地地方）の貴族だけでなく、ドイツ貴族をも引き付ける装置となった。(24)

さまざまな儀式は君主の地位の表現でもあり、したがって序列をめぐる主張や対立の場となることもしばしばであった。とりわけ歴代のブルゴーニュ公たちは、公会議や帝国集会での席次などで顕著な上昇志向を示し、たびたびほかの勢力との摩擦を引き起こした。[25] 例えば、バーゼル公会議では一四三三〜三四年に、会議場における国王に次ぐ席をめぐって選挙侯とブルゴーニュ公が激しく争った。[26] また一四七一年のレーゲンスブルク帝国集会でも、ブルゴーニュ公の使節は、選挙侯並みの地位を要求して諸侯の上位に座ろうとした。[27] しかし皇帝はこの要求を認めなかったし、選挙侯たちもブルゴーニュ公に選挙侯並みの地位もほかの帝国諸侯並みの地位も認めず、ブルゴーニュ伯領の伯として遇したに過ぎなかった。

一四七三年のトリーア会合での儀式もまた、同様の問題を含んでいた。前述のように、シャルルは巨額の費用をかけて儀式を開催し、自己の高い地位を顕示した。そこでの儀礼において、皇帝本人に対する尊重は公開の場で概ね表現された（例えば、宴席で皇帝の側を通るときは会釈する、など）ものの、選挙侯との関係は微妙であった。シャルルのトリーア入市の際の騎馬行進では、シャルルは皇帝の直後に続き、さらにその後を選挙侯が続いた。一〇月七日の会食前のミサでは、祭壇の左側に皇帝、そのすぐ後ろにシャルル、祭壇右側に選挙侯・諸侯が座った。もっとも、会食自体の席は、皇帝の右（つまり上席の側）にマインツ大司教、トリーア大司教、その隣にリエージュ司教、皇帝の左にシャルル、マクシミリアン、バイエルン・ミュンヘン公というものであった。また皇帝、マクシミリアン、大司教たちがシャルルより先に手を洗った。

このようにトリーアで繰り広げられた儀式は、会合における交渉の成否に与えた直接的影響の如何はともかく、[28] とくに選挙侯との関係で、ブルゴーニュ公を帝国の儀礼構造に組み込むことの難しさをうかがわせるものであった。選挙侯の儀礼上の地位にかんしては、一三五六年の金印勅書中に、皇帝と選挙侯の席次や行進順序について、詳細な規定が存在する。[29] そして金印勅書は一五世紀に入って、近世的な帝国基本法への道を歩みつつあり、[30] 教会法学者が帝国国制を論じた理論的著作でも金印勅書は重要な法規範として参照されるようになっていた。[31] 実際、トリーア会合においても、マインツ大司教に従って儀式を体験したある聖職者は、シャルルの振舞いが金印勅書の規定に抵触することを指摘している。[32] このように固まりつつあった帝国の儀礼構造のなかにブルゴーニュ公が場所を見出すことは、ブルゴーニュ公（とくにシャルル）の鋭敏なランク意識と強烈な自己主張を考えれば容易でなかったと思われる。しかし、ひとつの可能性は、シャルルが王位を得ることであった。

### （3）ブルゴーニュ公の王位問題

ブルゴーニュ公の王位にかんしては、すでに先代のフィリップ善良公のもとで問題となっていたが、[33] 公シャルル治世に入って、王位をめぐる動きはさらに加速することとなった。[34] その際、王位としてはふたつの可能性が存した。⑴ローマ（ドイツ）王位（さらにそれを経由して皇帝位）。これは一三世紀後半から一四世紀前半のフランス王家メンバーによるドイツ王位・皇帝位獲得の試みに連なるものでもあった。[35] こちらのヴァリエーションは、上述の帝国の儀式構造との関係でも、問題解決をもたらしうるであろう。⑵シャルルの支配領域をベースにした王位。この場合、皇帝との関係は、単に権威の面での上下関係か、封建（レーン）関係か、いずれかが考えられえた。しかし、その場合はいずれにせよ、ブルゴーニュ公の儀式上の位置づけは難しいものとならざるをえない。さらに、この場合王国の地理的範囲も、シャルルの狭義の支配領域またはその一部にとどまるのか、それともシャルルの覇権の及ぶ範囲を広く含めるかについてさまざまな可能性がありえた。[36] このように、ブルゴーニュ公の王位問題の解決には、相当に入り組んだ選択肢が存在したのである。

一四七三年のトリーア会合では、シャルルは当初ドイツ王位を望んだようだが、皇帝は受け入れなかったようであり、結局皇帝とシャルルの顧問たちは一一月四日に上記⑵の独自王位の線で合意した。[37] シャルル（とその男系女系の子孫）は、ブルゴーニュの王となることとされた。新しい王国は、シャルルが支配下に置いていたすべての所領を含み、加えてクレーフェ公領、ロートリンゲン公領、（アルプスの両側の）サヴォワ公領、およびユトレヒト、リェージュ、カンブレー、トゥール、ヴェルダンの司教領が編入されるものとされた。ただし、それらの諸侯領・司教領中の帝国直属の諸都市に対する権利は皇帝に留保された。この王国について、シャルル（とその子孫）は皇帝（とその後任）に臣従礼と忠誠誓約を行い、王国を封として皇帝から受領する。シャルルは、フランス王と戦争状態になければ、皇帝に一万の兵力を提供することを約束した。(38) この合意に対しては、しかし前述のように、二度にわたって同意を求められた選挙侯たちが結局同意を与えなかった。

こうしたブルゴーニュ公の王位問題をわれわれはどのように評価できるであろうか。シャルルにとっての意味は、もちろんブルゴーニュ公家の威信であり、雑多な領域の集積であったブルゴーニュ支配の統合であり、とりわけフランス王権からの独立の問題であった。(39) しかし帝国との関係では、（皇帝との関係が権威の問題に過ぎないというヴァリエーションをひとまず除けば）、ブルゴーニュ公に王位を認めるということは、ブルゴーニュ公と皇帝・帝国の法的関係を明確にすることと連動していた。

ブルゴーニュ公は確かに帝国西部の諸侯領（ブラバント、エノー、ホラント、ゼーラント、ルクセンブルク、ヘルレなど）を実質支配するに至っていたが、しかしこれら諸侯領はいずれも問題含みの仕方で獲得されていた。それゆえ、ブルゴーニュ公の支配は、皇帝・帝国との関係で法的正当化を欠いており、正式の封の授受は行われないままであった。(40) この点はすでに一五世紀前半から懸案となっており、皇帝ジギスムントや国王アルブレヒト二世は、ブルゴーニュ公による獲得をおよそ認めないか、あるいは承認した上でレーン受領を行わせようとしていた。(41) フリードリヒ三世も一四四二年のブザンソンでのフィリップ善良公との会見で、やはりレーン受領を要求したが、実現しなかった。(42) 前述の一四七一年のレーゲンスブルク帝国集会でも、選挙侯はシャルルをブルゴーニュ伯領（ここに対する支配は問題のない仕方で獲得されていた）の主としてしか認めなかったのである。

こうした事情を踏まえれば、シャルルに王位を認めることは、この懸案を解決し、ブルゴーニュ公が帝国西部に築いた広範な支配を、法的に正当化して帝国国制に組み込む試みであったと見なしうる。そして問題状況がそのようなものであったとすれば、一一月六日にヘルレにかんして授封が行われたことには、少なからぬ意味があったといえる。(43)

前述のように授封の儀式は、シャルルの封臣としての立場をできるだけ目立たせぬように行われたのではあったが、それでもこの行為によって、シャルルが支配する諸侯領の一部について、法的関係が明示的に再建されたのである。しかもその際皇帝は、ブラバント公としてのシャルルにヘルレ授封を行っており、そうした形でブラバントその他へのシャルルの支配権も暗黙のうちに承認された。(44) 一四七三年のトリーア会合は、何ら成果なく終わったといわれてきたが、実はこの意味で重要な成果があったと見ることができよう。(45) 封建法的関係について、「ブルゴーニュ問題」にはいちおうの解決が与えられたのである。

そして王位問題が上述のような意味で法的問題であったこととの関係では、皇帝に従ってトリーア入りした皇帝顧問の中に複数の学識法曹が含まれていたことが注目される。(46) 彼らは、シュヴァーベンの伯家門出身の貴族顧問たちと(47)ともに、ブルゴーニュ側との秘密交渉に参加していた。「ブルゴーニュ問題」の法的側面については、彼らの助言が重要だったのではないかと思われる。(48) 一方、シャルルの顧問たちの中にも、やはり学識法曹と貴族身分の者がともに見られた。(49) こうした構成、すなわち君主間の交渉にあたって貴族と学識法曹がともにスタッフに含まれるという編成は、(50) 一五世紀にはドイツも含めてヨーロッパで広く見られるようになっており、貴族的文化・環境のコミュニケーション上の重要性と君主間関係の法学化の進展をともに物語っているのである。

### （4）選挙侯と帝国の地域構造

一四七三年のトリーア会合でシャルルの王位が実現しなかったのはなぜなのか、その最終的な原因は結局のところ不明である。ただ、結果にどの程度影響を与えたかは別として、上述のように選挙侯がシャルルの王位にトリーアで同意を与えなかったのは事実である。(51) ブランデンブルク使節の報告によれば、(52) 一一月五日に王位について意見を求められたマインツ大司教、トリーア大司教、およびブランデンブルクの使節たちは、(53) アウクスブルク帝国集会への延期を提案した。またトリーア大司教は選挙侯同盟の存在に言及して、直ちに同意を与えない理由とした。またブランデンブルクの使節たちは、辺境伯から権限を与えられていないことを持ち出した。一一月六日のヘルレ授封後、一一月八日には皇帝が退席した上でシャルルの方が選挙侯に王位についての意見を求めたが、それに対しても選挙侯側は同意を与えなかった。

このような選挙侯の意見表明と、しかもそこで選挙侯同盟に言及されている点は、一五世紀ドイツの国制発展を反映するものといえる。帝国領の処分などにかんして選挙侯が同意書を発行する現象はすでに一三世紀後半から見られた(54)。帝国内部において重要な地位を新たに創出する際には、選挙侯の同意が不可欠という見方が選挙侯側からは打ち出された。例えば、国王ヴェンツェルは単独でヴィスコンティ家にミラノ公位を承認したが、これは彼が一四〇〇年に選挙侯たちによって廃位される際にその大きな理由となった。その後一四二〇年代には、選挙侯団の一体性が一層高まる。一四二四年のビンゲンの選挙侯同盟はその表れであり、これはその後もしばしば更新される選挙侯同盟の基礎となった(55)。一四七三年のトリーア会合で、一三世紀のように選挙侯が個別に同意書を発行するのでなく、選挙侯同盟が持ち出されたことは、それだけ選挙侯団のまとまりが強く意識されてきていることを示すものといえよう。

では、選挙侯は君主の私的な家門利害に対して公的な帝国利害を代表したということになるのであろうか(56)。しかしわれわれは、選挙侯たちもやはり彼ら自身の利害を追求したという側面を考慮に入れるべきであろう。その点では、皇帝において家門政策と帝国政策が結びついていたのと同様であったと考えられる。上述のように、金印勅書に表現された帝国の儀礼秩序の中で独自の王としてのブルゴーニュ公に場所を見つけるのが困難であったことは、選挙侯たち自身の利害に直接かかわる事情であった。

それだけでなく、選挙侯自身の利害については、彼らの置かれた領邦政治上の状況が与える影響に十分な注意が払われるべきであろう。中世後期ドイツの諸侯・貴族支配一般と同様、「足元」は重要なのである。そしてこの点で、当時の帝国内部の状況を一般的に特徴づければ、一四世紀よりも大規模な武力衝突をともないつつ各地域で地域内の覇権争いが決着しつつあり、いわば近世的な領邦政治状況が出現しつつあった。そしてそれを前提に、複数の地域にまたがる広域的（対立）構造も姿を現していた。具体的には、ハプスブルク対ヴィッテルスバッハという帝国（南ドイツ）大の対立関係がそれであり、いくつかの地域における覇権争いが連動して広い範囲に及ぶ対立となっていた。(57)

選挙侯のうち、ブランデンブルク辺境伯アルブレヒト・アヒレス(58)は、帝国内のハプスブルク派として有力な存在であったが、その背景には、フランケン・上プファルツにおける彼とヴィッテルスバッハ家との対立関係が存した。後述のようにブルゴーニュ公とヴィッテルスバッハ家のライン宮中伯との間に同盟関係が結ばれていたことは、ブランデンブルク選挙侯がブルゴーニュ公の地位上昇を受け入れるのを困難にする事情であった。(59)

中ライン地方においては、一三世紀以来マインツ大司教対ヴィッテルスバッハ家のライン宮中伯の覇権争いが続いてきたが、一四六〇年代には、ライン宮中伯フリードリヒ一世がマインツ側に勝利し、ハプスブルク家と結んでライン宮中伯に対抗していたバーデン辺境伯もフリードリヒに痛破された。さらに、引き続いて生じたマインツ大司教位をめぐる争いによって、マインツ方は決定的に弱体化した。中ライン地方における覇権争いはライン宮中伯の勝利で決着したのである。(60)

ちょうど同じ時期に、ライン宮中伯とブルゴーニュ公は接近し、一四六五年には両者の同盟が成立した。(61)マインツ大司教アードルフ・フォン・ナッサウも、ライン宮中伯の影響下、一四六九年にはいったんブルゴーニュ公と結んだ。(62)しかしその後、大司教アードルフは、皇帝宮廷との結びつきに活路を求める方向を選択する。(63)一方、皇帝フリードリヒ三世とライン宮中伯フリードリヒ一世は、この間ずっと対立し続けていた。皇帝は、フリードリヒ一世の地位、すなわち傍系出身の彼が甥のフィリップを養子として迎えた上で自ら統治権を掌握するという構成を、まったく認めなかったのである。この対立の解消は、トリーア会合でも話し合われたが進展はなかった。(64)こうした状況のもとでは、ライン宮中伯と結ぶブルゴーニュ公の地位上昇は、マインツ大司教にとって容認しがたいものであったと思われる。

帝国西部境界地方では、トリーア大司教、ロートリンゲン公、ルクセンブルク公などが主な地域政治アクターであった。この地域は、もちろんブルゴーニュ公の勢力拡大の影響を直接的に受けたのであって、ルクセンブルク公領はすでに早くにブルゴーニュ支配下に入り、シャルル突進公のもとでロートリンゲン公領も一四七五年にいったん征服される。こうした状況において、トリーア大司教も、ブルゴーニュ公の膨張路線に直接の隣人として脅かされていたのであり、ブルゴーニュの王位はやはり容認できなかったであろう。加えて、大司教ヨハン[65]はバーデン辺境伯カールの弟で、彼の実家は前述のようにライン宮中伯と対立する関係にあった。

このような、帝国各地における地域構造の変化は、それ以外の方面でも進展しつつあったが、ブルゴーニュ公シャルルはそこにも強引に介入し、最後には力尽きて失墜していくことになる。

北西ドイツ方面では、下ラインとヴェストファーレンにまたがるケルン大司教（選挙侯）の覇権政策が、一五世紀半ばに最終的に破綻をきたしていた[66]。すなわち、ケルン大司教ディートリヒ・フォン・モールスのもとで、いわゆるゾースター・フェーデなどにより、一三世紀以来歴代のケルン大司教によって追及されてきた覇権掌握の試みが、最終的に失敗したのであった。一方ブルゴーニュ公は早くから下ラインの地域構造の中へ入り込んでいく。ブルゴーニュ公がブラバント・リンブルフ公領を獲得したことは、下ラインの地域政治構造との関係では大きな意味を持っていた。ブラバント公はそこにおける主要アクターであり、ケルン大司教とは対抗と協調を繰り返していたのである。そこからさらにブルゴーニュ公は、クレーフェ公家を緊密に自らの影響下に引き寄せ、一四七三年にはヘルレ公領を制圧し、下ラインでさらに地位を強化した[67]。

ブルゴーニュ公シャルルは、さらにトリーア会合の後、ケルン大司教領の内紛に介入して、いわゆるノイス戦争へと突入していく[68]。ケルン大司教ループレヒト（ライン宮中伯フリードリヒ一世の弟）と大司教座聖堂参事会・諸身分およびケルン市の対立の中で、大司教はブルゴーニュ公を大司教座フォークトに任命し、公の武力で抵抗を排除しようとした。一四七四年初めにはディジョンで、大司教とブルゴーニュ公との同盟が強化される。その後フランス王ルイ一一世との休戦によって、公シャルルの大司教領進攻が可能となり、一四七四年七月二九日から一四七五年六月二七日まで一年近く、ブルゴーニュ公軍が大司教領の都市ノイスを包囲した。このノイス戦争に際しては、帝国内（とくにライン地方など西部の都市）にブルゴーニュ公に対する恐怖と反発が広がった。一四七四年八月二七日の皇帝による動員に対しては大きな反響があり、広い範囲から軍がノイスへ送られた。(69) 皇帝は、ブランデンブルク辺境伯アルブレヒト・アヒレスを帝国軍司令官に任命し、自身も軍を率いて下ラインに現れて、一四七五年五月にはケルン市に駐屯した。このような帝国側の抵抗もあって、ブルゴーニュ軍は結局この都市を陥落させることができずに撤退したが、撤退の背景にはフランス王が対ブルゴーニュの戦端を再び開いたことがあった。(70)

スイス・上ライン地方においては、スイス盟約者団の台頭と覇権掌握が見られた。盟約者団はハプスブルク家と一三世紀末以来勢力争いを続けてきたが、この時期になって前者の勝利が確定しつつあった。(71) すなわち、一四六一年のスイスとハプスブルク家のティロール公ジークムント(72)のコンスタンツの講和において、ジークムントはトゥールガウなどの係争地を正式に放棄した。一四六八年の両者のヴァルズフートの講和では、ジークムントは一万グルデンにのぼる賠償支払い義務を負った。このような状況のもとで、ジークムントはブルゴーニュ公に頼ることになる。一四六九年五月九日のサン・トメール条約で、ジークムントは、エルザスの帝国フォークト職と上エルザス（プフィルト伯領）、ズントガウ、ラインフェルデン、ラウフェンブルク、ヴァルズフート、ブライザッハといったハプスブルク領をブルゴーニュ公に五万グルデンで質入れした。(73) このように、ブルゴーニュ公シャルルは、ジークムントの政治的・財政的窮迫を利用して、上ライン方面で勢力を拡大していった。(74)

ブルゴーニュ公の質受け支配下の住民に対しては、エルザスの下級貴族出身のペーター・フォン・ハーゲンバッハが公の代官として過酷な支配を展開した。(75) この間シャルルは、ジークムントのためにスイスに対する援助を与えることをせず、そのため一四七〇年には、政治方針において不安定なジークムントは逆に反ブルゴーニュの姿勢に転じる。(76) 背景には、フランス王ルイ一一世によるジークムントのための財政支援も存した。一四七三年三月には、やはりフランス王権の後援のもと、シュトラースブルク、バーゼル、コルマール、シュレットシュタットの各都市と、シュトラースブルク司教、バーゼル司教、バーデン辺境伯をメンバーとする同盟が成立し、この対ブルゴーニュ同盟にジークムントも合流する。彼は一四七四年四月六日にサン・トメール条約を破棄し、同年六月一一日にはスイスといわゆる永久条約を結び、以後若干の揺れはあったものの結果としては平和な関係に入った。シュトラースブルクなどが用意した八万グルデンの資金で、ジークムントは上述の質入の解除も試みた。すでにブライスガウでは反ブルゴーニュの反乱が発生し、一四七四年五月九日には代官ハーゲンバッハが処刑されていた。

こうした情勢下で、シャルル突進公は上述のように下ラインから撤兵し、ロートリンゲンを武力で征服（一四七五年一二月）した後、このスイスおよび同盟の勢力との対決に向かう。しかし彼は、グランソン（一四七六年三月二日）とムルテン（同年六月二二日）で相次いでスイス兵に敗北し、最後はその間に失われていたロートリンゲンの奪回をはかってナンシー前面で優勢な敵と戦い、敗れて自らも戦死した（一四七七年一月五日）[77]。

＊

以上見てきたような「ブルゴーニュ問題」の諸側面とその帰結は、フランス王族たるブルゴーニュ公が、フランス王国の境をまたいで神聖ローマ帝国で引き起こした波紋であったという点で、中世後期ヨーロッパの「対外関係」の一環をなす。そこでは、フランス王やイングランド王の政治的意図とも連動しつつ、ブルゴーニュ公と皇帝など帝国内の諸勢力との関係が織りなされていったのであった。その際、君主同士の関係における家門の婚姻政策の重要性や、宮廷と儀式が果たす機能といった点で、この時期の「対外関係」の特徴が際立つとともに、「対外関係」の法学化の進展も認められた。

それと同時に「ブルゴーニュ問題」は、一五世紀後半において帝国国制が制度化の度合いを高め、さまざまな局面で行動の前提となる仕組みが厚みを増し、制約されない政治的活動の余地が狭まっていくさまを浮かび上がらせるものであった。故ペーター・モーラフはこの変化を「開かれた国制」から帝国国制の「濃密化」への変容として特徴づけたが[78]、皇帝と選挙侯による儀式規則の稠密化、レーン関係など政治的アクター間の法的関係の浸透、選挙侯間の結合の強化、地域ごとの覇権争いの決着と帝国大の陣営対立関係の出現など、ブルゴーニュ公シャルルの活動に関連して見られた諸要素はすべてその具体的現れであったといってよい。シャルルの地位上昇・支配拡大志向は、この濃密化の壁にぶつかり、砕け散ったのである。

**注**

（1）中世中期・後期にかんしては、例えば以下のような文献を挙げうる。概観と研究案内として、Dieter Berg, *Deutschland und seine Nachbarn 1200–1500* (Enzyklopädie Deutscher Geschichte, Bd. 40), München, 1997; Alfred Kohler, *Expansion und Hegemonie: Internationale Beziehungen 1450–1559*, (Handbuch der Geschichte der internationalen Beziehungen, Bd. 1), Paderborn u.a., 2008. 論文集として、Peter Moraw (ed.), *„Bündnissysteme" und „Außenpolitik" im späten Mittelalter* (Zeitschrift für Historische Forschung, Beiheft 5), Berlin, 1988; D. Berg, Martin Kintzinger, Pierre Monnet (eds.), *Auswärtige Politik und internationale Beziehungen im Mittelalter (13. bis 16. Jahrhundert)*, Bochum, 2002; Rainer C. Schwinges, Klaus Wriedt (eds.), *Gesandtschafts- und Botenwesen im spätmittelalterlichen Europa*, (Vorträge und Forschungen, Bd. 60), Ostfildern, 2003; Sonja Dünnebeil, Christine Ottner (eds.), *Außenpolitisches Handeln im ausgehenden Mittelalter: Akteure und Ziele*, Köln u. a., 2007; Stefan Weiß (ed.), *Regnum et Imperium: Die französich-deutschen Beziehungen im 14. und 15. Jahrhundert*, München, 2008; Claudia Zey, Claudia Märtl (eds.), *Aus der Frühzeit europäischer Diplomatie. Zum geistlichen und weltlichen Gesandtschaftswesen vom 12. bis zum 15. Jahrhundert*, Zürich, 2008; Hanna Vollrath (ed.), *Der Weg in eine weitere Welt: Kommunikation und „Außenpolitik" im 12. Jahrhundert*, Berlin, 2008; Michael Jucker, Martin Kintzinger, Rainer Christoph Schwinges (eds.), *Rechtsformen internationaler Politik: Theorie, Norm und Praxis vom 12. bis 18. Jahrhundert*, (Zeitschrift für Historische Forschung, Beiheft 45), Berlin, 2011. モノグラフとして、Christina Lutter, *Politische Kommunikation an der Wende vom Mittelalter zur Neuzeit: Die diplomatischen Beziehungen zwischen der Republik Venedig und Maximilian I.* (1495–1508), Wien-München, 1998; Arnd Reitemeier, *Außenpolitik im Spätmittelalter: Die diplomatischen Beziehungen zwischen dem Reich und England (1377–1422)*, Paderborn u.a., 1999; Martin Kintzinger, *Westbindungen im spätmittelalterlichen Europa: Auswärtige Politik zwischen dem Reich, Burgund und England in der Regierungszeit Kaiser Sigmunds*, Stuttgart, 2000; Petra Ehm, *Burgund und das Reich: Spätmittelalterliche Außenpolitik am Beispiel der Regierung Karls des Kühnen (1465–1477)*, München, 2002. 対外政策史の「ルネサンス」という表現は、Stefan Weiß,

"Onkel und Neffe. Die Beziehungen zwischen Deutschland und Frankreich unter Kaiser Karl IV. und König Karl V. und der Ausbruch des Großen Abendländischen Schismas", in: Weiß (ed.), *op. cit.*, pp. 101-164, p. 104, fn. 10.

（2）例えば、Berg, *Deutschland*（注1）, pp. 1-4; Nikolas Jaspert, "Wort, Schrift und Bild im Dienste der Aussenbeziehungen: Die Anjou in der ersten Hälfte des 14. Jahrhunderts", in Berg u.a. (eds.), *op. cit.*（注1）, pp. 271-313, pp. 272-273; Paul-Joachim Heinig, "Konjunkturen des Auswärtigen. „State formation" und internationale Beziehungen im 15. Jahrhundert", in Dünnebeil, Ottner (eds.), *op. cit.*（注1）, pp. 21-55; Martin Kintzinger, "Voyages et messageries: Diplomatie in Frankreich zwischen Familiarität und Funktion", in Zey, Märtl (eds.), *op. cit.*（注1）, pp. 191-229, pp. 201-204; Stefan Weiß, "Vorwort", in Weiß (ed.), *op. cit.*（注1）, pp. 7-8などを参照。.

（3）例えば、Walther Holtzmann, *Das mittelalterliche Imperium und die werdenden Nationen*, Köln-Opladen 1952. こうした観点からの中世後期ヨーロッパの国家間関係の概観として、Walther Kienast, "Die Anfänge des europäischen Staatensystems im späteren Mittelalter", *Histotische Zeitschrift* 153 (1936), S. 229-271. 国家学の側からは、例えば、Helmut Quaritsch, *Staat und Souveränität. Bd. 1: Die Grundlagen*, Frankfurt a.M. 1970, p. 72以下を参照。

（4）朝治啓三・渡辺節夫・加藤玄「帝国で読み解く中世西欧カトリック世界の構造――神聖ローマ帝国、フランス王国、アンジュー帝国」『西洋史学』第二四九号、二〇一三年、一九～三二頁を参照。

（5）中世後期のブルゴーニュ公の支配拡大については、ヴォーガンの基本的伝記（Richard Vaughan, *Philip the Bold*, London 1962; Richard Vaughan, *Johann the Fearless*, London 1966; Richard Vaughan, *Philip the Good*, London 1970; Richard Vaughan, *Charles the Bold*, London, 1973.）のほか、Bertrand Schnerb, *L'État bourguignon 1363-1477*, Paris, 1999とくにpp. 197-227およびドイツ語文献として、さしあたり、Robert Folz, "Frankreich von der Mitte des 11. bis zum Ende des 15. Jahrhunderts", in Ferdinand Seibt (ed.), *Handbuch der europäischen Geschichte, Bd. 2: Europa im Hoch- und Spätmittelalter*, Stuttgart, 1987, pp. 682-777, pp. 756-762, 767-772; Hartmut Boockmann, Heinrich Dormeier, *Konzilien, Kirchen- und Reichsreform 1410-1495*, (Gebhardt. Handbuch der deutschen Geschichte, 10. Aufl., Bd. 8), Stuttgart, 2005, pp. 111-120. フィリップ善良公およびシャルル突進公時代について詳しくは、Henny Grüneisen, "Die weltlichen Reichsstände in der Auseinandersetzung zwischen dem Reich, Burgund und Frankreich bis 1473", *Rheinische Verteljahrsblätter* 26 (1961), pp. 22-77. 最後のブルゴーニュ公シャルルについては、最近の重要な論文集として、さしあたりKlaus Oschema, Rainer C. Schwinges (eds.), *Karl der Kühne von Burgund. Fürst zwischen europäischem Adel und der Eidgenossenschaft*, Zürich, 2010. また、フランス側からの新しい伝記として、Henri Dubois, *Charles le Téméraire*, Paris, 2004; George Minois, *Charles le Téméraire*, Paris, 2015. ブルゴーニュ公の支配については、日本での研究も数多いが、ここでは最近のブルゴーニュ公国史研究会著、藤井美男編『ブルゴーニュ国家の形成と変容――権力・制度・文化』九州大学出版会、二〇一六年のみをあげておく。

（6）以下の叙述については、Hermann Heimpel, "Karl der Kühne und

Deutschland (mit besonderer Rücksicht auf die Trierer Behandlungen im Herbst des Jahres 1473)", *Elsaß-Lothringisches Jahrbuch* 21 (1943), pp. 1-54, pp. 14-50; Hermann Wiesflecker, *Kaiser Maximilian I.: Das Reich, Österreich und Europa an der Wende zur Neuzeit. Bd. I: Jugend, burgundisches Erbe und Römisches Königtum bis zur Alleinherrschaft 1459-1493*, München, 1971, pp. 96-104; Werner Paravicini, *Karl der Kühne. Das Ende des Hauses Burgund*, Göttingen, 1976, pp. 87-88; Heinz Thomas, *Deutsche Geschichte des Spätmittelalters 1250-1500*, Stuttgart u. a., 1983, pp. 481-483; Werner Paravicini, "Die zwölf »Magnificences« Karls des Kühnen", in Gerd Althoff (ed.), *Formen und Funktionen öffentlicher Kommunikation im Mittelalter*, (Vorträge und Forschungen, Bd. 51), Stuttgart 2001, pp. 319-395, pp. 348-358; Petra Ehm, *Burgund*（注1）, pp. 130-197; Petra Ehm, "„...und begeret ein kunig zu werden". Beobachtungen zu einem Herrschertreffen: Friedrich III. und Karl der Kühne in Trier 1473", in Berg u. a. (eds.), *op. cit.*（注1）, pp. 233-257; Petra Ehm-Schnocks, "Der Tag von Trier 1473 und die Grenzen des Reiches: Karl der Kühne, Friedrich III. und die Kurfürsten", in Dünnebeil, Ottner (eds.), *op. cit.*（注1）, pp. 143-157; Heinrich Koller, *Kaiser Friedrich III.*, Darmstadt, 2005, pp. 185-187; Heribert Müller, "Warum nicht einmal die Herzöge von Burgund das Königtum erlangen wollten und konnten", in Bernhard Jussen (ed.), *Die Macht des Königs: Herrschaft in Europa vom Frühmittelalter bis in die Neuzeit*, München, 2005, pp. 255-274, pp. 255-256, 265-269. Boockmann, Dormeier, *op. cit.*（注5）, pp. 115-116. また、会合に至るまでの両者の政治的行動については、さしあたり Thomas, *op. cit.*（注6）, pp. 478-481; Müller, *op. cit.*, pp. 262-265.

（7）マルティン・キンツィンガーによれば、中世後期ヨーロッパにおいて、王国間の政治的関係を設定・深化することは、婚姻政策的に行動することにほかならなかった。Martin Kintzinger, "Politische Westbeziehungen des Reiches im Spätmittelalter. Westliche Kultur und Westpolitik unter den Luxemburgern", in Joachim Ehlers (ed.), *Deutschland und der Westen Europas im Mittelalter*, (Vorträge und Forschungen, Bd. 56), Stuttgart, 2002, pp. 423-455, p. 439. また *Ibid.*, p. 441（皇帝カール四世の対外政策にとっての家門の重要性）および p. 455（帝国の対西欧政策（それは主に対フランス政策であった）は家門政策と不可分に結びついていた）も参照。シュテファン・ヴァイスも、中世の「対外政策」は基本的に家門政策であったと見ている。Weiß, Onkel（注1）, p. 106.

（8）こうした婚姻政策は、国王たちの間で展開されただけでなく、各国の大貴族・諸侯以下のレベルでも国境をまたいだ縁組がさまざまに結ばれえた。「ブルゴーニュ問題」との関係では、例えば、ブルゴーニュ公家とドイツ北西部のクレーフェ公家との間の姻戚関係が挙げられうる。クレーフェ公アードルフは、一四〇五年にブルゴーニュ公フィリップ（善良）の姉妹マリアと婚約、一四一五年に結婚した。その子クレーフェ公ヨハン一世も一四五六年にブルゴーニュ公の縁者にあたるエリーザベトと結婚する。こうした関係も背景に、クレーフェ公はブルゴーニュ公にもっとも近い帝国諸侯となり、しかも政治的にはブルゴーニュ公の意向に左右されたのであった。またヘルレ（ゲルデルン）公アルノルトの妻はクレーフェ公ヨハン一世の姉妹カタリナ、つまり（上述の関係から）ブルゴーニュ公フィリップの姪であった。この関係も手がかりにして、ブルゴーニュ公はヘルレにも手を伸ばし、公家の内紛を利用して一四七三年には、そこを軍事力で制圧して実質支配下に組み入れた。この征服の法的事後処理は、後述のようにトリーア会合において、シャルルに対するヘルレ授封として行われることになる。Ehm, *Burgund*（注1), pp. 27-65.

(9) Sonja Dünnebeil, "Handelsobjekt Erbtochter — Zu den Verhandlungen über die Verheiratung Marias von Burgund", in: Dünnebeil, Ottner (eds.), *op. cit.*（注1), pp. 159-184. ハプスブルク家のマクシミリアン以外に、フランス王弟シャルル、フランス王太子シャルル、クラレンス公ジョージ、アラゴン王子、ナポリ王子、スフォルツァ家、ライン宮中伯フィリップ、サヴォワ公フィリップ等々であった。

(10) 以下の、トリーア会合までの動きについては、Wiesflecker, *op. cit.*（注6), pp. 93-94; Ehm, *Burgund*（注1), pp. 120-129.

(11) Wiesflecker, *op. cit.*（注6), pp. 107, 109-110; Koller, *op. cit.*（注6), pp. 194-195; Ehm, *Burgund*（注1), pp. 202-207.

(12) Joseph Chmel, *Aktenstücke und Briefe zur Geschichte des Hauses Habsburg im Zeitalter Maximilians I., Bd. 1*, Wien, 1854 (ND Hildesheim, 1968), pp. 125-130.

(13) *Ibid.*, pp. 134-5.

(14) フランス国内の政治的動向およびシャルルとフランス王ルイ一一世の対立関係については、Folz, *op. cit.*（注5), pp. 767-768; Werner Paravicini, *Karl der Kühne*（注6), pp. 69-80, 100-101; W. Paravicini, "Einen neuen Staat verhindern: Frankreich und Burgund im 15. Jahrhundert", in: Oschema, Schwinges, (eds.), *op. cit.*（注5), pp. 23-40; M. Kintzinger, "Caesar, der Staat und die Nation. Die Außenpolitik Karl des Kühnen", in: Oschema, Schwinges (eds.), *op. cit.*（注5), pp. 125-152, pp. 136-142. また、皇帝フリードリヒ三世との関係も含めて、Wiesflecker, *op. cit.*（注6), pp. 105-108. なお、Schnerb, *op. cit.*（注5), pp. 406-423; Jean Favier, *Louis XI*, Paris 2001, pp. 439-728 も参照。

(15) フランス王ルイ一一世とイングランド王エドワード四世の関係については、朝治啓三・渡辺節夫・加藤玄編著『中世英仏関係史　一〇六六～一五〇〇――ノルマン征服から百年戦争終結まで』創元社、二〇一二年、一四七頁以下（上田耕造執筆）も参照。

(16) こうした関係は公シャルルの国王に匹敵する地位を顕示しうるものであった。Kintzinger, "Caesar"（注14), pp. 134-135.

(17) なお、中世後期の帝国の対西欧関係においては概して、フランスとの間でさまざまな関係が結ばれるのが通常であって、それに対してイングランドとの間で関係が結ばれるのは特殊な場合であった。Martin Kintzinger, "Kaiser und König. Das römisch-deutsche Reich und Frankreich im Spätmittelalter", in: Berg u.a. (eds.), *op. cit.*（注1), pp. 113-136, p. 120. 中世後期の帝国とイングランドの関係の概観として、Arnd Reitemeier, "Grundprobleme der deutsch-englischen Beziehungen im Spätmittelalter", in: Berg u.a. (eds.), *op. cit.*（注1), pp. 137-150. 両者の関係が原理的・直接的対立を含まぬものであったことについて、*Ibid.*, pp. 137-138.

(18) 例えば、Jaspert, *op. cit.*（注2), pp. 306-313; Kintzinger, "Voyages"（注2), pp. 191-199, 205. 一三七七・七八年のパリにおける皇帝カール四世とフランス王シャルル五世との会合における儀式の重要性について、Gerald Schwedler, "Deutsch-französiche

Herrschertreffen im 14. Jahrhundert. Dynastische und staatliche Beziehungen im Wandel", in: Weiß (ed.), *op. cit.*（注1）, S. 55-99.

（19）概観と研究案内として、さしあたり、Werner Paravicini, *Die ritterlich-höfische Kultur des Mittelalters,*（Enzyklopädie Deutscher Geschichte, Bd. 40）, 3. Aufl., München, 2011を参照。

（20）Kintzinger, "Politische Westbeziehungen"（注7）, pp. 424, 455; Kintzinger, "Voyages"（注2）, p. 219.

（21）Boockmann, Dormeier, *op. cit.*（注5）, p. 113; Claudius Sieber-Lehmann, "Die Anziehungskraft des burgundischen Hofes und das Reich", in Werner Paravicini（ed.）, *La cour de Bourgogne et l'Europe. Le rayonnement et les limites d'un modèle culturel,*（Beihefte der Francia, Bd. 73）, Ostfildern, 2013, pp. 685-696.

（22）具体的には、ユトレヒト司教およびリェージュ司教（もっとも前者はブルゴーニュ公家出身で、後者もフランスのブルボン公家の出身であったが）、クレーフェ公ヨハン一世の子ヨハン二世、ナッサウ（・ディレンブルク）伯ヨハン四世とその子エンゲルベルト二世、バーデン・ハッハベルク辺境伯ルードルフなどがトリーア入りし、またメッツ司教ゲオルク（バーデン辺境伯カールの弟）もシャルルの顧問としてトリーア会合に参加した。Ehm, *Burgund*（注1）, pp. 145-147.

（23）貴族の子弟が有力な宮廷で成人前から過ごすのは、貴族層に広く見られた教育方法であった。例えば、前述のクレーフェ公アードルフ一世が、すでにブルゴーニュ宮廷で幼少期を過ごしていた。その子のヨハン一世、および孫のヨハン二世もまた、ブルゴーニュ宮廷で教育された。このような場合には、本人も側近も、ブルゴーニュ公、公家メンバー、そこの宮廷人たちと知り合いになる。また彼ら三代にわたるクレーフェ公たちは、ブルゴーニュ公から年金をも支給されたのである。なお、こうした関係を通じて、国王のみならず諸侯もまた独自の対外政策を展開しえたことを一般的に指摘するのは、Kintzinger, "Politische Westbeziehungen"（注7）, pp. 451-452. また Kintzinger, "Kaiser und König"（注17）, p. 132（一五世紀初めのフランスにおける諸侯独自の対外政策）も参照。また、Christine Ottner, "Einleitung", in Dünnebeil, Ottner（eds.）, *op. cit.*（注1）, pp. 9-26, p. 16も見よ。

（24）Boockmann, Dormeier, *op. cit.*（注5）, p. 113; Sieber-Lehmann, *op. cit.*（注21）; Heribert Müller, "Fasanenfest und Orden vom Goldenen Vlies: Neuerscheinungen zur burgundischen Geschichte und Geschichtsschreibung", in: *Zeitschrift für Historische Forschung* 27（2000）, pp. 203-227, pp. 211-212; Sonja Dünnebeil, "Der Orden vom Goldenen Vlies und die Beherrschung des Adels: Karl als Herr oder Ordensbruder?", in: Oschema, Schwinges（eds.）, *op. cit.*（注5）, pp. 171-183. 騎士団は、ブルゴーニュ公を長として一四三〇年にブルッヘで創立されたが、やはりドイツ諸侯・貴族がメンバーになる例が見られた。例えば、一四五一年には、前述のクレーフェ公ヨハン一世が団員となり、彼は有名な一四五四年の「キジの祝宴」にも参加した。そのほか、ドイツ貴族の団員として、フィルネブルク伯ループレヒト四世、モールス伯ヴィンツェンツ、ゲルデルン公アードルフ、サヴォワ伯フィリップ、ナッサウ伯エンゲルベルトなどが知られている。シャルル突進公は騎士団を権威的にリードし、政治的道具として活用しようとした（S. Dünnebei, "Der Orden"）。

（25）Claudius Sieber-Lehmann, "Burgund und die Eidgenossenschaft - zwei politische Aufsteiger", in Konrad Krimm, Rainer Brüning (eds.), *Zwischen Habsburg und Burgund: Der Oberrhein als europäische Landschaft im 15. Jahrhundert*, Ostfildern, 2003, pp. 95–111.

(26) Ehm, *Burgund*（注１）, pp. 166–167.

(27) Karl-Heinz Spieß, "Rangdenken und Rangstreit im Mittelalter", in Werner Paravicini (ed.), *Zeremoniell und Raum*, (Residenzenforschung, Bd. 6), Sigmaringen, 1997, pp. 39–61.

(28) シャルルが繰り広げた自己顕示はむしろ皇帝と諸侯・貴族を警戒させたという解釈（例えばEhm, *Burgund*（注１）, S. 153; Ehm-Schnock, *op. cit.*（注６）, pp. 151–153）に対して、それが史料的根拠を欠くとして批判するのは、Karl-Heinz Spiess, "Der Schatz Karls des Kühnen als Medium der Politik", in: Oschema, Schwinges (eds.), *op. cit.*（注５）, pp. 273–288, pp. 283–285.

(29) その第三章は、聖界選挙侯の座席を規定しているが、それによればトリーア大司教は皇帝の向かいに座り、マインツ大司教はドイツにおいて、またケルン大司教はケルン大司教管区とイタリア、ガリアにおいて皇帝の右側（つまり上席）に座を占め、それらの場合もう一方の大司教は左側に着席する。第四章は世俗選挙侯の座席を規定するが、それは皇帝の右に聖界選挙侯に続いて、ボヘミア（ベーメン）王、ライン宮中伯の順、左にザクセン公、ブランデンブルク辺境伯の順であった。第六章によれば、宮廷集会の際の座席や行列における行進順で、選挙侯は他の諸侯に優位する。聖界選挙侯の行進位置を規定する第二一章によれば、トリーア大司教が皇帝の前を進み、マインツ大司教とケルン大司教については、席次の場合と同様である。一方、世俗選挙侯の行進位置を定める第二二章は、ザクセン公がトリーア大司教と皇帝の間を行き、ライン宮中伯が皇帝の右、ブランデンブルク辺境伯が皇帝の左、ボヘミア王が皇帝の後ろ、と指定する。第二八章によれば、皇帝と選挙侯の食事の席の設営においては、一段高いところに皇帝席、その下に選挙侯の席が設けられるが、選挙侯席は第三章、第四章にあるのと同様の仕方で右三左三向かい一となる。Wolfgang D. Fritz (ed.), *Monumenta Germaniae Historica. Legum sectio IV. Constitutiones et acta publica imperatorum et regum, Tom. XI*, Weimar, 1978–1992, pp. 578–581, 584–585, 610–613, 626–627.

(30) 横川大輔「一四世紀後半における『金印勅書』（一三五六年）の認識――カール四世の治世（一三七八年まで）を中心に」『北大法学論集』第六三巻第二号（二〇一二年）一～五六頁を参照。

(31) 田口正樹「ペーター・フォン・アンドラウの帝国論――一五世紀中葉の帝国とドイツ人」『北大法学論集』第六二巻第三号（二〇一一年）一～四七頁、二一～二二頁を参照。

(32) Ehm, *Burgund*（注１）, pp. 176–177. 彼はシャルルの行為が金印勅書第六章に反するとコメントしている。彼の見方では、それゆえトリーア会合は正式の帝国集会ではなく、皇帝とシャルルの「私的な」会合なのであった。

(33) Folz, *op. cit.*（注５）, p. 760; Vaughan, *Philip the Good*（注５）, pp. 288, 296–302; Boockmann, Dormeier, *op. cit.*（注５）, p. 114; Heribert Müller, *Kreuzzugspläne und Kreuzzugspolitik des Herzogs Philipp des Guten von Burgund*, Göttingen 1993, pp. 49–71; Müller, "Fasanenfest"（注24）, pp. 205–211; Müller, "Warum nicht einmal ..."（注６）, pp. 259–262; Heribert Müller, "Der Griff nach der Krone: Karl der Kühne zwischen Frankreich und dem Reich", in: Oschema, Schwinges (eds.), *op. cit.*（注５）, pp. 153–169, pp. 154–155; Ehm,

*Burgund*, pp. 118-120 を参照。一四四六～四八年には、フィリップとフリードリヒ三世との間で交渉が持たれ、フィリップが入手したドイツ西部の帝国レーンの王国化が図られた。また、フィリップは、一四五四年にリールで開かれた「キジの祝宴」において十字軍誓約を行い、同年レーゲンスブルク帝国集会に出席して、ドイツ諸侯をも十字軍に参加させようとした。このときの彼の真意については、帝国代理職の獲得、ローマ（ドイツ）王位の獲得、ルクセンブルク公領の獲得など、さまざまに推測されている。このほか、一四六〇年および一四六三年にも（後者では婚姻締結と関係して）、王位問題にかんして皇帝とフィリップとの交渉が行われた。また、フィリップは、一四五〇、六〇年代の国王選挙計画でも、しばしば候補に挙げられ、あるいは帝国代理への就任が考慮されたりしていた。

(34)　王位をめぐるシャルルの動きはトリーア会合に先立っており、一四六九年のサン・トメール条約では、ハプスブルク家のティロール公ジークムントが、シャルルのドイツ王位獲得のため皇帝のもとで働きかけることを約束している。Boockmann, Dormeier, *op. cit.*（注5）, p. 115. また、Wiesflecker, *op. cit.*（注6）, pp. 93-96; Müller, "Warum nicht einmal ..."（注6）, pp. 262-265 も参照。

(35)　詳しくは Michael Richard Brabänder, *Die Einflußnahme auswärtiger Mächte auf die deutsche Königswahlpolitik vom Interregnum bis zur Erhebung Karls IV.*, Frankfurt a.M. u.a. 1994, pp. 72-79, 126-134, 160-166, 204-219 を参照。

(36)　ほかに、この独自の王位の名称も、ブルゴーニュ、フリースラントなどが考えられ、カロリング期の「ロータルの王国」の復活が視野に入れられることもあった。これらの可能性とそれぞれについて引き合いに出されうる伝統について、Müller, "Der Griff"（注33）, pp. 157-160.

(37)　Ehm, *Burgund*（注1）, pp. 171-173. もっとも、シャルルにとって、独自の王国を皇帝の封として受け取ることは、決して最善の解決ではなかった。シャルルの国王戴冠が実現しなかったのは、彼が一一月四日の合意後になって、この形での王位を拒否しようとしたためかもしれない。Müller, "Warum nicht einmal ..."（注6）, pp. 266-267; Müller, "Der Griff"（注33）, pp. 156-157.

(38)　バーデン・ハッハベルク辺境伯ルードルフの使節の辺境伯への報告から知られる。Henri Stein, "Un diplomate bourguignon du XVe siècle: Antoine Haneron", *Bibliothèque de l'Ecole des Chartes* 98 (1937), pp. 283-348, pp. 339-341. なお、この合意においては、シャルルの王国に組み込まれる聖俗諸侯の地位が問題となりうる。彼らはシャルルのもとで皇帝直属の地位を失って陪臣化されるようにも見えるが、しかし皇帝はまさにこのトリーア会合の前や会合期間中に、ユトレヒト、メッツ、リエージュ司教やロートリンゲン公に対する授封を行っており、シャルルの王位との整合性がどう考えられていたのかは不明である。Grüneisen, *op. cit.*（注5）, pp. 74-76.

(39)　フランス王権との関係について、Müller, "Der Griff"（注33）, pp. 160-163. フランス王ルイ一一世は、トリーア会合の経過について情報を得ていたが、トリーアに集まったアクターに直接働きかけていたわけではなかった。

(40)　ブルゴーニュ側（フィリップ善良公）の、主にブラバントにかんする正当化の試みについては、Robert Stein, "Philip the Good and the German Empire. The Legitimation of the Burgundian Succession to the German Principalities", in Jean-Marie Cauchies (dir.), *Pays bourguignons et terres d'Empire* (XVe-XVIe s.):

*rapports politiques et institutionels*, Neuchâtel, 1996, pp. 33-48.

(41) ジギスムントのブルゴーニュ公に対するレーン政策について、Kintzinger, *Westbindungen*（注1）, pp. 332-339; Kintzinger, "Kaiser und König"（注17）, p. 134; Boockmann, Dormeier, *op. cit.*（注5）, p. 114. ブルゴーニュ支配を制約・転覆するために帝国側からジギスムントおよびアルブレヒト二世が試みた諸政策については、Folz, *op. cit.*（注5）, pp. 758-760.

(42) Thomas, *op. cit.*（注6）, p. 475; Karl-Friedrich Krieger, *Die Habsburger im Mittelalter: Von Rudolf I. bis Friedrich III.*, Stuttgart u.a. 1994, p. 213; Grüneisen, *op. cit.*（注5）, p. 24; Ehm, *Burgund*（注1）, p. 118; Koller, *op. cit.*（注6）, pp. 86-87. また Vaughan, *Philip the Good*（注5）, pp. 286-288.

(43) 授封儀式の様子については、Chmel, *op. cit.*（注12）, pp. LXX-LXXI; H. Heimpel, "Karl der Kühne"（注6）, p. 23; Wiesflecker, *op. cit.*（注6）, p. 102.

(44) Müller, "Warum nicht einmal ..."（注6）, p. 267.

(45) 一一月六日のゲルデルン授封が、皇帝との封建関係のもとにシャルルの王位が置かれるという法的形式と対応していた点は、すでにハインペルによって指摘され、ミュラーによっても確認されているが（H. Heimpel, "Karl der Kühne"（注6）, pp. 21-24; H. Müller, "Warum nicht einmal ..."（注6）, pp. 267-268）、この授封が長年争われてきたブルゴーニュ公支配の正当性をめぐる問題に解決を与える成果であったことは強調されてよいであろう。

(46) 教会法・ローマ法のリケンティアートゥスであったヨハネス・レーヴァイン、教会法・ローマ法のリケンティアートゥスないし博士であったヨハン・ケラーの二人である。彼らについては、Ehm, *Burgund*（注1）, pp. 143-144.

(47) ヴェルデンベルク伯ハウク一一世、モントフォルト伯ハウク一〇世、ズルツ伯ルードルフおよびアルヴィヒらである。*Ibid.*, pp. 140-143.

(48) 実際、レーヴァインとケラーはともに一一月四日の王位にかんする合意文書作成に関与し、文書に署名している。

(49) 書記局長ギヨーム・ユゴネがおそらく教会法・ローマ法のリケンティアートゥスであり、ギヨーム・ド・クリュニーも同じタイトルを持っていたほか、アントワーヌ・アヌロンも大学で法学を学んで、バッカラレウスの学位を得ていた。彼らもまた、一一月四日の合意に関与し署名している。ユゴネとアヌロンについては、河原温「一五世紀後半ブルゴーニュ公国における都市・宮廷・政治文化——シャルル・ル・テメレール期を中心に」藤井美男（編）前掲書（注5）、二六七-三〇一頁、二七九~二八一頁も参照。その他のシャルルの側近のうちでは、ギー・ド・ブリモーは貴族であり、ペーター・フォン・ハーゲンバッハもエルザスの下級貴族の出であった。Ehm, *Burgund*（注1）, pp. 223-227, 239-240, 244-246. なお、公シャルルの外交スタッフと外交組織について、その専門化と柔軟性をともに指摘する Kintzinger, "Caesar"（注14）, pp. 142-146 も参照。

(50) ちなみに、ブランデンブルク辺境伯の使節も、ヘルトニド・フォム・シュタインが学識法曹、ルートヴィヒ・フォン・アイプが貴族顧問という構成であった。ヘルトニドについては、Matthias Thumser, *Hertnidt vom Stein (ca. 1427-1491). Bamberger Domdekan und markgräflich-brandenburgischer Rat. Karriere zwischen Kirche und Fürstendient*, Neustadt a.d. Aisch 1989 を参照。また、こうした貴族と学識法曹をともに含む構成は、南ヨーロッパではすでに一四世紀から普通に見られた。ナポリ王の使節にかんして、Jaspert, *op. cit.*（注2）, pp. 296-297（聖職者・貴族・学識法曹という三者構成）を参照。一五世紀のイングランド王の使節団も、多くの場合、学識法曹を含んでいたことについて、Arnd Reitemeier, "Das Gesandtschaftswesen im spätmittelalterlichen England", in Zey, Märtl (eds.), *op. cit.*（注1）, pp. 231-253, p. 245.

(51)　交渉決裂の原因を不明としつつも、選挙侯の同意拒否に決定的な意味を認めるのは、Heimpel, "Karl der Kühne"（注6）; Müller, "Warum nicht einmal ..."（注6）. より慎重な見方として、Ehm, *Burgund*（注1）, pp. 174-185.

(52)　Adolf Bachmann, *Urkundliche Nachträge zur österreichisch-deutschen Geschichte im Zeitalter Kaiser Friedrich III.*, (*Fontes Rerum Austriacarum, Abt. 2, 46*), Wien 1892, pp. 221-226.

(53)　その他の選挙侯のうち、ザクセン公は基本的にブランデンブルク辺境伯と共同歩調をとって、判断を後者にまかせていた。ケルン大司教は、後述のように、自分の領邦で手一杯であり、ライン宮中伯は皇帝と対立中で、皇帝はそもそも宮中伯フリードリヒ一世を選挙侯として認めていなかった。ボヘミアは、王ゲオルク・ポディーブラッドの死後、混沌としていた。Ehm, *Burgund*（注1）, p. 179; Müller, "Warum nicht einmal ..."（注6）, p. 270.

(54)　田口正樹「一三世紀後半ドイツの帝国国制――ルードルフ一世の帝国領回収政策を中心に（三）」『国家学会雑誌』第一〇九巻三・四号、一九九六年、一～六一頁、四二頁以下を参照。

(55)　Ernst Schubert, "Die Stellung der Kurfürsten in der spätmittelalterlichen Reichsverfassung", in: *Jahrbuch für westdeutsche Landesgeschichte* 1 (1975), pp. 97-128; Peter Moraw, "Versuch über die Entstehung des Reichstags", in: Rainer Christoph Schwinges (ed.), *Über König und Reich. Aufsätze zur deutschen Verfassungsgeschichte des späten Mittelalters*, Sigmaringen, 1995 (zuerst 1980), pp. 207-242, pp. 231-238; Ehm, *Burgund*（注1）, p. 178.

(56)　次のマクシミリアン一世治世について、基本的にこうした理解をとり、ハプスブルク家の家門利害とは区別された帝国の利害を選挙侯が担うことになったと見るのは、Sabine Wefers, "Zur Theorie auswärtiger Politik des römisch-deutschen Reiches im Spätmittelalter", in: D. Berg u.a. (eds.), *op. cit.*（注1）, pp. 359-370; D. Berg u.a. (eds.), "Handlungsträger, Aktionsfelder und Potentiale von Außenpolitik im Spätmittelalter", in: Dünnebeil, Ottner (eds.), *op. cit.*（注1）, pp. 59-71.

(57)　Peter Moraw, *Von offener Verfassung zu gestalteter Verdichtung. Das Reich im späten Mittelalter 1250 bis 1490*, (Propyläen Geschichte Deutschlands, Bd. 3), Berlin, 1985, pp. 380-384. 前提としてモーラフは帝国全体で一四の領邦政治的地域を数えている。*Ibid*, pp. 175-176.

(58)　この重要な選挙侯についての新しい研究として、Mario Müller (ed.), *Kurfürst Albrecht Achilles* (*1414-1486*), (*Jahrbuch des Historischen Vereins für Mittelfranken, Bd. 102*), Ansbach, 2014.

(59)　アルブレヒト・アヒレスの反ブルゴーニュ姿勢について、Ehm, *Burgund*（注1）, p. 179.

(60)　以上の中ライン地方の動向については、さしあたり、Paul-Joachim Heinig, "Die Mainzer Kirche im Spätmittelalter (1305-1484)", in Friedhelm Jürgensmeier (ed.), *Handbuch der Mainzer*

*Kirchengeschichte, Bd. 1: Christliche Antike und Mittelalter, T. 1*, Würzburg, 2000, pp. 416-554, pp. 531-540 および田口正樹「中世後期ドイツにおけるライン宮中伯の領邦支配とヘゲモニー（二）」『北大法学論集』第六四巻三号、二〇一三年、七一～一二三頁、八二頁を参照。

(61) ブルゴーニュ公とライン宮中伯との関係については、Grüneisen, *op. cit.*（注5), pp. 40-54, 70-73; Ehm, *Burgund*（注1), pp. 101-116. 一四六九年以後のブルゴーニュ公の上ライン地方への進出は、上ラインの帝国ラントフォークトの職をも保持していたライン宮中伯との緊張を増したが、それでも同盟は継続した。

(62) マインツ大司教アードルフの政治的姿勢については、Koller, *op. cit.*（注6), pp. 183-184. 両者の間の交渉では、シャルルの帝国代理就任、ドイツ王位獲得、ハプスブルクとの縁組を大司教も承認していた。

(63) Heinig, "Mainzer Kirche"（注60), pp. 541-545. 大司教は、一四七〇年から、ドイツにおける皇帝の書記局長としての仕事を、名目だけでなく現実に引き受けた。これは中世後期のマインツ大司教においては異例のことであった。こうした姿勢は近世の多くの聖界諸侯の政治的態度につながるものであり、ライン宮中伯のような世俗有力諸侯の地域覇権（それに対する聖界諸侯の劣勢）を背景としていた。

(64) Ehm, *Burgund*（注1), pp. 188-190. 一四七四年のアウクスブルク帝国集会では、宮中伯フリードリヒ一世に対する皇帝の訴訟が展開され、一四七四年五月二七日の判決は、宮中伯をアハトに処すものであった。Karl-Friedrich Krieger, "Der Prozeß gegen Pfalzgraf Friedrich auf dem Augsburger Reichstag 1474", in *Zeitschrift für Historische Forschung*, 12 (1985), pp. 257-286; Koller, *op. cit.*（注6), pp. 192-193.

(65) トリーア大司教ヨハンについては、Johann C. Lager, *Johann II. von Baden, Erzbischof und Kurfürst von Trier*, Trier, 1905. 彼のバーデン辺境伯家のメンバーのための配慮については、*Ibid.*, pp. 39-40.

(66) 大司教ディートリヒ時代のケルン大司教座については、さしあたり Wilhelm Janssen, *Das Erzbistum Köln im späten Mittelalter 1191-1515*, (*Geschichte des Erzbistums Köln, Bd. 2*), T. 1, Köln, 1995, pp. 258-276 を参照。

(67) Grüneisen, *op. cit.*（注5); Werner Paravicini, "Kleve, Geldern und Burgund im Sommer 1473. Briefe aus einer verlorenen Korrespondenz", in: Werner Paravicini, *Menschen am Hof der Herzöge von Burgund. Gesammelte Aufsätze*, Stuttgart, 2002, (zuerst 1996), pp. 621-669.

(68) 当時の下ライン地方の状況については、Boockmann, Dormeier, *op. cit.*（注5), pp. 117-118; Wiesflecker, *op. cit.*（注6), pp. 105-108; Thomas, *op. cit.*（注6), pp. 483-487; H. Koller, *op. cit.*（注6), pp. 190-194. とくに、ケルン大司教領内部での対立については、Janssen, *op. cit.*（注66), pp. 277-283; Maria Fuhs, *Hermann IV. von Hessen. Erzbiscof von Köln 1480-1508*, Köln u. a. 1995, pp. 44-72 を参照。ケルン大司教ループレヒト（ライン宮中伯フリードリヒ一世の弟）の領国統治は、前大司教ディートリヒの覇権政策破綻の後始末を課題とし、そのために領内から多くの税を強引に集めようとするものであったが、それに対して大司教座聖堂参事会・諸身分およびケルン市は強硬に抵抗した。彼らは、大司教座聖堂参事会員であったヘルマン（ヘッセン・ラントグラーフ家出身）を大司教領の指導者・保護者に選出して、大司教に対抗する姿勢を示した。皇帝フリードリヒ三世による調停は不調に終わり、皇帝自身はそれ以後聖堂参事会寄りのスタンスを採った。

(69) ノイス救援の帝国軍には、世俗諸侯一〇、聖界選挙侯二、司教一二、修道院長二、伯七〇、帝国都市七〇が参加した。この出来事を中世後期の「ナショナリズム」の発現と見ることができるかどうかは興味ある問題である。「ナショナリズム」的解釈に批判的な見方として、Kintzinger, "Caesar"（注14）, pp. 146–147. また、Claudius Sieber-Lehmann, *Spätmittelalterlicher Nationalismus. Die Burgunderkriege am Oberrhein und in der Eidgenossenschaft*, Göttingen, 1995, pp. 150–161. なおケルン大司教座問題は、最後は教皇特使の仲介により合意が成立し、事態は皇帝の決定に委ねられた。結局、大司教ループレヒトはヘッセン側からの莫大な補償などを条件に大司教位を放棄し、ヘルマンが大司教・選挙侯として確認された。

(70) それに対して一四七五年七月四日には、イングランド王エドワード四世がカレーに上陸し、ブルゴーニュ・イングランド対フランス王という対立構図となるが、しかしフランス王はカネでイングランド王の撤退を買いとり、同年八月には前述のピッキニー条約が結ばれる。一四七五年のエドワード四世の行動については、Charles Ross, *Edward IV*, New Haven-London, 1997（zuerst 1974）, pp. 226–238 も参照。

(71) Boockmann, Dormeier, *op. cit.*（注５）, pp. 110–111; Alois Niederstätter, *Das Jahrhundert der Mitte: An der Wende vom Mittelalter zur Neuzeit.*（Österreichische Geschichte 1400–1522）, Wien, 1996, pp. 325–327; Koller, *op. cit.*（注６）, pp. 180–181.

(72) 彼の伝記として、Wilhelm Baum, *Sigmund der Münzreiche. Zur Geschichte Tirols und der habsburgischen Länder im Spätmittelalter*, Bozen, 1987.

(73) Richard Vaughan, *Valois Burgundy*, London, 1975, p. 203 の地図も参照。一方ブルゴーニュ公は、これら質入された所領をスイスの攻撃から防衛する義務を負ったが、しかしスイスへの侵攻義務は負わないものとされた。条約はおそらく皇帝も承知の上で結ばれたと思われる。

(74) もっとも、これはスイス盟約者団と対決するリスクをかかえることをも意味したのであり、パラヴィチーニはこの条約をシャルルの致命的失敗と見なしている。Werner Paravicini, "Karl der Kühne, Sigmund von Tirol und das Ende des Hauses Burgund", in: Werner Paravicini, *Menschen am Hof der Herzöge von Burgund. Gesammelte Aufsätze*, Stuttgart, 2002（zuerst 1976）, pp. 583–597, pp. 595–596.

(75) ハーゲンバッハについては、Hermann Heimpel, "Peter von Hagenbach und die Herrschaft Burgunds am Oberrhein (1469–1474)", in: Franz Kerber (ed.), *Burgund. Das Land zwischen Rhein und Rhone*, Straßburg 1942, pp. 139–154; H. Heimpel, "Das Verfahren gegen Peter von Hagenbach zu Breisach (1474). Ein Beitrag zu Geschichte des deutschen Strafprozesses", in: *Zeitschrift für die Geschichte des Oberrheins*, 94 (NF 55) (1942), pp. 321–357; Hildburg Brauer-Gramm, *Der Landvogt Peter von Hagenbach. Die burgundische Herrschaft am Oberrhein 1469–1474*, Göttingen u.a., 1957; Werner Paravicini, "Hagenbachs Hochzeit. Ritterlich-höfische

Kultur zwischen Burgund und dem Reich im 15. Jahrhundert", in: Konrad Krimm, Rainer Brüning (eds.), *op. cit.*（注25）, pp. 13–60.

(76) 以下の上ライン・スイス方面での動きについては、Folz, *op. cit.*（注5）, p. 769; Wiesflecker, *op. cit.*（注6）, pp. 105, 109–111; Paravicini, *Karl der Kühne*（注6）, pp. 101–111; Thomas, *op. cit.*（注6）, pp. 487–489; Niederstätter, *op. cit.*（注71）, pp. 165–168, 331–332; Koller, *op. cit.*（注6）, pp. 182–183, 195–197. また、Vaughan, *Valois Burgundy*（注73）, pp. 194–227; Schnerb, *op. cit.*（注5）, pp. 423–427.

(77) Boockmann, Dormeier, *op. cit.*（注5）, pp. 119–120. とくにグランソンの戦いの結果、トリーア会合で使われたであろうものを含む大量の財宝（シャルルは当時の習慣に従いそれらを戦場に帯同していた）が、戦旗や大砲などとともにスイス盟約者団の手に落ち、各邦に分配された。その内容と伝承状況については、Florens Deuchler, *Die Burgunderbeute. Inventar der Beutestücke aus den Schlachten von Grandson, Murten und Nancy 1476/77. Einführung von Michael Stettler*, Bern 1963を参照。

(78) Moraw, *Von offener Verfassung*（注57）, pp. 389–394, 411–421.

# おわりに

西欧の中世社会は基本的に貴族＝領主制社会であり、その最上層をなす諸侯層は近隣の中小の貴族層をまとめ上げ、一定の支配領域を構成するようになる。フランスについては、これがいわゆる〝領域的諸侯領 principauté territoriale の形成〟であり、その画期は一二世紀中葉に置かれる。その前提をなす地域的な経済発展と村落共同体＝教区共同体の形成――農民的定住の第一局面（九五〇～一一〇〇年頃）――に乗じて、地域の有力者層が城主支配圏（シャテルニー）を形成し、それを集積することにより諸侯領の稠密化が実現したものと思われる。さらにバン（罰令）権の下方への分散化により村落領主（小領主）の村単位の支配権が形成され、世俗貴族の支配権の三層構造が一二〇〇年頃までには完成した。

本書の〝現地領主権力〟とは基本的にはここでの城主層と村落領主層を指すものであるが、多くの都市も上層都市民（都市貴族）が主導権を握るコンパクトな権力体であり、また、各種の教会組織も周辺地域で俗権を行使するゆえに〝現地領主権力〟に含めることができる。この〝現地領主権力〟と次元を異にする存在として、フランスの公・伯を名乗る諸侯層、ドイツの部族大公（領邦君主）のみならず、イタリアの都市国家（コムーネ）、スペインの諸王国、スコットランド王国も〝地域支配権力〟として位置づけることができる。

その上位に位置するのがドイツ、フランス、イングランドの三つの〝普遍的権力〟である。これら三者を相対化し、同次元の〝広域的権力〟、すなわち〝帝国的権力〟とみなすのが本書の特徴である。ドイツ王を兼ねる「ローマの皇帝」は他の二者に対する超越的上級権力としての実質は持たず、〝神聖ローマ帝国〟の呼称が確立するのは一五世紀末のフリードリヒ三世時代に過ぎず、しかも〝ドイツ国民の神聖なるローマ帝国 Sacrum Romanorum Imperium nationis Germaniae〟なのである。フランスについては「王は王国内の皇帝である Rex est imperator in regno suo」という法諺が一三〇〇年頃確立し、一四・一五世紀の諸王がローマ教皇と謀って皇帝位の取得をめざしたことが知られる。また、〝アンジュー帝国〟なる表現は歴史史料には現れないが、ジョン王の時代以降も、百年戦争期を含めて大陸側の領土を含めた統一的な支配領域の形成は一貫して求められている。また、一三世紀中葉以降の教会法学者の「ローマの帝国」からの自立化の理論研究の成果を法学者たちが援用して現実政治に適用する傾向はフランス同様、一三世紀後半以降のイングランドでも認められる。

そもそも西欧中世の〝王〟は諸侯層の出身であり、彼らは宗教的な権威による聖性の賦与によりはじめて別格の超越的な存在となる。彼らの支配領域は全体として極めて流動的であり、その旧諸侯領（家領）が〝王領地〟として権力の核・基盤となっている。実力的には〝王〟は諸侯層の中の〝同等者中の第一人者 primus inter pares〟であり、諸侯層の〝同輩 pares,pairs〟に過ぎない。他方で、〝王〟という超越的な存在は諸侯層、さらには貴族層全般の地域的利害の調整のために不可欠であり、そこにこそ、その存在意味がある。三つの〝帝国的権力〟は対内的には王の至上性、絶対的な優位性を理念の面で補完するものであり、対外的には相互の自立性、対等性を主張するものである。

旧来のように現在の国家領域を前提として、中世の各王権、王国の動静を分析するという方法では境界地帯の〝現地領主権力〟、〝地域支配権力〟の動静を全体の中に正確に位置づけることはできない。領邦権力の成長が著しいドイツ地域についてはとくにそうであるが、〝地域支配権力〟の地平に立ち、一方で彼らと上位の〝広域的権力〟との関係、他方で彼らと下位の〝現地領主権力〟との関係を明らかにすることによって、上下の全体的な連関を明らかにすることができるのである。また、一定地点の王は遠隔地の所領にかんしてほかの王の封臣である。事実、イングランド王はノルマンディ公領、アンジュー伯領にかんしてはフランス王の封臣であり、ナヴァーラ王はシャンパーニュ伯領にかんしてフランス王の封臣であった。すなわち、彼らが諸侯の資格で、当該所領にかんする限り近隣の王に従属することを意味する。ここに、まず王権・王国の側からではなく、諸侯領を基礎単位として権力の全体的な編成を見ることの妥当性がある。また、近年のフランス史研究では、中世後期の王権・王国の性格を明らかにするためには、〝諸侯国家〟の側に立ってその〝自立性〟と王権への従属性を解明する必要性が強調されている。

やがて地域的諸権力の核としての王権の拡大・強化により、諸侯層の従属関係、相互の依存関係が強まり、一定の諸侯層（バロン層）とその支配領域が包括され、〝王国 regnum〟の輪郭が現れ始める。その場合、王位を担う家系（王家・王朝）は必ずしも永続的ではなく、しばしば担い手の交代が起こるが、そのことは、今や王国領域の中核部分の形成と矛盾しない。

個々の諸侯を王権と結びつけている紐帯は基本的にレーン関係（封の授受にともなう誠実関係）と血縁・姻縁関係である。西欧の主従関係の特徴として相互の対等性、双務性が挙げられるが、それだけ相互の連関は不安定であり、極めて流動的である。血縁・姻縁関係の安定性もさほど強くはないが、一時的ではあれ、人的関係を固定する役割を果たしている。とくに〝地域支配権力〟間での通婚圏は極めて広く、遠く離れた地域間の文化の交流にとっても極めて重要な意味を有している。とくに母親の出身家系（実家）の兄弟・姉妹と彼女の子供たちとの結びつきは強く、その文化的、政治的な連関（ネポティスム）の重要性が近年強調されている。

西欧中世においては上記のレーン関係、血縁・縁姻関係ともに契約的、誓約的、神的性格を持っており、教会権力、とりわけローマ教皇権が関与する度合いが大きく、その点でローマ教皇権は普遍的かつ超越的である。それに比して、〝神聖ローマ皇帝権〟も超越的であるがそれは理念的なものに過ぎず、実質においては高次の具体的な調整的機能は果たしていない。また、ローマ教皇権は普遍的な権力として、三つの広域的権力間の仲介役としてだけでなく、政治的な意味でも、文化的な意味でも、カトリック世界 Christendom の一体性の維持にとって極めて重要な役割を中世においては一貫して果たしている。

以上のように一五の章によって扱われている時代・地域は多様であるが、三つの広域的な権力（普遍的、帝国的権力）を措定し、一国完結史観から脱却することによって、地域間の具体的な相互連関、全体的な一体性、〝ヨーロッパはひとつ〟ということを明らかにすることができるのである。この中世的一体性をスタート地点とし、その長期的な分極化の過程に着目することにより、近代に至る独自の国家領域形成のプロセスの解明が可能となるであろう。

渡辺節夫

## ま　行



## や・ら・わ　行

## さ　行



## た　行

# 事項索引

## あ 行



## か 行

## は　行



## ら　行

# 人名索引

## あ 行



## か 行



## さ 行



## た 行

服部良久（はっとり・よしひさ）第10章

1950年　生まれ
1977年　京都大学大学院文学研究科博士課程中途退学。博士（文学）
現　在　京都大学名誉教授
主　著　『ドイツ中世の領邦と貴族』創文社，1998年。
『アルプスの農民紛争——中・近世の地域公共性と国家』京都大学学術出版会，2009年。
*Political Order and Forms of Communication in Medieval and Early Modern Europe*, viella（編著）Rome, 2014.

轟木広太郎（とどろき・こうたろう）第11章

1966年　生まれ
1996年　京都大学大学院文学研究科博士後期課程研究指導認定退学。博士（文学）
現　在　ノートルダム清心女子大学文学部准教授
主　著　『戦うことと裁くこと——中世フランスの紛争・権力・真理』昭和堂，2011年。
「羊飼いとしての異端審問官——13，14世紀の南フランス」『洛北史学』17号，2015年。

小野賢一（おの・けんいち）第12章

1968年　生まれ
2001年　青山学院大学大学院文学研究科博士後期課程満期退学。博士（歴史学）
現　在　愛知大学文学部准教授
主　著　「12世紀初頭のサン・レオナール参事会教会に於ける律修化・巡礼・教会制度」『史林』第93巻３号，2010年。
「聖レオナール崇敬の創出と奇蹟（11～12世紀）——平和の守護聖者から戦士の守護聖者へ」『歴史評論』730号，2011年。

＊渡辺節夫（わたなべ・せつお）はじめに，第14章，おわりに

1947年　生まれ
1972年　東京大学大学院人文科学研究科修士課程修了
1985年　パリ第一大学第Ⅲ期博士課程修了。博士（第Ⅲ期）
現　在　青山学院大学名誉教授
主　著　『フランス中世政治権力構造の研究』東京大学出版会，1992年。
『フランスの中世社会——王と貴族たちの軌跡』吉川弘文館，2006年。

田口正樹（たぐち・まさき）第15章

1965年　生まれ
1988年　東京大学法学部卒業。法学士
現　在　北海道大学大学院法学研究科教授
主　著　『法のクレオール序説——異法融合の秩序学』（共著）北海道大学出版会，2012年。
『ドイツ連邦主義の崩壊と再建——ヴァイマル共和国から戦後ドイツへ』（共著）岩波書店，2015年。

青谷秀紀（あおたに・ひでき）第5章

1972年　生まれ

2000年　京都大学大学院文学研究科博士後期課程研究指導認定退学。博士（文学）

現　在　明治大学文学部准教授

主　著　『記憶のなかのベルギー中世——歴史叙述にみる領邦アイデンティティの生成』京都大学学術出版会，2011年。

*Political Order and Forms of Communication in Medieval and Early Modern Europe*, viella（共著）Rome, 2014.

花房秀一（はなふさ・しゅういち）第6章

1980年　生まれ

2010年　青山学院大学大学院文学研究科博士後期課程満期退学。博士（歴史学）

現　在　中央学院大学法学部専任講師

主　著　「カペー朝末期のノルマンディにおける王権と都市——都市ルーアンの商業特権と紛争解決をめぐって」『史学雑誌』第119編第8号，2010年。

「13世紀前半ノルマンディにおけるカペー王権と在地貴族層——クロス・チャネル・バロンズの検討を中心に」『西洋史研究』新輯第41号，2012年。

*加藤　玄（かとう・まこと）はじめに，第7章

1972年　生まれ

2005年　東京大学大学院人文社会系研究科博士課程単位取得退学。博士（文学）

現　在　日本女子大学文学部准教授

主　著　『中世英仏関係史 1066-1500——ノルマン征服から百年戦争終結まで』（共編著）創元社，2012年。

『ヨーロッパ史講義』（共著），山川出版社，2015年。

亀原勝宏（かめはら・かつひろ）第8章

1975年　生まれ

2015年　青山学院大学大学院博士後期課程満期退学

主　著　「15世紀フランスにおける王権と都市の軍事的諸関係——優良都市（bonnes villes）を中心として」『紀要』第48号（青山学院大学文学部）2006年。

『中世英仏関係史 1066-1500——ノルマン征服から百年戦争終結まで』（共著），創元社，2012年。

上田耕造（うえだ・こうぞう）第9章

1978年　生まれ

2010年　関西大学大学院文学研究科史学専攻西洋史専修博士後期課程修了。博士（文学）

現　在　明星大学人文学部准教授

主　著　『図説　ジャンヌ・ダルク——フランスに生涯をささげた少女』河出書房新社，2016年。

『ブルボン公とフランス国王——中世後期フランスにおける諸侯と王権』晃洋書房，2014年。

《執筆者紹介》（執筆順，＊は編著者）

＊朝治啓三（あさじ・けいぞう）はじめに，序章，第13章

1948年　生まれ
1978年　京都大学大学院文学研究科博士課程単位取得退学。博士（文学）
現　在　関西大学文学部教授
主　著　『シモン・ド・モンフォールの乱』京都大学学術出版会，2003年。
『西洋の歴史 基本用語集（古代・中世編）』（編著）ミネルヴァ書房，2008年。

大谷祥一（おおたに・しょういち）第１章

1976年　生まれ
2011年　関西大学大学院文学研究科史学専攻博士後期課程修了。博士（文学）
現　在　関西大学，甲南大学非常勤講師
主　著　「中世初期アイルランドにおける王位継承と『王家』共同体――イー・ネール王家の例から」『歴史家協会年報』創刊号，2005年。
『中世英仏関係史 1066-1500――ノルマン征服から百年戦争終結まで』（共著）創元社，2012年。

中村敦子（なかむら・あつこ）第２章

1969年　生まれ
1998年　京都大学大学院文学研究科博士後期課程研究指導認定退学。博士（文学）
現　在　愛知学院大学文学部准教授
主　著　「バトル修道院年代記にみられる証書の利用」『史林』第86巻３号，2003年。
*Political Order and Forms of Communication in Medieval and Early Modern Europe*, viella（共著）Rome, 2014.

横井川雄介（よこいがわ・ゆうすけ）第３章

1981年　生まれ
2014年　関西大学大学院文学研究科博士課程修了。博士（文学）
主　著　「13世紀中葉―14世紀初頭のガスコーニュにおける俗界領主――訴訟動向と上級領主との関係の個別分析」『関西大学西洋史論叢』13，2010年。
「13世紀―14世紀初頭におけるボルドー大司教とボルドー市――世俗権力と上級領主に対する動向からの考察」『千里山文学論集』89，2012年。

西岡健司（にしおか・けんじ）第４章

1976年　生まれ
2007年　京都大学大学院文学研究科博士後期課程研究指導認定退学。修士（文学）
現　在　大手前大学総合文化学部准教授
主　著　“Scots and Galwegians in the ‘peoples address’ of Scottish royal charters”, *Scottish Historical Review*, 87, 2008.
『中世英仏関係史 1066-1500――ノルマン征服から百年戦争終結まで』（共著）創元社，2012年。

MINERVA 西洋史ライブラリー⑪
〈帝国〉で読み解く中世ヨーロッパ
——英独仏関係史から考える——

2017年5月25日　初版第1刷発行　〈検印省略〉

定価はカバーに
表示しています

| | |
|---|---|
| 編著者 | 朝治啓三<br>渡辺節夫<br>加藤玄 |
| 発行者 | 杉田啓三 |
| 印刷者 | 田中雅博 |

発行所　株式会社　ミネルヴァ書房
607-8494 京都市山科区日ノ岡堤谷町1
電話代表 (075)581-5191
振替口座 01020-0-8076


創栄図書印刷・新生製本

ISBN978-4-623-07800-4
Printed in Japan